英语民族史

不列颠的诞生

[英] 温斯顿 · 丘吉尔 著

王之光 译

浙江人民出版社

图书在版编目（CIP）数据

英语民族史. 不列颠的诞生 / （英）温斯顿·丘吉尔著 ; 王之光译. — 杭州 ： 浙江人民出版社，2023.10

书名原文：A HISTORY OF THE ENGLISH-SPEAKING PEOPLES

ISBN 978-7-213-09995-3

Ⅰ. ①英… Ⅱ. ①温… ②王… Ⅲ. ①世界史 Ⅳ. ①K1

中国版本图书馆 CIP 数据核字(2021)第 009908 号

英语民族史　不列颠的诞生

YINGYU MINZUSHI　BULIEDIAN DE DANSHENG

[英]温斯顿·丘吉尔　著　王之光　译

出版发行：浙江人民出版社(杭州市体育场路 347 号　邮编　310006)

市场部电话：(0571)85061682　85176516

策划编辑：潘海林

责任编辑：潘海林

营销编辑：陈雯怡　张紫懿　陈芊如

责任校对：杨　帆

责任印务：幸天骄

封面设计：张庆锋

电脑制版：杭州天一图文制作有限公司

印　　刷：杭州丰源印刷有限公司

开　　本：880 毫米 ×1230 毫米　1/32　　印　　张：14.25

字　　数：316 千字　　插　　页：4

版　　次：2023 年 10 月第 1 版　　印　　次：2023 年 10 月第 1 次印刷

书　　号：ISBN 978-7-213-09995-3

定　　价：78.00 元

审图号：GS(2021)2223 号

编辑说明

由讲英语人口构成的庞大帝国的存在，深刻改变了世界的文明版图，强有力地左右着人类命运和历史的走向。在 19 世纪，英国号称“日不落帝国”，其属地与殖民地遍布全球。第二次世界大战后，美国则以其雄厚的经济、军事力量影响着世界历史的进程。自工业革命以来，两个英语国家先后称霸全球达 200 余年，这绝非偶然。诺贝尔文学奖获得者、英国历史上最负盛名的人物温斯顿·丘吉尔以其如椽大笔，以深邃的洞察力和史诗般的笔触，描述了英语民族从蛮荒走到世界超强的历史轨迹，深刻地揭示了其中奥秘。这就是史学名著《英语民族史》（共四卷）。

2002 年，英国广播公司（BBC）进行了一次名为“最伟大的 100 名英国人”的调查，结果丘吉尔获选为“有史以来最伟大的英国人”。丘吉尔是历史上掌握英语单词数量（12 万多个）最多的人之一，又是 20 世纪重大历史事件的当事人，是书写《英语民族史》的“天选之人”。本书兼具学术性和可读性，是研究英语民族发展史的权威之作。

本书原版采用 Barnes & Noble 出版的版本，最具代表性。丘吉尔学识渊博，叙事妙笔生趣，用语巧妙得体，因此，译者、编者深感翻译之不易。我们力求深入理解原文，并予以清晰表达。但限于编者水平，译文仍会有错误或不妥之处，望读者不吝指正，以便再版时修改。

本书的地图系原版所有，选用是为了衬托文字的效果，以期读者对世界历史的重大局势和事件有一些具体的印象。但原书地图清晰度较低，一些图中的文字较难辨认，编者对照正文，参照权威地图册将其译出。

需要指出的是，丘吉尔本人对广大亚非拉地区存有西方式的傲慢。作者在叙述相关事件时，自然带有一定的帝国主义倾向，编者已对一些带偏见之词略作删减。我们相信读者对作者的观点自有鉴别能力。

编者

2023 年 8 月

前 言

大约 20 年前，我就开始筹备这部史书的写作了。世界大战爆发的时候，我已经交稿了 50 万字左右。当然，1939 年 9 月 3 日我到海军部赴任时，还有大量的校对工作没完成，只得搁置起来。6 年的大战，以及后来忙于撰写战争回忆录的更长时间里，此书始终在安然沉睡。现在，万事已归平静，才得以推出这部《英语民族史》，以飨读者。

当然，本书的缘起此刻并未远去。20 世纪，大英帝国和美利坚合众国两次并肩作战，共赴旷日持久、规模空前的兵燹之灾。待到炮击和狂轰滥炸停止，我们才更加认识到自己对全人类负有的“共同职责”。语言、法律以及我们立国的进程，奠定了独一无二的基础，正可以众志成城，绘就协同任务的蓝图。当年动笔的时候，我认为这种同心同德可对全世界的命运产生重大影响。在过去的 20 年中，我仍然坚信，这种团结一致的必要性有增无减。

诚然，这项工作的主题力度加大，现实性也增加了，人们的思想也有拓展。大西洋两岸，英联邦各成员国，人们都感受到兄弟情谊。新的一代呼之欲出，采取了许多可行的富有深谋远虑的措施。本书首先着眼于英语民族，这绝不意味着自绝于世界，也不等于要管控世界事务的发展方向，也不会妨碍欧洲联合体或其他类似组织的设立，它们都可以在我们所发起的世界组织中占有一席之地，相反，这样反而能为这些组织注入活力和现实性。人们越来越清楚地感到，如果一切顺利，英语民族可以伸手指路；当然如果情况不妙，只要我们中任何国家有实力，也能自卫。

本书并不想与历史学家的著作一较高低，而是阐述一己之见，探讨全世界英语民族的独特性地位和民族性之形成过程。我要阐述过去那些依我看是很重要的事情，而且自诩对当代的暴风骤雨式历史事件并非全无瓜葛。使用“英语民族”，是因为没有任何其他的术语能够既适用于英伦三岛的居民，也适用于一些在起源、语言和许多制度都来源于英国的独立国家，而这些国家至今仍然保持着这些传统，并以各自的方式发扬光大。

第一卷追述了英语民族从远古到欧洲人发现新大陆的前夕这段时期的历史，在博斯沃思原野曲终，那是英国纷乱的中世纪的最后一战。1485 年，英国刚刚建立了一个新王朝。7 年之后的 1492 年，哥伦布在美洲登陆，开创了人类历史的新纪元。

* * *

本书围绕不列颠岛展开，它与欧洲大陆一衣带水。地势倾斜，西部和北部群山起伏，东部和南部则是开阔的丘陵，有树林密布的河谷和水流缓缓的河流。无论战时与否，不管是海盗、商人，还是征服者、传教士，都可以轻而易举地登堂入室。岛上的居民对欧洲大陆上的权力更替、信仰乃至时尚变化并非无动于衷，而是对舶来的每一种风俗、教义都给予独特的转化，烙上自己的印记。曾沦为罗马帝国的行省，后来交流中断，在黑暗中世纪的大动荡中任凭浮沉；统一于基督教世界，可是几乎又被丹麦的异教徒夺走；凯旋过，统一过，却已经筋疲力尽，于是毫无抵抗地臣服在诺曼征服者的脚下；似乎淹没在天主教封建制度的森严壁垒下，却又能在张扬个性中重新崛起。语言和文化既非纯粹拉丁化，也非全是日耳曼化。它有一整套习俗，有的是丹麦人和之前的撒克逊人远渡重洋带来的民权，有的是从罗马法典中摘出的民事裁判格言，不管最初来源是什么，都融合成了一部普通法。于是，英国到了13世纪，便是大宪章的世纪，首创议会的世纪。

当我们透过时世的雾霭回眸时，旧石器和新石器时代的人依稀可辨，还有远古巨石阵的建造者，还有带来大酒杯和青铜工具的来自莱茵兰[①]的新移民。他们当中的某个人会站在如今多佛一带绿草如茵的高地上，指着脚下的峡谷对子孙说："那条小河里的海水比我小时候进得深了。"而子孙年老时，真的看到了涨潮时汹涌的海涛推着白浪漫卷整个峡谷，冲刷芳草萋萋的山坡，使之成为陡峭的石灰石秃崖，从而把英吉利海峡同北海连接起来。从此，来自法国或比利时平原的小股部族再也无法溜达到英国南部绿树葱茏的山谷和高地来狩猎或者寻觅谷物，独木舟也无法在平潮时渡过溪流挺进英国了。现在来不列颠的人必须驾大船，而且需要大胆谨慎，对付海峡的迷雾，驾驭海峡的潮汐，否则就只能望洋兴叹吧。

突然，迷雾散了，开天辟地的阳光一度普照不列颠。恺撒入侵不列颠本身只是一个没有续集的桥段，但它表明，罗马帝国的势力和地中海文明不一定要以大西洋海岸作为边界。恺撒在迪尔的登陆

① 德国西部，莱茵河沿岸地区。——译者注（以下页下注未特别注明的均为译者注）

跨越了大自然劈开的鸿沟。在100年的时间里，罗马世界在内战中分崩离析，或者说在新的帝国体制下休养生息，而不列颠则局促不安地处于同欧洲大陆若即若离的状态中，尽管也通过贸易及和平交往吸收了西方某些共有的文化。但后来，随着一声令下，罗马军团便扬帆而来。近400年的时间中，不列颠成为罗马帝国的行省。在这漫长的时期里，不列颠绝大部分时间处于安谧之中，深深的安谧中。那么安详、繁荣又平静，史书可以记录的东西很少。之后留下了什么呢？一些雄伟的罗马大道被森林所覆盖；宏伟的罗马墙已是支离破碎、断壁残垣；还留下了要塞、集镇和乡居。后来的移民目睹这些建筑物的遗址也不禁肃然起敬。至于罗马的语言、法律和制度，却已然无影无踪。不过，若因此认为罗马的占领统治有头无尾，那就错了。它为基督教的落地生根提供了时间。在遥远的西方，有一个很小的基督教王国由于野蛮人的泛滥成灾而与世隔绝。它虽然受到痛苦的围困，但是有群山作为屏障，得以保存下来。不列颠的基督教会让爱尔兰皈依了基督教，然后从爱尔兰渡海来到苏格兰，使新移民处于旧文明的包围之中；罗马人则铭记着，不列颠曾经信仰基督教，以后可能重新皈依。

岛国并非全然同大陆隔绝，其东南部始终同海峡对岸的法兰克兄弟藕断丝连，罗马传教士由此登岛，带来了一套新的信仰。零星地区有过短暂而顽强的抵制，但这种信仰很快就落地了。他们还带来一套新的政治秩序，教会机构要有自己的主宰和官员，自己的集会，制定自己的法律，这一切都阴差阳错地被纳入英国人的古老习俗。他们还为政教关系这一重大问题播下了种子。这颗种子不断生长，千年以后几乎使两者的共同基础一分为二。不过，那是后来的事情。

当时颇为重要的是，由于英国皈依基督教，再次成为西方世界的一部分。英国的传教士不久将到大陆上执行使命；英国的朝圣者将越过阿尔卑斯山脉，去瞻仰罗马的奇观，其中有公子王孙，他们在尘世功成名就之后，希望遗骨在耶稣使徒墓旁安息。

不仅如此，英国人还有一种制度，不受语言和习俗纷杂甚至君权不同的限制，不管诸王国之间发生什么朝代更替之争，教会始终是统一而不可分割的：宗教仪式各地一样，教士神圣不可侵犯。肯特王国风光不再，诺森伯利亚王国为麦西亚王国让位，而坎特伯雷和约克则千秋万代。那些年，世俗人士写了许多年鉴，都是有关征伐杀戮之事，篇幅冗长，内容乏味；相比之下，英国教会的光辉成就，则令人瞩目。基督教世界最伟大的学者是诺森伯利亚修士，最流行的作家是西撒克逊的修道院院长，日耳曼使徒是德文郡的圣波尼法爵士，查理曼帝国的文艺复兴运动，是在约克的阿尔昆指导下进行的。

但是，岛国朝气蓬勃、繁荣兴旺和不乏稚气的文明缺乏有力的军事保护。北方动乱迭起，海盗船再次从丹麦出海，到波罗的海和挪威的峡湾去抢劫财物，为密集的人口寻找新的家园。岛国没有舰队，也没有统一全岛力量的君主，却有着许多黄灿灿的金子、精巧的金属制品和珍贵的刺绣，收藏在不设防的教堂和修道院里。野蛮异教徒可能以为这些财物是留给他们的礼物，可以随时来取。英格兰平原上那些宽阔而缓慢的河流使他们的大帆船得以长驱直入，直达英国的中心地带。这支行动迅速、纪律严明的武装匪帮登陆以后，或骑马或徒步，那从田间仓促召集起来的乡下人如何能够抵挡呢？风暴所向，岛国北部、中部和东部望风披靡。倘若西塞克斯也屈膝投降，那一切就都完了。不过，侵略者的行动已经表明，他们来此既是为了抢掠，也是为了定居。

这场风暴终于过去，人们可以计算一下损失了。从东海岸中部直至德比郡的广大地区，落入了丹麦人的手中，已经变成农民的航海者仍然有军队的严密组织。不过，已经发展成欧洲北部重要港口之一的伦敦和整个南方没有沦陷，那里是王室的大本营和实力所在。同欧洲大陆的联系也没有掐断。阿尔弗雷德王朝年复一年的努力，通过签条约和艰苦战斗取得了优势，重新统一了全国。成就非常显著，以致丹麦国王取代英国国王的短暂统治在历史上无声无息。阿尔弗雷德也是基督徒，曾到罗马朝圣过。在这个简短的插曲之后，旧王朝得以复辟，而且可能把王位世代相传下去。可是，1066 年 10 月至圣诞节这短暂的 3 个月里，发生了惊人的变化。法国的一个既非最大也非最强的省份的统治者渡过英吉利海峡，登上了英国的王位。

*　　*　　*

诺曼人所闯入的组织结构是一个王国，所有讲标准英语的人都认可，并对威尔士人和苏格兰人有模糊的君主权。可以说，它由国王通过政务会实行统治，政务会由教俗两界的贤人组成，即由主教、修道院院长、大地主和宫廷官员组成。就这一点来说，它同那些在罗马帝国的碎片上建立起来的王国有共通之处。最后一位强大的国王死后，它还表现出削弱王权、破坏统一和分裂割据的危险倾向。不过这只是倾向而已，因为人们仍然普遍认为，王国是不可分割的整体，王国的秩序人人应该遵守。在这种秩序里，许多异常复杂的权利和义务把人与人紧密地连在一起，而这些权利和义务在郡与郡之间有很大的差异，甚至在邻近的村庄之间也迥然不同。但总的说来，英国的信条是，自由人可以自己选择领主，战时随他出征，平时为他工作，而领主则必须保护他们不受邻居的侵犯，并且在法庭上支持他们。此外，他们还可以投奔新领主，从他手中得到土地。这些领主一起组成统治阶级。前文讲过,其中的大领主参加国王的政务会，小领主是领导郡或百户邑的要人，当自由人在法庭上确定某个问题的是非曲直时，领主的话是举足轻重的。我们还不能说存在一个高贵绅士阶层，因为撒克逊人在贵族和农民之间划了一条分明的界线，没有产生中间阶级的余地。不过，当时有产生绅士阶层的雏形，后来演化成绅士阶层。

诺曼人推行新制度的时候，英国就是处于这样一种状态。征服者威廉继承了以前各代国王的一切权力，但是他的政务会成员主要是在法国生长和讲法语的人。国王制止了割据的趋势，他的秩序通行全国。官民关系的转变模式被大大简化，以适应更先进抑或更合乎逻辑的诺曼信条——即平民与贵族的关系既受道义和法律的约束，也受物质的影响。每个人的地位由所拥有的土地决定，如果是佃户，由为土地做的劳务确定；如果是贵族，由可以要求的劳务来决定。诺曼时代的统治阶级比撒克逊时代的地主阶级更彻底。

英国虽再次被强行并回欧洲大陆，合并入西方通行的封建制度，但仍然保持着毋庸置疑的个性，表现在脱欧之后的五六百年里逐渐形成的制度中，并且注定要迅猛发展。英国的旧官僚贵族让位于以信仰和地产为基础的诺曼贵族，平民则在忙碌平庸的和平生活里富裕起来。英国人和诺曼人由此迅速合流，不久将从中产生大陪审员、地方治安官、郡选议员，这些职位最终不居高位但有很大权力，令贵族乃至国王本人相形见绌。这已是遥远的过去了。同时，我们可以描绘出亨利二世时期的英国政治格局：国王的地位很高，通过法官和郡守控制着全国的每一个角落；教会拥有实力，同国王和解，双方的权力都得到承认；贵族富有，刚愎自用，根据惯例，国王在所有的政务问题上必须同他们商议；维持地方行政的绅士阶级有所扩大；王室和随从都是精通法律和财政的人。还必须提到的是，由于社会秩序良好、海陆交通安全和商业发达，各个自治市的财力愈加雄厚，地位日益重要。

* * *

站在此处展望未来，可以看到君主个性的举足轻重。诺曼征服英国后的一段时期里，出现了三位强有力的统治者：威廉国王残酷无情，意志坚定，在英国留下了诺曼式的烙印；他的儿子亨利一世目光远大，是富有耐心的执政者；亨利的孙子亨利二世是伟大的政治家，他认为，国家的统一和国王的权力互为表里，为了成全二者，唯一的办法是以一定的代价给予人人以公正，并且用王权加以实施。在金雀花王朝的紧凑结构中，某些关系紧张起来。国王紧逼贵族，王室开始驱逐古老的谋臣。我们需要强势的国王来维护法律，但他必须是公正的国王，为了众人的利益执法，而不是单纯为了中饱私囊或壮大自己。约翰国王登基后，开始了一个世纪的政治实验。

任何从小就听说过大宪章的人，如果读到纽约最近隆重接受大宪章复印本的消息，初次拿起史册拜读一下，便会大失所望。他会同意某史学家的主张，不把标题译为“自由大宪章”，而是译作“一份特权清单”，损害国家利益的贵族特权。其原因是，我们的法律概念同祖先的法律概念全然不同。我们认为，法律是随着新情况的出现而不断变化的，如果一个政府立法缓慢，就谴责之。中世纪变化缓慢，其社会结构是由习俗或者教令法定的，因此人们认为，法律是一成不变的标准，一旦发生不法行为或纠纷，可以由此来确定的权利和义务。

所以，“大宪章”并不是今天我们词语上所说的立法或宪法式文件，而是确定国王与贵族之间商定的何为法律的一纸声明。其中有许多对我们似乎是微不足道的字面法律条款，注明国王在哪些方面过度侵犯了贵族的传统权力。反过来，取得胜利的贵族大概也过分地侵犯了国王的权力。当时没有人认为大宪章彻底解决了所有悬而未决的问题，其重要性不在于细节条款，而在于广泛地确立了这样一条原则：国王自己也要服从法律。“国王不应该服从哪个人，但是应该服从上帝和法律。”至少这一点是明确的。国王有他的权限，在这个活动范围之内，他不受任何人的控制。但如果他越出这个权限，就必须逼他退回去；倘若他无视存在已久的政务会，拒纳贤人之谏，试图通过王室官员和宠臣独揽朝政，就必然会越出自己的权限。

换句话说，个人统治有专横压迫、反复无常的潜在可能，所以不能容忍。可是，防止个人统治也并非易事。国王强势，远远超过任何一个显贵，也超过大多数显贵的联合力量。为了使王权受到一定的限制，只靠贵族的传统特权是不够的，必须找到更广泛的反抗基础。13世纪中叶，“议会”这一新的名词出现了，含义很模糊。最先使用这个词的那些人如果预见到其未来的意义，定会大吃一惊。但是后来逐渐产生一种普遍的看法：如果说国王仅仅同政务会“商议大计”是不够的，那么反过来，贵族仅仅坚持参加政务会的权力也是不够的。虽然贵族常常宣称自己代表全国的利益，但实际上他们只代表自己，而国王则毕竟代表全民。那么，为什么不招用地位不太高的绅士和镇长呢？之前常常在地方问题上起用他们，商定国家大事上为什么不起用他们呢？把他们招到威斯敏斯特来吧，每个郡提名两名绅士，每个自治市提名两名商人。到那里具体去干什么，那是谁也不大明白的。大概是要听听贵族的讲话，向贵族诉说民众的疾苦，或者私下就一些事情进行商讨，贵族了解国王对苏格兰和法国有何打算，并且在出钱时爽快一些，以谢知遇之恩。这议会是一棵很嫩的幼苗，其成长还不是势在必行，可能被当作不值得搞下去的试验而抛在一边。可是，它竟然扎了根。两三代人之后，审慎的政治家会发现，要统治英国，没有议会同没有国王一样是不可思议的。很难说议会有哪些实权。一般说来，任何重要的法案只有经过它的批准才能生效，对传统习惯所作的重大改革必须经议会颁布法案才能付诸实施，征收新税必须得到下院的批准。至于还有什么其他作用，时间将宣告一切。不过，它的权力在一系列偶然事件中得到了巩固。爱德华三世对法战争需要钱；亨利四世攫取王冠需要支持；玫瑰战争中，敌对双方需要为他们的行动争取社会的某种支持，而能够给予这种支持的只有议会。

于是，贵族架构在15世纪的派系斗争和内战中消亡后，留在政治舞台上的国王受到议会的约束。当时议会已经明确分为两院，上院由贵族组成，下院议员都是各郡、市的代表。在此之前，议会没有发生什么变化。但是，旧贵族在战斗中或战后遭到的毁灭，打破了两院的力量平衡，而身为骑士或镇长的下院议员代表着在无政府状态中受苦最深而在强势政府下受益最多的社会分子。国王同下院是天然的盟友。下院不反对国王牺牲贵族的利益来扩大特权，不反对他安置“北方政务会”和“威尔士政务会”，或者为了保护小人物不受大人物的侵犯在星室法庭(the Star Chamber)[①]行使纠正错案的审判权；另一方面，国王也很愿意把地方统治权交给地方治安官，他们忠于国王，热衷于镇压屡教不改的乞丐，并且想悄悄地、安稳地发财致富。直到 1937 年，加冕仪式中还提到了都铎王朝的理想。当时的祈祷文说，愿国王手下有“忠诚的贵族，尽职的绅士和正直、安分且恭顺的平民”。终有一天平民要问，他们是否除了服从统治，就与政府无关呢？

* * *

于是，到 15 世纪末，英语民族的主要特征和制度已经形成。诺曼人征服英格兰之前，盎格鲁撒克逊人带来的粗野日耳曼方言，随着时间的推移，在教会拉丁文的影响下变得面貌一新，增加了许多来自布立吞语和丹麦语的词汇。语言的扩展和进化过程因诺曼人带来的法语而加速了，这两种语言开始迅速同化。13 世纪初的文字残存了下来，现在一般人看过后，即使不能全懂，也能认出是一种英文。人们认为，到 14 世纪末，即诗人乔叟所生活的那个世纪，连那些最显要的人物也不讲法语了，统统讲英语。不过，不单是语言具有英国特点。英语民族同西欧其他国家不同，那些国家仍然保持着罗马法和罗马统治的特征和传统，而英语民族在本卷涉及的历史时期结束时,已经建立了一套法律原则和几乎可以称为“民主精神”的原则，还经受了动乱以及法国和西班牙帝国的冲击。哥伦布朝着美洲大陆扬帆出发的时候，议会、陪审团制度、地方自治以及孕育新闻自由

① 1487 年由英王亨利七世创立，因法庭顶棚有星形装饰得名。该院常秘密开庭，以暴虐专断出名，于 1641 年关闭。

等事务的萌芽已经破土而出，至少已经处于原始的发育阶段。

任何一个国家或国家集团都有自己的历史。只有了解这些磨难和挣扎，才能理解我们今天面临的问题、危险、挑战和机会。我这样说，并不是想让称王称霸的野心死灰复燃，也不想在历史研究中形成助长民族野心而破坏世界和平的气氛。只要有了辨别能力，我们的视野就会不断扩大。我写此书，抱着这样的希望：回顾先辈遇到的波折和苦难，不仅会为今日的英语民族增添力量，也将为实现“世界大联合”尽到绵薄之力。

温斯顿 · 丘吉尔

1956 年 1 月 15 日

于肯特郡韦斯特哈姆

目 录

第一部　岛　民

第 1 章
不列颠尼亚

罗马纪元 699 年（公元前 55 年）夏，高卢总督恺撒把目光转向了不列颠。他在日耳曼尼亚和高卢作战期间，就意识到这个海岛不容小觑。该岛分明在阻碍他大展宏图，于是他野心勃勃起来。他了解到，岛上的居民与那些在日耳曼尼亚、高卢和西班牙同罗马兵对阵的部落同属一族，且最近在高卢北海岸的战役中还驰援了当地的部落。他们也是凯尔特人，只因生活在与世隔绝的海岛而表现得有一点强悍。不列颠来的志愿军前一年在布列塔尼沿海与同宗的维涅蒂人并肩作战，遭败绩后居然接纳一时挫了锐气的高卢难民去不列颠尼亚[①]暂避锋芒。因此，在恺撒看来，要实现北方野蛮人臣服于罗马的统治及其制度这个大业，夺取不列颠岛应是题中之义。在森林和沼泽地覆盖的范围之外，岛上绿草如茵，土壤肥沃，气候虽然谈

① 罗马并未占领不列颠全境，但作者仍使用罗马取的地名。此处丘吉尔有伏笔，一开始就说罗马入侵对英国的意义，即不列颠岛被纳入了主流世界（罗马主宰的世界）。千年后相继出现大英帝国主导的世界和美国主导的世界，可见他的民族自豪感呼之欲出。——译者注（以下页下注未特别注明的均为译者注）

不上四季如春，却也温和宜人。土著虽未开化，但堪当劳役，可以在田间工地干粗活，即使看家护院，也有用处。据说那里可以采集珍珠，还可以沙里淘金。“哪怕当季来不及向岛上征伐，恺撒觉得，只消到岛上视察一番，了解一下当地的民风，熟悉一下地形、港口和登陆点，对自己也是大有裨益的。因为对于这一切，高卢人几乎两眼一抹黑。”[1]同时，其他因素也非同小可。与恺撒同为“三头同盟”①的克拉苏士气高涨，进军美索不达米亚，已经使罗马元老院和民众浮想联翩。在已知世界的另一端，其实也可以同样在大胆创新地开拓事业的。罗马人对海洋又恨又怕，200年前经过艰苦卓绝的斗争，才赶超了在地中海上进退自如的迦太基人。一想到罗马军团要到北大西洋中那个传说中的遥远、陌生的岛上登陆，罗马社会的各个阶层会再度兴奋起来，势成街谈巷议。

更有甚者，不列颠尼亚是德鲁伊教的核心。该教义以各种形式不同的程度上对高卢和日耳曼尼亚的生活产生了深远的影响。恺撒写道：“凡是研究此课题的人，一般都到不列颠岛去的。”不列颠的德鲁伊教徒奉行活人祭祀，这种不人道教规残忍之极。森林中，神秘的教士用人类所能使用的最致命的圣礼，把自己和善男信女绑在一起。也许，在这个黑沉沉海岛上的木祭坛上，潜藏着高卢部落的秘密之一。恐怖，是有煽动性的，却有着收服统一人心的力量。那么这种黑暗的风俗从何而来呢？说不定是迦太基人被罗马军团绞杀前向西方世界传递的一些信息吧？这可是头等大事。恺撒目光远大，

---

① 指公元前60年，克拉苏、庞培与恺撒结成秘密的政治同盟，其目的是一起反对元老院，史称“前三头同盟”。

预见数世纪之后，征战所至，都是文明传播之地。

于是，公元前 55 年夏，恺撒从日耳曼尼亚撤军，拆毁他在科布伦茨以南莱茵河上建造的木桥，该桥设计精巧，宏伟壮观。在整个 7 月他拥兵西进，大步扑向高卢沿海地区，大约到了今天的加来和布洛涅一带。

恺撒认为，布立吞人和他正在高卢征服的凯尔特部落属于同宗，只是更加冥顽不化。他率领 10 个军团总共不到 5 万士兵，去攻打一个起码有 50 万战士的好斗民族。迫于东方压力而西迁的日耳曼人，则出没于他们的另一侧翼。他对这些流窜进犯的日耳曼人采取的对策是，一蹿过莱茵河就将其赶下河。虽然当时敌对双方只用铁器作战，而且用兵只凭纪律和将才取胜，但是恺撒觉得自己和部下不输于那些奇才。他戎马一生，历经大风大浪，劫掠不列颠尼亚只是小小的插曲。可是到了海边，新的问题产生了；这里的海潮是地中海所没有的，经常是惊涛拍岸。罗马的大帆船和舰长们领教了北海狂涛的厉害。但是，他们毕竟曾在一年前以压倒性优势消灭了吃苦耐劳且熟悉水性的威尼蒂舰队。长竿末端绑着镰刀，割断了威尼蒂快船的扬帆索具，登上船去杀敌。他们控制了不列颠尼亚和欧洲大陆之间的海峡，天堑变为通途。恺撒承认，他无法掌握有关变幻莫测的天气、潮汛和洋流的可靠情报，然而他认为，登岛易如反掌。那时候还没有像 2000 年后那样抗风耐雨的船只远远横亘在科西嘉伟大征服者[①]面前，使之无缘染指世界霸主的地位，所以恺撒的头等大事是在 8 月份选择风和日丽的一天，派几个军团登上距他们最近的海岸，看

① 指拿破仑，科西嘉人。

看陌生的海岛究竟是什么光景。

恺撒从莱茵河出发，穿过高卢北部，可能是取道兰斯和亚眠向海岸进军的时候，派了一名军官乘战船侦察不列颠岛的沿岸。当他到达今天的布洛涅附近，索姆河的入海口时，该军官前来迎接，带来几位熟悉情况的商人、凯尔特亲王和不列颠的叛徒等人。他把曾打败过威涅蒂人的军队集中在离不列颠尼亚最近的两个港口或者说两个出海口，等待合适的日子，进行突袭。

* * *

即将首次在世界历史上跻身伟大的国家之列的这个岛国，究竟是什么样子的呢？现代从斯旺司孔的石堆中发掘出的一枚人类头盖骨，确定是 25 万年前的东西。生物学家发现，这个头盖骨与我们现代人的大脑大相径庭，但并不能因此认为，这位生活在旧石器远古时代的祖先，不会干出人类在所难免的罪恶勾当和蠢事，也不会表现出人类自身的弱点。有证据表明，在一个漫长的、几乎是静止的时期里，男女老少都赤身裸体，或者裹着兽皮，在原始森林中游荡，在广漠的沼泽地里寻觅，捕猎自己的同类和其他野兽，如历史学家特里维廉所说的那样，那时百鸟争鸣为之欢呼[2]。据说当时，整个不列颠南部的猎物充其量能养活 700 户家庭。这些居民真是天之骄子。只有 700 户人家，又有这么好的一块地产，而且除了狩猎打仗别无营生。人们已经发现，打火石比拳头更管用。他们的子孙后代常在石灰石和砾石中挖掘，寻找尺寸质地俱佳的战斧石，借以生存。但是到那时，他们才学会把挖出的石头击打成粗制的工具。

冰河时代末期，气候变迁，旧石器时代的狩猎文明随之崩溃。又过了漫长的时期，一波波的入侵者把新石器文化带入了西部的森林。新来者粗通原始农业。他们扒开泥土，播下了可食用的草类植物的种子。挖土坑、打洞，一代又一代，垃圾逐渐把坑洞塞满了。他们为了安全而聚居。不久，他们便用土方在山顶上筑起围墙，夜间把牛关在里面。在艾夫伯里附近的温德米尔山上，依稀可见这些原始的工程师们努力保护人畜的痕迹。而且，新石器时代还发明了一种办法，能把石头打磨成完美的杀戮工具。这意味着很大的进步，但还有许多东西将发明出来。

这时期，似乎“整个西欧都住着同属一族的长颅人。外表略有不同,尤其在肤色上。也许总是北白南黑,不过,在许多方面大同小异。后来，东方的圆颅移民挤入了长颅人的这块领地，人类学上叫做‘阿尔卑斯’人。侵入不列颠的大多数民族都属于西欧长颅人，和岛上原住民基本相似。结果，尽管新来者之间有些差异，但趋势就是形成和保持比较一致的长颅民族”。[3]

在英国发现的历代人类头盖骨，绝大多数是长颅或中等长度的。可是大家知道,比克人和其他圆颅人也曾经入侵许多地方,自成体系。青铜时代晚期几乎普遍实行的火葬，毁灭了长颅人和圆颅人融合的一切记录，但两者无疑都延续下来了。罗马时代停止了火葬而恢复土葬，根据后来的一些遗迹，老派人类学家断言，能发现一种典型的罗马不列颠人。其实，这种人可能远在罗马人征服不列颠之前就形成了。随着人们的认识加深，可以看出早期对人种的分类是不确切的。

远古时代，不列颠是欧陆的一部分。广袤的平原把英国同荷兰连接起来，泰晤士河和莱茵河在此汇合，然后向北奔流而去。由于地壳的一次轻微变动，这块平原下沉了几百英尺[1]，把大西洋的水灌进了北海和波罗的海。在我们所了解的这些变迁中，还有一次很重要的地震劈开了多佛和格利内之间的峭壁，在大西洋潮水的冲刷、涨落下，形成了多佛海峡和英吉利海峡。这些沧海之变是何时发生的呢？直到最近，地质学家们还认为，远在新石器时代之前。但是，带有条纹的黏土和挪威冰川的沉积物逐层逐年反映出当时的气候状况。而且，现代科学发现了考证年代的其他方法。根据这些和其他指示物，构建了年代和气候变迁的刻度，可以较准确地覆盖史前数万年。这些刻度可以确定，英国森林中的橡树是什么时候在较温和的气候条件下接替松树，植物的化石详细地说明了这一过程。拖网渔船从北海底捞出树木的残枝，气候刻度衡量后表明，不到9000年前，现在波涛汹涌下的海底曾经生长着橡树。在人们兴建金字塔时，当埃及学者艰难地探索古代撒卡拉遗迹的时候，不列颠仍然只是欧洲的一个岬角，同欧洲只有一条窄窄的急流之隔，后来才逐渐扩大为多佛海峡。

在我们岛国同大陆相连的时候，人类的改造手段又有了一大改进。铜和锡被发现并开采出来。其中一个用起来太软，另一个又嫌太脆，但是人类的智慧将两者融合，就开创了青铜器时代。其他条件相同的情况下，用青铜器的人可以打败手持石器的人。人们为这一发明而欢呼，青铜时代开始了。

大陆的青铜武器和工具侵入或渗入英国，经历了许多世纪。往往在二三十代人之后，变化才明显。柯林伍德教授给我们描绘了所

---

① 1英尺等于30.48厘米。

谓青铜时代晚期的图景。他说:“总的来说,相比欧洲大陆,不列颠是个落后的国家,原始的文明,生活水平落后,依靠外国的入侵和舶来品,才接纳、享受了大部分的文明进步。居民不是住在孤寂的农庄里,就是住在村子草棚里,多半位于河边的沙砾地带,或是白垩丘陵和鲕粒岩高原那样的沙土地带。当时,山上的原生灌木丛所剩无几。每个定居点周围都有些小块的田地,耕地用那种赫布里底群岛上的佃户直到不久前还在使用的人力犁,充其量是轻便的牛犁。牛犁只能把地皮划破,不能把草皮翻过来。人死后火化,骨灰装瓮,被埋在一般的公共墓地。居民是稳定勤劳的农民,以农牧业为生,还有渔猎贴补家用。他们会制造粗陶,不会用快慢轮;仍然用锋利的石头做箭头之类;偶尔也有四处巡游的铜翻砂工来访,打造剑、矛、斧头和其他器具,如镰刀、木匠工具、车辆、水桶和大锅等金属部件。当时没有城镇,真正的堡垒也很少,可见百姓无军事组织,政治生活简单落后。当然,贫富之间还是有差别的,因为该时期有许多金属制品,表明存在相当程度的富有和奢华。”

大多数权威人士认为,不列颠南部的青铜时代晚期是公元前1000年到400年之间。

这时候,发明创造的进步,将一种新的元素推上了舞台:铁被开采并锻造出来了。铁器武装起来的人从欧洲大陆进入不列颠,杀戮青铜时代的人。此刻,我们可以透过千万年的时光,清楚地认出同类。用现代的眼光看,能够用铁器杀同类的两足动物,显然是人,是我们的兄弟。毋庸置疑,要打碎头骨,不管是长颅人或圆颅人的,最管用的是铁器。

铁器时代与青铜时代重叠,带来了更高级的社会形态,但对当地居民的影响却非常缓慢，祖祖辈辈形成的风俗只能一点一滴地改变。可以肯定，青铜器一直应用到公元前最后1个世纪，尤其是在不列颠北部。

恺撒把目光转向岛国以前，铁器就冲击着青铜器的地位了。公元前500年以后，来自欧陆的一系列入侵，逐渐改变了全岛南部。柯林伍德教授说，“总的来说，在东南部，从肯特到科茨沃尔德和瓦什河，到处都有村落出产反映本地文化特色的陶器。许多村落的生活方式同其青铜器晚期背景无明显区别。不是农庄，就是村子，位于河边卵石地带或高原沙地，周围有小块的田地，往往没有防御设施。人死多半被火化。粮食贮藏在地窖里，碾米用原始的小石磨，而且还不是上石头在下石头上转动的那一种。他们饲养牛、绵羊、山羊和猪，仍旧使用青铜器，甚至石器，铁器少。不过，陶器风格的变化倒可以断定村落的年代，仍然不会使用转轮。”[4]

铁器时代移民的迁入，又复兴了新石器时代以来已经无人建造的山顶营盘。公元前三四世纪，国内有人居住的地区建起了许多这种营盘。营盘周围筑有一道壁垒，有的是石头的，但一般是土垒的，外加一层木桩和一条护城深沟。

壁垒的规模一般都不大。虽然考古工作者在一些地方发掘出了木头岗楼的残迹，入口的构造还是简陋的。营垒不仅仅是避难所，许多还是私人住宅的定居点，长期有人居住。似乎并非是用于防御入侵者的据点，倒像是因铁器时代的外来移民成倍增加并发展成部落制度而逐渐产生的。部落制度也是部落战争的缘起。

铁器时期，在凯尔特人一拨接一拨的入侵浪潮中，最后一批是公元前1世纪初期到的。“比利时部落到了肯特，分散到埃塞克斯、哈福德郡以及牛津郡的部分地区，这个部落的其他支系……后来分散到汉普郡、威尔特郡、多塞特以及苏塞克斯的部分地区。”[5]在他们中，比利时人无疑是最开化的，他们此时渗透到了岛国的内地。他们善于驾马车，并且骑马出行，不是那么痴迷当地人所信赖的山顶要塞。他们在山谷里建起新的城镇，甚至在顶峰有古堡的山麓兴建城镇。他们还首次把银币和铜币的造币制引入进来。这些人在不列颠自立为部落贵族，控制了土著民族。他们在东边建立了惠特汉普斯特德、维鲁拉姆（圣奥尔本斯）和卡姆罗多努（科尔切斯特），在南边建立了卡利瓦（锡尔切斯特）和万塔贝尔格罗姆（温切斯特）。他们起源于高卢，同高卢人是近亲。这个民族活跃机敏，一路征服和统治，所到之处，都轻而易举地站稳脚跟，也许还可维持长期的统治。但是，他们的背后有罗马军团紧紧跟随，很快就必须对付更强悍的人、更高级的统治制度和战争机器，以保卫已经赢得的成果。

当时，罗马的核心人物和最高层对西方的群岛只有模糊的印象。“最早的地理学家认为海洋流环绕着大地，并不知道其中还有什么岛屿。”[6]大约公元前445年，希罗多德听说遥远西方的几个神秘的海岛产锡，就把这几个岛叫做卡锡特利德，但是他表述谨慎，仅将其看作寓言中的岛屿。到了公元前4世纪中叶，历史上最伟大的探险家之一，马赛人皮西亚斯出海航行两次，真真切切地环绕不列颠群岛一周。他宣布，海上确有亚里士多德所说的“普列坦群岛——阿尔比恩岛和厄尼岛”。可是，别人认为这是一派胡言。直到他所居住的世界消失以后，他的发现才受到世人的赞赏。但是，早在公元前3世纪，罗马人就确信有三个大岛：阿尔比恩、厄尼和图勒（冰岛），是世界的终极边缘，岛上的一切都是奇形怪状的。不过，波利比奥斯在写于公元前140年的著作中说，至少岛上锡制品业关系重大利益。这方面的问题，在当时商业著作中已经得到充分的论述。

* * *

在这些问题上，我们比恺撒从布洛涅出发时消息灵通得多。下面是他的一些印象：

> 不列颠内地的居民根据祖辈的传说自称为原住民。而沿海一带居住的比利时移民，原先是奔着掠夺和战争而来，后定居下来种田；绝大多数还保留着原来的部落名。人口众多，像高卢人那样的住宅密密麻麻，而且牛群遍野。他们用的钱是铜币、金币或固定重量的铁锭。内陆发现了锡，沿海有少量的铁，用的铜靠进口。那里像高卢一样盛产各种木材，只是没有山毛榉和冷杉。他们认为，吃兔子、吃鸡鹅是非法的，饲养是仅供玩赏。气候比高卢温和，没那么寒冷。
>
> 在肯特这个纯沿海地区，居民最开化，生活方式同高卢人大同小异。内地的大多数部落都不种麦子，主食为奶和肉，身披兽皮。布立吞人都用菘蓝染身，打仗时样子显得可怕。他们蓄着长发，除了头上和上唇外，全身汗毛刮得精光。十多个男人，尤其是兄弟间或父子间，可以共妻，但是群婚生活生的孩子，属于与孩子母亲同居的第一个男人的。

* * *

公元前55年8月底的一个午夜，恺撒率两个军团和80只运输船，向不列颠扬帆出征。晨曦中，他望见了多佛的白色悬崖，崖顶上站满了军队。他估计这里“不适于登陆”,因为崖顶可以投石到海边。于是，他等退潮抛锚，又航行 7 海里，在第尔和瓦尔摩之间平缓的海滩上登陆，进攻阿尔比恩。但是，布立吞人瞭望到了恺撒的动向，便在岸上随之移动，严阵以待。接着就出现了史书上引人瞩目的场面。岛民们跟随战车和骑兵，冲进浪中迎击入侵者。恺撒的运输船和战船在浅水区搁浅了；军团的士兵不知水深浅，在雨点般投来的标枪和石块中逡巡不前。但是,第十军团的旗手举着圣鹰标跳入水中，恺撒率着装有弹石弩和火箭的战船进攻布立吞人的侧翼。罗马人士气大振，跳下船，尽量保持队形向守敌涉水而来。双方在浪花汹涌的海中短暂激战，但罗马人还是打到了岸边。一摆成阵势，布立吞人就被迫逃窜了。

可是，对于恺撒，登陆遇到的挫折仅仅只是开始。罗马骑兵乘 18 条船，此恺撒晚 3 天出发，在望见恺撒军营时，突遇狂风，沿着英吉利海峡漂去很远，幸好回到了大陆岸边。满月的高海潮是恺撒未曾见识过的，停泊的舰队损失惨重。他说：“若干船只被撞烂，其余的也都失去了锚链索具，无法稳住。这自然使全军惊恐万分，既没有船只可以返航，又没有材料修理；而且大家都知道，原计划回高卢过冬，根本没准备存粮在不列颠过冬。”

滩头战以后，布立吞人曾经求和。见到入侵者的困境，他们重新燃起希望,于是就中断求和。他们人多势众,袭击罗马征粮队。然而，相关的军团并没有疏于防备，他们的纪律和盔甲也是明摆着的。仅靠军营周围麦地，就能供两个军团维持两个星期，足见岛上粮食是何等之多。布立吞人屈服了。征服者恺撒仅仅规定了一些名义上的条件。他拆了不少船只，用来修补其余的，兴冲冲带着人质和俘虏回大陆。他从不以为远征成功了。为了重写战绩，第二年他带着五个军团和一些骑兵，乘 800 只船卷土重来。岛民被庞大的舰队吓住了。登陆没遇到抵抗，但是大海再次捉弄了恺撒。已经深入内地 12 英里[①]的时候，他接到报告说，一场大风暴毁坏了大批船只。因此他又回到海边，不得不花 10 天的时间把船只全拖上岸，用来加固营垒。随后，他又开始向内地进军，一举捣毁了布立吞人在树林里用木桩围起来的栖身之所，然后在布伦特福德附近渡过了泰晤士河。但是，酋长卡西维拉努斯成为布立吞人的领袖。他是当时条件下的车战大师，让大批缺乏训练的步兵和农民解甲还乡，自己率领战车和骑兵同入侵者角逐。恺撒对这种车战作了如下详述：

> 车战开始，布立吞人驾着战车遍地而来，投掷标枪。一般说来，狂奔的战马和车轮的嘈杂声，足以令敌人惊恐万状，溃不成军。战车在自己的马队中间列阵后，他们便从战车上跳下来，徒步作战。同时，驾驭者向后稍退，把战车摆到一定位置，车手如寡不敌众，还能够顺利地退回阵线中去。骑兵的机动性同步兵的耐力就这样结合，而且训练有素，即使在陡峭的斜坡上，也能控制住飞奔的战马，迅速勒马转向。他们能沿着车辕跑动，站到车轭上，然后闪电一般回到车里。

卡西维拉努斯为避免同罗马军团正面作战，他派机动队紧盯进犯中的敌人，切断敌人的筹粮队。但恺撒还是夺取了他的第一座堡垒。

---

① 1 英里相当于 1.6 公里。

当地部落开始独自求和；捣毁恺撒在肯特的滩涂基地的周密计划也破产了。在这紧要关头，战术和策略上都很谨慎的卡西维拉努斯同恺撒谈判达成协议，再交出一些人质，并保证归顺纳贡。作为回报，恺撒再度心满意足地撤离不列颠岛。一个风平浪静的日子里，“恺撒傍晚启程,黎明时整个舰队安然返回大陆”。这次,他宣称征服了海岛。他举行了凯旋仪式，布立吞俘虏们跟在他的后面垂头丧气地走过罗马的大街。之后近 100 年的时间里，再也没有入侵者在岛上登陆。

关于卡西维拉努斯，我们所知很少，但愿以后岛国的守卫者取得同样的丰功伟绩，采取同样适应时代需要的措施。他留给人的印象始终是一位谨慎能干的酋长，其才能和功绩，倘若不是表现在这边远的舞台上，或许可以媲美“拖延者”法比尤斯·马克西穆斯。[1]

① 古罗马将军，在第二次布匿战争初期同汉尼拔作战时采用迁延战术，坚壁清野，为罗马赢得了喘息的时间。当时罗马有不同的意见，讽刺他为“拖延者”。

第 2 章
征　服

恺撒入侵后的百年里，岛民没有受到侵扰。比利时人的城市里形成自己的生活方式，那些武士部落在彼此仇斗之余，还想当然地以为再也不会有人来攻击他们了。不过，他们同欧陆的联系以及同罗马帝国文化的联系倒是加强了，多种货物的交易也繁荣起来。罗马商人在多地有了立足点，他们回国后盛赞不列颠尼亚的富庶，认为只要建立稳定的政府，前景就会一片大好。

公元 41 年，卡利古拉皇帝的遇刺和一系列不测事件，把他的叔父克劳狄，一名小丑式的学者，推上了帝王的宝座。谁也料不到这位新皇帝确有誓不罢休的征服意志，但是，罗马的政策是由权限很大的政府部门的官吏们制定的，政策涉及面很广，而且在各个方面得到多方社会舆论日益广泛而强烈的支持。知名元老院议员发表了意见，重要的商业财团同意了，上层社会也有了闲谈的新话题。所以，在这个胜利的时代，对于新皇帝而言，总有许多可取的计划，事先经过深思熟虑，并与普遍理解的罗马制度相协调，其中任何一项计划都可能合乎这个最高权力新主宰的心愿。因缘际会，新皇帝唯一的特长就是刚愎自用，随心所欲。皇帝在宫廷里纵情声色，要么残暴，要么昏庸，是谋士和宠臣的棋子，随意下令大肆征伐，通过长期有效的立法。

征服不列颠尼亚这个难以驯服的海岛的有利之处一一摆在新君的面前，勾起了他的兴趣。赢得军事声望，不无小补，于是下令推进这个富有戏剧性、很可能是一本万利的冒险事业。公元43年，即恺撒撤离近百年之后，罗马集结了两万组织严密的精兵来征服不列颠。“士兵们一想到要到已知世界之外去打仗，就义愤填膺。”而当皇帝所宠幸的自由民纳西苏要向他们讲话时，他们感到受了奇耻大辱。竟然让解放了的奴隶代替司令来召集他们履行责任。他们奚落纳西苏是奴隶出身，还高喊“农神节！”嘲弄他，因为在农神节，奴隶穿主人的衣服狂欢。但他们还是决定服从上司的命令。

> 可是，拖来拖去，到了季末才出征。分三路出发，以免孤军登陆受阻。出师不利，在海上被风吹了回来，后来，一道闪电顺着他们的航向，由东向西划破长空，他们又鼓起了勇气。于是登陆，岛上没遇到抵抗。一打听才知道，布立吞人没料到他们来，所以没有事先集结起来。[1]

岛内形势有利于入侵者。丘诺贝利尼（即莎士比亚笔下的辛白林）在东南部自成一统，首府设在科尔切斯特。在他的晚年，内部的纷争开始削弱他的权威。他死后，王国由两个儿子卡拉克塔库和德哥杜姆努共同管理；因没有得到普遍的承认，因此也没能在普劳修斯率罗马军团到来前统一这个部落王国。肯特郡人再次采用了卡西维拉努斯的战术，让普劳修斯很难找到。终于找到他们以后，他首先击败了卡拉克塔库，后来在肯特东部打败了他的兄弟。然后，他沿着昔日恺撒的进军路线前进，来到从未听说过的梅德韦河边。“蛮人以为罗马人没桥无法过河，就漫不经心地在对岸露营。”但是，罗马将军派出了“一支日耳曼人的军队，惯于轻易地武装泅渡最湍急的河流。出其不意向敌人扑去，但首先不是射人，而是射杀拉战车的马匹。随后发生的混战中，敌骑兵当然也不能自保”。[2]可是第二天，布立吞人又组织对阵，只是由于后来称帝的韦帕芗在上游发现了涉水的位置，从侧翼进攻才加以击溃。这次胜利打乱了战役的事先安排，普劳修斯得胜太早，而且是在错误的地点获胜的。必须采取措施，设法表明罗马皇帝的御驾亲征是取胜的必要条件。所以，一直在法国静待时机的克劳狄带着大批增援部队和一些大象跨海而来。搞了一场大战，罗马人获胜。克劳狄回到罗马，去接受元老院授予“不列颠尼亚人”的头衔，并获准庆祝凯旋。

但是，不列颠战争仍未结束。布立吞人不肯近战，隐蔽在沼泽地和森林里，想把罗马侵略者拖垮，让他们尝尝当年的恺撒两手空空的滋味。卡拉克塔库逃到了威尔士边界，发动当地部落开展6年多的顽强抵抗。公元50年，他终于被新任罗马将军奥斯托里乌斯打败，这位少壮派征服了从瓦什河到塞文河之间人口较多的整个地区。当卡拉克塔库的西部军队全军覆没时，他逃脱了，还想发动北部的布里甘特族人，但是该族的女王将他交给了罗马人。苏埃托尼乌斯写道：“这时，布立吞王子的名望已经传遍高卢和意大利各省。他到达罗马帝国首都时，四面八方的人都涌来看。他的入城仪式十分隆重。在靠近罗马军营的平原上，执政官的军队列阵而立，皇帝和大臣们在队前就位，后边的老百姓人头攒动。游行队列的开头是战争中从布立吞人手中夺来的各种战利品，然后是这位战败王子的兄弟们、妻女被铁链锁着，哀怜的眼神和手势流露出内心的恐惧。但是，卡拉克塔库不像他们一样。他迈着雄赳赳的步伐，表情无所畏惧，靠近皇帝坐着的法庭，对皇帝慷慨陈词：

> 除了高贵的出身和显赫的地位之外，我还有温顺的美德，那么，我就该成为罗马的座上宾，而不是俘虏，你也不会拒绝与同样有着荣耀的祖先并领有许多民族的王子结盟。我背运，给你荣光，给我耻辱。我有武器人马、财富巨大，不愿意丧失，这就奇怪吗？难道罗马向往统治天下，人们就必须甘愿归顺吗？我长期阻止你们军队的前进。假如不这样做，是你能有征服者的荣耀呢，还是我能有奋勇抵抗的英名呢？此刻，我落入你的手里，如果你决意报复，我的宿命很快就被遗忘于世，而你从中却得不到任何荣耀。留我一命吧，我将成为你宽大仁慈的丰碑，直到末世来临。

克劳狄闻言，立即赋予他自由，还释放了其他王族战俘。他们感激涕零地向皇帝致谢，等铁链一除，他们就向坐在附近的阿格里皮娜①走去，也热烈地向她表达了感谢和敬意。[3]

*　　*　　*

但是，经历一次可怕的激烈起义之后，罗马才最终完成了征服。

---

① 阿格里皮娜（约 16—59），罗马皇后，暴君尼禄的母亲。

据塔西佗记载:“公元61年,不列颠大灾。”新的总督苏埃托尼乌斯深陷于西部事务。他把罗马军队的作战基地从罗克斯特迁到切斯特,准备攻打“人口众多的摩纳岛(即安格尔西岛),因为该岛成了逃亡者的避难所。他建立了平底船队,以适应那里的浅海急流。步兵乘船渡海,骑兵找浅滩涉水而过;水太深的地方,骑兵就和马一起泅渡。岸上的敌人,密密麻麻,全副武装,还穿插着身着复仇女神黑衣的女人,披头散发,手持火把。站在周围的德鲁伊教士,双手伸向苍天,口念恶毒的咒语。怪诞的景象使罗马士兵毛骨悚然,他们僵直地站立不动,任人砍杀。终于,在将军的驱策下,他们振奋起来,互相告诫不要在女狂徒的乌合之众面前退缩,高举军旗向前冲去,粉碎一切抵抗,以自己点燃的火焰席卷敌人。

苏埃托尼乌斯派出驻军,弹压被征服者,砍伐了用于残忍的巫术活动的小树林;叛民的宗教仪式是,在祭坛洒俘虏的血,用人的内脏来探问神的意志。

在威尔士边界发生的这一戏剧性事件,揭开了一场悲剧的序幕。东安格利亚爱西尼人的国王驾崩。为了拯救他的王国和家族免受侵扰,他指定已经继克劳狄登上皇位的尼禄和自己的两女儿一起成为继承人。塔西佗写道:“但是,事情的发展并不如他所愿。王国被百夫长们劫掠一空,私人财产也被奴隶抢走了,仿佛是战利品的;遗孀波狄希亚(学者尊称她为布狄卡)遭到鞭笞,女儿被强奸;酋长们的世袭财产也被夺走,皇亲国戚沦为奴隶,仿佛整个王国就是送给罗马人的一件礼物。”[4] 史学家就是这样记载的。

波狄希亚的部落既是最强大的也是最顺从的部落,如今对罗马侵略者却怒不可遏了。他们纷纷拿起武器,波狄希亚成了这支大军的统帅，附近的布立吞人几乎都聚集到她的麾下。心底的仇恨一下子迸发出来，可见征服者的残暴程度。这是他们对抗拒不了的压迫发出的怒吼，也是对日益压迫他们的强势文化发出的呐喊。兰克说：“波狄希亚粗鲁、执着、可怕。”[5] 如今，她的纪念碑矗立在议会大本钟对岸的泰晤士河堤上，时时提醒我们，当年“不自由毋宁死”的悲壮呼声，世世代代回响着。

不列颠全境总共只有 4 个军团，最多不过 2 万人。第十四军团和第二十军团正跟着总督进攻威尔士，第九军团在林肯，第二军团在格洛斯特。

起义队伍进攻的第一个目标，是卡姆罗多努（即科尔切斯特）。那是罗马人和罗马化布立吞人的殖民地，没有围墙，刚刚定居那里的退伍军人在军队的支持下，把当地居民从其家园房舍赶出去。而那些军队的士兵也希望自己能够得到同样的定居许可。有一些吉兆鼓舞了布立吞人：胜利女神的雕像脸朝下倒在地上，似乎要从敌人那里飞走；海水泛红；议事厅和剧场里听到了怪叫声。罗马官员、商人、银行家、高利贷者以及参与弄权牟利的布立吞人，发现他们和一小撮老兵处于“蛮人的汪洋大海”之中。苏埃托尼乌斯离他们有一个月的路程，第九军团也远在 120 英里之外。他们既得不到饶恕，也没有希望。这座小城化为灰烬，只有一座庙宇因为墙坚壁固才顶住熊熊大火，支撑了两天。不管是罗马人还是罗马化了的人，统统都被杀死，东西都被捣毁。此刻，第九军团正急行驰援。获胜的布立吞人从攻陷的科尔切斯特出发迎敌。他们人多势众，战胜了罗马步兵，杀得他们片甲不留，指挥官佩迪里乌斯·赛雷利斯只好带着骑兵仓皇逃走。这就是苏埃托尼乌斯在安格尔西岛所得到的消息。

他立即意识到,率军赶去防止更大的灾难已经来不及了。塔西佗写道,但是他“并不畏惧,穿过充满敌意的土地,奔赴伦底纽姆。此地虽然未因殖民地的称号而尊贵,当时却已是商贾云集的商业中心了”。这是文献中第一次提到伦敦。虽然那里发现了罗马征服前后的高卢和意大利陶器的残片,但可以肯定,直到大批军需商和官员随着克劳狄的侵略军来到泰晤士河上这座便利的桥头堡之后,此地才名扬四海。

苏埃托尼乌斯只带一支小股骑军卫队到达伦敦。他早已下令第二军团从格洛斯特赶来会合,可是,军团团长被第九军团的惨败吓坏了,没有遵命前往。伦敦是不设防的大城镇,住满了罗马商人、本地商户、家属和奴隶。城里有一个有防御工事的军需站,存有贵重物资,由一小股军团士兵把守。伦敦市民恳求将军保护他们。但当他听说波狄希亚不再追击向林肯逃窜的赛雷利斯而掉头南进,便作出了艰难而正确的决定:让他们听天由命吧。由于第二军团团长没有奉命前来,他无力抵挡那滚滚而来的人流,唯一的办法是同大军会师。第十四军团和第二十军团正从威尔士沿着罗马大道,即现在的华特灵大道,全力向伦敦前进。于是,他不顾伦敦居民的哀求,下令出发。愿意跟随的人都可以加入队伍。

伦敦屠城,格杀勿论。男女老少,概不饶过。起义者的怒火集中地发泄在全体被侵略者花言巧语所诱骗的不列颠血统的人身上。近代,由于伦敦的建筑物越建越高,地基越打越深,强大的挖土机在许多地点挖到了灰土层,证明伦敦曾经在不列颠当地人手里被抹去。

后来,波狄希亚把矛头指向维鲁拉米厄姆(圣奥尔本斯)。这是另一座贸易中心，城镇等级很高，也同样遭到了大屠杀和毁灭。据塔西佗记载，在这三个城市中，“杀害的居民和盟友不下7万”，“因为野蛮人不抓俘虏，不卖俘虏，也不做战争中常有的其他任何交易；他们只要杀人，剑刺、十字架钉、绞刑架吊死和烧死”。这些阴森可怖的词句表明，同200年前迦太基及其反叛的雇佣军之间一样，这是一场死战。现代的权威人士认为数字被夸大。不过，当时伦敦没有理由达不到三四万人，而科尔切斯特和圣奥尔本斯加起来也就这么多人。要是加上乡下的屠杀人数，塔西佗的估算完全可能站得住脚。这次大屠杀也许是我们岛国历史上最可怕的一幕。一种进步的文明，在粗野腐化的萌芽阶段就被土著部落的凶猛暴动抹杀了。话说回来，为自己赖以生存的土地而献身，杀敌和严惩所有在侵略者炉边烤火的同胞，是人类的基本倾向。

“这时，苏埃托尼乌斯身边有了第十四军团，加上第二十军团的老兵和近旁的辅助部队，组成了近1万全副武装的军队，他要……决一死战。他在一片树林背后的峡谷里选好阵地，打探到在正面不宜设伏兵的一片平地上才有敌人，便命令各军团编成密集队形，把轻武器部队安置在两侧，骑兵集结在两翼的末端。”这是血肉横飞、决定胜负的一天。蛮军有8万多人。像日耳曼人和高卢人那样，他们的妻子儿女坐在累赘的马车队里随军前进。他们摆开阵势，也要一决雌雄。谁也没有考虑以后会有和解。双方都孤注一掷。面对严重的寡不敌众，罗马人凭着纪律和战术技巧取胜了。对敌人格杀勿论，妇女也在内。

“那是一次辉煌的胜利，足以和昔日的战绩相提并论。有人说，不下于8万布立吞人倒下了，而我方阵亡大约才400人，受伤人数稍多一些。”这是胜利者说的大话。波狄希亚服毒自杀。第二军团团长波尼乌斯·波斯图穆斯既违抗了将令，又剥夺了部下立功的机会，听到第十四军团和第二十军团胜利的消息，便拔剑自刎了。

苏埃托尼乌斯现在一心只想复仇，其实也确有许多账要算。尼禄又从日耳曼尼亚派来四五千人的援军，对所有怀有敌意、具有敌人嫌疑的部落都要投入刀光火海伺候。但最糟糕的是缺粮，布立吞人因为信心满满，指望夺取罗马人的给养，所以让男人全部投入了战场，田里还没有播种。尽管如此，他们斗志不减。要不是新行省财务长官的劝谏，加上罗马财政部官员的附议，整个古不列颠民族就要灭绝了。他们发现这样下去，即将夺取的与其说是一个行省，还不如说是一片荒漠。作为实干家，苏埃托尼乌斯级别算高了，而他的军事决策也是合理的。但是，罗马国内有一批吹毛求疵的官员，他不能简单地被归因为由大人物的嫉妒心理而产生。当时认为，苏埃托尼乌斯莽撞贪功，而对该省爆发的大范围起义猝不及防，“他失败是由于愚蠢，而成功则全靠幸运”；必须派一位行省长官，“摆脱敌意、战胜者情绪的人，能宽待降敌”。财务长官尤利乌斯·克拉希斯阿努的墓碑现藏于大英博物馆。他一再向罗马上书进谏此计，拼命恳求当局安抚武士族群。这些部落仍在战斗，既不停战，也不求饶，在森林、沼泽地中忍饥挨饿，纷纷死去。最后，罗马决定尽可能善待布立吞人。由于日耳曼人动荡不安，莱茵河对岸险情频发，连罗马军界也不愿意在边远地区浪费军力。苏埃托尼乌斯在风暴中损失了一些战船，成了被撤换的借口和时机。尼禄皇帝派了新总督。总督同绝望挣扎的部落和解了，使他们的血统得以在岛民中延续下来。

* * *

塔西佗对这个新省份做了有趣的叙述。

喀里多尼亚（他说）居民红头发，四肢长，明显说明他们是日耳曼人种，而志留人[①]黑皮肤，头发通常卷曲。由于与西班牙隔海相望，足以证明是伊比利亚人早年渡海来到这里定居的。而贴近高卢的地方，人种也酷似高卢人，可能受血缘的长期影响，也可能是气候造就了相似的品行。……高卢的宗教信仰可以追溯到具有强烈不列颠特色的迷信（德鲁伊教）。语言大同小异。喜欢挑战危险，同样胆大，危险临近时，却同样胆怯退缩。然而，布立吞人相对更有民族精神，长久的和平生活并没有使他们变得软弱。……岛上常常阴雨连绵，天空晦暗，没有严寒气候。白天比我们这里长，夜晚比较亮。在岛的最北边，夜间很短，日落和黎明几乎没有区别。……除了橄榄、葡萄以及通常在暖和地区才生长的植物外，岛上盛产各种农产品。由于土壤空气的湿度太大，农作物长得快，成熟却很慢。

公元78年，富有才干、精力充沛的阿格里科拉出任不列颠尼亚总督。任期初年，他没有搞例行的礼节性巡视，而是讨伐仍然不服从罗马帝国权威的人。他斩尽杀绝了一个曾经屠杀了罗马的一个骑兵后备中队的大部落。他也征服了当年苏埃托尼乌斯在波狄希亚起义时所放弃的摩纳岛。阿格里科拉既有政治家的人道，又有军事才能。

---

① 志留人（Silures），也译西卢尔人，原定居于威尔士南部。

他的女婿塔西佗写道，阿格里科拉宣告过："如果征服以后就实行压迫，那将一无所获。"他减轻了纳贡粮，并且鼓励资助神庙、法庭和住宅的修筑。他为酋长的儿子们提供通识教育，宣称"喜欢布立吞人的天生力量，而不喜欢高卢人的吃力作风"，博得了不列颠富足阶层的好感，使他们愿意穿罗马长袍，接受各种罗马风尚。"他们潜移默化，学会了各种堕落倾向（休息室、泡澡和盛宴等），他们愚昧地把这些事物叫做文明。其实，这种文明只是奴役的一部分。"

虽然罗马的元老院和统治阶层常常宣传说，帝国仍然谨遵奥古斯都大帝确定的政策，保持疆界不扩张，但阿格里科拉还是获准在不列颠尼亚发动了6次扩张战役。在第三次战役中，他挺进到了泰恩河。军团每前进一步，都有船队从海上运送给养。在第五次战役中，他到了福斯河和克莱德河一线。他本可以卡住不列颠的这个细腰地段，掘壕固守。但是，如果不能制伏被他赶到北边去的那些强大部落和大批拼命的武士部族，这个罗马行省就无法安全，也不会有持久的和平。其实，不到达海滨，阿格里科拉显然不愿意在任何方向停止扩张。所以，他带着全部人马再度北上，发动了第六次战役。如今，他的处境岌岌可危，因为过去的不幸教会了布立吞人，不团结必受惩罚。

总督的女婿有这样一段叙述：

> 我军大胜之余，兴奋地喊道，必须深入喀里多尼亚，一鼓作气，不断战斗，直达天涯海角。但是布立吞人自认为，他们与其说受挫于我们的勇猛，还不如说是我们主将巧用战机。所以他们自大之心不减，武装青壮年，把妻儿安置到安全的地方，

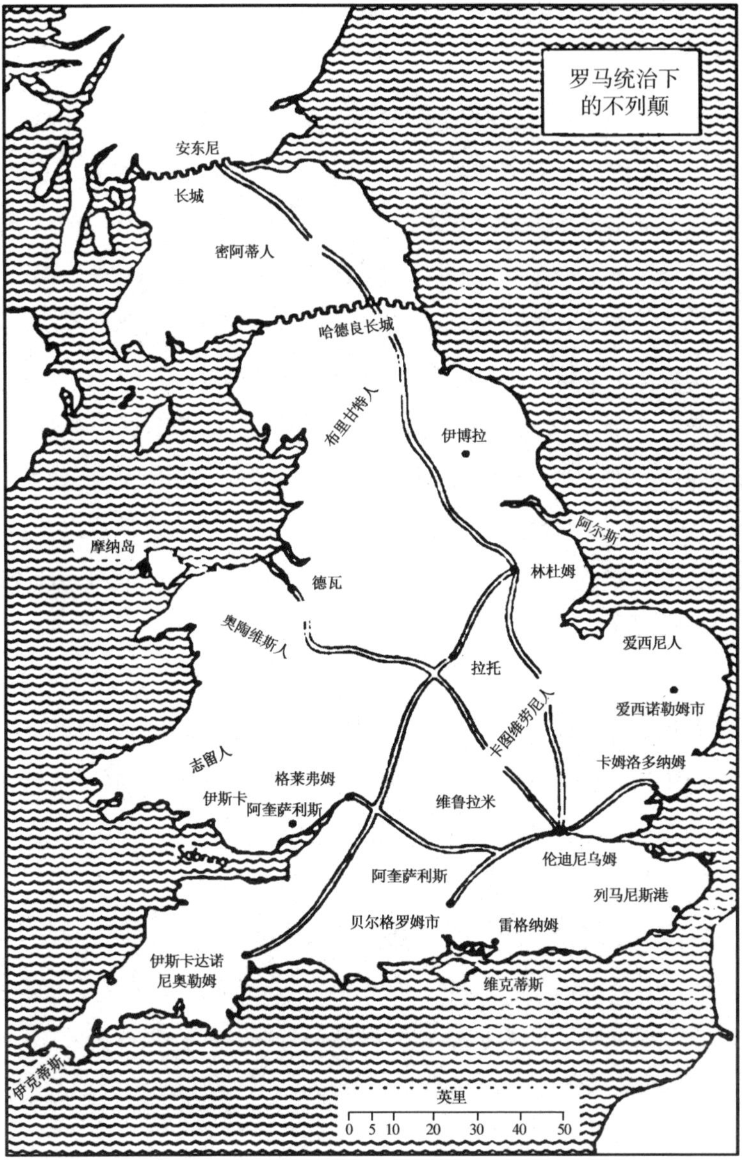
罗马统治下
的不列颠
安东尼
长城
密阿蒂人
哈德良长城
布里甘特人
伊博拉
阿尔斯
摩纳岛
德瓦
林杜姆
奥陶维斯人
爱西尼人
拉托
爱西诺勒姆市
卡图维劳尼人
志留人
卡姆洛多纳姆
格莱弗姆
伊斯卡
维鲁拉米
阿奎萨利斯
伦迪尼乌姆
阿奎萨利斯
列马尼斯港
贝尔格罗姆市
雷格纳姆
伊斯卡达诺
尼奥勒姆
维克蒂斯
伊克蒂斯
英里
0 5 10 20 30 40 50

罗马统治下的不列颠

集会举行神圣的仪式，共襄诸国联盟。

公元 83 年，决战在格劳皮乌斯山丘展开。至今无法确定这个地方之所在，有人说是在基利克兰基山口。塔西佗详述了这场著名战斗的经过，不过未必可信。不列颠尼亚剩下的整个喀里多尼亚地区，一大群穷困潦倒、东躲西藏的人怀着“不自由毋宁死”的决心，以四五比一的数量优势，同指挥有方的罗马军团及其后备队对阵。毫无疑问，这些军团中有许多不列颠的叛徒在效力。可以肯定，塔西佗明显夸大了土著军队的规模，荒山野岭之中，不可能有现成的军械。即使人数可观，想必也是很有限的。正如古代许多战役一样，败者显然是错估形势的一方。当起义军中大多数人还没意识到殊死战斗已经开始的时候，败局却已注定了。预备队从山上冲下来，想取胜为时已晚，但正好赶上和溃败的队伍一起蒙难。在格劳皮乌斯，不列颠最后一股有组织抗击罗马政权的力量灭亡了。据罗马人记载，这次战斗中“杀死敌军 1 万，我方损失 360 人上下”。在确保大英帝国长期统治印度的普拉西战役中，克莱武也是用较小的代价以少胜多的。

彻底征服岛国的道路此时已经铺平了。如果当时阿格里科拉得到帝国政府的鼓励，或者至少获得它的赞助，那么历史的进程也许就会改写。可是，对罗马来说，喀里多尼亚问题只是轰动一时的新闻，而真正的压力是在莱茵河和多瑙河之间。罗马比较慎重，因此，一批幸存的布立吞武士得以在薄雾蒙蒙的北方苟延残喘。

100 年以后，卡修斯写道，这些人造成长期的财政负担，还困扰着南方定居地区。

不列颠尼亚有喀里多尼亚和密埃台是不列颠两个分布辽阔的部落。密埃台人居住在将岛国拦腰截断的哈德良长城附近，喀里多尼亚人住在长城外。两者都生活在缺乏水源的旷野丘陵，或者地广人稀的沼泽地带，没有城墙，没有城镇，也没有耕作，只靠游牧或采集坚果为生。鱼类虽然很多，但他们不吃。他们在草棚里栖身，赤脚裸体，群婚群育；抢劫成癖，但大多民主议政。……他们忍饥耐寒，肯吃苦，会躲在沼泽中忍受多日，只有脑袋伸出水面，在森林中靠树皮草根度日。

*　*　*

在荒凉的北部和西部，山区还庇护着自由，但在其他地区，罗马征服和绥靖的事业终于完成了。不列颠尼亚变成了罗马帝国的45个行省之一。奥古斯都宣布，罗马帝国的理想就是建立一个自治行省联邦。每一个省组成独立的行政区，省内各个城市确立获得其宪章的权限。分成两种省份，受到野蛮人的侵扰、有起义的省份，帝国必须派驻军队，其他省份则不需要这样的保护。驻军的省份直接受皇帝管辖，能自保的省份至少在形式上是通过元老院的中介加以管制的。但是，所有省份通行一条原则：行政形式要因地制宜。种族、语言或宗教上的差异，都不阻碍罗马制度的普遍性，有的只是阶级区分。在秩序稳定的世界中，阶级差别通行无碍。有罗马公民，有大量的非罗马籍公民，还有奴隶，但是奴隶阶级中的幸运儿可以跻身于正式公民之列。于是，建立在这些规定的基础上，不列颠从此生机勃勃。

第 3 章
罗马行省

不列颠接受罗马制度，用了近 300 年。从许多方面来看，岛民们过着有史以来最幸福、最舒适、最文明的生活。驻军面临边界危机，还算平稳。后备军把守着罗马长城，有一个约克军团作为后援。有两个军团镇守着威尔士，一个在切斯特，另一个在阿斯克河畔的卡利恩。占领军总共不到 4 万人，几代人之后便在当地招募新兵，几乎都是本地人。这段时期（相当于伊丽莎白一世到 20 世纪初的长度），不列颠富有阶层的生活比维多利亚时代末以前的任何时候都要好。从公元 400 年到 1900 年，没有任何人享有集中供暖，只有个别人能泡热水澡。当时富有的不列颠罗马公民建造乡间宅第时，热炕头却是必不可少的。可是此后 1500 年里，他们的后代却生活在没有供暖的寒冷房舍里，只是偶然才会花费巨资在壁炉中点起火。即便是现在，家里有集中供暖设备的人口比例也少于古时候。至于浴缸，在 19 世纪中叶以前，都绝迹了。这段漫长阴暗的间隔时期里，再富贵的人也是肮脏附身，饱受寒冷。

不列颠尼亚机械地照搬罗马的文化和艺术，这点不如高卢人灵活机动。但是，这里法律严明，秩序井然，万象更新，丰衣足食，人们有长期形成的生活习俗。居民不受野蛮人的威胁，但并未好吃懒做，耽于奢华。罗马文化甚至传播到了乡村。罗马习俗渗透进来，罗马的厨房用具乃至拉丁语也逐渐推广。不列颠尼亚人自认为是罗马良民。确实可以说，没有几个省份比岛民更好地吸收了罗马制度。当时，驻军军团和后备部队同罗马帝国的劲旅伊利里亚军队不相上下，或者说仅次于他们。人们以能够属于幅员辽阔的高贵帝国，成为罗马公民而感到骄傲。做罗马公民就是世界公民，处于高于野蛮人和奴隶之上的绝对优越阶层。整个大帝国的交通有维多利亚女王登基的时候那样便利，不受边界、法律、货币或民族主义的阻碍。例如，诺里奇现在矗立着不列颠的一个叙利亚居民为妻子立的纪念碑；皇储君士坦修斯·克劳鲁死在约克，布立吞士兵守卫着莱茵河、多瑙河和幼发拉底河沿岸。来自小亚细亚的军队透过薄雾监视苏格兰的劫掠者，他们在罗马长城沿线维持通信：密特拉斯崇拜，这个波斯太阳神的偶像在罗马世界广受追捧，尤其受到军人、商人和行政官员的顶礼膜拜。公元3世纪，密特拉教成为基督教的强大对手。1954年，伦敦金融城沃尔布鲁克发掘出一座壮观的寺庙，可见密特拉教在罗马时代的伦敦可能拥有大批信徒。

罗马帝国全盛期发生的剧变，对百姓日常生活的影响，没有想象的那么严重。战争和起义此起彼伏，皇位你争我夺，军人哗变，觊觎皇位的人乘机在相关省份起事，布立吞人非常关心罗马世界的政治，对帝国力量的消长、首都的民风的看法爱憎分明；当地还冒出了许多有野心的人物，要在你死我活的帝国政治博弈中一显身手，有的斩获无出其右，有的丢了身家性命。不过，大家都能对罗马的观念心悦诚服。他们有自己的规矩，生活照样过得坦坦荡荡，哪怕打破片刻平静，大体上还是坚定不移的。如果在公元4世纪搞一次民意测验，结果会是宣告罗马政权延续千秋万代。

我们现在所处的时代，是一个狂热、多变，危机四伏，万物涌流，凡事不作数的时代；因此，必须怀着敬意打量古代那个时期。当时区区30万军队，分兵保境安民，整个已知的世界全境世世代代和平；还有，刚刚发端的基督教提升了人们的灵魂，准备打破文明世界的界限，创造更大的新的和谐。

罗马文明能给予的馈赠在市政和政治方面。城镇如棋盘，规划成方格，便于社群在有序的行政管辖下居住。建筑物是按照罗马世界的标准式样兴建的。各地的公共集会场所、神庙、法庭、监狱、浴池、市场和下水道，应有尽有。公元1世纪，建设者们显然对不列颠尼亚的资源和前途积极乐观，因此，规划城市时都考虑到满足人口增长的需要。那是个充满希望的时代。

关于罗马时代的不列颠人口数量，专家们争论不休。各种估计是在50万到150万人之间。似乎可以肯定，驻军、公务员、市民、富有阶级和他们的家属有三四十万人，根据当时的耕作方式，还得有两倍于此的农民为他们种地。因此可以假定，当时罗马化了的地区至少有100万人口，甚至可能更多。但没有迹象表明，罗马制度下人口在大幅度增加。200多年里太平无事、长治久安，居民人数仍然和卡西维拉努斯时代大同小异。当时未能养育更多的人口，举国上下普遍感到失望和萎靡不振。征服者虽然轻而易举地制伏了布立吞人，并将他们纳入自己的社会生活轨道，但是，除了阻止部落战争外，并没有提高土壤生产力而增加每年的收成。新的社会尽管结构良好，还有浴场、宴会、长袍、学校、文学和雄辩术等优雅奢华的情趣，却仍然依靠史前的农业，缺乏华丽的基础。古布立吞人的物产，只能稍许维持堂皇的罗马生活。耕地仍主要分布在宜于耕种、地势偏高的沙土地带，几千年一直采用原始的耕作方式。带轮子的大力高卢犁当地也有，但并未取代划浅沟的土犁。几乎没有大规模的森林砍伐、湿地排水和开垦肥沃的山谷重黏土壤。铅矿、锡矿的开采冶炼，仍用古法，可能得益于管理办法的有条不紊；在物质生产领域，没有新技术，也没有新的动力和知识。所以，经济基础恒久不变。不列颠变得更加温文尔雅了，但没有富强起来。不列颠生活在小规模上年复一年地重复着，基本上停滞不前。这座新大厦是那么富丽堂皇，令人称道，实际上却分量不足，脆弱不堪。

这些不利条件很快给那些重新规划的城镇蒙上了阴影，周围农业区的繁荣，不足以支撑规划者的愿景。几次文物发掘结果表明，原来划定的城镇边界从来就没有住过人，或者只是一度住过，后来部分区块逐渐破败了，因为物质福利不足以维持。不过，人们安居乐业，既有的财产受到铁一般法律的保护。不列颠尼亚的城市生活，生存不成问题，只是没有拓展。就像有教区总教堂的城市或一些即将凋敝的省城一样，那里城市生活宁静、人口有限，甚至开始收缩，但仍保持着优雅尊严。

我们有伦敦这座城市多亏了罗马人。克劳狄的军事工程师、负责部队给养的官僚机构以及接踵而来的商人，给伦敦带来了经久不衰的生机。罗马大道系统建立以后，贸易发展了起来。一座占地广阔、规划合理、城坚墙固的城市，取代了公元 61 年的木屋商业区，不久便成为主导不列颠尼亚行省的城市，取代了比利时要镇科尔切斯特的商业中心地位。3 世纪末，伦敦设立了造币厂，成为财政管理中心。到了罗马时代末期，伦敦虽然从未获得地方自治市的地位，却俨然是行政中心，正如约克是军事中心一样。

从整个定居地区的别墅人口中，可见罗马文化在不列颠达到全盛。中间阶层乡绅的别墅建在乡下原始森林中，溪水潺潺，景色宜人。当时，大批舒适的别墅拔地而起，还围着大片土地。在南部各郡，至少已发掘了 500 个别墅遗址。约克郡以北和格拉摩根近海平原以西的地方，未发现一个别墅遗址。城市生活相对衰败，让罗马治下富有的布立吞人都迁往乡下定居，于是乡间别墅群成了不列颠尼亚全盛期的主要特征。当城市衰败之后，乡间别墅繁荣依旧。3 世纪后，城市开始萎缩，而这种别墅直到 4 世纪还比较兴旺，有的甚至延续到黑暗的 5 世纪。

当罗马帝国几乎扩张到了极限的时候，便需要强大的防御工事。所以，弗拉维王朝的几位皇帝奉行了巩固边疆的政策。图密善[①]率先筑了一道长城。公元 89 年左右，在黑海沿岸兴建大堤，另一道大堤从莱茵河连接到多瑙河。到 1 世纪末，形成了一条标准的边界屏障。阿格里科拉在不列颠北部兴建的工程由于奉召仓促离去而未能完成，没有形成令人满意的防线。他在苏格兰获得的阵地也逐渐放弃了。军团撤至卡莱尔到东边的斯坦盖特大路一线。日后，不列颠的边界暴露出了弱点。哈德良登基时，恰逢一场灾难。不列颠北部部落爆发了一次不那么引人注目的起义，经第九军团镇压后就从历史舞台上消失了。防御体系瓦解，不列颠尼亚处于危难之中。于是，公元

① 图密善（Domitian），又译作多米提安，罗马帝国的第十一位皇帝。

122 年哈德良亲莅岛国，重新组织边防。

接下来的 5 年里，从泰恩河到索尔韦湾建起了一条 73 英里长的军事屏障。那是一道 8 英尺到 10 英尺厚的石砌长城，有 17 座要塞支撑，每座要塞由 300 人至 600 人组成的后备军守卫，有大约 80 座城堡、160 座烽火台。长城前面有一条 30 英尺深的堑壕，后面还有一条堑壕，似乎用来做海关的边界，很可能由财政当局把守，配备人手。工事需要约 14000 名驻军，外加 5000 多人不属于守备要塞的部队，执行长城巡逻任务。当地人用小麦纳税，供养这些军队。此外，每个要塞都有谷仓，能装一年所需的粮食。

20 年后，安东尼 · 庇护皇帝统治期间，罗马军队又向北推进到阿格里科拉曾经征服的地方，并且在福斯—克莱德地峡筑起一道 37 英里的新长城，目的是要控制中部和东部低地的部落。但是，当地的罗马军队为这道新工事配备人马时捉襟见肘，又不能削弱哈德良长城和西部的防御阵地。2 世纪中叶，军事方面麻烦不断。公元 186 年前后，安东尼长城被弃守，军队集中撤到原来的防线。部落反叛，苏格兰人又不断进攻北边的边界防御体系，在一些地方，长城和支援部队的军营被彻底摧毁。

到公元 208 年，塞维鲁皇帝来到不列颠全力重建，才实现安定局面。哈德良长城遭到严重破坏，修复工程也很浩大，所以后人以为是塞维鲁兴建了这堵墙，实际上他只是重建者。公元 211 年，他死在约克。此后的 100 年里，长城沿线一直比较太平。

从时常发现的里程碑，可以看出罗马时代的筑路轨道。里程碑上刻着下旨修路的皇帝姓名。长长的公路“勇往直前”，穿越岛国。在一般地段，路面底层是大石块，往往嵌在沙子里，上面铺一层夯实的砂砾，总的来说平均有1.5英尺厚。特殊地段或者多次修补过的地方，路面厚度加倍。在布莱克斯通边界的泥炭地段，有一段用粗砂岩方石筑成宽16英尺的路面，两边镶着石头，中间铺着大块方石。在这样的路面上，古代的马车下陡坡时，由于车轮制动刹车而留下了车辙印。[1]

克劳狄入侵后的50年里，筑路工程很活跃。我们知道，2世纪的大部分工程集中在军区的边境地带。到了3世纪，公路网已经完工，剩下的只是一些保养工作了。诚然，出土的君士坦丁大帝时代的里程碑不少于4个，表明当时公路网有新的拓展，但新工程到公元340年就全部结束了。尽管保养尽可能长久地维持下去，以后的里程碑都没有宣告罗马人继续前进。公元350年以后，高卢的公路情况也如法炮制。这些平淡无奇的事实从侧面反映了罗马帝国的兴亡。

如果罗马时代的切斯特人今天能够复活[2]，就会发现，我们的法律是直接在他当年熟悉的许多法律的基础上臻于完善的。当年在各地崭露头角的新教义，如今已在每个村庄普及了教堂教士。他会觉得，基督教的传教场所已经远远超过信徒的数量。他也会欣慰地看到，他的后代要想进最有名的大学，就得学习拉丁文。他可能感到今天的发音太难。他会在公共图书馆里阅读用廉价纸张印刷的古代文献典籍。他在这里会看到稳定的政府，对于世界大帝国有归属感。他可以到巴斯饮酒泡澡，如果觉得巴斯太远，每个城市都有蒸汽浴场和公共厕所。他还会发现，过去的货币、土地所有制以及公共道德和礼仪的难题，表现略有不同，却仍然引起激烈争论。他同样会对遭到威胁的社会、盛极而衰的王朝有归属感，也仍然会越来越担心，野蛮人会手持与地方驻军、后备军不相上下的武器，进行突然袭击。

他仍然会害怕北海彼岸的人;别人还会教诲他,边界线在莱茵河那边。他面对的最突出变化是通信的速度,印刷品、广播内容的体量十分大。他可能会为此苦恼,但也可以获得有关氯仿、防腐剂和科学的卫生知识。他会读到更厚的史书,其中的事件比塔西佗和迪奥·卡修斯的记载更为糟糕。他也可以从现在的地图上看到"恺撒从未发现的地区",也许他会在悲伤与惊奇中苏醒。他会发现在国外旅行虽速度快,却处处受阻。如果要去罗马、君士坦丁堡或者耶路撒冷,只要不是渡海,就要受到十几个国家的入境检查。他会响应时代召唤,去仇视一大批自己以前根本不了解的部落和种族。他越是详尽了解公元 3 世纪以来所发生的事迹,就越会庆幸自己没有过早地复活。

* * *

如果细心保护罗马帝国的人力物力,也许足以维护它的疆界完整。不过,这些资源往往在争夺皇位的内战中白白浪费掉。到 3 世纪中期,帝国内部政治混乱,国库空虚。尽管如此,帝国仍有活力。伊利里亚军中涌现出一连串杰出的军政人员,他们恢复了帝国的统一,巩固了边防。到了 3 世纪末,罗马似乎又空前强大,空前稳定了。可是,华丽的外表下面,帝国的根基正在瓦解,新的思想和制度开始在缝隙中冒出。各地的城市都在衰落,贸易、工业和农业被沉重的税收拖累,交通也欠安全。一些省份强盗蜂起,他们都是无法靠土地维持生计的农民。帝国渐渐分裂成许多古代未见的小单元。而这些小单元将在日后以新的模式凝聚,那就是封建的基督教世界。可是要实现这一点,需要度过数代人的岁月。其间,新的专制主义苦心维护道路畅通,保证农田的耕种,逼退野蛮民族。

然而,帝国制度毕竟垂垂老矣,肌肉血管一路承受过了古代世界的全套压力。罗马帝国希望在宁静中安度晚年，力图明哲保身，超然地享受生活给富裕阶层带来的馈赠。但新思想打扰了帝国内部的保守主义，而在小心保卫的边界之外，大批饥肠辘辘的野蛮人蜂拥而至，图谋不轨。罗马时代之太平，其精髓在于容忍各种宗教存在，在于接受普世的行政制度。可是在2世纪中叶以后，每一代人都在见证这个制度的渐渐衰弱，宗教的统一势不可当。基督教重新提出罗马世界认为已经一劳永逸解决的全部问题，以及从未想到过的一些问题。几百年来，人们认为种种痛苦本来就是命运安排的一部分，那些深受其苦的人也逆来顺受，但是，束缚罗马社会三分之一人口的奴隶制度，无法永远顶住基督教强劲思想的冲击。每当皇帝即位关头，狂热的恣意挥霍和报复性禁欲主义之间的更替，帝国中心的道德标准和征服地的广大百姓的道德标准千差万别，都造成社会日益动荡不安。当人类似乎已经解决了世俗的大部分困难，一个最高政府允许有无限权力进行精神实验的时候，内忧外患就会无情地纷至沓来。不肯稍息，不能停下。“我们在这里本没有常存的城，乃是寻求那将来的城。”[①]命运的奇怪旗帜展开了，破坏了和平与秩序，却使人们心荡神迷。罗马制度遇到了无尽的麻烦：污秽、屠杀、混乱，漫漫长夜即将笼罩世界。

蒙昧的野蛮人开始从外部冲击罗马帝国的防御屏障。欧洲大陆上，有野兽般的争斗，也有发扬战友情并肩作战，以最骁勇的战士及其子孙作为首领。这些乌合之众虽然罪恶多端，兽性大发，但他们比成就冠冕堂皇的罗马帝国有着更积极的生活原则。只见这些势

① 引自《圣经·新约·希伯来书》。

力洪水般涌向罗马世界各处岌岌可危的大坝前，不仅从坝面溢出，而且有时从裂口喷出，有时一点一滴地从坝体渗透出来。同时，人们慢慢意识到国家本身的脆弱性。桀骜不驯的新生代后浪推前浪，源源不断地从亚洲向西汹涌而来。对付他们，光靠武器是很难获得优势的，唯一可资抵挡的是冷钢铸就的剑、严明的纪律以及组织调动军队所需要的充足资金。如果罗马军团的优势不顶事，那一切都完了。确实，从 2 世纪中叶开始，所有这些破坏性力量显而易见。可是不列颠尼亚人世世代代一直认为，自己猜破了斯芬克斯狮身人面怪物的怪谜，实际上，他们误解了她的笑容。

第4章
迷失的岛国

不把人们津津乐道的漫长历史时期同我们短促的一生经历相连，就无从理解历史。5年的时间不短了，对多数人来说，20年是可以把握的时间界限，而50年前就是古代了。要理解命运对任何一代人的影响，首先必须设身处地思考，然后用我们生活的时间标尺加以衡量。于是，编年史家把一个时代的显著特点提取出来时，朝朝暮暮身临其境的人，反而对所有种种变化熟视无睹了。我们可以用研究历史的微弱望远镜，穿过近2000年的鸿沟，观察那些历史场景。毫无疑问，公元2世纪，乃至3世纪，同它们以前的任何时期以及以后的大部分时期相比，是不列颠的黄金时代。可是到4世纪初，这个不完美、差强人意的社会蒙上了一层阴影。安全感在不列颠尼亚渐行渐远。百姓在日常生活中感到，包括这个伙伴行省在内的世界性制度正在衰亡，他们进入了人心惶惶的时代。

考古学家用铁锹纠正和扩大了史学家的研究成果。挖掘、遗迹、碑石、碑文、钱币和头骨的发现研究，航拍新成果，都展现出毋庸置疑的历史画卷。虽然19世纪对历史的看法没有被推翻，但我们现在对历史有了更真实、更确切和更深刻的了解。维多利亚时代的史学家特别强调起因、事件和年表，如今改变了，尤其是在第一次世界大战以后。他们的剧本已经被修订或重写了，留下了一系列层级清晰、编撰精细的著作。我们迈出的步子更小一些，但步伐更踏实。许多史学家毕生笔耕而认为定论的名著，现在被公认为过时了。新的结论与其说是出自新的观点，不如说来自新的发现。不过，宏大的历史叙事还是站得住脚的，因为其基础再简单不过了。

公元 3 世纪末，不列颠的罗马文化登峰造极，对于最高结构的挑战也达到了高潮。此时开始，野蛮人从欧洲以及岛国的荒凉地区两路向西侵犯。苏格兰人（现在应该称为爱尔兰人）和皮克特人开始从苏格兰进攻哈德良长城，而且以越来越大的规模从海上劫掠它的两翼。同时，撒克逊人划着长船渡过北海，重兵压境纽卡斯尔到多佛的整个东海岸。从此，不列颠农村也遭到来自海上突袭的威胁，残酷而血腥，正如现代国家受到空袭的威胁一样。近年来出土的证据很多，都是同样的结论。作为罗马占领军大厦的基础，不列颠的别墅生活也岌岌可危。我们可以看到，恐惧的迹象弥漫在全国各地。除了东部和南部沿海地区的要塞以及以此为基地的军舰群，还可以看到一大堆新的防御措施。伦敦的城墙上修筑了碉堡，所用石料是住宅上拆下来的。城市人口减少，已经十室九空。在许多地方，罗马人的宽阔城门被石头堵了一半，这是当时社会越来越不安全的铁证。迄今在全国各地，发现了大量窖藏钱币，几乎没有晚于公元 400 年前的。当时，在这富饶、宁静而有序的土地上，人们担心会灾难频仍。

就像其他衰败系统一样，罗马帝国元气大伤之后还能维持几代人。近百年的时间里，我们岛国是垂死的文明同强健而饥饿的野蛮人进行较量的场所之一。公元300年以前，哈德良长城的驻军挡住了北边的野蛮人。但此后得加上新的前线。“撒克逊海岸伯爵”必须和“北方边界公爵”并肩战斗。在瓦什河到南安普敦海湾的整个东南沿海地区，费力修筑了许多大要塞。迄今已考察过8座，其中最大的是第一次世界大战期间人们所熟知的给法军运送给养的要津——宝贵的里奇博罗要塞。

对于修筑这些据点时的战略构想，人们莫衷一是。有人做了贬低的判断，说当时的政策是想凭这8座要塞来保护400英里长的海岸线。这些责难显然不公正。这一排新的沿海据点只有作为一支当地罗马舰队的基地，才有价值或存在的理由。

从公元1世纪开始，就一直维持着不列颠尼亚舰队这一建制。有“海军部”标记的瓦片为证，舰队在多佛和林普尼拥有永久基地。而且整个沿海地区都组织了防御。这些措施发挥了长期的作用。4世纪，维吉提乌的《罗马军制论》提到不列颠尼亚舰队有一种很特殊的轻桨帆船。这些船只的船体、帆、船员制服甚至脸都涂成海水的蓝绿色，便于隐蔽。维吉提乌还告诉我们，在海军的行话中，这些船只被称为“蓝漆船”。帝国和不列颠尼亚的海军力量渐渐不敌劫掠者。于是，要塞的墙越修越高，效用却越来越低。在相距50英里到100英里的基地之间作战，用桨帆船组成的小船队并不能永远抵挡住强攻。能在如今的荷兰、德国、丹麦外海一连活动几个月的远洋舰队，虽然是强大的威慑力量，但风平浪静时，未免行动迟缓，对付不了飞快的小桨帆船。

罗马时代的布立吞人是帝国中活跃、勇于创新的人。他们抱着排他主义的世界观，但却想参与帝国的博弈。随着时间的流逝，驻扎在当地的罗马军队变得越发像不列颠尼亚了。到 3 世纪末，这支军队有了强烈的民族性格。布立吞军民为帝国公民和罗马人名分而骄傲，并不想独立，但对帝国政府却持拼命批评的态度。不重视布立吞人的意见、牺牲不列颠利益的皇帝，特别是背上忽视该省防务骂名的皇帝，遭到强烈的怨恨。一系列的兵变和叛乱加剧了日趋危殆的时局。切斯特、约克或卡利恩的罗马军事中心要不是当地舆论的强烈支持，想必是不敢觊觎帝位的。这不仅仅是心怀不满的士兵哗变,而是一些军团欲控制罗马帝国的大胆尝试。虽然只有几千兵力，却表达了他们所生活的那个社会的情绪、看法和野心。他们离开当地的小舞台，要登上最高层的大舞台，就像那些想离开外省到首都去的演员一样。但不幸的是，他们在每个阶段都带走了可以守卫不列颠大坝的军力中的重要成员。

*　　*　　*

戴克里先皇帝在史上留下的主要形象，是早期基督徒的迫害者，而他开拓古代边疆的卓越功勋却始终被该阴影所笼罩。他奉行四帝共治制，采用设立两名皇帝、两名恺撒的政策，而他自己则居四人之首。皇帝期满退位，恺撒继位，同时任命新的恺撒，这样，皇位就代代相传了。公元 285 年，共治皇帝马克西米安被派到高卢，兼管不列颠尼亚。撒克逊海盗的劫掠活动引起了他的深切关注。他加强了英吉利海峡舰队，任命来自低地国家的海军军官卡劳修斯为舰队司令。此人果断顽强、野心勃勃、无所顾忌。他在布洛涅基地纵容海盗前来抢劫，当他们抢到大批财物时，他带着不列颠尼亚快船队突然出击，生擒百十人，无情消灭了海盗。不列颠尼亚百姓对他的功绩并不满意，指责他与被他杀死的海盗同流合污。他辩解说，这是诱敌深入策略。可是，把掠夺物据为己有的事实对他太不利了。马克西米安要处决他。但是他在不列颠尼亚登陆，自立为皇帝，把岛国驻军争取到自己的一边，并在海战中打败了马克西米安。至此，当局认为，同这个顽固的叛逆者讲和是明智之举。因此，卡劳修斯在公元 287 年被承认为奥古斯都之一，管辖不列颠尼亚和高卢北部。

这个拥有制海权的冒险家在我们岛国统治了 6 年。他似乎较好地维护了岛国的利益。然而，戴克里先皇帝和臣僚在等待时机。公元 293 年，他们撕掉了友好的伪装。作为新恺撒之一的君士坦提乌斯·克洛卢斯围攻并占领了卡劳修斯在大陆上的主要据点布洛涅。卡劳修斯不久便被手下一个军官刺杀。这位新来的竞争者也想当皇帝，但没有得到不列颠尼亚民族的支持，整个国家就陷入了混乱。皮克特人很快趁机起事，并且突破了哈德良长城。北部地区在刀光火海之中成为一片废墟。克洛卢斯渡过英吉利海峡前来救援。他的同僚带领一部分部队在朴次茅斯附近登陆。他本人沿泰晤士河西征，伦敦人感恩戴德地恭迎。他恢复了当地的秩序。1922 年，法国阿拉斯城发现的一枚金质纪念章证明，他曾率领舰队沿泰晤士河溯流而上。他把北边的入侵者赶了回去，并着手恢复和改进整个防御体系。

* * *

不列颠尼亚百姓不断击退入侵者。在二三代人的时间里，桨帆船队不断对海盗进行反击，步兵队和当地后备队经常急行军，应付各种突袭或入侵。尽管衰败的过程历时多年，苦难逐渐加深，但我们必须正视公元 367 年发生的惊天惨剧。那年，皮克特人、苏格兰人和撒克逊人看起来在联合行动，一起向不列颠尼亚扑来。帝国军队英勇抵抗。北方边界公爵和撒克逊海岸伯爵都阵亡了。防御体系打开了很大的缺口，嗜杀成性的游牧部落蜂拥而入，杀向美好的乡村别墅和庄园，所到之处，片瓦不留。遗迹讲述着当时的故事。据说，现在陈列在大英博物馆里的精美的米尔登霍尔银质餐具，就是当时别墅的主人受到袭击时埋藏起来的。很明显，他们没熬到把餐具挖出来。不列颠的乡村别墅生活劫后难有恢复。城市本已没落，但人们前来避难，那里至少还有城墙作为屏障。

史书记载，帝国政府曾为保护不列颠尼亚不断努力。尽管百姓造反，不知感恩，帝国政府还是一再派官员、军队前来恢复秩序，驱逐野蛮人。公元 367 年的灾难发生后，瓦伦提尼安皇帝派狄奥多西将军率大军解救该省份。狄奥多西幸不辱命。我们从沿海地区的工事中，又可以看到进一步加固重建的痕迹。可是，驻军和居民未能从始终存在的危险中接受教训，于公元 383 年甘心屈服在名叫马格努・马克西姆斯的西班牙人脚下。此人控制了不列颠，当时僭号称帝。他纠集所有军队，并且把哈德良长城和要塞上本来就不多的守军也撤走，匆匆赶到高卢。他在巴黎附近打败了格拉提安皇帝。格拉提安在里昂被部队杀死。这样，马克西姆斯不仅是不列颠的主人，也是高卢和西班牙的统治者了。他为把持这些庞大领地的权力奋战 5 年，但是继格拉提安登上皇位的狄奥多西终于打败了他，并把他杀死。

这时，哈德良长城又一次被突破了。不列颠的北方和海上都受到外敌的威胁。过了 7 年，狄奥多西才派斯提利科将军到岛国。这位杰出的军人赶走了侵略者，修复了防御设施。御用诗人克劳迪安在作品中，用欢欣的笔调描写了公元 400 年不列颠尼亚被从撒克逊、皮克特和苏格兰入侵者手下解放的情景。为了庆祝斯提利科首次担任执政官，他记载了不列颠尼亚如何表达谢忱，是他把国家从敌人的威胁中拯救出来的。可是，这种感激之情很快就淡薄了。

阿拉里克带领西哥特人侵略意大利的那一年，斯提利科已经回到罗马，并且掌握了军队的最高指挥权。他不得不再从岛国驻军中抽调回一些人保卫帝国的心脏。公元 402 年，他在波伦蒂亚的大战中击败了阿拉里克，并把他赶出了意大利。刚刚胜利，以拉达盖苏斯为首的大批野蛮人再次入侵。到公元 405 年，斯提利科彻底粉碎了这第二支大军。意大利刚刚肃清，结成联盟的苏维人、汪达尔人、阿瓦尔人和勃艮第人[①]就突破莱茵河边界，践踏高卢北部。斯提利科毫不畏惧，准备迎击进犯之敌。但不列颠尼亚军队抱怨本省不受重视而哗变。他们拥立名叫马库的人当皇帝唱对台戏，但他旋即被害，他们又选了名叫格拉提安努斯的布立吞人继任，但 4 个月后也遇刺。于是，士兵们又选了一个布立吞人，名字也叫做人所熟知的君士坦丁。他不仅不保卫岛国，还不得不到大陆去保护他篡夺的爵位。他抽走了不列颠尼亚的军队，而且还学马克西姆斯，到布洛涅去冒险。他在最高权力上同斯提利科较量了 3 年，毁誉参半，但是最后步马克西姆斯后尘，被擒后受死。随他前往的部队无一回到不列颠。就这样，在这致命的几年里，岛国开化地区被剥夺了保护者，既有去帮助帝国的，也有攻打帝国的。

到公元 5 世纪初，所有的军团都执行各种使命去了。公元 410 年，对于接二连三的告急书，荷诺里皇帝无计可施，只能发出告别书，

---

① 苏维人，居住在日耳曼尼亚中部的民族。汪达尔人和勃艮第人，都是日耳曼民族的一支。阿瓦尔人，突厥柔然人的后裔。

他说："帝国各行政区应该着手自卫。"

* * *

罗马政府停止保护之后，我们对岛国的第一次印象是圣日曼诺斯在公元429年来访时所提供的。这位主教来自奥赛尔，要根除贝拉基[1]的邪说。我们这块基督教土地上早有其他教派思想，但这个邪说还是有发展。它过分强调自由意志，因而必然诋毁原罪论，似乎要让人类出世时就被剥夺了最基本的传统。这位奥赛尔的主教和另一位主教到了圣奥尔本斯。可以肯定，他们很快就说服了不信基督教的人放弃不慎误信的谬论。他看到了什么样的不列颠了呢？他说这里是富庶之国，有宝藏，牛羊成群，食物充足，教俗机构并存。岛国虽然繁荣，却在交战。侵略军正从北边、东边步步进逼。据说这股乌合之众是撒克逊人、皮克特人和苏格兰人组成的邪恶联盟。

日曼诺斯主教壮年时曾经是一名优秀的将军。他组织了民军，侦察周围的地区，发现敌人前进的路线上有一条群山环抱的峡谷。于是，他率领部队在那里设伏，等待凶恶的异教徒部落。当敌人陷入峡谷时，突然，"教士们朝敌人三呼哈利路亚，'赞美神'。……喊声如晴天霹雳，在峡谷中回响，把敌人吓呆了。他们还以为是群山倾倒，苍穹塌落，因而个个魂飞魄散，两腿发软。他们丢盔弃甲，落荒而逃，只求保住性命就谢天谢地了。许多人在仓皇逃窜之际淹死在河中，而他们来的时候却是秩序井然地渡河的。当地军队看到不费吹灰之力就取胜，天真地认为，是上帝为他们报了仇。布立吞

---

① 公元5世纪初的教士，他认为人不是天生有罪的，要避免罪恶，主要依靠个人的意志而并不一定要靠上帝的恩典。

人打扫了战场，……未流一滴血就击溃了敌人。这次胜利是靠信仰而不是靠武力获得的。……日曼诺斯主教安顿好这富饶海岛的事务之后，回到奥赛尔。他既战胜了精神上的敌人，也战胜了世俗的敌人，换句话说，就是战胜了贝拉基异端派和撒克逊人”[1]。

12年之后，高卢编年史家在公元441年或442年写下了这样忧惧的话：“近来天灾人祸频繁，布立吞人逐渐陷入撒克逊人的控制之中。”是怎么回事呢？原来是日耳曼尼亚北部开始了大迁徙。这比4世纪的抢掠性袭击更加可怕。中世纪的黑暗时期从此临近了。

我们可以通过四个窗口观察这段黑暗时期，但是，每个窗口都有模糊不清或涂上颜色的玻璃挡着。有被誉为“智者”的吉尔达斯①所写的一本小册子，大约写于公元545年，即不列颠尼亚与大陆隔绝的100年之后。大约又过了200年，圣徒比德在以英国教会史为主题的著作中，离开本题，提供了关于大迁徙的一些宝贵资料。名为《布立吞历史》的一部集子中，收录了早于比德的部分文献。最后一个窗口是9世纪由散存在各个修道院的各种编年史汇集起来的《盎格鲁撒克逊编年史》，很可能是阿尔弗雷德大帝授意编纂的。把这四种资料互相印证对照，加上考古发现的确凿例证，我们可以给不列颠画出这样一幅图景。

公元450年前后，不列颠的统治者模仿罗马的做法，从海外招来许多雇佣军，以加强自己的力量。后来证明，这是作茧自缚。门户一旦开放，整船整船的野蛮人便源源不断渡海而来。他们沿着河流向内地前进，从亨伯河可能一直到朴次茅斯都是这样。但是他们

① 6世纪不列颠历史学家。

一离开沿海地区，不列颠人就奋起抵抗，并取得巴登山大战的胜利。此后近50年里，入侵者止步不前。如果画出V字形的线条，一条从切斯特到南安普敦，另一条从南安普敦折回到亨伯河，那么，我们就会看到，大部分撒克逊异教徒依然存在，能说明他们早期定居地域的以ing或ings结尾的地名，都在这第二条线以东。两线中间是争议地带，第一条线以西仍然是不列颠的地盘。这就是英格兰在公元500年左右的形势。

现在，这种说法在历史上和地理上均已得到证实。吉尔达斯可能亲耳听过他从小认识的老人讲雇佣军的情况，而怀疑南尼乌斯和比德的说法就更没有理由了。南尼乌斯是9世纪左右的编年史家。比德表示赞同，受骗上当而引狼入室的那位不列颠统治者叫沃蒂根。北欧故事中常常提到的亨吉斯特和中世纪的雇佣军一样，谁为他的人马提供可以生活的土地，他的刀剑和船只就为谁效劳。而他索取的土地就是未来的肯特王国。

吉尔达斯记载了这场悲剧。

> 他们（布立吞人）刚回到家园，一股股讨厌的皮克特人和苏格兰人就立刻乘柳条骨架小船登陆了。……两个民族的举止有些不同。但嗜血成性，衣不遮体，习惯靠散乱头发盖着吊死鬼的脸，这几点上倒是相同的。他们占领了整个北方的边远地区，直抵哈德良长城脚下。长城守卫部队都是些胆小厌战的人。可怜的市民被裸体的敌人用钩链枪从长城上拉下来，摔倒在地上。我还有什么可说的呢？市民放弃了高高的长城，弃城争相逃命，绝望的样子前所未有。敌人又追击他们，屠杀越发惨不忍睹。

> 就像屠夫宰杀羔羊，敌人杀戮可怜的同胞，结果同胞们的行止堪比野兽奔命，靠抢夺些许食物为生。内部的仇斗加深了外患。由于内忧频仍，全国的粮食荡然无存，除非追杀猎物充饥了。
>
> 于是，穷途末路的幸存者又给大权在握的罗马人埃提乌斯写了信，“致三届执政官埃提乌斯倾诉布立吞人的苦衷”。信中写道：“野蛮人把我们赶向大海，大海又把我们赶向野蛮人；杀死、淹死，两选一，无活路。”但是，没有得到任何帮助。此刻，许多人饥饿难忍，向掠夺者投降……但也有些人誓死不降，不断从山上、洞穴、要隘和茂密的灌木林中出来袭击。他们信仰上帝，而不信赖人，所以第一次杀戮了多年来一直抢掠他们国家的敌人……敌人的放肆行为一时有所收敛，而我们的同胞却未改前非。敌人丢下了我同胞，而市民却积习未改。

南尼乌斯还把吉尔达斯遗漏的一点告诉了我们，他说出了巴登山战役中所向披靡的那位不列颠军人的名字。名字把我们从隐约朦胧的历史迷雾中带到了传奇浪漫的阳光之下。关于亚瑟王和圆桌骑士的传说时隐时现地流传着，不是信史，模糊却闪烁着光辉。岛国某个地方，一位伟大的军事家集合起不列颠尼亚的军队，同入侵的野蛮人殊死战斗。他的身上，他的英名和业绩都放射着传奇文学和诗歌所能赋予的一切光彩。南尼乌斯的拉丁文著作，对亚瑟王的12次战斗作了细腻描写，战斗发生的场景踪迹难觅，不知道敌人是谁，只指出是异教徒。其他权威人士指出：“根本没有亚瑟这个人，至少不能证明确有此人。”直到600年后蒙默思郡的杰弗里歌颂辉煌的封建制度和军事贵族时，骑士气概、荣誉、基督教、身佩刀剑的骑士以及令人神魂颠倒的贵妇人——这一切才被供奉进胜利所照亮的光环之中。后来，马洛礼、斯宾塞和丁尼生又将这一切重新讲述，作了天才的美化。不管是真是假，这些传说已经在人们心目中赢得了不朽的地位。要说这一切都是一位威尔士作家的虚构，那是难以置信的。假如真是他想象出来的，他一定是巧夺天工了。

现代的学术研究还没有接受否认亚瑟这个人的存在。权威史学家在最近的著作中众口一词，亚瑟确有其人。虽然比较谨慎，但他们都坚决肯定。他们说不出亚瑟生活在黑暗时期的什么时候，也不知道他在哪里统治，在哪里战斗。但是他们确信，曾经有一位不列颠勇士在不断来袭的风暴中维护了文明之光，用他的剑保护了一批忠诚追随者，令人永志不忘。居住在不列颠高原丘陵地带的四个凯尔特部落都为亚瑟的传说而欢欣鼓舞，并且都宣称他们的地区是亚瑟建功立业的地方。从康沃尔到坎伯兰，到处都寻找过亚瑟的王国和活动区域。

现在人们发表意见，有时未免含蓄至极。有些史家怕遭到反驳，就把看法写得模棱两可，几乎没有明确的含义。下面仅举一个典型的例子，就足以说明这种情况。

> 可以比较肯定地说，曾经有过一位叫作亚瑟的小酋长，很可能在威尔士南部。他或许掌握了一些兵权，把凯尔特部落，或者高原地区的部落，或者是把部分高原地区的部落联合起来，共同对付劫掠者和入侵者（他们不一定都是条顿人）。大概也可以说，他也许参加了人们假托于他的全部或部分战斗。不过，也可能是后人假托的。

经过这么多辛勤的研究之后，还是言之无物啊。不过，肯定了有关亚瑟传说的事实基础，倒是难能可贵。本书情愿认为，杰弗里用来取悦爱听故事的12世纪欧洲人的这些事情并非纯虚构。[2]如果我们能身临其境，看到详情，就会面对一个主题，它就像《奥德赛》史诗和《圣经》旧约一样，有事实根据，又有灵感，而且也是人类遗产中不可分割的一部分。它全是事实，或者说应该是事实，而且事实更多更好。当人们为了自由、秩序和荣誉而同野蛮、专制和杀戮行为进行斗争时，不管在何地都应当记住，即使牺牲了，也会永垂不朽。所以，让我们宣告，亚瑟王及其可敬的骑士们靠勇气、体力、骏马和铠甲保护了基督教坛上的圣火，维持了世界秩序的主题，杀死了无数邪恶的野蛮人，从而为世世代代的正直同胞树立了榜样。

据说，亚瑟就是杜克斯·贝劳鲁。不列颠应该接受一位总司令，去实现布立吞人50年前请求埃提乌斯委派一个新总督的夙愿，有什么比这更加自然而然、更势在必行呢？既然承认亚瑟统率过一支机动的野战军，奔驰于各个地区，同当地的武装力量并肩作战，那么关于他的活动区域的争论就不言自明了。何况在4世纪，骑兵在战场上变得举足轻重了，步兵的时代暂告结束，而罗马军团的时代则已经一去不复返了。入侵的撒克逊人只是步兵，打仗靠剑和矛，也没有铠甲护身。对付这样的敌人，有一小队的普通罗马骑兵，就足以所向披靡了。如果亚瑟这样的一位酋长组织了一支铁甲骑兵，便能够在不列颠各地行动自如，带领当地人反抗侵略者，从胜利走向胜利。人们怀念亚瑟，寄托了盼望救星归来的心情。该时代日益深重的苦难，使得该传说长盛不衰。亚瑟目前被说成是最后一个罗马人。他理解罗马观念，并且用之维护不列颠人民的利益。科林伍德教授说：

“罗马的遗产以许多形象的形式永存，而亚瑟则是这一遗产的最后一个创造者。不列颠尼亚的故事随着亚瑟而告终了。”

南尼乌斯写道，亚瑟的“第 12 战发生在巴登山。战斗中，光是亚瑟的身边，一天就聚集了 960 人。除了他，没有人撂倒他们。他每战必胜。屡战屡败的敌人向日耳曼人求援，且不断增兵”。

确定巴登山战场遗址的一切努力均告失败。许多专家学者做了大量的调查，都一无所获。但是，如果战斗（而且很可能）发生在 V 字线的中间争议地区，旨在阻止敌人从东边进军，那么最有资格戴上巴登山桂冠的，就是斯温登附近俯瞰巴德伯雷的利丁顿营地了。另一方面，战斗的日期也能很准确地确定。吉尔达斯著作中说，发生在 43 年零 1 个月以前，还说，能记住这个日期，因为这天刚好是他的生日。我们从他的书中得知，北威尔士国王梅尔格温在他写书的时候还活着。坎布里亚的编年史中记载，国王于公元 547 年得瘟疫去世了。所以，吉尔达斯著书的时间最晚不迟于此年。上溯 43 年，巴登山之战的时间就是 503 年了。我们还可以借助爱尔兰编年史交叉印证。该史书指出，吉尔达斯卒于 569 年或 570 年。因此，他的出生不可能早于 490 年，发生战斗的日期似可定在 490 年到 503 年之间。

* * *

还有一个更广泛的问题引起激烈争论，入侵者是把当地人斩尽杀绝了呢，还是融入进去并在某种程度上与之混血了？这里有必要把旨在掠夺的侵略阶段同定居阶段区别开来。吉尔达斯所说的是前一个阶段，他所描绘的情景在 300 年后丹麦人入侵时又重现了。对定居者来说，这类劫掠在主要忙于开发土地的生活中只是偶然发生的插曲，在战天斗地中，劳动力和土地是同样重要的。从地名上可以看出，在苏塞克斯，消灭居民是常事。再往西，有理由认为，大批不列颠人活了下来。最古老的公元694年的西撒克逊法典，仔细规定了各阶层“威尔士人”的权利，如大地主、“威尔士国王的差役”，实际上是本地的快骑手，熟悉古道。哪怕撒克逊农场没有为了私利留下当地村民充作劳动力，我们也可以抱有希望，有些地方，少女苦苦哀求饶命，美人的悲声呼救和侵略军的肉欲，可能在胜者和败者之间建立某种纽带关系。这样，当地人的血脉得以保存下来，几代人之后，严苛的征服关系也就淡薄了。大规模的灭族行径到底使人感到厌恶。征服者即使没有怜悯，至少会受到实际利益或性欲的引诱。因此，严肃的史家都认为，对于不列颠社会的大部分人来说，盎格鲁撒克逊的征服主要是主人的更替。富人被杀而大批勇敢不屈的人退到西边的山里，其他许多人则及时逃到了布列塔尼，他们的子孙后代有朝一日是要卷土重来的。

再者，撒克逊人喜欢居住在河谷地区。他们关于经济用地的概念，就是河边的草地晒干草，低坡地种庄稼，高坡上放牧。但是，有许多地方想必经过很长时间，这些低洼地才收拾好，把水排干；在这期间，除了高地田庄的作物以外，他们能靠什么为生呢？比较顺理成章的是，在河谷可以播种以前，他们让本地人当农奴耕种自己熟悉的土地。然后，古老的不列颠田庄逐渐荒芜了，所有的人都聚居到河边或溪头的村子里。群居河谷的居民所操的语言要比散居在小土地上的山间耕农的语言更占上风。对现代英国地名的研究证明，山、森林、河流的名称一般起源于凯尔特语，甚至在村名都是盎格鲁撒克逊语的地区也是如此。由此可见，不考虑原有种族全体灭绝的情况下，不列颠语言的消失是可以理解的，即使在我们知道有不列颠人幸存的地方也可想而知：他们必须学习主人的语言，而主人却不用学习他们的语言。结果，拉丁语和布立吞语完全让位于后来者的语言，甚至在最早的文献资料中也很难找到拉丁语和布立吞语的痕迹。

但是，岛国的情况也不是完全一致。我们有充分的理由认为，新肯特人定居在原有居民旁边，并且采用了后者的名字坎蒂人。在诺森伯利亚，凯尔特法律的痕迹比比皆是。在汉普郡和威尔特郡，有一条宽阔地带都是不列颠地名，从利斯到德维利尔。这似乎可以说明，本地人仍然在丘陵高地耕种着原来的田地，而撒克逊人则在开垦河谷。这里没有肤色歧视，两个种族的体形也很相似。在许多地区，撒克逊族群可能融入了大量不列颠的血统。

侵略者自己也免不了向往安全的栖身之地。他们的法律严苛，生活困难，都是由于中亚贪婪的游牧民族的大规模西迁而在他们背后造成巨大压力的结果。外出劫掠半年后回来的武士，总想懒洋洋躺下休息。显然，他们对于渐进式的提示并非熟视无睹。然而，首领和长者不禁要问，何处可得安居之所呢？公元 5 世纪，来自东方的压力日益吃紧，一年一度的劫掠队伍都从不列颠满载而归，还带来了那里富庶的传说。于是，首领们激发了登岛的想法，如果有顽强骁勇的民族能够占领它，便可以高枕无忧了。也许，在这个惊涛拍岸的海岛上，人们可以定居下来，享受生活的乐趣，而不必整日担心被强者所征服，也不会遭受大陆上与军事生活和部落规矩分不开的巨大日常牺牲。于是，野蛮人挥剑指向，不列颠不啻为一个庇护所。继入侵者而来的，殖民计划、定居制度纷至沓来。希望在前，绝路在后，移居和占领不列颠的活动便逐年增加了。

*　　*　　*

在日耳曼各部落中，撒克逊人是最凶狠的。他们的族名撒克逊遍及整个北方部落联盟，据说来自他们使用的一种叫赛克斯的短剑。虽然根据传说和圣徒比德的著作，是盎格鲁人、朱特人和撒克逊人共同征服了不列颠，虽然各个殖民点具有不同部落的特征，但是，撒克逊人很可能在离开石勒苏益格—荷尔斯泰因之前就差不多兼并了另外两个部族。

我们儿时读的史书，都想大胆地列出所有重大事件的确切日期。公元449年，受国王沃蒂根之邀，亨吉斯特和霍萨在肯特郡原有居民的尸体上建立了朱特王国。公元477年，埃拉携三子来到不列颠，继续进犯。495年，瑟迪克和儿子辛瑞克[①]现身。501年，海盗朴特建立了朴次茅斯。514年，西撒克逊人斯图夫和威特嘉也登陆，赶跑了布立吞人。544年，威特嘉遇害。547年，伊达来到这里，建立了诺森伯兰王国。对于这些纪年，我们只能说，与事实大体相符，接连不断的入侵者带着殖民者登上了我们不幸的沿海。

其他学术权威描述了另一番景象。I.R. 格林写道：

> 村里的大部分宅舍属于底层的自由农民，但其中有较大的宅舍属于出身高贵的伯爵贵族。这些人世世代代受到尊重，战时全村的首领都是从他们当中选出的，和平时就是统治者。但是，选择纯属自愿，高贵血统的人在法律上不享受半点特权。[3]

---

① 传说中西撒克逊开国国王。

果真如此的话，我们早早就实现“贤者通过交流领导全民”的民主理想了。毫无疑问，在日耳曼人的部落构想中，有许多至今仍然令人钦佩的原则，在我们英语民族馈赠世界的信息中，构成了不容否认的成分。但是，征服不列颠尼亚的人根本没有践行这些理想，反而引进了一整套十分卑鄙可恶的社会计划。入侵者把日耳曼各部落通行的一条原则带到了不列颠，即通过金钱的力量调节人与人之间的法律关系。如果有什么平等的话，就是社会各个阶层内部的平等；要说有自由，主要是有钱人的自由；如果有权利，也基本是财产权。没有犯罪行为不可以花钱解决。除了拒绝出征以外，最大的罪行就是盗窃了。

他们用繁复的先令价码确定了每个人的精确价值——偿命金。王子值 1500 先令，贵族值 300 先令，自由农民值 100 先令，农奴值 40 先令到 80 先令，奴隶就一文不值了。一个先令在肯特可以买一头奶牛，在别处值一只羊。这些法律逻辑严密，执法丝丝入扣，无所不用其极。如果自由农民杀死贵族，赔款是贵族杀人的 3 倍。法律适用于所有人的家属。杀人可用现款偿命。有钱能使鬼推磨，没钱就只好偿命，或者失去自由。当然，价值 1500 先令的王子在某些方面也受制裁。对诽谤的惩罚是割舌头。如果王子犯了诽谤罪，其舌头的价值是伯爵的 5 倍，是普通农奴的 15 倍，只有如数缴纳罚金，才能赎罪。地位卑贱者的舌头当然更便宜了。正如阿尔弗雷德在很多年以后所说的那样，这种赔罚金制度至少比血腥的仇杀好。

血亲关系是日耳曼社会制度的基础。家庭是单元，部落是整体。我们所见的殖民者大转型，是放弃以血亲关系为社会主题，而代之以土地所有制为基础的地方社会结构和贵族阶层。这一变化同人们接受的许多教训一样，是随着严酷战争的需要而产生的。各个先锋队为了保住立脚点，同处境差不多艰难的部落进行搏命，最终都不免落入最勇敢、最威严、最走运的军事长官手中。而这已经不是需要几个月或者至多一年的征伐问题了，而是要建立拓居点，要开垦耕种新国土，而且还是深耕出高产的处女地。国土必须用武力保卫，但除了那些踏着原主尸骨勇夺土地的酋长以外，谁能保得住它呢？

日耳曼人在英格兰定居，就会改变原来的外来生活结构。由于旷日持久的军事活动，拓居的武装农民被迫接受更铁腕的国家权威。在日耳曼尼亚的时候，他们没有国王。在不列颠尼亚，他们的国王是从那些自称为古神后裔的首领中产生的。国王的地位日益显赫，他的支持者和追随者在社会上逐渐形成新的阶级。这一阶级带来了封建制度的胚胎，最终支配了所有其他的常规。封建领主是主人，也必须是保护者。他必须站在他的百姓身边，打官司时给他们撑腰，发生饥荒时供他们吃食，反过来，他们必须为他种地，为他打仗。

国王起初只是军事首领，后来变成了终身制。但是一旦称王称霸，他就有自己的利益、自己的需要和自己的致命危险。巩固王位是他的首要欲望。“称王不算啥，巩固王位才……”[3]怎样才能巩固呢？国王唯有招纳一队英勇善战的武士，让他们直接参与征服外国和开拓土地。他赏赐给他们的，只有土地而已。必须建立等级制度，国王身边是和他同建战功、财富共享的人。战利品坐吃山空，而土地却永世长存。土地要多少有多少，土质不一，地势不同，但是，给个体武士分封采邑，却和日耳曼部落的传统格格不入。战争不断，还要开疆拓土，压力重重，所以越来越多的土地成为私有财产。于是，起初不显山露水，完全依赖国王赐予财产的地主贵族阶级也就应运而生了，而且从 7 世纪起，贵族的产生越来越快。布立吞人顽强抵抗了近 200 年，其间双方各有胜负，而出身神圣的军事领袖所实行的个人统治新制度，也在盎格鲁撒克逊入侵者中间扎下根来。

走向统一的政策或者社会结构的时候，一些互相倾轧的小王国也相继诞生。当时交通闭塞，没有文字，各个地区如汪洋中的孤岛一样彼此隔绝。因此，入侵部落的后方顿时王侯四起。在日耳曼人的许多致命缺点和恶习中，不善团结的缺点尤其突出。在很长的时期里，不列颠岛只有组织严密的小公国互相争雄的混乱状态。殖民初期，亨伯河以南整个地区的居民共同处于一个王者的管辖之下，但是始终没有发展成为全国性的王。他们仍然靠劫掠为生，为了确保他们的战利品安全无虞，也付出了更多的努力。

目前已经有许多著作论述了罗马人在不列颠令人萎靡不振的统治，当时人们因罗马提供的小康生活而变得懒散软弱。毫无疑问，吉尔达斯的著作给人的印象是，罗马政权衰落后，不列颠社会涣散，政府昏庸——这一次算是有根有据的。但是，要想公正地评价这个不复存在的时代，就得承认布立吞人同我们现在所说的英格兰人斗争了近 250 年。他们在世界性大帝国罗马的庇护下同英格兰人战斗了百年，在 150 年里则全靠自己。这场斗争波澜起伏。古不列颠人曾经多次取得胜利，抵抗征服行动达一代人之久。当初连罗马人也无法征服的山区，终于再次被证明是不列颠民族不可攻克的堡垒。

第5章

英 国

红艳艳的晚霞；漫漫的长夜；雾蒙蒙的曙光！随着光线渐明，遥远的后代看清：一切都变了。不列颠尼亚的夜幕降临，英国在破晓当中苏醒，贫穷粗陋、野蛮卑下，山河破碎，生机犹在。不列颠尼亚曾是世界性国度中生龙活虎的一部分，英国却重归野蛮岛国。此地区曾经是基督徒的天下，现在却成了异教徒的地界。从前百姓在井然有序的城市当中安居乐业，有教堂、集市和学校，还哺育了工匠、商人、文学和修辞学的教授。400年来，这里长治久安，尊重私人财产，文化日益普及。这一切都消失了。现存的都是木制建筑，没有石头房屋。人们彻底荒废了书写技艺，只能靠可怜巴巴的鲁尼文字来远距离表情达意。野蛮人穿着破衣烂衫君临天下，连维持日耳曼部落兴盛并且延续下来的严厉军事法则都丢了。小地痞流氓之间你争我夺，各自称王，蹂躏着这片土地。虽然这个时期的英格兰根本称不上是一个国家，甚至不如一个部落，但是19世纪学人都异口同声表示，这是人类进步过程的重要过渡期。我们从糟糕的，甚至可以说是无尽的梦魇中醒来，当下却还是一片沉沦。野蛮人颠覆了罗马文化，也没有冒出复兴的种子。要不是海的彼岸，文明废墟中一股新生力量正在断断续续地颤动，慢慢地、费力地挪动，最终通过各个途径到达了不幸的英伦岛，人们肯定还会继续在痛苦的泥潭中永远摸爬滚打。就像史学家普罗科匹厄斯说的，粗俗的地府冥神卡戎把大陆上的亡灵都用船渡到了岛上。

罗马帝国占领不列颠的头两个世纪，基督教还不是官方宗教。罗马帝国体制对基督教和其他宗教十分宽容，基督教和其他膜拜仪式都得到了发展。然而，岛上有了基督教会后，他们派主教参与了早期的议会，因此我们看到，他们拥有足够活力来发展贝拉基异端邪说，即无须上天帮助的自省。当罪恶的时期降临不列颠，和撒克逊人的长期战争爆发，不列颠教会和其他幸存者撤到了岛的西面。战争双方之间鸿沟如此之深，不列颠教会的主教并没有要说服入侵者皈依基督教的意思，也许是根本就没机会去说服他们入教。后来，基督教内部有一位杰出人物，后世称作圣大卫的伟人，让现在的威尔士地区全部皈依基督教。除此之外，不列颠基督教会在逃难中衰弱了；要不是因为一位品格卓越而富有魅力的人物出现，还可能会消失殆尽。

圣帕特里克是出身于富裕家庭的罗马布立吞人，应该是住在塞汶河谷。父亲是基督教执事、罗马市民，还是市议会的议员。公元5世纪初的一天，一伙爱尔兰强盗突然闯入这里烧杀抢掠。年幼的帕特里克被拐卖到了爱尔兰做奴隶。圣帕特里克是被卖到康诺特还是乌尔斯特，还存在争议。双方的论据相互矛盾，但很有可能都是对的，两个都能荣膺圣帕特里克故居。不管是哪个地方，圣帕特里克都在那里养猪养了6年。孤独让他寻求宗教的慰藉。他受到神迹的启示逃离了。尽管他所处之地离海洋遥远，还是辗转到达了港口，找了一艘船，并说服船长让他上船。历经了漂泊后，圣帕特里克到达了马赛附近的小岛上，该岛当时是由东地中海向西扩展的新修道运动的中心。他跟着奥赛尔的杰曼努斯主教，真心想着要以德报怨，把学到的福音在爱尔兰强盗那里传播。经过主教14年的悉心培养，帕特里克自己做好了准备，似乎要孤身冒险，在432年乘船回到了他逃离的野蛮之地。他在这片土地上迅速取得了成功，功绩永垂不朽。“圣帕特里克让现存的基督教运转起来；让未皈依的王国都皈依了基督教，尤其在西部；他让爱尔兰和西欧教会取得了联系，正式融入了统一基督教世界。”圣帕特里克神迹驱逐了爱尔兰土地上蛇蝎心肠的人物，这虽然是次要的层面，但也是其名声代代相传的缘由。

所以，基督教的光辉穿越黑暗，燃烧且闪耀在爱尔兰，而不是在威尔士或英格兰。福音也是从爱尔兰传到不列颠北部，首次向皮克特族的入侵者下了救赎咒语。科伦巴在圣帕特里克去世后的50年出生了，是圣帕特里克教会的传人，充满了圣人的风范和激情，是新的信仰捍卫者。科伦巴在爱奥那岛上建立了修道院，那里的信徒从不列颠人的斯特拉斯克莱德王国，到北部皮克特族的部落，再到盎格鲁人的诺森布里亚王国，来回奔波传教。科伦巴建立了苏格兰基督教会。圣帕特里克带到爱尔兰的福音因此渡过滔天海浪，在广大地区继续传播。不过，通过圣科伦巴布道的英国基督教形式与其他欧洲基督教国家接受的一般形式有区别。其次，修道院的形式，经过北爱尔兰，从东方传播到新的地方，从未受到罗马中心的影响。因此，凯尔特基督教会就采用了教会政府的形式进行管理，教会政府则是由修士和传教士组成的松散社团来支撑，在重要的早期发展中，并没有和普世的罗马教皇组织产生联系。

* * *

尽管交通不便，消息闭塞，一开始教廷就高度关注圣科伦巴的劳作成果。不仅是对福音书的传播情况感兴趣，还担忧偏离真理，让新的教徒误入歧途。在偏僻的北方岛屿，布道运动正在如火如荼地进行当中，令教皇心生谢意；同时，教皇也担忧其伊始便独立于教廷。在那时，罗马主教最关注的是“基督的羊都要待在同一个羊圈里”。在北方，传教士们洋溢着激情和热忱，但是这样另辟蹊径，基督教似乎不尴不尬。

出于包括传播福音在内的种种考虑，6 世纪末，教皇决定派出导师入英格兰传教布道或说服吸收异教徒信教，同时在不列颠基督徒和基督教主体之间建起有效的联盟。为了这一崇高的任务，教皇格里高利（后世称“大贵格里”）和教会政府人士聚集在罗马，选中了一位值得信赖的高雅修士奥古斯丁。据记载，596 年，圣奥古斯丁在教会的热情支持下开始传教。肯特一直是不列颠岛与欧洲教会联系最为密切的王国，在各个阶段也一直有着最为先进的文化。肯特的国王娶了法兰克国王的女儿柏莎，岳父是克洛维之后，已经在巴黎登基。尽管肯特国王信托尔神和奥丁神①，柏莎王后已经开始在宫廷圈子里传播真理。王后的牧师是热忱活跃的法兰克人，全权管理传教事务。所以，肯特人民本就已经准备好了接受西欧教会的主导教义，现在又深受鞭策。圣奥古斯丁到肯特才发现一切都已经提前准备好了，他只是注入了行动气氛。在法兰克公主的帮助下，圣奥

① 奥丁是古代北欧神话中的众神之王，其子托尔是雷电与力量之神。

古斯丁说服埃塞尔伯特国王皈依基督教，国王本人也出于政治原因考虑皈依很久了。以不列颠残存的圣马丁古代教派为基础，圣奥古斯丁重建了坎特伯雷的基督教生活，坎特伯雷势必成为英国宗教发展的中心和巅峰。

埃塞尔伯特是英格兰的最高统治者，对南部和西部的诸王国实施了有效统治。他的政策既巧妙娴熟，又野心勃勃。埃塞尔伯特皈依基督教这件事，不管看起来多么诚心，都符合自己的世俗目的。他作为英格兰唯一信仰基督教的统治者，可以和不列颠诸王国联手，利用基督教的信仰作为联合的纽带，统一其他国家，成为最高统治者。这无疑和奥古斯丁从罗马带来的想法一致。所以，7 世纪初，埃塞尔伯特和奥古斯丁召集了不列颠的基督教主教们开会。地点选择在塞汶河谷，英格兰人和不列颠人的边界，离肯特王国边界之外很远。在这里，本来两个种族之间可以有机会实现全面的持久和平，以基督之名，进行和解。如果和解实现，埃塞尔伯特和他的后代就可以稳稳地继承下去了。这个想法基于远见和仁慈的政治目的，但很遗憾的是未能实现。失败的原因有二，第一，不列颠主教们脾气不好，互相猜疑；第二，圣奥古斯丁一点不圆通的傲慢。

两次会议，还间隔了一段时间，讨论内容都浮于表面，集中在有趣但没有争议性的话题上。例如，复活节的日期定在哪一天，这个话题至今还在辩论；还有削发仪式的形式。奥古斯丁主张按罗马习惯，只削去头顶的头发。不列颠主教们可能是模仿德鲁伊教削发的方式，主张从头顶一直剃到耳朵，只留下前额的刘海。怪诞的选择啊。这些问题都是可以调整的事情，为会议公开议题的顺利进行提供了方便，在一团和气中解决了重要的问题或在幕后达成共识。

但是不列颠主教们实际上并不想投入罗马有力的怀抱。凭什么要这样做？他们长久以来维护信仰，反抗可怕的暴政和镇压，现在却要听从肯特国王的领导，而这撒克逊国王才刚刚皈依基督教，他的政策令人鼓舞，但目的昭然若揭。第二次会议完全是不欢而散。奥古斯丁发现，会议中充斥着不合理的偏见和深深的敌意，有几位不列颠主教被争取过来后，却被他们同胞骂作离经叛道。他立刻威胁道，如果不列颠基督教不接受这份公平的提议，罗马教廷就会站到英格兰人一边，利用影响力和威望反对不列颠。撒克逊军队会得到罗马祝福，主要基督教会连续不断传统的加持；而当那些长期虔诚的不列颠人被英格兰新皈依基督教的信徒割破喉咙时，没人会同情他们。圣人说："如果你不能和朋友和平相处，那你就得和敌人厮杀。"但是这无非是不列颠人200年来面临的东西。这是熟悉的语言。这次会议一拍两散，覆水难收啊。罗马教廷通过埃塞尔伯特以及肯特王国进一步和不列颠基督教派建立联系的尝试，哪怕是微弱的联系，也只能无功而返。

奥古斯丁的传教任务体面地结束了，但结局并非尽善尽美。除了在圣保罗教堂原址奉梅利特斯为东撒克逊的主教外，奥古斯丁并没有努力在肯特王国以外的地方传教。他被轻率地叫做"英格兰的使徒"，因为让盛极一时的罗马行省不列颠尼亚重新改信基督教，数百年以来他都享受着这个名号。圣奥古斯丁的光环直到近代还闪烁着光芒。

* * *

近30年后，罗马来的使者才进入英格兰北部，教化那里的人民皈依基督教。随着政治兼并和朝代更迭，皈依终于实现了。东盎格鲁人的国王雷德沃尔德在夺取了一系列胜利后，建立了覆盖英格兰中部从迪伊河到亨伯河的广大领地。雷德沃尔德帮助流亡的王子埃德温夺取了诺森布里亚王国的王冠。埃德温靠自己的能力开疆拓土，逐步走上了英格兰权力的顶峰。即使是盟友雷德沃尔德在世的时候，埃德温也被视作除了肯特王国之外全英格兰众王国的最高统治者，安格尔西岛和马恩岛也都被他的船队收服。埃德温不仅仅建立了个人的最高地位，同时还建立了联盟，预示着接下来在麦西亚和韦塞克斯国王治下即将形成的全英格兰王国。埃德温娶了肯特王国信仰基督教的公主，向公主保证一定尊重她的宗教信仰。625 年，肯特国公主从坎特伯雷来到了国都约克，随从中就有来不列颠岛的第一位罗马传教士保利努，他是圣奥古斯丁时代开始 24 年之后首次踏上北英格兰的罗马使者。

关于埃德温，现存的描述，称其形象和善而有教养："埃德温国王在不列颠开拓疆土，所到之处一片宁静祥和。谚语说，怀抱新生儿的妇女可以毫发无伤穿过岛屿，从海的这头走到那头。埃德温国王爱民如子，在好几处路边的泉眼，都命人在桩子上挂特制水桶供路人蓄水饮用，除此之外水不得用作他途。出于对国王的畏惧或爱戴，莫敢不从。"埃德温恢复了罗马威仪，"他不仅在战场上要竖起旗帜，在平时率领臣子走在城市、镇子、行省时都要举起旗帜。埃德温走在街上时，无论在哪，旗手也总是以罗马仪式走在国王前面开路。"

落魄王子现在如日中天。保利努主教趁机说服埃德温皈依基督教，诺森布里亚这个像微缩版英格兰的富饶王国也变成了基督教国家。但这个神佑的大事却迅即带来可怕的后果。诺森布里亚王国的霸主地位引来了英格兰中部麦西亚国王彭达的强烈不满。命运演绎了令人难以置信的剧变。633年，异教徒彭达和信奉基督教的不列颠北威尔士国王卡德瓦尔隆竟然联手建立了旨在推翻埃德温霸权、毁灭诺森布里亚王国的联盟。这是史上第一次出现不列颠和英格兰并肩作战，也是政治胜过宗教和民族的一次证明。在唐克斯特附近的一次残酷的战斗中，埃德温惨败身亡，他的头被割下来，和其他人的首级一起放在了臣服后的约克堡垒墙上示众。可能约克长久以来是罗马军团的驻扎地，保持了罗马占领不列颠时期的传统，于是欢迎不列颠的胜利者。不列颠岛上有史以来最伟大的国王突然身亡，招致了同样迅速的报复。不列颠的卡德瓦尔隆征服了诺森布里亚王国。这就是不列颠人期盼已久向撒克逊敌人报仇的机会。他们如愿地讨回了不菲的陈年老账。我们几乎看见了当年布狄卡女王的英魂重归。

但诺森布里亚王国的内在力量十分强大。被杀的埃德温国王名声响彻整片土地。埃德温的继承人，伯尼西亚家族的奥斯瓦德来自王国两大行省之一,一出现就成为新皈依且怒气难平的撒克逊士兵的首领。在埃德温死后的一年内，奥斯瓦德通过罗马长城边展开的艰苦卓绝的战斗打败了卡德瓦尔隆和他的不列颠军队。这是布立吞和撒克逊之间最后的阵地战，必须承认，布立吞战士在作战和运气方面都太差了。他们和英格兰中部的撒克逊异教徒结盟来报仇雪恨，利用了当地人的分裂运动，破坏了自己信誓旦旦的基督教统一全岛的光明前途，到头来却被人背叛丢弃。不列颠和撒克逊入侵者之间的战斗以铩羽告终，但比胜负更重要的是，战争终于结束了。

布立吞人的暴行使得北方所有撒克逊部队联合起来打败卡德瓦尔隆，并且将野蛮的西布立吞人赶出诺森布里亚王国，之后便开始了和彭达国王的战斗。撒克逊部落认为彭达和宿敌签订可耻的条约给他们带来了无尽的痛苦和杀戮。但他盛极一时，麦西亚举国上下之力信奉托尔神和奥丁神，长达 7 年时间。彭达打败奥斯瓦德，还将其斩首、肢解，和对埃德温做的事一模一样。奥斯瓦德的弟弟奥斯维几年后清算这笔家仇，而彭达亮剑太频繁，终于死于剑下。诺森布里亚人民历经了苦难沉沦，王国终于变得更为强大了。

埃塞尔伯特未能让不列颠和英格兰凭借基督教重新统一起来，接下来的前途走向落在诺森布里亚王室肩上。罗马看重的是约克而不是坎特伯雷，建立有组织的基督教国家，希望放在英吉利军队而不是不列颠军队身上。当灾难降临到诺森布里亚王国时，保利努主教早就渡海回到了坎特伯雷。他和奥古斯丁一样都不是当时那种面对战争临危不惧的人。尽管他们认真接受教皇制度教义、利益、方针方面的训练，但并不是殉道者或福音传道者的料。不列颠入侵过程残酷，但保利努的副手詹姆斯副主祭却全程坚守职位，在血肉横飞中布道施洗。同时圣埃丹率领凯尔特基督教在诺森布里亚王国的传教工作，更加非同小可。麦西亚、东盎格利亚和诺森布里亚王国的大部分人都经过凯尔特基督教的布道而重新信奉基督教。因此，两股基督教的势力在英格兰再一次相遇了，接下来双方开始一较高下。

彭达败亡之后，各种激情摆脱束缚，迸发了出来，盎格鲁撒克逊的英格兰完全皈依基督教。再没有哪个王国出现异教甚嚣尘上的情况，除了信奉奥丁神的个别人悄悄礼拜，整个英格兰都是基督教国家。这伟大的事件本可以造福全岛，但是英格兰和不列颠人民之间新产生的分裂斗争破坏了这和谐的局面。激烈的种族斗争，增添了宗教统治的争议，这种分歧就像基督教与异教之间势不两立一样，撕裂了族群。从此以后，争论的焦点不再是不列颠岛应该信奉基督教还是其他教，而是哪个基督教说了算，罗马派系抑或是凯尔特派系。这个争论持续了几百年，双方一直你争我夺。

664年，著名的惠比特宗教会议提出了解决问题的办法，大体上算是成功。一开始，问题陷入两难的境地，不列颠基督教义到底是和基督教世界基本行事原则保持一致，还是由北方建立的凯尔特基督教修道院来诠释教义呢？双方争执不下，最后经过苦口婆心的劝说，决定诺森布里亚教会最终完全加入罗马教会，成为天主教的一部分。麦西亚王国也跟着臣服了罗马天主教。尽管凯尔特主教和他的随从满怀怨恨退回到爱奥那岛，而爱尔兰教士们还在坚持不妥协，但此事件的重要性是怎么说都不过分的。教会不再听命于穷乡僻壤的修道院院长，他们目光短浅，循规蹈矩；世界范围统一的天主教大家庭则向广大英国教徒展示了发展的广阔前景。这就推动诺森布里亚王国发展到了鼎盛时代。不列颠第一次实现了信仰和道德的统一，教会势力覆盖岛国六分之五的地区。不列颠宗教走出了关键一步，全岛都信奉基督教，最重要的也最能带走权力的是其权力机构的绝大部分也和罗马教皇直接联系。

罗马没有理由对奥古斯丁和保利努的传教表示满意，教皇意识到了他通过肯特王国指导不列颠基督教事务是种错位。教会制订了新计划，说明了天主教的统一。668年，罗马教会选择两位新的使者，继续举起传教的火炬，照亮雾蒙蒙的北方。第一位是来自小亚细亚塔尔苏斯的西奥多，第二位是来自迦太基的非洲人哈德良，比前几位主教都要坚忍不拔，性格和为人也是别人望尘莫及的。他们到达坎特伯雷时，全英国仅有三位主教来迎接，任务完成时，英国国教的主教门面格局提高了，至今辉煌未减。690年，西奥多去世之前，将主教职位从7个增加到了14个，而且发挥管理能力使教会有了新的凝聚力。教会并没有将西奥多封为圣徒，但是这位出色的亚洲人是英国最早的政治家，以卓越的智慧指引着英国的脚步，收获了丰硕的成果。

* * *

7世纪到8世纪，盎格鲁撒克逊国王之间的你争我夺持续了漫长的时间，情况错综复杂。对于一辈子都活在那段岁月的人而言，这段历史十分重要，但对后世则无关紧要，因此片言可尽。诺森布里亚王国的霸权受到威胁，最后由于地理位置劣势和本身力量孱弱而灭亡。诺森布里亚王国四面楚歌，北面有皮克特人，西面有斯特拉斯克莱德的不列颠王国，南面有中部的麦西亚，记仇的中部地区对彭达的死亡和其追随者所受的残酷压迫耿耿于怀。这些对抗让诺森布里亚不堪重负，尽管尽力一搏，王国之间劳民伤财的争战中，有些英明的首领也获得过胜利，但诺森布里亚作为岛上的主宰族群必然垮台。

不过，这个黎明时刻，诺森布里亚有幸迎来了一位上文提到过的编年史家。他的文字经过长期湮没后呈现在我们眼前。比德是一位能力超群的修士，在教会角落里默默无闻地工作，如今却登上舞台，成为那个黑暗时代不列颠诸岛上唯一的有效发言人。不像吉尔达斯，比德记录史实。人们感激吉尔达斯记录了中世纪历史而授予他“智者”名号，但“尊者比德”的称号却依旧傲然挺立。比德孤身一人，竭尽所能向我们描绘了盎格鲁撒克逊人在早期英国的壮丽图景：信奉基督教的英国被部落、王朝与个人间的宿仇搅得四分五裂，伊丽莎白时代有古文物研究者称之为“七国时代”。不同实力的七个国家都信仰基督的福音，你争我斗，尔虞我诈，欲登权力之顶峰。731 年至 829 年，将近 100 年里战火不断，他们遵循基督的统一教义，却做出烧杀抢掠各种暴行。

撒克逊人的英国统治权落到了麦西亚人的手里。大约 80 年里，两位麦西亚国王掌握了亨伯河以南所有英格兰地区的支配权。埃塞尔博德和奥法分别统治 40 年。埃塞尔博德在成为独裁者之前遭流放，在流亡时和修士、隐士、圣人做伴。重登王座时，埃塞尔博德虽未舍弃对基督教的虔诚，但也拒绝不了世俗的诱惑。圣古思拉克在他身陷囹圄与贫穷时给予慰藉，但圣博尼费斯不得不指责他伤风败俗的行为。

基督教关于性的道德观念变得十分严格，教徒们甚至可以指责国王行为放纵。日耳曼的博尼费斯谴责埃塞尔博德犯了“双重罪”，在修道院利用王权非分占修女便宜。对于这位国王，历史鲜有记载。埃塞尔博德救济穷人；维护治安；733 年袭击南方的韦塞克斯王国；740 年，趁诺森布里亚和皮克特族陷入混战时，摧毁了诺森布里亚的部分地区。最后一场胜仗打完后，埃塞尔博德自称是“英国南部之王”“不列颠之王”，这些名号在亨伯河以南名副其实。

* * *

埃塞尔博德最后被自己的侍卫杀死，继任的是一位更伟大的王。奥法在第二个 40 年当政，虽然默默无闻，但其权力不仅仅在英国上下留下了印记，也留在了整个欧洲大陆。奥法和查理曼大帝同时代。他的政策和欧洲其他国家的政策关系密切；被称作是第一位“英国人国王”，也是自罗马时代以来第一个和大陆发生争执的国王。

查理曼大帝希望有个儿子能娶奥法的一个女儿，这是英国人奥法位高权重的证明。奥法规定自己的儿子也要同时娶到查理曼大帝的女儿。神圣罗马帝国的开国者查理曼大帝一开始似乎对平等联姻的建议大发雷霆，但之后发现和朋友成为亲家是切实可行的。貌似“英国人国王”禁止了欧陆商品入境，查理曼大帝权衡了这个报复带来的不便以后，迅速克服了所有骄傲和情绪，奥法很快又成了查理曼大帝的“至爱兄弟”了。查理曼大帝也同意“根据古老的贸易规则”，双方对等保护商人的安全。显然，“乌石头”商品，也就是煤，成为问题的焦点了。煤从法兰西运过来换取英格兰的斗篷。除此之外，流民和引渡也是讨论的问题。查理曼大帝想遣返一名大斋期吃肉的苏格兰人，送来了古剑和丝质斗篷当作礼物。由此可见，奥法在欧洲也算得上与查理曼大帝平起平坐了。显而易见，岛国在当时肯定也是不容小觑。尊贵的帝国之主不会和人微言轻的主儿进行政治联姻，敲定贸易条约的细节。

两位国王长治久安，各种贸易通畅，获益良多，岛国也在世界上重新拥有了不可忽视的地位。大家知道，奥法自称“英格兰国王”，乃至“全英国之王”。史学家特别指出，“英格兰国王”的称号是英国历史的里程碑，这十分正确。这位国王统一了岛国大部分土地，所控制的贸易举足轻重，他的多位女儿是查理曼大帝儿子的合法配偶。奥法的事迹都是通过在邻国的影响来体现的。通过其他人的记录可以看出，奥法剿灭了塞文河流域的小国王们，在牛津郡打败了西撒克逊人，征服了伯克郡，斩首东盎格利亚王，成为伦敦之主，消灭了亨吉斯特建立的肯特王国，残酷镇压了肯特的起义。从此，他统治肯特，收缴了造币厂，在坎特伯雷大主教发行的硬币上印刻自己的名字。其中有一枚硬币很奇特，是高仿阿拉伯钱模的第纳尔金币，上面印了“奥法国王（rex Offa）”的字迹。坎特伯雷造币厂显然是把上面的阿拉伯文当作装饰，其实意思是“世界上只有一位真主，穆罕默德是真主的使者”，如果人们知道意思肯定会很震惊。奥法和教皇关系密切，教皇称呼奥法为“英格兰国王”。787 年，奥法热烈欢迎教皇使者的到来，保证圣彼得会深受爱戴，使者们大悦。为了实现诺言，奥法每年都会向教皇进贡，其中有部分是宣扬异教的硬币，但他也不是故意为之。

研究奥法，就像地质学家没找到化石，只发现了巨大的空洞，进而断定洞里住着巨大凶猛的怪兽。查理曼大帝手下史官之一的阿尔昆这样对奥法说：“你是不列颠的荣耀，也是杀敌的利刃。”奥法命人在皈依的撒克逊王国和未臣服的不列颠之间修建了一条长堤，成为奥法的遗迹。不列颠人坚持旧信仰，总是保持着独立，却被人轻视，因为不列颠人住在荒芜贫瘠的山区，而那些撒克逊入侵者却大摇大摆，享受荣华富贵。今非昔比，这座堤坝越过高山峡谷，在密不透风的森林留下缺口，从塞汶河口到默西河流域，向我们显示了奥法治下国家的辽阔。当时生存异常艰难，找到食物果腹已经是家庭乃至全民族的头等大事，但奥法一生仅凭个人意志力创造了这个长城，实在令人赞叹。这体现了奥法的国家幅员辽阔，国力鼎盛。这样的工程除了有效的政权基础别无他法可成。“奥法之堤”（offa’s dyke）体现了政策和人力一样重要。根据奥法之堤在许多地段的走向，不列颠人占了有利的地理位置，但史学家认为“奥法之堤”是边界而不是防御工事，双方因共同的利益而达成协议建成。这不是安东尼、哈德良时代的罗马长城，横亘在蛮夷和文明之间，而是严谨条约的产物，让奥法长期远离不列颠入侵的威胁，从而能在和欧洲谈判交涉时没有后顾之忧。

*　*　*

文化艺术有序地繁荣起来。英格兰人从大陆老家带来了生动活泼的蛮族艺术和原始诗歌。进入岛国以后，这些艺术受到凯尔特人曲线和色彩天才的深刻影响。罗马统治时期的地方风俗压制了这种天才，罗马一撤走，又活跃起来。基督教给了人们很多装饰新主题，见诸《林迪斯法恩福音书》（*Lindisfarne Gospels*）的大作和英国北部的十字架雕塑。这些精致文明从修道院诞生，我们现在看见的，仅是当时那个鼎盛时代的碎片而已。比德是该时代普遍受尊敬的大学者，因他的影响，人们用基督降生那一年作为公元元年，后来通行全球。马姆斯伯里的奥尔德海姆是欧洲名气最大的作家；欧洲大陆上修道院抄写的作品中数他的著作最多。用本地话写就的诗歌开始流行起来；韦塞克斯最先有散文的写作形式。另一位西撒克逊人博尼法斯，来自埃克塞特附近的克雷迪顿，成了日耳曼的使徒。英格兰在 8 世纪确实走在西方文化的前列。

英国经历了数世纪黑暗时代的混沌，历史中一直默默无闻，当时几乎所有人都不知道其存在，但我们可见一个目标逐渐形成。性格独立的英国，还远不如罗马时代那样是世界文明的一部分，但崭新的英国出现了前所未有的团结统一，拥有自己的本土天才。从此，英国精神永远屹立于全世界面前。

第 6 章
维京人

罗马帝国覆灭后，才轮到胜利的野蛮人痴迷于基督的福音，并且虔诚信奉。尽管对排遣他们的罪恶驱使并不比今天的善男信女更成功，但他们有了共同的教义启示。一条纽带将欧洲所有民族联系在一起，一个国际性的组织屹立在各个国家，是最强大的、唯一一以贯之的现存机构。罗马大主教居于权力的顶峰，在精神上，至少以教会形式复活了皇帝们消逝的权威。基督教会是唯一庇护学问知识的场所，回廊走道中收藏着古代的遗存。教会提醒不断冲突犯错的人们："这是人们解决怨恨最后的慰藉，是约束世俗力量最后的途径。"所以，虽然异教文明之光没有完全消失，但是新来的光辉持续不断，震慑了野蛮的民族，支配着整个岛国甚至欧洲大陆。他们都慑服于基督教的启示，精神境界进一步提升。从幼发拉底河到博因河，没有人再信仰旧神，而基督教牧师不管走到哪，都能在每座城镇找到善解人意的兄弟姐妹，尽管有时施以粗茶淡饭，但牧师们普遍受到欢迎。

腐朽的罗马时期充满混乱和无知，拥有智慧才干的人统统先在教会避难，之后从教会中崛起。教会是政治家的学校，而且基本垄断了学识和写作技能的教徒对于那时傲慢残暴的首领来说是不可缺少的人才。牧师成为各个朝廷的公务员，乃至官员。他们自然顺势成了罗马行政官，身上穿着的官袍至今依然在沿用。得胜的野蛮力量不知不觉向行政机构低头。无休止的权力斗争中，无数次证明了，依靠政府才是最后成功的保证。动荡混乱的黑暗中世纪过去后，不列颠岛终于重见光明。她醒来后，只见这个世界发生了深刻的变化，却形式未失，依然威风凛凛，空气中有清风拂过，更加令人心旷神怡。

新皈依教徒热情高涨却性格顽劣，导致了新的灾祸。基督教信仰维系的精神是要灌输和善仁慈，但当时教会却在激情和利益的引导下千方百计加强本身权力的结构。撒克逊人侵略者的后代暴露了人性的弱点，谦恭而虔诚的他们被教会组织利用。于是，在六七世纪，教会强占了岛上许多国家的财宝和土地，与自己对事态的控制能力不相匹配。由此可见，基督教会虔诚但是刚愎自用，有统一的信仰，但是屈服于世俗纠缠；虽然受到神的感化，野心仍旧不小。

在整个松散的社会复苏的过程中，发生了两次极具破坏力的外部打击。第一次来自东方。阿拉伯的穆罕默德举起了伊斯兰教的旗帜。他从麦加到麦地那实现了众所周知的徙志，伊斯兰教纪元即从公元622年开始计算。接下来的几十年里，穆罕默德和继任者哈里发们征服了整个阿拉伯半岛、波斯、拜占庭帝国的大部分地区以及整个北非沿海地区。8世纪初，伊斯兰教跨越了直布罗陀海峡，在西班牙流行起来，由此伊斯兰教在此传播了近800年。连法国都一度要臣服，然而732年，查理曼大帝的祖父查理·马特在普瓦捷击退了阿拉伯人。由此，从麦加出发的伊斯兰教势力几乎要长驱直入，和岛国只有一拳之距。

第二次入侵不列颠来自北方。斯堪的纳维亚半岛的维京人造长船出海了。300年间，阿拉伯穆斯林和北欧维京人南北夹击，骚扰羸弱的欧洲人。直到11世纪，基督教进入中世纪封建制度时期，身披铁甲的封建骑士大部分是皈依基督教的维京人后代，他们遏止了阿拉伯穆斯林的征服，在基督教阵营中成为足够有效的军事力量。

* * *

恶有恶报，撒克逊海盗对布立吞人所做的一切，过了400年后报应到英格兰人自己头上了。8世纪，斯堪的纳维亚的征服能量猛烈爆发。挪威、瑞典和丹麦的战士组成了强大队伍，除了武艺高超，还是海上的强悍弄潮儿。造成这种民族躁动的原因是，这些民族的力量和人口自发壮大起来。他们渴望冒险，还牵涉有内部改朝换代的明争暗斗因素。当时丹麦人和挪威人绝不是迫于亚洲草原新增的军事威胁而往西挺进，而是主动迁徙。维京人英勇顽强非同小可，有一股烧杀抢掠的力量从瑞典南下，不仅杀到了君士坦丁堡，还留下了萌芽[①]，强烈地影响几个世纪以后俄罗斯的欧洲地区。还有一支队伍乘了长船从挪威到达地中海，不断骚扰内海沿岸地区，并和分布在西班牙和非洲北岸地区的阿拉伯诸王国交战，但却败下阵来。第三股远征力量带着斯堪的纳维亚海盗到达了不列颠岛、诺曼底、冰岛，不久还穿过大西洋来到了今天的美洲。

丹麦人和挪威人之间的关系错综复杂，时好时坏，有时合谋掠夺，有时赌命互搏。但对撒克逊人来说，丹麦人和挪威人都是无情的祸

---

① 指基辅罗斯国的建立。当时西方盛行这种诺曼史观。

害，两者都生性残暴，不相上下。尽管不是食人族，但他们根据习俗，胜利后聚餐庆祝，在敌人的尸体堆上架起炉灶，或者将烤肉叉插进尸体里。北方人和丹麦人在爱尔兰战斗过后，当地居民（本身也非善茬）看到其恶心的习俗，表现出恐惧，然后以中立者身份问为什么这样。他们回答："为什么不这么做呢？如果他们赢了也会这样对我们。"据说，斯堪的纳维亚猎手从来不会为罪孽、朋友的死去掉眼泪的。然而，可以确证的是这些海盗军队在征服地区定居后，很快就养成了骄奢淫逸的习惯，如喜欢泡澡，穿丝质衣袍。船上带了供陆地上使用的帐篷和床。海盗首领会在征服地区行一夫多妻，在东方自然是照搬后宫制度。据说一个打胜仗的首领获得至少800名姬妾，不过也可能只是《圣经》里的夸张说法。936年，爱尔兰人收复利默里克城时，看到海盗手里的姬妾们美貌惊人，身裹精致的刺绣丝绸，简直让他们神魂颠倒。难道他们能坐怀不乱？

*　*　*

维京人的灵魂在于长船。八九世纪，长船已经改造得非常精进。这样的船舶吃水浅，可以逆流而上，在无数溪谷海湾下锚。造型优美，结构柔软，可以挺过大西洋最凶猛的风暴。

现在我们对这种船的构造了如指掌，有6只出土的船几乎都保存完好。最出名的是1880年在挪威科克斯塔德一座古墓发掘出的船只。船几乎完好无损，连水手的饭锅和跳棋盘都还在。1944年，人们排除了各种干扰因素，对此船重新进行了精密测量。此船中等大小，船头至船尾长76英尺6英寸，舷宽17英尺6英寸，船腹吃水只有2英尺9英寸。船两侧是鱼鳞板，由16块板组成，都是实心的橡木板，由木钉和铁螺栓固定；粗绳捻缝由动物毛发编织成；用韧皮绳把木板固定在船肋上，构造轻巧有弹性。甲板的木板可以活动，放补给的储物柜无疑是烂掉了；桅杆竖立在巨大坚硬的底座上。科林伍德教授说（笔者用现代文字改写），桅杆设计得很巧妙：“桅杆挺拔坚固，但并没有让轻巧灵活的船体支架变形。”船体一边有16根船桨，长度都不一样，在17英尺至19英尺之间；长船桨在船头船尾使用，这两处船舷离水面高；船桨造型优美，穿过主船板的圆形桨口；桨口设计得很科学，装了盖子，桨收回船后，盖子就把洞口封住。船舵装在右舷船尾，是板球球拍状的大型短桨，装了可拆卸的船柄，巧妙地连接在船上，使得舵叶发挥最大效能。40英尺高的桅杆，又长又重的帆桁连着一块方帆布。船上可载小船，这样的救生艇我们发现了三只。科克斯塔德号可载50名船员，必要时还可以加载30名战士或俘虏，可以全天候航行一个月。

就是这样大大小小的船只，载着维京人来劫夺文明世界——袭击君士坦丁堡，围攻巴黎，建城都柏林，发现美洲大陆。科克斯塔德号把维京时代的图景生动地展示在眼前：战船龙头雕刻得线条优美；船尾高耸弯曲；黑黄交错的盾牌在船侧排成长列；钢铁铠甲闪烁冷光，杀气腾腾。远洋维京长船干舷更高，建造更结实。1892年，人们复制了科克斯塔德型号，一队挪威船员驾驶着它经过4周穿越了大西洋。

然而，就算是这种出色的海战利器，没有船员去驾驶，也是徒劳无功的。所有船员都是自愿报名，才能卓越的船长领导船队。我们阅读的北欧冒险故事中，说水手都是“一流的战士或好汉”：显然是百里挑一，能把船舵船桨用得和剑一样熟练。还有严格的规则，早期“军规”约束船员加入船队后的行为。所有船员年纪在16岁至

60 岁之间，必须通过体力和敏捷程度的测试。船在航行或服役过程中不许发生争吵斗殴的行为，禁止女人上船。所有情报都只能向船长报告。战争所得必须集中上缴，根据规定卖出或瓜分。战利品归个人所有，也就是，斯堪的纳维亚法律规定亲戚有权继承的财产不包括战利品。船员有权要求战利品陪葬。

阿曼说："和对方人数相近时，维京人一般都泰然自若，但是当整个地方都群情激愤，其他郡的人都赶来帮忙抵抗入侵者时，维京人得提防自己受到人海战术的碾压。"只有己方拥有战力卓越的舰队时，北方人才敢同对手打阵地战。打斗毕竟不是强盗的长项，打劫才是。所以，当陆地上挤满了黑压压的敌人时，侵略者会再次乘船逃跑，到下一个还没有染指过的行省洗劫一通。而且他们还学会了在陆地上迅速移动的能力。维京人到达海岸时会一哄而上，把周围人家的马匹统统抢走，骑上马在陆地上进行掠夺活动。他们抢马并不是想做骑兵战斗，而是加快行进速度。公元 886 年，书中首次提到他们在英国进行了这样的作战，"人数众多的异教徒到达了东盎格鲁人的土地，他们竟然是一支骑马的队伍"[1]。

回想这些史上最无耻的海盗的残暴行径，他们的肆意破坏、残忍蹂躏确实令人发指，但是我们也要记得他们的纪律、坚忍不拔、战友情谊和武道，因为这些品质他们才能无可置疑地成为当时世界上最令人生畏的骁勇民族。

* * *

约 789 年，夏季的一天，"散居广袤平原上的无辜英国人正在给耕牛上轭，安静地享受生活"，国王手下多切斯特地方官得到消息，有三艘船靠岸了。地方官"以为这伙人是商人而不是敌人，所以跃上马背，和几个手下一起骑马去港口（可能是波特兰港）。他以长官的口气下令，要求把来者送到王府。但是这伙人当场杀了长官和全体随从”。这就是血腥战争的预演，命运几经沉浮，注定要折磨破坏英国整整250年。这就是维京时代的开端。

793年，1月的早晨，诺森布里亚外海，林迪斯法恩圣岛（霍利岛）富有的修道院居民点，突然遭到了强大丹麦舰队的突袭。海盗把这里洗劫一空，宰了所有牲畜，杀了许多修士，抢走了一大批金银珠宝、圣徽章，把能在欧陆奴隶市场卖个好价钱的修士统统掳走，然后扬长而去。维京人精心策划了这场袭击，隆冬时节，岸上的援手来不及到达岛上，给他们来了个措手不及。维京人的暴行一传十，十传百，传遍了英国，也传遍了欧洲。基督教会发出了呼喊，警醒大众。诺森布里亚的阿尔昆从查理曼大帝的宫廷致信家乡，慰问国人：

> 啊！我们和祖先已经在这大好河山上生活了近350年，不列颠也从未出现过像这次异教徒所造成如此惨状。他们能以如此方式漂洋过海，简直不可思议。看，圣卡斯伯特教堂洒上了教士们的鲜血，教堂的装饰也都被洗劫一空……保利努离开约克之后，基督教的信仰就在我们这里生根发芽，不幸和灾难也随之开始……那次不幸确有预兆……这次大斋期约克镇血雨腥风的预兆到底是什么呢？

次年，海盗再回到贾罗附近登陆时，糟糕的天气妨碍了行动，他们也受到了有力反击。许多海盗丧生，海盗“王”被捕后受酷刑而死，逃走的海盗回到丹麦，带去骇人听闻的故事。于是英国海岸安全无虞过了 40 年。其间，维京人没有进行大型入侵或征服行动，但还是凭着他们的战船对苏格兰东岸及其附近的岛屿进行了规模不大的袭击。修道院的居民本来觉得这些岛屿是安全的隐居地，但现在却发现自己成了尤其脆弱的猎物。他们雪藏财富又与世隔绝，对于海盗来说是最有吸引力的猎物了。802 年，爱奥那岛被抢劫一空，毁于一旦。贪心的海盗还瞄上了爱尔兰教堂建筑，从此当地教士的痛苦就从未停止。生龙活虎的教徒满怀热情地修好了沦为废墟的教堂。维京海盗有别的选择时，就让他们休养生息一段时间再进行下次行动。爱奥那岛遭劫 3 次，基尔代尔修道院则不少于 14 次。

海盗变成了稳定的职业，教堂成为他们取之不竭的宝库。查理曼大帝的史官艾因哈德记载道，野蛮的行动持续不断，新的恐怖阴影笼罩了基督教世界。不过，并没有有效的办法加以制止，而且这种生意一本万利，斯堪的纳维亚人听说了以后都跃跃欲试。一位苏格兰人赞美他们是“生龙活虎、四肢发达、心志坚定的北方英雄”，他们每年都会出海掠夺，人数越来越多，挣得盆满钵满之后凯旋。言传身教，激励了更多勇敢的年轻人。其他舰队就出征更大的海域。他们闯入地中海。查理曼大帝在纳博讷附近的小镇透过窗子目睹了恶狠狠的船队在海岸游弋，勃然大怒，发出严重警告。

* * *

直到 835 年，人们的积怨才爆发。维京人以 300 艘到 400 艘船为基础，纠集了规模最大的团伙，在英、法、俄溯流而上，强取豪夺。维京人袭击英国南部长达 30 年，不止一次围攻巴黎，袭击君士坦丁堡，还占领了爱尔兰的全部港镇。奥拉夫带领下的维京海盗，还建立了都柏林。海盗往往在征服区干脆定居下来。瑞典人入侵俄罗斯核心地带，统治河边城镇，劫持贸易索取赎金。挪威天气严寒更甚，维京人觉得苏格兰岛屿的气候适合定居，于是在设德兰群岛、法罗群岛和爱尔兰岛建立了殖民地，还到达了格陵兰岛、斯通兰岛（拉布拉多）。他们沿着圣劳伦斯溯江而上，还发现了美洲大陆，但他们并没有重视如此大的成就。

维京人在不列颠和法兰西没有建立永久落脚点，这种情况持续了很长的时间。直到 865 年，欧陆的抵抗突然猛烈起来，丹麦人便开始了对诺森布里亚和东英格兰大举入侵。

当时撒克逊英格兰就是任人宰割的状态。入侵者从整个东边海滨杀进来，“撒克逊海岸伯爵”曾经镇守这片地区，可当年的帝国要塞已成废墟，掩埋于地下长达几个世纪。再也没有罗马船队在巡逻时靠岸查看，也没有罗马帝国政府派出得力的将领和军队过来援救。那个青黄不接的时代，修道院和教堂却比比皆是，甚至有大教堂，内有无数金银珠宝，大量食物、美酒，各种奢侈品应有尽有。虔诚的英格兰人不折不扣地接受了在教堂贡献香火可以赦免自身罪孽的说法。他们认为自己罪孽深重，常有悔意，教堂因此而兴隆。这就是维京人利剑下唾手可得的战利品。

英国人不仅对罗马教廷过于依赖，其时还不善治军，可谓是雪上加霜。防卫系统适用于将古布立吞人的残余堵在荒芜的山地中，或者在边境抵御撒克逊邻国的入侵。当地领主接到长官或者国王的命令后，可以命令身强体壮的农民保卫自己的地区，为期 40 天。摊派这 40 天的服役实在让人不情愿，期限一到，军队就解散了。至于敌人是否进逼，或者战斗目的是否达到，也就不管不顾了。现在面临的敌人是另一类型的。丹麦人和挪威人不仅仅有制海权带来的奇袭优势，陆地上的机动性和技巧也很强。他们学习了罗马稳扎稳打的战术，养成了每到一处就构筑堡垒的习惯。维京人的战术也备受赞扬。其中“佯装逃跑”最为著名。书上总说，英国人打得异教徒团团转，但到头来还是丹麦人守住阵地。有一次，某个城镇久攻不下，维京人的首领谎称自己奄奄一息，祈求当地主教能够给他举行基督教的葬礼。尊贵的主教自然十分欣喜，同意了他的皈依请求。然而，当维京人的尸体运进城里下葬时，英国人突然发现穿丧服的随从其实是全副武装本领高强的士兵，之后便利落地开始疯狂掠夺杀戮。关于维京人作风习俗的故事还有很多，在此不赘述了。事实上，他们是史上最凶猛阴险、如鲨鱼般残暴的海盗。由于撒克逊人组织不力和当时条件的限制，维京人充分实现了自己的野心。有人想学他们的成功模式，但根本不能与之比肩——后世这样的人何其多。

* * *

关于维京人的传说中，最有名的就是有关拉格纳 · 洛布罗克，外号“毛裤子”。拉格纳出生在挪威，但和丹麦的统治家族有亲戚关系。他很早开始做海盗，座右铭是“穿越海洋，一路向西”。拉格纳的航船轨迹从苏格兰奥克尼群岛一直到俄罗斯的白海。845 年，拉格纳带领维京舰队沿着塞纳河而上，突袭巴黎。攻势被击退，瘟疫不期而至，向海盗们展开报复。他于是转攻诺森布里亚，再次遭遇命运的困境。斯堪的纳维亚的传说中说，诺森布里亚国王艾勒擒住拉格纳后，将他扔到了蛇坑里处决。在缠绕成团的剧毒蝰蛇中，拉格纳唱完了死亡之歌。拉格纳有四个儿子，他躺在毒蛇窝中有力地威胁道：“如果小猪知道了老公猪的遭遇，一定会哇哇叫的。”北欧吟游诗人描述了儿子们知道噩耗后的反应。“铁甲勇士”比约恩紧紧握住长矛，手指印嵌入矛杆。维特瑟克在下象棋，他抓紧了卒子，鲜血从指尖汩汩流出。“蛇眼”西格德当时在修剪指甲，小刀一直削到了骨头。但是四儿子才是最厉害的，“无骨人”伊瓦尔，他要求知道父亲被行刑时的所有细节，他的脸“变得鲜红、铁青、苍白，来回变换，同时气得青筋暴起”[2]。

按规矩儿子们要报杀父之仇，也就是“血鹰”之刑。要把杀父仇人身体锯开，把血肉肋骨挖出来，扭成老鹰的形状，然后儿子们要亲手把仇人的肺生扯出来。这就是传说中国王艾勒的归宿，但是实际上遭殃的是英国。“无骨人”伊瓦尔是机智狡猾的战斗指挥，是9世纪末斯堪的纳维亚侵英行动的主谋，也是征服东盎格利亚、诺森布里亚的德伊勒、麦西亚的总策划。之前都在爱尔兰战斗，866年才到达东盎格利亚。867年春，他们骑着马沿古罗马路向北，乘船越过亨伯河。他的劲旅组织基于舰队建制，骑马是为了加快行军，而不是打仗。

伊瓦尔包围了约克。诺森布里亚人虽然分为两派，分别跟着两位相争的国王，此时却忘记仇恨，拧作一股绳与敌人决战，但为时已晚。他们在约克迎敌丹麦军队，一开始占得上风，异教徒被逼到城墙边，随后守军出击。维京海盗们却在一片混乱中反败为胜，残酷屠杀，斩杀了两位国王，击溃了抵抗力量。诺森布里亚就此灭亡。英格兰北方再也没能够站起来。

霍奇金写道：

学校和修道院从此沉沦，或者化为废墟；这个王国曾经孕育了史学家比德、教育家阿尔昆这样的人物，有英国艺术杰作石制十字架，英国诗人凯德蒙写就的壮丽诗篇，还有《鲁德的

> 梦幻》。这一切都在867年战败后不复存在，回归了原始落后的旧生活。……王朝覆灭了，宗教半死不活，文化复归野蛮。[3]

达勒姆的西米恩记录了灾难性的约克战役后接下来150年的历史，证实了这些哀歌：

> 维京军队四处打砸抢掠，所到之处一片哀鸿遍野。大面积放火烧了教堂修道院，杀害修士修女。他们走后，只剩残垣断壁。维京人彻底毁灭了这些建筑，我们现在都无法找到遗迹，一睹往日荣光。[4]

伊瓦尔的目标是征服麦西亚，因为众所周知百年来这个国家象征着英国的力量。伊瓦尔在诺丁汉附近驻扎军队。麦西亚国王向韦塞克斯求援。韦塞克斯的老国王去世了，两个王子埃塞尔雷德和阿尔弗雷德答应了要求。他们起兵赶赴战场，要帮麦西亚攻击围军的阵线。但是麦西亚人畏缩了，更想和维京人讲和。伊瓦尔政治军事双管齐下。他没有破坏约克和里彭的教堂，而满足于在诺森布里亚王国扶持一个傀儡皇帝爱格伯特。和麦西亚王国达成协议，结束868年战役，成为诺丁汉之主后，伊瓦尔整个冬天都在约克构筑防御工事。

可怕的丹麦人征服行动从东盎格利亚展开，拿下麦西亚，捣毁了诺森布里亚。同时，韦塞克斯的国王和王弟阿尔弗雷德悄悄积累力量。双方的时运进退处于微妙的力量平衡之中。均势十分脆弱，负担稍微过重，后果也是致命性的。伊瓦尔杀了东盎格利亚的国王埃德蒙，违反了诺丁汉条约，便永久放弃了英国，韦塞克斯终于能松一口气。《阿尔斯特编年史》中说，870 年，奥拉夫和伊瓦尔两位北方王从苏格兰来到都柏林，带着“一大批英格兰、不列颠和皮克特的俘虏到了爱尔兰”。但是最后记载是：“872 年，爱尔兰和不列颠的北方王伊瓦尔薨逝。”伊瓦尔征服麦西亚、东盎格利亚，占领了斯特拉斯克莱德王国的大据点邓巴顿。战果丰硕，貌似所向披靡，最后在都柏林殖民，两年之后安静离世。虔诚的基督教史学家写道：伊瓦尔“长眠于基督的怀抱之中”。所以，看来伊瓦尔生前万般显赫，死后也尽享哀荣。

*　*　*

丹麦海盗停留的时间逐年延长了。每年夏天，维京船队都要来打砸抢烧，但是年复一年，他们越来越愿意在气候宜人、草木葳蕤的土地上盘桓。最后维京战士很久不参加掠夺，所征服之地又比较安定，于是把家眷都带来了。因此，维京人不再做海盗的勾当，转而开始殖民。但是丹麦人的殖民点和撒克逊人还不一样。他们的殖民点相当于军营，其界限就是前线，有一系列据点作为支撑。斯坦福德、诺丁汉、林肯、德比和莱斯特都是培养新军事力量的基地。边界之内，服役十年的士兵可以成为新殖民地的殖民者或地主。居住在英国的丹麦人基本上是军事化的生活方式。他们用剑赢得了领地，然后在当地牢牢扎根。一开始，战士身份的农民和普通农民拥有不一样的地位。撒克逊人在此居住长达 4 个世纪，本来有资格拥有土地，但却苦于没有全国性的组织来共御海寇，所以几乎完全屈服于丹麦人。他们之所以没有完全屈服，是因为在那个混乱腐朽的时代中总有伟大的历史人物横空出世。历史上每一个危急关头几乎都能有这种奇迹。

第 7 章
阿尔弗雷德大帝

圣大卫教堂的修士阿塞在谢伯恩出任主教，他在史书中详细记载了阿尔弗雷德的故事，才使大家知晓了他。主教当然对阿尔弗雷德大帝的宗教信仰和道德品质进行了描写。我们应该记住，尽管他身体虚弱，却是有名的猎手。父亲在他小时候带他去过罗马，所以阿尔弗雷德对整个世界有鲜活的理解。阿尔弗雷德的哥哥埃塞尔雷德是国王，所以他一出征就是副统帅。兄弟俩之间没有嫉妒，但有着明显不同的气质。埃塞尔雷德偏向宗教观点，认为虔诚和祈祷是战胜异教徒的主要途径。阿尔弗雷德也是信教的，但是更注重文治武功。

早年间，麦西亚王国的霸主地位并不受人欢迎。麦西亚几代国王和坎特伯雷主教发生了纠纷，这是严重的错误。825 年，麦西亚军队准备入侵韦塞克斯时，阿尔弗雷德的祖父埃格伯特国王在斯温登附近的埃兰顿击溃了他们。南方和东方的王国都赶来和胜利者修好，大主教驻地肯特和如今称雄英国的王国韦塞克斯联合，建立了牢固的南方联盟。西撒克逊人几代人都在朝着这一目标努力，最后终于实现，正好赶上对付北方海盗入侵。战略上，韦塞克斯固若金汤，北方那边群山起伏，可以据守，也没有那种狭长缓慢的河流，让海盗长船也像当年驶入麦西亚的中心地区那样长驱直入。韦塞克斯还特意建立了一种地方组织，使自身在抗敌时的韧劲大大增强：郡长可以自行行动。这种机制的好处接下来将得到证明。每个确定地区的民事、军事事务都由一位得人心的地区长官进行管理。这对传统部落制王国或者国王个人集权的部落人际联盟而言是个很大的进步。肯特、诺森布里亚和麦西亚王朝相继覆灭后，所有人的眼睛都盯住了韦塞克斯，因为其王室可以毫无中断地追溯到撒克逊殖民之初。

丹麦人占领了伦敦，当时伦敦不是英国首都，而是麦西亚王国的一个镇子。丹麦人驻军在雷丁构筑了工事，往前进军，在伯克郡丘陵遭遇了西撒克逊人的军队。871 年 1 月，双方在伯克郡打响了阿什当之战。两军都兵分两路指挥。埃塞尔雷德在祈祷时拖了很久。维京人的盾牌旗帜颜色鲜艳，身着华丽的盔甲，戴着金制的手镯。相比之下，西撒克逊人的装备就寒酸许多。维京人缓缓接近，用武器敲打盾牌，不断发出挑衅的呐喊声。尽管没射箭，但是石头已经投过来了。国王还在教堂祈祷。“上帝为先！”国王对那些催促他尽快参战的臣子说道。阿塞主教叙述了身处现场的“诚实的目击者”的话：

> 而阿尔弗雷德看见异教徒之后飞快地上了战场，准备战斗……再也不能忍受敌人进攻了，他有两个选择，要么撤兵，要么不等长兄即刻交战。最后，阿尔弗雷德带领着基督徒士兵，像野猪般凶猛地冲向了敌军……尽管国王还没有到达。听从上

丹麦入侵时的英国
英国诺森布里亚
斯特拉斯克莱德
加洛韦
达勒姆
坎布里亚
丹麦诺森伯利亚
约克
丹麦法区
林肯
德比
诺丁汉
丹麦麦西亚
莱斯特
布鲁南镇
斯坦福
波伊斯
东盎格利亚
威尔士
古特王国
英国麦西亚
阿什当
奇彭纳姆
伦敦
埃什顿
格拉斯顿伯里
坎特伯雷
韦塞克斯
沃萨姆
康沃尔
英里
0
25
30
75
100

丹麦入侵时的英国

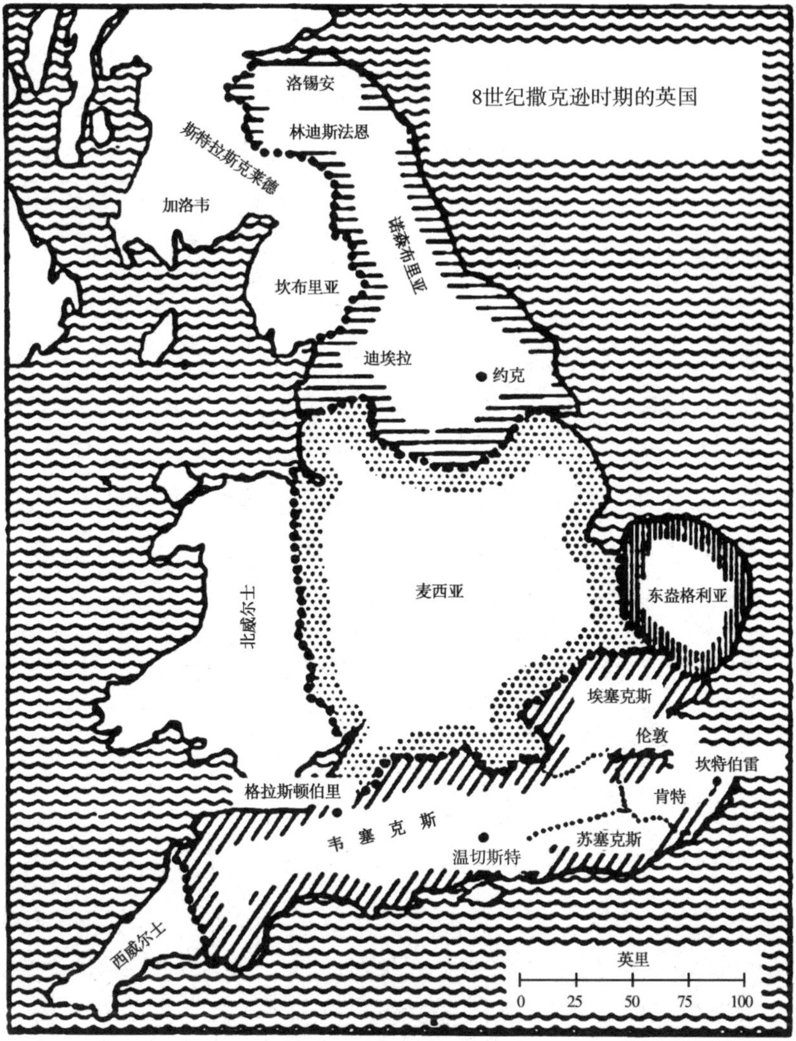

8 世纪撒克逊时期的英国

帝的指引，坚信上帝的保佑，他排好盾牌列阵，然后朝着敌人挥旗猛冲过去。[1]

战斗旷日持久，艰苦非常。埃塞尔雷德国王终于做完祷告，很快和弟弟会合。阿塞主教写道："异教徒一开始占领了高地，基督徒们必须仰攻上山。在那里我们亲眼看见双方在一棵矮小的荆棘树周围开始拼杀，喊声震天响。一方崇拜邪恶，另一方为性命、亲人和故土而战。"最后，丹麦人认输，但遭到掩杀，他们只得连夜赶路，直到第二天白天才逃回雷丁。伯克郡丘陵上，也就是整个阿什当尸横遍野，其中有一个维京国王和五个舰长的尸体。

这次胜利并没有一举击溃丹麦军队。事实上两星期后，他们重整旗鼓又来了。阿什当之战当然因为历史意义重大而被载入史册。如果连西撒克逊人都被打败了，英国全境都要落入异教徒无政府状态了。有西撒克逊人的胜利，岛国还是有望将基督教的文明薪火相传。维京人在这里第一次战败。撒克逊人最后的王国抵挡住了攻击。阿尔弗雷德使得撒克逊人重拾信心，他们是可以打胜仗的。一代又一代的撒克逊作家把阿什当之战当作宝贵的题材。这就是阿尔弗雷德的首战。

871 年一整年，双方都在殊死战斗。埃塞尔雷德国王很快一病不起。他有子嗣，但是继任人必定是阿尔弗雷德无疑。24 岁的阿尔弗雷德登基，继承王位后的情况却让人绝望。战况胶着，胜负难分，丹麦的大批援军从海上推进。所谓的"夏日军团"人数众多，"渴望和西撒克逊人一决高下"，源源不断加入了战斗。经过七八场战斗，丹麦人还稳稳控制着战局。那年夏天，登基后一个月，阿尔弗雷德在自己国土腹地的威尔顿大败。军队因伤亡和逃兵逐渐缩小，而敌人佯装撤兵的诡计再次得逞了。

战败次日，阿尔弗雷德决定，还是趁手里还有兵力的时候和维京人讲和。我们不知道讲和的条款，但肯定给了维京人一笔不菲的赔款。《盎格鲁撒克逊编年史》文字简洁：“撒克逊人和异教徒约定，只要异教徒离开他们国家，就讲和。丹麦人同意了。”但是丹麦人退到伦敦之前还待了三四个月，看样子是等着属于他们的赎金。然而，阿尔弗雷德和撒克逊人在战斗中让丹麦人认识到了撒克逊人不是吃素的。通过这份不光彩的条约和执着的斗争，阿尔弗雷德赢得了5年时间稳固自己的权力。

丹麦人和阿尔弗雷德签订休战协议的原因，我们现在已经无从分析。丹麦人肯定认为,持续的血肉相搏才是征服西撒克逊人的方法。敌我双方都十分尚武，真是热闹非凡啊，双方除了伤疤和尸体以外一无所获。但阿尔弗雷德一直指望着侵略者内部发生分歧，异教徒军队内部的压力印证了阿尔弗雷德的策略。

丹麦人牢牢掌握伦敦的同时，回到了英格兰中部地区，这里的人们完全臣服于他们。“麦西亚人和丹麦军队讲和了。”874年，伯格雷德国王被驱逐至海外，在教皇关怀下住在罗马，最后虔诚地死去。阿塞写道：“他被驱逐出境后，异教徒征服了整个麦西亚王国。”在得到人质和“不会妨碍他们意愿，只会服从一切”的誓言以后，他们建立了傀儡政权，自此后代王朝纷纷效仿。

但是该世纪的最后25年，“野蛮人大军”发生了微妙而深刻的变化。阿尔弗雷德和他的韦塞克斯子民是十分顽强的敌人，不会轻易就范。一部分丹麦人打算在已征服的地区定居，但是另一部分人想找个合适的时间继续发动战争，直到把整个国家都打下来。两股人也许是协作行动，前者提供了稳固的根据地，后者南征北战。因此，在打败斯特拉斯克莱德王国，卷走了所有家畜、农具以后，近一半的海盗在诺森布里亚和东盎格利亚定居,从此开始了“耕作度日”的日子。这可是巨变。别忘了他们有纪律、有组织，舰队船员团结一致，迄今为止都是在岸上并肩作战的军人。他们的殖民组织也是军事化管理。水手变成士兵，士兵变成了自耕农。他们保持了独立的精神，只有在性命攸关之际，才会受节制。这种战友情和纪律性是他们昔日长船生活的命脉。

整个英国东部迎来了一类耕作者。除了有共同的防御任务，他们不效忠于任何人。他们用利剑赢得了自己的土地，只对帮自己保住土地的军队组织怀有忠心。从约克郡到诺福克，这群身强体壮的海盗们就在这扎根了。他们渐渐忘记了大海、军队，只有自己的土地才是他们唯一关心的东西。他们喜欢这种生活。尽管他们是能干的农民，但没有什么可以教给原居民的，也不能提供新的农耕工具或方法，但他们下定决心要虚心学习。

他们不仅仅靠自己劳动，想必还剥削了原主人和他们的农奴。土地划分围绕正好可以养活一个家庭的单位来进行。在一定的条件下，八头牛在一定时间里的耕地量成为地产的量度依据，尽管后来研究者对于此处所指时间和条件各持己见。他们虽然自己劳作很辛苦，但是明显也雇用当地人帮他们干活。

所以，丹麦人在很多方面和400年前的撒克逊殖民不一样。丹麦人没有对当地人赶尽杀绝的念头。两种语言没有太大的区别。生活方式、耕作方式也大同小异。现在作为殖民者的丹麦人，把家人从斯堪的纳维亚接到了这里，而且肯定和当地被排挤的英国人建立了自然的人情关系。这些活力充沛的个体主义者、自豪成功的剑士从此和岛民通婚，血统中多了生机勃勃、性格勇猛、持久坚强、随时复兴的品质。就像今天的特种钢中混有少量特种金属就能加强硬度，拥有这片土地后，这种强大的个人主义性格不仅在他们的后代血统方面坚持不懈起作用，甚至对英国的政治也有长远影响。在亨利二世统治时期，长期混乱之后，制定了严格的法律，启用了皇家法庭。这些坚强的农民后代不仅是“佃户”或自食其力的农民，地位也远不如祖先，但他们就是表现出了高度的自信。之后 300 年的动乱中，依然没有摧残他们原本的坚强性格和对于自己打下的土地的依恋。综观英国历史，丹麦人血统一直都扮演了闪光的角色。

改造驯化后的海盗船员，带来了许多丹麦人的习俗。他们有不同的记数法，比如他们习惯用“十二进制”进行记数，而不用十进制，并且还大吃一惊，这种方法被称为“十二进制”。在东盎格利亚某些地区，今天我们还能在集市日的时候听到“长百”（即一百二十）的说法。

丹麦人和实行庄园制的撒克逊人对社会正义有不同的看法。丹麦人的习惯法逐渐形成，无疑比撒克逊法律有所改进。

> 东盎格利亚地区受到丹麦人的持久影响。早在诺曼征服之前，当地就建立了特殊的乡村社会组织形式，保持了许多斯堪的纳维亚的特征。作为自由农民的丹麦人成功保持了自己的特点，不受当时庄园制度这一趋势的影响。[2]

斯堪的纳维亚人的英格兰养育了一群自耕农人口，这是韦塞克斯和麦西亚英国在税收和防务的沉重负担下很难做到的。这群人是维京海盗的直系后代，所以学者们在 11 世纪的《末日审判书》里寻找计算 9 世纪维京军队人数的方法。我们很快能看见，即使是盎格鲁撒克逊国王最后打败了丹麦人以后，他们和丹麦人居所（称为“丹麦法区”）签订的条款还是公平的，甚至可以说是恭顺的。只需丹麦人皈依基督教，就可以让各民族从身心都融合成一个国家。在通过勇猛的战斗和明智地给丹麦人赔款为自己赢得了 5 年喘息时间中，阿尔弗雷德恰好考虑到了宗教因素。在这段时间里，维京国王哈夫丹和伊瓦尔一样退出历史舞台了。伤痕累累的基督教面对哈夫丹的暴行，宣称上帝之后会惩罚他，他会发疯，变得恶臭难忍，拒人千里之外。

在遭到丹麦人蹂躏以后的诺森布里亚，林迪斯法恩传出了可悲的故事。一群落魄的修士放弃了被玷污的教堂废墟，带着圣卡斯伯特和圣艾丹的尸骨离开了。7 年朝圣之路后，穿过陆地和海洋，他们在切斯特勒街建立了新的复古圣卡斯伯特教堂。北方感受到了信仰的力量，人们对圣卡斯伯特的崇拜给教区带来了巨大财富，995 年，主教们在达勒姆岩石上开始建新的大教堂。圣卡斯伯特的尸骨留在那里了，声望巨大，所以直到 19 世纪，达勒姆的主教都是采邑主教，在英国东北行使巨大的权力。

* * *

阿尔弗雷德高价换来的休战结束了。灵动骁勇的异教徒军队的新首领古特仑，为了征服韦塞克斯盘算了一个大计划。他在海上陆地两栖作战。陆军行进到波特兰海岬附近的韦勒姆，海军在普尔港和陆地兵力会合。他们在这里建立防御工事，然后从四面八方突击阿尔弗雷德的王国。精明的国王主动议和、赔款。同时，阿尔弗雷德的军队似乎在韦勒姆紧紧地包围了敌人的陆地兵力。丹麦人拿了赔款金子，并且“以神圣戒指起誓”他们会撤军，忠于和平。可丹麦人却背叛了誓言，这种行为简直无法形诸笔墨，他们迅速撤离，占领了埃克塞特。阿尔弗雷德让步兵骑上马，尾随而去，但到达时太晚了。“丹麦人已经躲到了堡垒里，无法接近他们了。”就让这些背叛誓言的异教徒小心点吧！可怕的风暴席卷了海上军队。他们想走海路和同伙会合，但船到了斯沃尼奇周边就被风浪吞噬了，当时认为这是上帝发威。120 艘船都沉没了,5000 多个食言的海盗淹死了，这都是咎由自取。由此，精心的计划落空了。阿尔弗雷德带兵围困并监视了埃克塞特。877 年夏，丹麦人提出新和约。这次，他们更加郑重起誓，诺言维持了 5 个月。

878 年 1 月，阿尔弗雷德的命运发生了出人意料的逆转。他的指挥部和王宫都位于威尔特郡的奇彭纳姆。主显节[①]前夕，撒克逊人熬过了战争的折磨，摆了教堂盛宴，消除疲劳，喝酒提神。他们毫无设防，纵情礼拜，也许喝得醉醺醺的。海盗大举来犯。韦塞克斯全军是英国泰晤士河南岸唯一的屏障，可他们被打了个措手不及，死了不少。大部分士兵都临阵脱逃。一支劲旅逃到了海外。流民跑到法国宫廷，然而求助无果。只有小部分官员跟随阿尔弗雷德躲进了萨默塞特、阿塞尔内岛的森林和沼泽地带。这就是阿尔弗雷德生命中最黑暗的时期。过了好几个月，他才得以发动了游击战。“阿尔

① 基督教节日，从圣诞节起 12 天的 1 月 6 日。

弗雷德和乡绅、奴仆一起度过了一段坎坷痛苦的不平静岁月。……没有给养，他们只能持续从异教徒和臣服的基督徒那里或偷或抢。”阿尔弗雷德像罗宾汉一样在舍伍德森林里住了很长的时间。

这段历史被装饰成了各个年龄段孩子的闪光玩具。我们看到，武士国王伪装成了吟游诗人，在丹麦人的营地里讲故事。他还充当帮厨给撒克逊家庭主妇打杂。最近版本的《阿塞主教传》首次写到了著名的阿尔弗雷德和面包的故事。“一天，阿尔弗雷德和牧牛人同住。牧牛人的妻子烤着面包，国王就坐在火炉旁整理弓箭等武器。后来面包烤焦了，农妇看见马上跑过来，移走了面包。她用这些话责骂了面不改色的国王（很奇怪，原来是用拉丁语六步格诗写的）：‘哎呀，你这人！看见面包焦了，怎么都不翻面呢？尤其是，你多喜欢吃热气腾腾的面包啊！’无知的妇人根本没想到自己是在和国王说话。这位国王英勇抗击异教徒，打了许多胜仗。”曾经残忍无情的英格兰人时运不济啊。古布立吞人的直系后代被困在山区，衣衫褴褛，孤独绝望，但是从不屈服。他们看到这种场面不免暗自发笑吧。

丹麦军的首领们这时很有把握，他们大权在握。韦塞克斯人觉得一切都完了。他们兵力四散，国家惨遭蹂躏，国王即使活着也是东躲西藏的逃犯。在这样的困境下，阿尔弗雷德还能行使全权，联系臣民，这是他确实能力过人的最好证明。

大斋节[①]结束之际，丹麦人遭遇了意外之祸。23 艘船组成的船队在威尔士烧杀抢掠后，驶向德文郡，向阿尔弗雷德的大本营之一埃克斯穆尔高地进军。这个地方难以攻下。但是——

---

① 基督教节日，是复活节前的一段准备时期，基督徒为纪念耶稣的一个节日。

> 在围困高地时，因为堡垒中没有水源，丹麦人觉得国王身边的手下会熬不住饥渴而屈服。
>
> 在山穷水尽之际，基督徒受到天启，在痛苦死去还是获胜之间作出了抉择。所以，拂晓时他们就冲向了异教徒，一开始就打倒了大部分敌人，还包括国王。只有几个人忙不迭地逃回到了船上。[3]

800 名丹麦人丧生。战利品中包括魔旗“乌鸦”。传说乌鸦旗是拉格纳·洛德布罗克的三个女儿在一天内亲手织成的，“竖起乌鸦旗，只要能获胜，旗中央的乌鸦就呼之欲出”。但这一次，乌鸦没有飘扬，而是无精打采地卷在丝质褶皱里。事实证明，丹麦人在这种情况下不可能赢了。

阿尔弗雷德闻讯大喜，想要出击，继续进行山地战，一边派出传令兵让“民军”于 5 月底集合。百姓们一呼百应，人们深深地爱戴国王陛下。国王还活着，举国上下闻讯群情激昂。王国的军队也跟着回来了。毕竟，他们深陷亡国危机，国王又是英雄人物，而且不行总可以回家吧。萨默塞特、威尔特郡和汉普郡的军队聚集到赛尔伍德，在三个郡的交界点附近选定了集合点，由此可见，阿尔弗雷德策略上的担子不轻。不过，毕竟又有一支军队了：“士兵们看到国王，便迎接经历重重磨难后死而复生的他，心里欢欣鼓舞。”

阿尔弗雷德这边必须乘势进击。丹麦人还在奇彭纳姆守着掠夺所得。阿尔弗雷德挥师去埃什顿，也就是今天的爱丁顿。在这片光秃秃的山丘上展开了阿尔弗雷德最宏伟的终极战役。他们孤注一掷，但命运的天平倾斜向哪一边，谁也不知道。双方战士下马拼杀，马匹被牵到了后方。盾牌阵搭好，大部队激战开始了。士兵们用剑和斧激战数小时。但是因为曾经背叛誓言等原因，异教徒没有神助，于是从血肉横飞、铁器撞击的战场逃走了。这一次，阿尔弗雷德追击敌人战果累累。维京国王古特仑从唯一不屈的英格兰王国统治者变成了困兽。阿塞主教写道："异教徒饥寒交迫、恐惧绝望，最后求和。"他们主动提出，若阿尔弗雷德愿意挑选人质并押回国内，不管多少，都会拱手交出，永不赎回。

但阿尔弗雷德深谋远虑，要的不只这些。奇怪的是，他想要教化这些野蛮的敌人。洗礼作为战败者的惩罚会失去其神圣的光辉。虽然精神的作用常叫人匪夷所思，但是我们心中仍旧存疑，这些铁石心肠的剑士海盗如何能在这一日内脱胎换骨呢？对于维京败军来说，集体皈依仪式也是流于形式而已吧。据说一位维京老兵说自己受洗了 20 次，而且抱怨给他的白麻布圣衣肯定达不到均码大小。阿尔弗雷德想和古特仑建立永久和平关系，古特仑和他的军队已经在他掌控之中。阿尔弗雷德本可以饿得他们投降，斩尽杀绝。但他却与他们平分土地，尽管经历了可怕的相互伤害，还是希望两族友好相处。他还在营帐接见古特仑和 30 名出色的维京士兵。之后成为古特仑的教父，扶他从受洗池站起来。他还设宴款待了古特仑 12 天，赏给他和武士们昂贵的礼物，亲切称呼古特仑为"我的孩子"。

阿尔弗雷德面对逆境还能应付裕如，胜不骄败不馁，在灾难中坚持不懈，冷静面对好运，对于反复叛变的人仍有信心，这些崇高的品质让他从野蛮人的战乱中脱颖而出，迎来了永垂不朽的巅峰。

* * *

从埃什顿之捷到丹麦人大肆进攻，间隔了 14 年时光。其间尽管有大量的小打小闹，但按照当时的标准来说还是和平稳定的。阿尔弗雷德不断地加固疆域。他甘愿让丹麦人定居在东盎格利亚，还和就范的麦西亚王国建立了最友好的邦交。麦西亚之前沦为丹麦人的附属国，尽管大部分地区还没被占领。886 年，阿尔弗雷德把大女儿嫁给了麦西亚王国摄政埃塞尔雷德，后者尽力支撑着伯格雷德国王逃亡后留下的烂摊子。麦西亚王室和韦塞克斯王室之间已经有好几桩政治婚姻了，这次婚礼使南部和中部国家之间的合作一锤定音。

886 年，两国之间最新奠定的团结首先推动了伦敦的光复。伦敦长期以来本是基督教英格兰的商业中心。古罗马时代就把这座泰晤士河的桥头堡视为不列颠岛上最大的商业和军事中心，所有的海陆路交通汇聚于此。现在这座城市走上了升格为首都的道路。据《盎格鲁撒克逊编年史》记载："阿尔弗雷德国王光复了伦敦，所有那些摆脱丹麦人奴役的英国人都来投靠他，他下旨委任郡长埃塞尔雷德管理伦敦自治市。"在重新夺回伦敦期间，似乎还发生了激烈的冲突和流血事件，但并没有相关记载。我们只知道这个简单事实，还有胜利后，阿尔弗雷德命令市民组织有效的防御力量，将城墙建设作为重中之重。

阿尔弗雷德国王的精力主要用于恢复防御工事，加强西撒克逊军队的战力。他改组了民军组织，将其分为两个班次，轮流执勤。尽管军队的规模会缩小，却鼓励那些农民士兵不要在长期的战役期间开小差，因为他们知道还有另外一半民兵留在家里帮助照看土地。这种改革碎步前行，向我们揭示了当时他的举步维艰，同时也说明，即使在国家存亡危急之际，亦难使英国人武装起来。阿尔弗雷德通过设立自治市来加固全国的工事，沿英吉利海峡南下，跨越到塞汶河口，回到泰晤士河流域，并且给每一个自治市划定附属区，以便派人守卫城墙、维修工事。他对英国海军建设也抱有远见。岛国为保自身之安全，必须拥有制海权。他在船舶设计上做了大刀阔斧的改进，希望特大船设计能以少胜多，打败维京海盗的群狼。这样的理论直到最近才遭废弃。

> 阿尔弗雷德国王下令建造对付丹麦人的战船，几乎是维京长船的两倍长。船有60根船桨，有的更多；又快又稳，船体更高。形状既不像弗里西亚式也不像丹麦式，但自己觉得这种设计是最实用的。[4]

然而毫无航海经验的英国水手驾驭不了这种大船。在一次行动当中，他们9艘船都没打得过人家海盗的6艘船，《盎格鲁撒克逊编年史》写道，“几艘非常笨拙地撞到了岸上”。阿尔弗雷德这边只抓获两艘敌船，在温切斯特把敌方船员处以绞刑，总算稍获慰藉。但英国海军的诞生确实和阿尔弗雷德分不开。

886年光复伦敦之后，尽管乱世依旧，人们却达成了一份明确条约。条约中描述的双方头衔耐人寻味。阿尔弗雷德这边是“英国国会议员”，古特仑那边则是“住在东盎格利亚的人”。丹麦法区的组织完全以军队和臣服的居民为基础，还没有出现国家的雏形。而英国这边已经达到了“国王及贤人会议”的地步，其中阿尔弗雷德功不可没。条约规定政治边界从泰晤士河、利河上溯到源头一直到贝德福德，然后沿着乌斯河一直到沃特林街，协议到此为止。这条边界不是地理边疆，而是划在了无主之地，是战线。

条约的第二部分比较古怪，但有借鉴意义。双方都很熟悉“偿命金”这个概念。为了制止无政府状态引起无尽的互相残杀伤害，必须不惜代价制定赔偿或报复的标准。丹麦人根本不会停止对英国人烧杀抢掠，反之亦然。但是一旦休战，就必须商定偿命金。每一个丹麦或英国自由农价值 200 银先令，地位更高的人规定价值$8\frac{1}{2}$马克（68 盎司）的纯金。古特仑接受了这个条款，而且保证领地上的英国人和丹麦人的偿命金数量无差别。阿尔弗雷德这一次取得了重要的一分，说明他的权力是实实在在的。

*　　*　　*

阿尔弗雷德国王主持编撰了法典，也就是《法令书》（Book of Laws），在肯特、韦塞克斯和麦西亚等地通行法典中可见。法典旨在将摩西法典和基督教教义、日耳曼习俗结合起来。阿尔弗雷德还改变了黄金律。“己之所欲，施之于人”变成了不那么张扬的说法，“己所不欲，勿施于人”，评语是：“法官记住这句规诫话就能主持人世一切正义，且无需其他法律书了。法官要把自己当做原告，设身处地地考虑令人满意的判决。”国王在序言中谦虚地说：“因为不知道后代是否认同这些内容，我不敢擅自写进自己制定的法律条文。”继任者不断补充，阿尔弗雷德法典发展成各郡和百户邑法庭所执行的《圣爱德华法》，并且受到诺曼国王的尊重，以后经封建律师们的精心修改，奠定了英国习惯法的基础。

国王不遗余力地促进宗教和学术。他最重视普及教育。他给伍斯特主教的手谕至今保留着：

> 希各知照，我记得英格兰民族从前教俗人才辈出，那是全英民族多么幸福的时代；那个时候统治国家的国王服从上帝和教士们。他们既要维护治安、道德，维持海内稳定，同时要扩大疆域；打胜仗，启大智，……外国人来到我国学习知识，受教。……可如今英国人却把它丢得干干净净，亨伯河此岸已经很少有人能够读懂英语写就的弥撒书，能够把拉丁语翻译成英语。我想亨伯河彼岸会这些的人也不多。[5]

阿尔弗雷德努力对修道院进行了改革，因为在乱世中教士生活已经堕落了。

> 如果未经国王或主教允许，从修道院里带走一名修女，要罚款120先令，一半交给国王，一半交给主教。……如果拐骗人比修女先行去世，修女无权继承此人财产。如果有孩子，也不能继承父亲财产。[6]

最后我们介绍阿尔弗雷德对历史的研究。他主导了《盎格鲁撒克逊编年史》的编撰工作。早期历史的条目支离破碎，说明他们并不是凭空想象编撰史书。但从阿尔弗雷德时代开始，条目确切，内容具体丰富，写出了历史意义，文笔流畅。

经过千百年风风雨雨，仍然能发现阿尔弗雷德威风凛凛，博学多才，同时挥舞着战争和正义之剑，保家卫国时兼顾武力和谈判手段，即使在逆境和危险当中也重视宗教、文化与艺术，统一了国家。在这个纷争宿怨的时代也要寻求和平，而和平也降临到了大地。

据说这位国王是一位奇迹般的智者。“从摇篮时期开始，他就爱智慧甚于一切”（阿塞语），他宫廷里的基督教文化与野蛮冒失的维京生活格格不入。老资格的种族将驯化这些武士，教会他们和平共存的艺术。我们见证了一个国家的诞生。阿尔弗雷德的工作成果推动了撒克逊人和丹麦人在未来融合，形成了统一信奉基督教的英国。

在诺曼霸权统治的黑暗时期，阿尔弗雷德大帝就像一座灯塔，撒克逊人辉煌成就的象征，是他们的民族英雄。这位统治者在与丹麦人无休止的交战中，教会了臣民勇气和自强，用自己的民族自信、宗教信仰支撑他们，给他们法律和良治，编史书记录他们的英雄事迹。他就是传奇和史诗传唱称颂的阿尔弗雷德大帝。

* * *

最后的战役还等待着阿尔弗雷德。这一战是维京传说中被记述为危机。885 年，4 万人的维京军队驾驶几百艘船越过塞纳河。他们把各种武器装备都用于围攻巴黎，历时一年多，久攻未下。法兰克人建立了坚固的跨河大桥把维京人挡在了外面。维京人把长船运上岸，从上游下水，然后破坏周边，但没有打下巴黎。贵族战士奥托伯爵一直带兵抵御着这群无耻的海盗。伯爵无数次请求法兰克国王增援首都，但是查理曼大帝的子孙一点也没传承到父亲的品质。他们死后的昵称充分显示了他们的无能。“秃头查理”死了，“胖子查理”继位。这可怜的病人最后还是集合了大部队去增援巴黎。国王的增援行动其实没起多大的作用，是果敢的奥托长官使巴黎坚不可摧，维京海盗的进攻疲了，最后垮了。这个时候的历史记载有些混乱。我们还听说这时维京人和日耳曼军队打仗，有一次，壕沟里躺满了维京人的尸体。很显然，维京人在西欧四面出击遭遇了抵抗，虽然抵抗效率低，但防不胜防。他们在法国北部蹂躏腹地达 6 年，饥荒尾随而至。最漂亮的地区都吞下了，他们还可以去哪呢？因此又瞄上了英国。间隔了一段时间后，那边应该来得及长出一些什么了。维京人的旗帜在大陆倒伏了，但是英国也许会成为新的猎物。霍奇金用生动的语言描述道："维京人像一只饥饿的妖魔冲向英国，寻找食物和战利品。"尽管这群异教徒强盗控制了一支海上有生力量，但面对的都是一些久经沙场的狠角色，必须给他们饭吃，管教好，还要提供杀人的机会。这种人善于计划，他们进攻英国是那个黑暗时代下计划最周详、准备最全面的恶行之一。

891 年，古特仑去世。他和阿尔弗雷德缔结的并未严格遵守的条约也终止了。892 年秋，一支 250 艘船组成的敌军舰队突然出现在了林普尼港。舰队搭载"异教徒大军",刚蹂躏完法国,准备入侵英国。他们在森林边界阿普尔多尔登陆，建立防御工事。之后跟着载有从大陆铩羽而归的第二支部队的 80 艘船，从泰晤士河逆流而上，在河的南边上岸，安顿在锡廷伯恩附近的弥尔顿。于是，肯特将被两面夹击。阿尔弗雷德遭遇规模巨大的联合进攻，这是他人生的第三次搏命。因为麦西亚和西撒克逊人并肩作战，我们可以称其为英国的那群人。保持了 14 年不平静的和平，在此期间加固了防御工事。许多南方城镇都设有防御工事，叫作"市镇"。"民军"还存在根本的弱点,但他们在组织上已有所改进。此外,财富和食物得以重新积累,政府日趋稳健，国王众望所归。不像查理曼大帝，阿尔弗雷德有个骁勇善战的儿子。爱德华 22 岁就可以带兵上阵了。麦西亚也有埃塞尔雷德，也是西撒克逊王子得力的帮手。阿尔弗雷德国王这个时候身体抱恙，所以我们很少看见他带兵打仗。虽然国王有时也会出征，但战争的精彩瞬间还是聚焦在年轻的首领身上，这是理所当然的。

英国人在第三次战争中打败了维京人。由于海上的优势，侵略者从南到北控制了整个肯特半岛。阿尔弗雷德想出钱买通他们，理所当然地拖延了敌人的全面进攻。他说服了维京首领哈施泰因，至少让他两个儿子受洗，还给了他一大笔钱，交换了和平誓言，但维京人最后还是没有遵守。与此同时，丹麦人无情进攻，阿尔弗雷德尽力唤起国人反击。893 年，定居在诺森布里亚和东盎格利亚的丹麦老军组成了第三支维京军队，从海上绕过南岸周围，上岸后包围了埃克塞特。这一次，年轻的首领们狠狠地回击了。英国人有了彪悍的骑马军，并不一定是我们说的骑兵，但确实移动迅速。他们在现在的奥尔德肖特遭遇了一伙海盗，击溃他们以后追了 20 英里。最后，海盗不得不一头扎进泰晤士河，游到科恩河彼岸躲避。虽然对战果不甚满意，但小王子军队力量不强，无法再次发动袭击，而且军粮消耗殆尽，只能放弃追捕，让他们逃走了。

丹麦人驻扎在本弗利特，位于泰晤士河沿线，在伦敦下游。据说至今还能看见丹麦人在那里的土木工事遗迹。当时，从失败中恢复过来之后，他们卷土重来进行掠夺，据点里守卫空虚。小王子们就进攻那里。本来牢固的据点在这种战争中几乎不可能攻破，但阿尔弗雷德的儿子女婿带着精兵从伦敦出发，攻打本弗利特。“他们让丹麦军队溃逃，攻破了要塞，把里面洗劫一空，包括各种货物、女人、孩子，都带回了伦敦。他们还把丹麦人的船或砸或烧，还把一部分船运回了伦敦或罗切斯特。”（《盎格鲁撒克逊编年史》）19 世纪，本弗利特建铁轨的时候，发掘出了烧成焦炭的船只碎片，还有许多骷髅。英国人攻破据点的时候发现了哈施泰因的妻子和两个儿子。他们是重要的人质，当时和后世，阿尔弗雷德国王饱受诟病，因为他把妻儿还给了哈施泰因。他出于伟大的人道主义把妻子还了去。两个儿子则已经接受洗礼；一个成为阿尔弗雷德的教子，另一个成为麦西亚埃塞尔雷德的教子。从此，他们信奉基督教，并得到阿尔弗雷德的保护，避免卷入哈施泰因发动的不正当战争。在9世纪，人们很难理解阿尔弗雷德在国家对抗残酷死敌的危难之际这样做，但也许这就是这位领袖在后世被称作“阿尔弗雷德大帝”的佐证。战争在继续，但是史书记载哈施泰因没有再反击了，也许就是仁慈善良和骑士精神感动了他。

这次惨烈的战争中，维京人有三支军队：哈施泰因从欧洲大陆带来的大部队、林姆尼港登陆的军队、丹麦法区的军队。但麦西亚、韦塞克斯和威尔士的基督徒进行旷日持久的战斗，最终予以沉重打击。

还有一个值得注意的小插曲。《盎格鲁撒克逊编年史》写道：

> 冬季来临之前（894年至895年），丹麦人……驾船在泰晤士河逆流而上，之后到利河继续向上，在离伦敦镇20英里处设置了要塞。……秋天（895年），国王在伦敦镇附近扎营，抢收庄稼，以防丹麦人抢走。一天，阿尔弗雷德沿河骑马朝上游行进，想找合适的地点把河道封锁，阻止丹麦人把船开出来。……他在河两岸建立两个堡垒；……军队感到无法将船开出来。因此，丹麦人只能弃船逃走，……伦敦镇的百姓取走了这些船，不能拿的都毁掉了，把有价值的东西都带回了伦敦镇。

896年，战争消停下去了。维京人的兵力似乎削弱了，四散而去，有些在丹麦法区定居，有些回了法国。《盎格鲁撒克逊编年史》对战争总结道，“上帝保佑，丹麦军队并没有给英国人造成太大伤害”。阿尔弗雷德有力地保卫了岛国家园。他斗智斗勇，守护英国的基督教文明。他巩固了强大的南部王国，从此在不列颠岛占有举足轻重的地位，日后为大英帝国的形成奠定了基础。他解放了伦敦，幸运地留下了后代。众所周知，他们世世代代都英勇顽强，致力于推进他的事业。

* * *

899年，阿尔弗雷德驾崩。然而，和维京人战争还有好几个奇怪反复的阶段。阿尔弗雷德的血统造就了一系列伟大的统治者，只要他余威尚在，胜利还是属于基督教军队。爱德华王子在父亲过世后立即登基，之前就已经是令人敬畏的将领了。爱德华和表亲埃塞沃尔德之间意见不合。埃塞沃尔德逃到了丹麦法区，发动诺森布里亚和东盎格利亚的维京人再次攻击祖国。904年，埃塞沃尔德和丹麦国王跨过泰晤士河的上游，在克里克莱德上岸，袭击了威尔特郡部分地区。爱德华征召肯特和伦敦的军队，下令对东盎格利亚进行报复。他们破坏了盎格利亚中部，但是肯特纵队撤军速度太慢，盛怒的丹麦人追上了他们，只好交战。这次丹麦人大获全胜，疯狂杀戮。然而，命运总是公平的，丹麦王艾瑞克和叛徒埃塞沃尔德阵亡了。新王古特仑二世依据阿尔弗雷德886年签订的条约和爱德华议和，但是有附加条件，表明情况有变。令人断定，丹麦人变成了基督徒，要缴纳什一税；如果教区的牧师使教众记错了斋日节日，就要被罚款。

910年，丹麦人撕毁条约，麦西亚又爆发了战争。爱德华下令韦塞克斯和肯特的主力军参战，自己则随舰队出发，驰援麦西亚。

他们在斯坦福德郡的泰腾豪展开了激战，丹麦人一败涂地。

英国的这场胜利是长久征战中的里程碑。诺森布里亚的丹麦军队一蹶不振，丹麦人定居的中部地区和东盎格利亚就等着英国人的征服。曾几何时，麦西亚和韦塞克斯为抵抗入侵闹得惨不忍睹，但风水轮流转，现在轮到丹麦人怕得瑟瑟发抖了。

前文提到，爱德华的姐姐埃塞弗丽达嫁给了麦西亚的埃塞尔雷德伯爵。911 年，埃塞尔雷德去世，遗孀埃塞弗丽达继位后的成就还超过了伯爵本人。在那个未开化的年代,埃塞弗丽达成为女性统治者，可见她卓越的能力品行。爱德华在后世被称为“长者爱德华”；埃塞弗丽达则被称为“麦西亚夫人”。两人联手驾驭了民族战争，将胜利推向了阿尔弗雷德所未企及的高度。两个国家凭血统和需求而紧拧成一股绳，所以政策上步调一致。在之后一次丹麦人进攻中，他们自信而敏捷，迅速粉碎了敌人。他们乘胜追击，想要彻底征服丹麦法区和下辖五大镇。为了实现这个目标,整整 10 年,姐弟俩并肩前进，在各自的战线上步步为营，每拿下一个小镇就巩固工事。918 年，爱德华攻破贝德福德郡附近的藤浦斯福德，杀死了古特仑国王，击溃了东盎格利亚的抵抗。所有丹麦首领都对爱德华俯首称臣。爱德华则赐给他们庄园，允许他们按照丹麦习俗生活。同时，“麦西亚夫人”征服了莱斯特，甚至约克郡也主动投降了。埃塞弗丽达在成功之时去世。爱德华赶到了塔姆沃思，在麦西亚贵族的拥簇下登上王位。

阿尔弗雷德之子毫无疑义地成为亨伯河以南全英国的王者，南北威尔士的不列颠王子们都赶来宣誓永远效忠。接下来两年，爱德华挥师北上，在曼彻斯特、柴郡的塞沃尔和峰区的贝克韦尔建立了要塞。诺森布里亚的丹麦人眼看末日将至。似乎将要达成广泛长久的统一。长者爱德华无往不胜，又长治久安了 5 年。925 年，爱德华薨逝，家族第三位了不起的君主继承了爱德华的王位和才能，各方面都十分出色，继续推进祖父的事业。

第 8 章

撒克逊的黄昏

埃塞尔斯坦是西撒克逊的第三位国王。一开始，他还是遵守家族的传统，寻求和丹麦法区中未臣服地区和平的外交关系；但在 926 年纠纷出现时，埃塞尔斯坦进军约克郡，建立王治。诺森布里亚屈服了，苏格兰国王和斯特拉斯克莱德国王都称其为“父亲和君主”，威尔士诸亲王也答应纳贡。还有另一个不稳定的插曲，933 年，他发动了对苏格兰人的战争；937 年，这场闹剧中败北的全体角色发动了全面起义，战端又起。当时，不列颠北部全境——凯尔特、丹麦和挪威的基督徒和异教徒——在苏格兰国王康斯坦丁和都柏林奥拉夫的领导下，及来自挪威的维京海盗的增援下，组成了敌对阵线。此刻，他们抓紧一切时间拼命调兵。接下来的战争记载在冰岛传奇和英国诗歌中。传奇中说，埃塞尔斯坦挑战敌人，相约列阵而战，敌人欣然答应了。英王甚至提议了众人较量的地点。在当时贫困的时代，双方所拥有的军力也算旗鼓相当了，他们各就各位，就像参加奥林匹克运动会一样，还经常在这个过程中和谈商讨。战士们群情激昂，朝对方挥舞着盾牌和利剑，近距离互相骂战。很快，诺森布里亚和冰岛维京人一方与部分英军激烈地厮杀起来。虽然诺森布里亚的首领逃跑了，英军还是战败了。但是第二天，真正的较量开始了。双方军队以威严的仪式列队而出，然后长矛、斧头和剑一起上，以表示真心相搏。两军鏖战了整整一天。

关于布鲁南镇战役的原创凯歌，运用原始的意象和好战情绪向我们展示了盎格鲁撒克逊人的思想。“埃塞尔斯坦国王是伯爵之主，贵族的封赏者，其弟也是，显贵者埃德蒙在布鲁南镇战役中手握利剑，英勇杀敌，赢得万世荣耀。他们用剑劈开了盾墙，砍断矛柄，苏格兰人和舰队都畏缩不敢前进。……武士血染红战场！战后太阳当空高悬……最大的星划过苍穹，犹如上帝点燃了蜡烛，光芒四射，直至贵体遽然西沉。战士僵卧战场，多人中枪，北欧人尸横盾牌之上。苏格兰人的情形也一样，意志消沉，受够了！身后都是角喙的灰乌鸦、白尾黑身的老鹰、贪婪的猎鹰、灰色的林中野狼，都在腐肉堆上大快朵颐。”

英国人大获全胜。被胜利者叫做“假誓者”的康斯坦丁滚回了北方。奥拉夫带残兵败将撤回了都柏林。由此，阿尔弗雷德的孙子勇者埃塞尔斯坦成为最早的几位君主之一。他称自己为“全不列颠尼亚之王”，下令在硬币上和宪章上印上此字样。

欧洲大陆承认了埃塞尔斯坦的名号。他的三个姐妹分别嫁给了法国加洛林王朝的国王“糊涂查理”、卡佩王朝的“伟大的于格”和即将继承神圣罗马帝国皇位的撒克逊人奥托。他还扶持了挪威王子，对方向他宣誓效忠，接受洗礼，埃塞尔斯坦任命他为约克郡封臣。也许有人希望漫长的战争终于有结果了，但是战争仍在继续。布鲁南镇战役之后两年，埃塞尔斯坦去世，同父异母的 18 岁青年埃德蒙继位，敌军卷土重来。埃德蒙发扬民族精神，坚持抗敌。在位才 6 年，直到 946 年去世，他都没有让出寸土。埃德蒙死后由弟弟，阿尔弗雷德的孙子，长者爱德华的小儿子埃德雷德继位。埃德雷德继续保卫疆土，武力御敌，似乎永久熄灭了诺森布里亚反叛的火苗。

*　*　*

史学家将 954 年作为英国维京时代第一个伟大篇章的结束。自维京海盗入侵岛国已有 120 年。英国基督教社会为生存而战达 40 年。80 年间出现了 5 位骑士国王（阿尔弗雷德、爱德华、埃塞尔斯坦、埃德蒙和埃德雷德）打败了入侵者。英国的全国统治恢复了，但随着时间的推移，统治形式有所改变。然而在此统治之下，有一个地处东部大平原、深植于土壤的丹麦定居点，他们的丹麦血脉与习俗在英王治下得以存续。

在埃德加英明与和平的统治下，长远的建设登峰造极。英国光复的每一步都伴随着有意识的行政机制的重建，这始终左右着英国国家制度的发展，直至今天。人们对郡也进行了重组，各郡配有一名治安官或地方长官，是直接对国王负责的王室官员。郡下面分出百户邑，城镇中建立了防御工事。依靠以郡、百户邑、自治市法庭为单位的复杂机制维持治安，缉拿犯人。税收也被重新评估。最后，随着军事、政治制度的复苏，修道院生活和学问也迎来了大复兴，英国本土文学开始萌芽。英语的文学运动进度较慢，但是该世纪中叶接触了大陆上宗教复兴后的潮流就大踏步前进了。坎特伯雷大主教邓斯坦和同时代的年轻人伍斯特主教奥斯瓦尔德、温切斯特主教埃塞尔沃尔德，都致力于恢复修道院严格的仪轨，从而间接改革主教制度，其间越来越多的修士被选为主教。另外，无心插柳的结果却令人满意，学术得到了发展，拷贝了当时欧洲需求量巨大的精美彩绘手抄本。有许多手抄本用英文写就，供俗界学习教义之用。据说，恩斯罕修道院院长埃尔弗里克的《埃尔弗里克天主教布道文》是在发展英语文学语言方面发挥着首功作用，在整个欧洲，英语是最先达到这个高度的本土语言。无论从哪个角度，10 世纪都是英国命运的决定性进步阶段。埃德加死后，尽管君主制经历了灾难性的衰退，但是这种组织和文化还是在英国牢牢地扎根了，即便不到 100 年内遭遇了两次外国征服，它们也都幸存了下来。

973 年，埃德加国王盛大的加冕礼在巴斯举行，之后所有加冕程序都以此为基础。在当时的人们看来，这样就使国家的统一既成事实了。每个郡、自治市和百户邑都有法院定期开庭审理；有统一的货币、度量衡制度。建筑和装饰艺术恢复发展；宗教学术再次繁荣；文学语言，即标准英语出现了，凡受过教育的人皆以此文书写。岛国恢复了文明。但是孕育文明的政治结构行将被推翻。从前都是武装强人守家。但如今软弱无能、摇摆不定、没有信念、目光短浅的小孩子继承了勇士的王位。这片国土沐浴了 25 年的和平，在英勇的首领带领下，英国人在压力和危机下蒸蒸日上，无往不胜，却在和平的软化下松懈下来。时间到了“误信王埃塞尔雷德”的时代，称号很写实，字面意思是“不纳劝谏”，纳谏不当，不听忠告。

980 年，大规模入侵又开始了。爱尔兰人蹂躏了切斯特。斯堪的纳维亚和丹麦强盗大肆屠杀南安普顿人民。塔奈特、康沃尔、德文郡也遭到了屠戮洗劫。有一首史诗描述了 991 年打响的“莫尔登之战”。丹麦人在莫尔登东边的诺西岛列队，英国人则从黑水河口南岸迎敌。战争就发生在连接诺西岛和大陆之间的堤坝上，涨潮时堤坝会被淹没。维京人以他们特有的方式讲条件:“快拿戒指换安全;最好是纳贡，避免这些枪林箭雨，否则两军苦战。……想休战就拿金子来吧。……拿到钱我们就上船,起航回家,与你们相安无事。”[1]

埃塞克斯郡长拜特诺斯回答:“听好了，海盗，这里的人是怎么说的?给你们长矛、致命的飞镖和昔日的利剑作为纳贡吧。……有高贵的伯爵带兵保卫国土，埃塞尔雷德的故土、百姓和土地。异教徒会一败涂地。你们大老远地来到我们国家，不好好打一仗就带着贡金离开，我看实在是太可惜了。你们绝对不可能轻易拿到财宝:先真刀利剑地赎罪，就算要纳贡，决一死战再说。”[2]

事实上这些慷慨言辞并没有实现。双方进行骂战时，退潮了，堤坝裸露了出来。英国人竟然天真地同意让维京人过堤坝，到南岸来排军布阵，这样就能公平对阵。可维京人一过来，英国人就必输无疑。郡长军中许多人四散逃命，而他的一批领主明知大势已去，但还是战斗至死。之后就是史上最为耻辱的“丹麦贡金”时期。

众所周知，当年阿尔弗雷德毫不犹豫地动用金钱加武力。但埃塞尔雷德只动用金钱代替武力。他给丹麦的钱越来越多，回报却越来越少。991 年，他进贡了 1 万镑银子贿赂金，并且给侵略者出了口粮。994 年，他纳贡 1.6 万镑，换来了短暂的喘息时间，得以为敌酋奥拉夫洗礼。1002 年,埃塞尔雷德花了 2.4 万磅银子换来了再次休战,但这一次是他自己违约。英国人雇用了大批穷途末路的丹麦人来服役。埃塞尔雷德怀疑这些危险的帮手会谋刺自己。出于恐惧，他策划将英国南部的丹麦人杀光,不管是花钱找来的,还是过日子的平民。惨无人道的计划在 1002 年的圣布里斯节实施。其中在屠杀中死去的有甘赫尔德，维京人头领之一帕力格的妻子，也是丹麦王斯韦恩的妹妹。杀妹之仇不共戴天，在之后的两年，斯韦恩狠狠地报复了可怜的岛民。埃克塞特、威尔顿、诺里奇、塞特福德都有屠杀的记录，可见复仇范围之广。然而，鲜血并没有熄灭复仇之火，倒是饥荒稍微滞留了复仇的脚步。丹麦军队在百里赤地上无法活下去，1005 年回了丹麦。1006 年的编年史记载，斯韦恩又回到英国，洗劫了肯特和雷丁。埃塞尔雷德最后用 3.6 万镑银子，相当于国家三四年的总收入，再次换来了短暂的休战。

英国为打造一支舰队不遗余力。曾经激起迦太基人背水一战的绝望感，让那些身无长物的穷人，在饥寒交迫中打造了大量船舶。1009 年，桑威奇聚集了一支崭新的舰队。据《盎格鲁撒克逊编年史》记载，“但是我们运气不好，还暴殄天物，舰船的力量用不上”。船长之间争吵不休。有的船因为内斗沉没了，有的船消失在风暴里，还有的直接被船长可耻地抛弃了。“船上剩下的人把船开回了伦敦，就这样轻易荒废了举全国之力建造的舰队。”1012 年记载了英国最后一次向维京人纳贡，被勒索了 4.8 万镑银子。压迫者洗劫了坎特伯雷，并抓了大主教亚斐奇为人质，可最后他因不肯强迫教众筹钱，在格林尼治遇害。据《盎格鲁撒克逊编年史》记载，“国王听信谗言，灾祸降临，由于没有及时提出缴纳贡金，也没有奋起反抗；直到维京人坏事做尽才讲和。尽管已经讲和，也缴纳了贡金，他们还是成群结队，到处掠夺和杀害那些可怜的百姓”。

再去回顾那些林林总总的痛苦事件是毫无意义的。在更早的时期，因为没有历史记载，这种恐怖的故事我们无从得知。地狱般的景象，有些许亮光闪烁，就给人极端孤寂绝望、悲凉肃杀之感。这里只需说明，1013 年，“八字胡王”斯韦恩带着小儿子克努特又到了英国，征服了约克郡丹麦区和丹麦法区辖下的五大区，成为诺森布里亚和丹麦人麦西亚的最高统治者，惩罚式地洗劫了牛津和温切斯特，虽然被赶出了伦敦，还是自称为英格兰之王。此时埃塞尔雷德逃到了妻舅诺曼底公爵那里避难。尽管不断被击败，1014 年初，斯韦恩去世，埃塞尔雷德又有了喘息之机。英国人又拥戴埃塞尔雷德。“宣布还是本地的国王埃塞尔雷德最亲，只要他的治国方式较之前有所改善即可。”

但是丹麦小王子克努特很快着手在英国称王。这时，埃塞尔雷德之子埃德蒙延续阿尔弗雷德大帝的尚武血统。人们随后称之为“勇敢者埃德蒙”。他 20 岁就出名了。父亲宣布他个性反叛，从来不服管，但埃德蒙集结军队，打了漂亮的战役，给予敌人一连串沉重打击。他屡战屡胜，解救了伦敦，严惩一切叛国行为，赢得了百姓的拥护。英国这片废墟上涌现了新的军事力量。埃塞尔雷德去世后，埃德蒙作为英国人最后的希望登基了。尽管敌我力量悬殊，还经历了一次惨败，埃德蒙仍有足够力量能够割据一方，并着手召集军队重新开战。但是“勇敢者埃德蒙”死于 1016 年，年仅 22 岁。自此，全国又陷入了绝望之中。

教会界贵族对政界影响极大。他们一直在斟酌来自圣邓斯坦的关于灾殃即将来临的预言。在南安普顿，即使埃德蒙尚在世的时候，英国教俗首领就商定永远抛弃埃塞尔雷德的后代，认克努特做国王。在丹麦王面前，道德和军事抵抗都崩溃了。埃塞尔雷德家族被革出王族，韦塞克斯王室最后的子孙生在流亡途中。丹麦小王子欣然接受了这一全面的卑微屈服，尽管发生了若干流血事件，但克努特成功上位。他信守承诺，尽到了在世俗和教会事务方面国王对于全国的责任。英国的权贵们同意用大笔赔偿金求得丹麦人撤军，新国王有本族首领的支持，就遵照“灵魂的誓言”，保证实行全民统治。这就是英国人和丹麦人首领庄严签订的契约。史学家兰克写道：“国王的家族，其权势牵涉到初期殖民，他们统一了疆域，救民于水深火热之中。但在这道德沦丧、灾难临头的时刻，被盎格鲁撒克逊人和丹麦血统的教俗长官们驱除了。”[3]

*　*　*

王权建立在三个原则之上：征服，这是无可争议的；世袭权，为人所重；选举，是前两者之间的妥协。克努特就是因为最后这个原则才开始当政的。英国早期对君王的想象，阿尔弗雷德和克努特的德政理想，很可能都来自罗马皇帝图拉真的榜样。图拉真是格里高利教皇最崇敬的君主，而那是派遣第一批传教士的教皇。有证据表明，图拉真的美德事迹在英国教堂礼拜中被大声朗诵。克努特也可能学习了奥古斯都大帝，再现了大帝的风度。大家都知道这个故事，他在海边坐着教训谄媚者，不准海潮涨上来。他带头遵守自己制定的法律，领军时遵守王家军队的军规。他尽快解散了强大的丹麦军队，完全相信低声下气的英国人的忠心。他娶了埃塞尔雷德的遗孀，诺曼底的艾玛，从而先发制人，阻止了诺曼底公爵为埃塞尔雷德后代报仇而采取的任何行动。

克努特成为统治北方的君王，估计拥有五六个王国的统治权。他征服英国时，已经是丹麦王了，并且如愿成为挪威国王。苏格兰向他臣服。维京力量虽然有所衰退，但仍然布满全世界，从挪威到北美，从波罗的海到东方世界。但在所有疆域之中，克努特选择了英国作为故土，建立了首都。据说他喜欢盎格鲁撒克逊人的生活方式。

他希望别人把他当作“埃德加的继任者”。人们在埃德加的治理下度过了和平的17年，与继任者相比，他的功勋仍然闪耀着光辉。克努特依法治国，而且昭示臣民，他执法严明，从不受国王的行政权左右。

克努特广建教堂，宣布忠诚于基督教信仰和教皇。虽然是自己的同胞杀掉圣埃德蒙和圣亚斐奇，但他纪念两人，通过盛大的宗教仪式将两人的遗骸移到了坎特伯雷。1027年，在罗马朝圣时，他给子民写了一封言辞高尚、慷慨激昂的信，保证会公正严明地治理朝政，还特别强调了支付给教会的会费。他把女儿嫁给了康拉德皇帝的大儿子。女婿后来开拓疆土，越过石勒苏益格，直达艾达河沿岸。在上帝的赐福和幸运女神的眷顾之下，这丰功伟绩很大程度上取决于克努特的个人品质。我们再次看见了伟人的力量，拨乱反正，让国家归于和谐统一。如果没有这样的人，世人将要遭受无尽的痛苦。

早期关于克努特有一些生动的描写，可以看出他的性格和脾性。“他进入修道院时，受到热烈欢迎，他谦卑地向前走；眼睛恭敬地盯着地面，泪如雨下——不，我是说泪流成河——他虔诚地寻求圣人的排解。但是到了要献上王室的供奉时，哇！他一直泪眼婆娑盯着地面！他一直捶打自己尊贵的胸脯！他长长叹了一声！他祈祷自己可以得到上帝的宽容！”[4]

但是两个世纪后的北欧传奇展示了他的另一面：

克努特国王和乌尔夫伯爵下了一会儿棋，国王走错了一步，伯爵吃了国王的马；但是国王又把棋子放回棋盘，告诉伯爵自己要悔棋一步；但伯爵生气了，打翻了棋盘，站起来走了。国王说，“走吧，胆小鬼乌尔夫。”伯爵在门口转过身来说，“……你在赫尔吉河的时候可没叫我胆小鬼乌尔夫，瑞典人把你当做落水狗在打，我那个时候还快马加鞭来救你。”之后伯爵走了，回去睡觉了。……到了第二天早上，国王穿衣服的时候，对侍从说，“你去找乌尔夫伯爵，杀了他。”

那个小伙子去了，过一会就回来了。

国王问，“你杀了伯爵吗？”

“我没杀他，他已经去圣卢修斯教堂了。”

有一个叫做伊瓦尔·怀特的挪威人，现在是国王的侍从和宫廷大臣。国王对他说，“去杀了伯爵。”

伊瓦尔去了教堂，在唱诗班前向伯爵刺出利剑，伯爵当场毙命。之后伊瓦尔走向国王，手里拿着滴血的剑。

国王说：“你杀了伯爵吗？”

“我杀了他。”他说。

“你做得很好。”

伯爵被杀后，修士们关闭了教堂，锁上了门。国王知道了以后传令给修士，让他们打开教堂唱大弥撒曲。修士们照做了。国王驾临教堂时，他赐予教会大量财富，让教会拥有了大片领地，从而地位极高。从此，这片土地就归教会所有。[5]

* * *

与此同时，英吉利海峡对岸，新的军事力量正在成长。10 世纪初期，在诺曼底定居的维京人成为法兰西最强大的军事国度。不到百年里，海盗演化为封建社会。现存的记载几乎都是传奇故事。我们甚至不知道，传说中的诺曼公国创始人罗洛是挪威人、丹麦人，还是瑞典人。诺曼历史是从圣-克莱尔-埃普特条约开始。条约是罗洛和西法兰克国王“糊涂查理”签订的,巩固了法兰西国王的宗主权，规定了诺曼底公国的领土边界。

在诺曼底，骑士贵族阶级兴起了。他们用军役换取封地，以同样条件把土地再转租给下一级的佃户。诺曼人追求法制和逻辑，奠定了社会的基本格局，从中很快发展出了一支精兵。严格令行禁止。除了公爵，不得为自己建城堡或要塞。公爵的宫廷或“元老院”由他的家臣、教会的显贵以及重要的佃户组成，这些佃户不仅仅为公爵服兵役，而且要到宫廷中当值。宫廷是行政管理的中心。在整个诺曼底，子爵们遵从公爵的决策和利益，不仅负责公爵领地的税收，实际上还是和元老院联系紧密的地方长官，监管着和英国郡一样的区。诺曼底公爵和教会建立的关系，成为中世纪欧洲的典范。公爵保护并赞助领地上的修道院，不仅迎来了10世纪宗教复兴，也获得了教会领袖的赞赏和支持。但是主教和修道院院长必须确保由公爵指定。

未来英国统治者就是在这片生机勃勃、秩序井然的土地上出世的。1028年到1035年，诺曼底公爵罗伯特的维京人本能，让他下定决心制订入侵计划。但他去世了，没有留下合法继承人来继续他的计划，但好景不长。

在英国的这段历史时期，诺曼底公爵罗伯特的姐姐艾玛的形象十分突出。埃塞尔雷德是她第一任丈夫，和艾玛结婚当然是想借着亲戚关系，向欧洲军力最强的国家借兵，以补充自己衰弱的兵力。克努特娶她是为了统一英国。她本人的个性和行为却无人知晓。然而，像她一样身处在几大权力的交会点是十分罕见的。事实上，艾玛的两任丈夫和两个儿子都是英国国王。

1035年，克努特去世，他的帝国也不复存在。他留下了3个儿子，两个是北安普顿的埃尔吉瓦生的儿子，还有一个是和艾玛生的哈德克努特。这些儿子都是无知粗野的维京人，所以很多人想让之前流淌着西撒克逊血脉的后代、埃塞尔雷德和艾玛的儿子，阿尔弗雷德与爱德华来继承大统，但他们正在诺曼底流亡中。1036年，史学家称之为“天真王子”的长子阿尔弗雷德仓促归国，假意看望了再度守寡的母亲，前任王后艾玛。韦塞克斯伯爵戈德温是英国丹麦群体的首领，拥有出色的能力和强大的政治影响力。冒进的阿尔弗雷德被抓捕，他的随从被杀。不幸的王子也瞎了眼睛，很快在伊利的修道院了结生命。人们普遍认为这个罪责归结于戈德温。于是继承权的归属便无争议了，克努特的儿子们瓜分了父亲的王位。“八字胡王”斯韦恩在挪威统治了一段时间，但是他的两个统治英国的兄弟寿命不长，6年后英国的王座再次后继无人。

戈德温继续做着这片土地的领袖，并已然对理政十分娴熟了。埃塞尔雷德和艾玛剩下的儿子爱德华还在诺曼底流亡，他是不幸的阿尔弗雷德的弟弟。在无政府的混乱日子里，大家都想寻找稳定的制度安排。只有君主制才行，而阿尔弗雷德大帝的强大血脉拥有无与伦比的资格和权利。五六代的时间里，撒克逊君主是抵抗丹麦人的先锋。西撒克逊人是欧洲最古老的血统。两代人以前，卡佩家族只不过是巴黎和法兰西岛勋爵，诺曼底公爵只是维京海盗。谁要是能证明自己是阿尔弗雷德大帝的后代，或者埃及乃至更古老的望族后代，就能受到无上的尊重和敬畏。戈德温认为只有让爱德华称王才能让英国和丹麦势力联合起来，同时巩固自己的统治。戈德温和流亡的爱德华讲条件，威胁他说如果不答应条件，就让克努特的侄子登基。其中第一个条件就是限制诺曼人在英国的势力。爱德华欣然接受，于是戈德温荣归故土，加冕登基。之后 24 年间，除了短暂的一段时间，英国的权力都是掌握在戈德温和他的儿子们手里。在《盎格鲁撒克逊编年史》中，伍斯特的佛罗伦斯记载道，“戈德温扬扬自得，就像国王和全英国都由他管辖”。

爱德华沉静虔诚，不好战，没有什么理政才能。他的诺曼教养，促使他在戈德温伯爵允许的范围中，成了诺曼人影响的驯服的心甘情愿的代理人。因此，英国教会里出现了诺曼底的高级教士，王室里有诺曼职员，郡县有诺曼地主。为了诸事顺遂，爱德华被迫娶了戈德温年轻漂亮的女儿。但当代的史学家都信誓旦旦，这仅仅是形式上的政治婚姻。根据传说，国王心地善良，是柔弱臃肿的白化病人。后世也有史学家直言，他们发现爱德华和身边强大的盎格鲁丹麦武士几次打交道过程中表现出了潜在的劲头。然而，爱德华大部分时间还是对宗教更感兴趣，而且年纪越大，世界观越像个修士。在那个艰难时世，他扮演了玫瑰战争中亨利六世的角色，俩人性格也相似。岁月荏苒，人们不因他的懦弱而谴责爱德华，反而因为他圣人般的美德和虔诚获得了人们的敬重和爱戴。

与此同时，戈德温家族维持了一人之下万人之上的独裁专制。那个时候，裙带关系不仅仅偏袒家人，而且差不多是统治者获得值得信赖副手的唯一途径。虽然家庭关系往往不顶用，但是至少可以保证某种利益的一致。尽管没有统计资料证明，但是在那个落后的时代，人们普遍认为比起陌生人更应该相信兄弟、妻舅或儿子。所以，我们不应该草率地因为戈德温伯爵和他的亲属瓜分了英国而谴责他；因为裙带关系的隐晦原因，其他野心勃勃的领主对权力和恩宠分配产生不满，也不必大惊小怪。多年来，诺曼人和撒克逊丹麦人之间一直在英国宫廷你争我夺、暗中较劲。

1051 年，危机发生了。宫里的诺曼人成功将戈德温流放。据说，趁戈德温不在宫廷之际，诺曼底的威廉正式拜访了忏悔者爱德华，提出要继承王位。十有八九，爱德华国王答应威廉，让他做自己的继承人。但是次年，戈德温回来了，带着在佛兰德斯集结的军队，儿子哈罗德积极助力。父子俩迫使爱德华国王归还权力。戈德温家族赶走了国内的许多诺曼代理人，再次权倾天下。他们直接控制的领土向外延伸，直达沃什湾到布里斯托尔海峡一线以南。

1053 年，戈德温恢复统治 7 个月后去世了。自从克努特提拔他，戈德温已经在任 35 年了。哈罗德是戈德温年龄最大的在世的儿子，继承了父亲的广阔封地。他尽忠职守，在任 13 年间政坛风云变幻，但始终是英国真正的统治者。尽管盎格鲁丹麦伯爵们的敌意不减，诺曼人的反对势力依然忠于忏悔者爱德华王朝，但是戈德温父子还是实行了我们今天所说的君主立宪制。哈罗德的弟弟成为麦西亚伯爵，戈德温的第三个儿子托斯蒂格讨好诺曼人，深受爱德华国王的器重，获封诺森布里亚伯爵领地，驱逐了这片地区的其他伯爵。但戈德温家族内部已失去团结了。哈罗德和托斯蒂格很快变成了死对头。哈罗德必须殚精竭虑，千方百计维护国家的统一。即使是这样，我们也能看到兄弟之间的裂缝越来越大，这片土地也就成了外国入侵者的盘中餐。

*　*　*

在忏悔者爱德华朝代快要结束时，英国的政治普遍衰微。艺术大师创造的彩绘手抄本、雕塑、金属制品、建筑依然丰富多彩，宗教繁荣，行政司法基础稳固，但是阿尔弗雷德后代的美德和气势却消失殆尽，撒克逊君主制走向衰落。一连串孱弱的王子们寿命不长，也没有留下后嗣。就连多育的“误信王”埃塞尔雷德快得出奇地断了香火。曾经打败维京人、征服丹麦法区的武士王朝，这时只有老态龙钟的国王、孱弱的王子和公主在支撑着门面。各地实力强大的伯爵们大有自立称雄之势。

英格兰依然是欧洲唯一各郡县长官都要向中央财政报告收支情况的国家，但是君王对长官们的控制越来越弱。国王靠个人封地来维持生计，靠王室力量尽力实行统治。但实际上君主仅存的权力还受到了盎格鲁丹麦人贵族小圈子的深深牵制。英王的主要权力基础始终来自这个精选的议会，不超过 60 人，但他们隐隐觉得自己是整个国家的代表。实际上，这个委员会是由朝臣、大领主、教会高层组成的。但是，此刻这群“智者”并不能真正体现这个国家的生活，即便不再发展自己的势力，这个集团也削弱了王权。这个组织普遍腐败，不再能发挥其特点和品质。议会的权力渐渐落入了大家族的手里。随着中央集权逐渐削弱，各郡的一群地方首领为实现个人或家族目标开始相互争夺，尔虞我诈，自私自利。仇斗、骚动此起彼伏。人民不仅仅为地方小领主之争所累，而且也为撒克逊和丹麦区域习俗的分歧而纠结。这些荒唐的反常情况和矛盾，阻碍了法制。从韦塞克斯的全面采邑体系到东部和北部丹麦法区的自由民社会，土地使用制度也不尽相同。领主权力和土地没有法定的联系。领主向国王服役是个人义务，不涉及所拥有的土地。岛国在大陆的地位一落千丈，丢失了自身前进的方向。海岸和城镇的防御工事荒废了。英国的整个社会、道德、政治、军事体系对于即将到来的征服者来说不堪一击。

忏悔者爱德华流传下来的形象模糊晦暗而又弱小。他是教会忠实的仆人，所以教会精心编造的中世纪撒克逊英格兰传说把他过分美化。撒克逊英格兰的灯火快要熄灭了，在渐浓的黑暗中，一位灰胡子善良先知预言了结局。爱德华在临死之际说，邪恶的时代即将来临，人们听到他启示般的喃喃自语而感到惊骇。只有曾经支持戈德温的斯蒂甘德大主教不为所动，在哈罗德耳边说，国王年老昏聩，不足为训。1066 年 1 月 5 日，撒克逊王家血脉到此气数已尽。即将亡国的英国人的民族情绪，加上在随后那段艰难岁月里，教会对国王的感激之情，给爱德华的形象戴上了光环。年复一年，爱德华变成了大家供奉崇拜的神灵，他在威斯敏斯特的神龛变成了朝圣的中心。1161 年，爱德华被封为圣徒，数百年了，他的形象还树立在撒克逊民族心中。诺曼人也想宣扬爱德华，由于他的英明决策，英国的王冠传给了诺曼底公爵，至少他们是这样宣称的。自此，两方都纪念爱德华，直到英法百年战争时期英国有了圣乔治之前，英国人都尊忏悔者爱德华为守护神。无论是从其性格品质，还是各方面的需求，圣乔治对岛国人来说都毫无疑问是更适合的人。

第二部　建　国

第 9 章
诺曼人入侵

英国国内疲于应付派系纷争，很长时间都处于海外的虎视眈眈之下。斯堪的纳维亚人想要恢复克努特的帝国。诺曼人宣称公爵有表兄爱德华的承诺可继承王位。诺曼底的威廉性格刚强，经历坎坷。英国王位这个战利品足以激起这些饿虎的野心。从一开始就同时采取了行动是他们共同的优势。

*　　*　　*

一天早上，罗洛的第四代世孙诺曼底公爵罗贝尔正在向都城法莱斯骑行，路上看见了制革匠的女儿阿莱特，正在小溪边洗衣。他燃起了爱意之火，把她带回了城堡。尽管已经娶了一位高贵的夫人，罗贝尔余生还是和阿莱特一起生活。1027 年，这段浪漫不合礼仪的结合有了结晶，生下了日后名扬四海的儿子威廉。

罗贝尔公爵在威廉 7 岁时就去世了。小孩子很难在那个艰难的时期保住自己的继承权。大贵族们成为威廉的监护人，但相继暴死，整个诺曼底掀起了一场野心之战。他们会让私生子统治国家吗？制革匠的外孙能成为武士家族的君主吗？私生子的标签紧紧跟着威廉，烙印深深地打在他内心深处，痛苦不堪，他的性格渐渐变得冷酷。许多年过去了，当他围困阿朗松镇时，市民们鲁莽地把兽皮挂在城墙上，大声奚落，“给制革匠的兽皮！”作为报复，威廉摧毁了这座城市，将城中的重要人物肢解或者活活剥皮。

法国国王亨利的公开政策是承认并保护未成年的公爵大人。他成了威廉的封建监护人和统治者，否则这个孩子难以生存。1047 年，威廉 20 岁，一场针对他的惊天阴谋正悄悄发生。造反开始时，威廉九死一生。造反者们提出内部瓜分公爵领地，其他人向他们的其中一人宣誓，并授予他有名无实的公爵称号。威廉在这个离心离德国家的中心地带打猎，叛乱分子计划抓捕威廉，但是他的弄臣及时闯进来，警告他赶紧逃命。到了拂晓，威廉骑马跑了 40 英里，在忠诚的法莱斯暂时避难。他知道自己的力量不足，就马不停蹄向统治者亨利国王寻求帮助。国王满口答应，出兵了。威廉召集了忠诚的贵族和庄客。在瓦尔斯沙丘战役中，双方骑兵战况激烈，谋反者溃不成军，自此，威廉首次巩固了诺曼底公爵之位。

当时的社会制度下，仇斗横行，封地上还发生过家族战争，但是当国家落入强大的统治者手中时，这一切还是会适可而止的，而不妨碍军政方面都已国际化的尚武社会的迅速发展。等级制度中各级领主之间建立亲密关系，土地与战斗力相关联，领主们在精神上遵从教皇权威，这促成了身穿盔甲的骑士和贵族们在不断扩大的欧洲地区团结起来。广泛认同基督教会，现在又孕育了骑士贵族。他们受骑士精神的驱动，在以土地拥有为基础的从军制度中结合在一起。这个制度之下，铠甲骑兵崛起为战争的主力。新兴力量诞生了，不仅能对外征服，也能统治国家。

诺曼人把这个新组织的战斗力推进到其他封建地界无法企及的高度。威廉是战争大师，尽管领地规模小，但是他的统治像克努特时期般英明睿智、坚不可摧，颇有英国30年前的威望。威廉和骑士们用大胆冒险的目光审视这个世界。这些好斗者天生野心勃勃，而且有了足够的理由将视野跨越英吉利海峡。威廉就像他父亲一样和撒克逊宫廷过从甚密，并密切关注着以戈德温和哈罗德父子为首的盎格鲁丹麦人支持者的一举一动。

命运令人惊叹地偏向了诺曼底公爵。大约在1064年，在一次视察过程中，海风将哈罗德的船吹向了法国海岸。刚好那里是蓬蒂厄伯爵的领地，他把搁浅的水手和他们的行头看作难得的宝藏。他绑架了哈罗德，想要一笔不菲的赎金。这个时候，诺曼宫廷和英国宫廷关系亲密友好，威廉公爵要求蓬蒂厄放了爱德华的臣子，先礼后兵。蓬蒂厄伯爵无奈放弃这笔意外之财，把哈罗德送到了诺曼宫廷。威廉和哈罗德之间从而产生了友谊。撇开政治不说，他们俩互相欣赏。可以看到他们带着猎鹰出去打猎，和布列塔尼人打仗时并肩作战，还在危险的争端中巧妙相助。威廉授予哈罗德骑士荣誉。但是公爵想要将来继承英国王位。这确实是威廉应得的奖赏。哈罗德的母系有一点王室血脉；然而威廉父系那边的血统对继承岛国王位更加有力，起码不含糊。威廉决心要坚持继承权，但他明白哈罗德在忏悔者爱德华国王的宫廷里权势滔天，假如爱德华去世时他碰巧在王宫，弄权登基就易如反掌。威廉让哈罗德和他定下契约，自己成为英王，哈罗德则受封伯爵，掌握繁荣的韦塞克斯省，还把自己的女儿嫁给哈罗德，确定了翁婿关系，作为保证。

一块记载威廉在位编年史的挂毯，活灵活现地叙述了达成协议的经过。通常认为这是威廉的妻子、王后玛蒂尔达的杰作，但是实际上是英国艺术家们在威廉同母异父的兄弟、巴约主教厄德的指导下织造的。巴约挂毯记载的当然是诺曼人的版本，几代诺曼人史学家都在宣扬威廉入侵是有正当理由的。可见在那么久远的时代，侵略者入侵都需要正当理由了。但撒克逊人反驳道，这是诺曼人的蓄意宣传行为，历史佐证当然也有矛盾之处。但是，哈罗德也许真的对威廉庄严宣誓，放弃了王位的继承权和继承意愿，因为如果他没有照做，可能再也见不到王座或者英国了。

哈罗德誓言成为威廉的封臣，当时有一个符合他们心态的新花招，加深了这件事的封建意义。在哈罗德发誓的祭台或供桌之下封存了圣物，后来的史学家说是圣埃德蒙的部分遗骸。因此，这一被加重的誓言就有了基督教世界普遍承认的三层神圣色彩。这样的超凡誓言是一种义务，尽管暗箱操作，对哈罗德依然有约束力。然而也不能说两人之间的交易毫无道理，哈罗德也许看到了自己的美好前景。

威廉此时在国内巩固了地位。他消灭了对手的叛军和野心勃勃的亲戚，稳固了西边和布列塔尼接壤的边界，从法国北部的最有权势的统治家族安茹人手中征服了西南边的曼恩，迫使曾经在幼年时期保护过他的法国权贵把他当作成年人来尊重，通过和佛兰德斯伯爵的女儿玛蒂尔达结婚，在东边获得了有用的同盟军。

与此同时，哈罗德获释，回英国主持政务，受到了真心拥护，越发成功。1066 年 1 月，忏悔者爱德华最终去世，想必从他一直想要摆脱的俗世受诱惑后犯的罪孽中解脱了出来。爱德华弥留之际，据说他违背了对威廉的承诺，赞同“贤人会议”的举荐，认为他年轻勇敢的谋臣向导哈罗德是国王的最佳人选。1066 年是命运攸关的一年，不管怎样，哈罗德开年立即被伦敦、中部地区、南部地区欣然拥立为王，在威斯敏斯特教堂举行了庄严的登基仪式。

这次事件又打开了战争之门。之前法国发生过非王家血脉继承王位的先例，就是雨果·卡佩国王，但是贵族极其厌恶这种事。贵族们的自尊心、共同理念、情感，日益在西欧有师出有名的意义了。每一个有抱负的领主听到哈罗德称王的消息都感觉受到了冒犯，才干和宝剑又有施展余地了。而且，整个封建社会的结构建立在神圣誓言基础上。对于违誓者，骑士和教会组织的惩戒都配有雷霆万钧之力。对哈罗德来说，更不幸的是，坎特伯雷大主教斯蒂甘德亲自接受了支持教会分裂的教皇赐予的白羊毛披肩。因此，罗马不能承认哈罗德的王位。

这时，“万能上帝”在天堂做了模糊不清的“手势”。在哈罗德的加冕仪式上，拖着尾巴的彗星或扫帚星出现了，这就是后世天文学家所说的哈雷彗星，当年曾经预示着基督降生。显然，神圣的天体降临俗世，本可以巧妙地诠释成有利于哈罗德的说法。但是征服者们自有说法，这在他们眼中就是亵渎神明的王朝即将倒台的预兆。

两个对立的入侵计划迅速成形。第一个来自斯堪的纳维亚。克努特的挪威继任者决定复活他们的英国王权传统。哈罗德同父异母的弟弟托斯蒂被剥夺了诺森布里亚伯爵爵位之后，被流放到了挪威，此时满怀复仇的心情他详细描述了岛国的危机和脆弱国防。组织远征，箭在弦上。哈拉尔·哈德拉达国王扬帆出征，直奔英国王冠。他先到了奥克尼群岛，在苏格兰群岛和马恩岛上招募士兵。1066 年夏末，他和托斯蒂一起带领大舰队和陆军，向英国东北海岸进发。

因此，英国的哈罗德面临着来自东北方向和南部方向的双重入侵。1066 年 9 月，他听说载着哈德拉达和托斯蒂的挪威舰队沿亨伯河上溯，打败了埃德温伯爵和摩卡伯爵的当地壮丁，在约克附近的斯坦福桥驻扎。哈罗德表现出了身上的战斗素质。他在伦敦收到这个消息，当时他等着看哪股力量会在哪里来攻击他。哈罗德走在自己的丹麦家族军队最前面，沿着罗马大路向北，奔赴约克，一路召集当地的壮丁。哈罗德以迅雷不及掩耳的攻势打败了北方的入侵者。埃德温和摩卡战败后的 5 天内，哈罗德到达约克，同一天继续行军去迎战距离约克 10 英里的挪威军队。

战斗开始了。英国人冲锋，挪威人尽管没穿盔甲，但在一开始保持战列整齐。一会儿之后，挪威人被佯攻欺骗，这是当时的惯用伎俩。他们从盾牌阵散开四面出击。这正是哈罗德等待的时机，兵器的撞击声顿时响成一片。哈德拉达的喉咙中了箭，托斯蒂接过指挥权,代替他站在“土地掠夺者”的旗帜旁边。哈罗德利用这个机会，提出跟弟弟托斯蒂讲和，也放过所有活着的挪威人。但是“挪威人齐声呐喊，他们宁愿一个叠一个地倒下，也不愿意接受英国人的饶恕”。[1]

哈罗德手下勇敢的家兵,本身就有维京人血统,向敌人猛冲过去，随着一阵喊杀声，又开战了。此刻，船上剩下的军队赶到，来援救入侵者。不像先来的战友，援军本来全副武装，由于急行军而气喘吁吁，筋疲力尽，他们索性扔掉了锁子甲，和身陷绝境的同伴们同生共死,最后几乎全军覆没。哈罗德大胜,按照之前轻蔑许下的诺言，把哈德拉达埋在英国 7 英尺黄土之下。但是他放过了哈德拉达的儿子奥拉夫，让他和残存的随从平安回去了。托斯蒂为他不安分的恶行付出了生命的代价。尽管日后的黑斯廷斯战役压倒了斯坦福桥战役的风头，但这也肯定是英国历史上最具决定性的战役之一。从那以后，斯堪的纳维亚人再也无法威胁到英国国王的统治或者国家的统一。

胜利之时，南方有消息传到了国王的耳朵里，说“私生子威廉”在佩文西登陆了。

* * *

征服者威廉对英国的入侵计划就像企业投资。诺曼底的资源显然无法胜任这一任务，但公爵的名声响彻了封建世界，许多拥兵自重的贵族都对占领并瓜分英国很感兴趣。利勒博讷议会的诺曼底贵族拒绝官方出面支持这次行动。这是公爵的冒险事业,不是诺曼底的。然而，他们中大部分人都争先恐后出份子，贡献骑士和船只，布列塔尼也送来了一支人数众多的军队。我们不能忘记，不列颠尼亚的精英有一些在这里避难，建立起强大的血缘谱系，延续了古罗马时代和不列颠民族。全法国都对这次行动很感兴趣。从佛兰德斯、甚至阿尔卑斯山外来了雇佣兵；从意大利南部和西班牙赶过来的诺曼人有贵族，有骑士，都响应了招兵启事，公司股份就以骑士和船只代表。此外还有明确保证，杀死英国人以后，他们的土地按照出股比例划分,作战有功的人当然还另有奖励。1066 年夏,这群好战成性、攻城略地的无耻强盗，组成强大的军团，来到了索姆河口的圣瓦莱里。开春以来，所有法国港口都在造船。到了 8 月初，近 700 艘船和 7000 人整装待发。其中大部分是有身份的贵族，准备好跟着大名鼎鼎的公爵一起瓜分英国的土地和财富。

但是风向不顺。整整 6 个星期没有一天吹过南风。这群乌合之众没有封建君臣关系的束缚，没有爱国心，也没有道德标准，开始抱怨争吵起来。只有执行董事威廉的名望和大肆掠夺的野心才让他们凝聚起来。最后，他们采取了极端的手段来改变天气。他们把圣瓦莱里教堂的圣埃德蒙遗骸抬了出来，在岸边以军事队列的形式举行了宗教游行。这样做有效果，因为第二天就改变了风向，虽然不是正南风，但至少是西南风。威廉觉得差不多了，发了出发的信号。整个舰队载着粮草、武器、盔甲以及大批战马驶向了海洋。为了让舰队统一行动，威廉做出了特殊的安排，在索姆河口集合后，晚上在自己的桅顶装上异常明亮的灯。第二天早上，所有船只驶向了英国海岸。公爵船速更快，于是很快在英吉利海峡中间独自航行了。他下令停船，和幕僚一起用餐，"就像在自家的大厅一样"。葡萄酒管够，饭后威廉还慷慨激昂地谈起他的伟大事业，说所有参与人都会得到奖励和战利品。

9 月 28 号，后面的舰队跟上来了，所有船只都在佩文西湾安全地抛锚停泊。登陆时没有遇到任何反抗。英国当地民军奉旨监视海岸，今年已经巡视 4 次了，以英国特有的风范得出了结论，危机既然还没有来到，那就已经过去了，于是回家了。威廉登陆，传说他刚走下船时，脸朝下摔倒了。他将这个预兆巧妙地圆了过去，说道："看，我展开双臂拥抱英国。"威廉忙着部署军队，掠夺苏塞克斯的物资，建立防御工事来保护舰队和基地。两周时间就这样过去了。

与此同时，哈罗德和他的家兵在斯坦福桥的屠杀中精疲力竭，骑着矮种马，沿着沃特林街夜以继日地赶到伦敦。他们 7 天里赶路 200 英里。国王在伦敦召集了能召集的所有军事力量，韦塞克斯和肯特的大部分贵族立马回应，带着家臣和当地民兵加入其麾下。哈罗德只在伦敦待了5天时间，就向佩文西进军了。10月13日晚，他在直接通往首都途中的一面山坡上进入了阵地。

那时的军事舆论和现代一样，都批评哈罗德速战速决孤注一掷的策略。北方的埃德温和摩卡伯爵的忠诚值得怀疑。他们带着大批援军向南赶来，但并不确定会加入哪边。结果，他们“临阵脱逃了”。现在有人说，他应该采取1100年前卡西维拉努斯对付恺撒的战术。但是这些评论家忽视了，罗马军队只有步兵，而不列颠军只有战车和马军；威廉公爵军队是骑兵为主，弓弩兵为辅，而哈罗德只有步兵，把马匹当运输工具而已。骑兵跟踪、攻击步兵很容易，但是步兵用这战术针对骑兵很困难。这群战斧兵战力强大，哈罗德国王对他们很有信心。他情绪高涨，10月14日上午搭好了盾牌墙。有关当时参战人数众说纷纭。现代权威认为诺曼方面有5000至6000骑士和士兵，还有几千弓兵，英国则有8000至10000手持斧头、长矛的士兵。两边人数实际也许更少。不管怎样，到了东方刚刚露出鱼肚白的时候，威廉从佩文西的营地出兵，投入全部兵力，想要一决高下；哈罗德在8英里开外严阵以待。

战争开始了，吟游骑士伊沃·泰勒佛请求打头阵后，骑马上山，向空中扔出了长矛和剑，又在震惊的英国人面前抓住矛和剑。然后，他冲进了英国阵营里面，被杀死了。威廉的披甲骑士发起了冲锋，但行动不便，没有对人群密集、整齐划一的英军造成伤害。冰雹般的箭和骑兵的攻击都没办法拿下。威廉的左翼骑兵阵型大乱，迅速往山下撤退。哈罗德的右侧部队大多是当地民军，见此情景立刻散开追杀敌人。在核心的威廉把训练有素的骑兵中队派了出去迎战，把敌人分成几部分。诺曼人重新整队，开始了针对英军的第二波攻击，漫天的箭雨让人无法招架。史学家常常评价，这部分的战斗就像是滑铁卢的那个下午，内伊的骑兵全力进攻英国人的方阵，打得精疲力竭，还不时地用大炮猛轰英军。两场战争中，步兵虽然打得艰苦但没有被打垮。据当时的说法，诺曼骑士们从来没有遭遇过如此顽强的步兵，他们根本无法攻破盾牌墙，反而遭到了战斧兵的巧妙打击，和从盾墙后面投掷过来的标枪棍子的攻击，损失严重。箭雨杀伤力大，死伤无数。最后，英军互相拥挤，伤者无法撤走，死者甚至不能倒向地面。

在秋天的下午，直到傍晚才有战果。此刻，威廉采取了假撤退的惯用策略。诺曼人第一次被击退时，威廉就看到哈罗德的右翼部队立即放弃阵地来追杀他们。这回，他组织了一次佯装溃不成军的撤退，同时身边留着一支精锐部队。哈罗德的家兵守纪律，保持着队形，但是那些缺乏训练的士兵经过数小时的战斗后，看见敌人逃跑就如释重负，忍不住想去追杀。他们受求胜欲的驱使，跟着敌人向前冲，下山半路上被威廉的骑兵残忍截杀。黄昏降临，哈罗德和王旗身边只剩下了英勇的侍卫。哈罗德的弟弟格斯和利奥夫温已经阵亡了。威廉让弓兵将箭高高射出，这样弓箭就能落到盾牌墙后。有一支箭插进了哈罗德的右眼，造成了致命的伤害。他倒在了王旗脚下，只有死神才能征服他，但是这并不等于光荣。这场硬仗终于决出了胜负。哈罗德最后一支组织严密的军队被打散了，但并没有全败。他们撤退到身后的森林。威廉身先士卒，累死了三匹马，马上要宣告胜利。然而，追击被遏制。黑斯廷斯的另一侧山坡上横亘着一条极深的壕沟，大批诺曼骑兵掉入其中，被藏在林子里狂怒的英国伏兵疯狂屠杀。

死去国王赤裸着身体，只用一袭紫色的长袍包裹，藏在海湾的岩石之间。哈罗德的母亲提出要拿出和身体同等重量的金子，要求威廉许可把他埋在圣地上。诺曼公爵回答道，把哈罗德埋在撒克逊海岸更适合，毕竟这是他豁出性命保卫的土地。后来，遗体转移到了他自己建立的沃尔瑟姆大修道院。尽管英国人又一次被征服，屈从新的命运，但是哈罗德的英名永远在岛国享受荣光，因为他与他的军队为此血战到了最后一刻。

第 10 章

征服者威廉

侵略军在战场上安营扎寨。威廉公爵知道，他的任务才刚刚开始。他用了一年多的时间亲自筹划入侵英格兰，夺取英国王冠。现在登陆不到一个月，他就消灭了撒克逊人唯一的正规军，杀死了政敌。但是近年来，岛国内部四分五裂，为他的征服行动增添了新的危险，分裂局面虽使他一击而破，却使征服旷日持久。西部和北部的撒克逊贵族可能会长期坚持割据，切断和欧洲大陆的联系。于是，威廉小心翼翼地向伦敦进发。

威廉是通过血腥残酷的场面做样子造成群体恐惧理论的杰出代表，这种做法在如今这文明时代被称为“恐吓”。[1] 他率领由诺曼底人、法国人和布列塔尼人组成的精干军队，穿过肯特向首都进军。起初，没有当地人到他的营中表忠心。罗姆尼的民众杀死了一伙诺曼底骑士之后，遭到了报复。消息传遍全国，群众便像“苍蝇叮伤口一样”，成群结队前来表示归顺，以避免同样的下场。这些事情传开了，深深刺激了民众。

威廉逼近伦敦以后，先绕城一周，在周围制造了残酷的无人区，使伦敦孤立起来。他从萨瑟克挺进到沃林福德，然后又穿过切尔吞丘陵到达伯克姆斯特德。在那里，撒克逊的教俗要人低声下气地来到他的营帐，要尊他为王。圣诞节那天，约克大主教奥尔德雷德在威斯敏斯特为他举行英国国王加冕礼。他在亨伯河以南的英格兰全境迅速建立了自己的统治。征服英格兰不到两年，在威廉出征期间统治诺曼底的公爵夫人马蒂尔达也渡海来此，公爵于 1068 年的降灵节在威斯敏斯特举行了自己的加冕礼。年底，儿子亨利降生在英国的土地上，象征并预示着王朝的稳定。

北方仍然在撒克逊人埃德温伯爵和摩卡伯爵的控制之下，对诺曼底人表现出桀骜不驯的态度。威廉国王调集军队前去讨伐。他在北方农村留下的痕迹，几代人都记忆犹新，是幸存者及其后代的伤痛。东西海岸之间满目凄凉，逃亡者躲在约克郡森林密布的山谷之中，在饥寒交迫中死去，或者为了填饱肚子而卖身为奴。直到多年之后，人们还经常讲述当时饿殍遍野和路边凄惨景象。威廉在约克过了 1069 年圣诞节，饮宴过后又继续搜捕。在英格兰，只有切斯特尚未归顺征服者威廉。1070 年隆冬时节，他率军横扫英格兰，向切斯特进军。该城应声投降，同意他在那里建筑城堡。

此时，英国亨伯河以北的地区也归诺曼人统治。大里奇蒙伯国建立起来,在约克郡和邻近数郡拥有大片领地。达勒姆主教区也重组，并拥有当地的行政大权。显然，诺曼人有力量有气魄同化撒克逊英格兰全境，但是，威廉能否使所有的征服地区免受外侮，这一问题直到他的晚年才有了答案。征服英国的时期是充满危险的。在侵英后的至少 20 年里，诺曼军队处在敌对情绪的汪洋大海之中，全靠在关键地点建筑城堡来压制民众。撒克逊人的抵抗不肯消停。一些传说和编年史记述了赫里沃德在伊利岛周围的广大沼泽地带最后抵抗的情况。直到 1071 年，即在黑斯廷斯战斗的 5 年之后，赫里沃德的力量才被镇压下去，在能够继任新首领的大佃主阶层中，有许多人已经为赫里沃德的事业战死沙场。伊利城堡的修建是他们的力量消亡的标志。

内部的其他反对派揭竿而起。1075 年，心怀不满的诺曼骑士们在英格兰中部，东安格利亚和威尔士边界地区发动声势浩大的叛乱，已经和威廉媾和的残存撒克逊首领沃索夫也加入了。正在诺曼底的威廉国王不得不赶来镇压。撒克逊民众支持他平叛,民军也上了战场。遭到报复的只有沃索夫一个人，他在温切斯特城外的一座小山上被处死。当时，心向撒克逊人的编年史修士记下了刑场上的动人场面。根据中世纪的传说，威廉晚年时运不济，就是由于这次处决的罪责。处决也标志着英国的彻底归顺。诺曼的堡垒镇守着城池，诺曼领主掌握着土地，诺曼教堂保护着人们的灵魂。英格兰全归一主，征服完成了，重建开始了。

被征服者有祸了。诺曼人盘踞在英国土地上，是土地和财富的主人。来自安茹、曼恩、布列塔尼，甚至阿尔卑斯山脉和比利牛斯山脉之外的骑士，得到了与自己的等级和勇武相称的庄园和郡县，并着手确保自己的安全。城堡到处拔地而起。起初，这些城堡并不是下个世纪的庞大石头建筑，而只是由土墙和木桩围起来的军营，中央是圆木构成的碉堡。诺曼骑兵以这些据点为中心，统治和剥削周围的地区。他们的最高层是威廉，他活跃而残忍，对自己的事业乐此不疲，要求追随者随时效劳，对有功者则大量赐予战利品。

征服的初期，诺曼人没有学习岛民的任何生活方式，也不遵从岛上的风俗习惯。唯一的文化是法国文化。幸存下来的撒克逊要人把子弟送到法国修道院去受教育。英国人重蹈了古代布立吞人的经历，过去波狄希亚时代人们学习拉丁文，此时一切能学习的人都学习法语。起初，征服者轻视不开化的英国人，认为他们是粗人莽汉，因而用尖刀武力进行统治。但是不久，他们就以诺曼人特有的方式同当地的自由民通婚，与英国人的过去融为一体。

威廉进占英国后，仍然作为诺曼底公爵一直同法国国王无休止地明争暗斗，他在英国的工作故而就更令人注目了。虽然英国是一份比诺曼底更有价值的财产，但威廉和他的儿子们总是对大陆领土更感兴趣。另一方面，历代法国国王把削弱诺曼底公爵当做自己的首要政策，公爵已经坐大，且封地边界离巴黎仅 20 英里多一点。于是双方你争我斗，直到经过漫长的岁月，约翰国王在 1203 年丧失诺曼底为止。马蒂尔达王后在鲁昂摄政有方，但深受其儿子犯上作乱之苦。长子罗伯特参加过十字军东征，他大胆鲁莽，挥霍无度，像父亲那样喜欢战争和冒险，却不如父亲那样精明能干，目标坚定。他怨恨威廉老而不死，迫不及待要求继承诺曼爵位。有许多次，威廉不得不渡过海峡弹压叛乱的城镇，先发制人地粉碎儿子和法国宫廷的阴谋。罗伯特被驱逐出境，在法国腓力国王的热伯华城堡避难。威廉紧追不舍。父子戴着面甲在城下单独格斗。罗伯特刺伤其父的手，把他打下马来，要不是沃林福德的一个名叫托基格的英国人及时出手，把征服者扶上马，罗伯特是真会弑父成功的。这次偶然的遭遇使两人都清醒起来，一度和解。

马蒂尔达死后，威廉随着年事增长，越发狂暴。法国人的侵袭激怒了他，他便越过边界，一路焚烧劫掠，直捣芒特城下。诺曼底人奇袭该城，恐怖抢劫之中，城里爆发火灾。威廉穿过街道，在燃烧的灰烬里，马失前蹄，人撞在马鞍的前桥上。他在痛楚中被抬到鲁昂的圣热瓦兹小修道院。这是1087年夏，他在酷暑中躺在城外的高山上，在重伤中煎熬。死神临近，他的儿子威廉和亨利来到身边。以忠诚孝顺为美德的威廉被指定为征服者在英国的继承人。无耻的罗伯特也终于要统治诺曼底了。但小儿子亨利只得到5000镑白银以及有朝一日他将统治统一的撒克逊诺曼国的预言。事实证明，预言并不是空口许诺。

征服者病危的消息使他的臣民惶恐不安。强大的统治者死后会产生什么样的乱象呢？1087年9月9日星期四，当鲁昂大教堂的晨钟声在山间回荡时，威廉去世了，他的权力也随之消失。卑鄙的随从剥去了他的衣服，抢光了灵堂。鲁昂的教士把遗体运到他在卡昂建立的圣斯特凡教堂。威廉的最后旅程也被打扰。在墓地，一个叫阿斯林的人喊道，那块地皮是已故公爵从他父亲手里夺去的，他在众人面前要求惶恐不安的教士们主持公道。付款60先令后，征服者才寒酸地入土为安了。然而，他的功绩永垂不朽啊。《盎格鲁撒克逊编年史》记载道：

> 他是一个严厉而残暴的人，谁也不敢违背他的意志行事。他把抗拒他的意志的伯爵们抓起来，把主教们驱逐出任职的教区，剥夺修道院院长的职权，将大佃主们投入监狱，最后也不饶恕自己的兄弟奥多。奥多在诺曼底是一位很有实力的主教，地位仅次于威廉国王，并且在英国拥有一个伯爵领地。威廉把奥多投入了监狱。在他的政绩中，他在英国建立的良好治安令

人难忘——任何老实人即便怀里揣满金子在他的王国旅行，也不会受到伤害。谁也不敢打人，不管这个人多么对不起他；任何男人强奸妇女，都会立马遭阉割。

威廉统治着英格兰，并且狡猾地对全国进行了调查，没有一块土地的主人和价值他不知道，然后记录在案。威尔士归他统治，他在那里建筑了城堡，完全控制了那个民族。由于他的强大力量，他还以同样的方式征服了苏格兰。他凭血统继承了诺曼底的土地，兼领曼恩。如果多活两年，他会深谋远虑，不动干戈地征服爱尔兰。当然，在他的统治下，人民受到了残酷的压迫和严重的伤害。

写到这里，编年史作者吟起诗来：

国王建起城堡，
压榨穷人。
国王冷酷待黎民，
抢去许多金子，
千百镑银子。
他大量敛财，极不公正。
剥夺子民，根本不需要这样做。
他确实变得贪婪，
特别迷恋财富。
他大力保护猎物，
为此制定法度。

谁敢猎杀鹿儿，
必使其双目失明。

他保护小鹿，
禁猎野猪，
喜欢牡鹿，
如父爱子。[2]

*　*　*

诺曼人把基于军事服役的土地所有制引进到英国，由上至下推行了军事等级制度。不仅作战上发生了革命，上层社会也发生了变革。威廉首先打算巩固一支有效精干的军队，他很关心骑士的服役期和每个显贵朝臣应出的士兵名额，而不太关心这些臣下领地上的社会关系。只占极少数的诺曼人，已经摧毁了撒克逊统治阶级，强迫英国接受外族统治。但民众只间接受到这一变化的影响。多年来，封建制度的上层建筑在英国令人耳目一新，但却没有确立下来。英国的新主人在他们的领地所有权及其如何符合盎格鲁撒克逊英国法律和习惯的问题上，存在着无休止的争论。主教辖区和修道院尤其进行抱怨，国王的使臣常常在郡级法院集会开庭，解决这些争端。最后在 1086 年，对国王封建附庸的全部财产进行了宣誓普查，因为国王本人的收入大部分来自这些附庸。这次调查开展得细致入微，有条不紊，这在当时是绝无仅有的，并且在其后几百年里也无与伦比。许多英国村庄的历史是在被列入《末日裁判书》之后才开始的。从这次著名调查的结果可以看出，英国社会的基础结构和农民的生活并没有由于入侵的震动而发生多少变化。

这次普查由一场危机所致。英国的诺曼驻军由于外国势力要分杯羹而受到威胁。斯堪的纳维亚的统治者对一度是他们帝国西域的不列颠岛仍然垂涎欲滴。1069 年，他们支持了不列颠北部的起义，并且在 1085 年扬言，要加大力量进行干预。一支舰队已经准备完毕，虽然因司令官遇刺而未出航，但威廉还是采取了预防措施。诺曼人征服英国所引起的一切封建矛盾都必须迅速加以解决，《末日裁判书》就是在这种威胁阴影下被编制出来的。1086 年，威廉在索尔兹伯里把“英格兰全国所有算得上拥有土地的人召集在一起，不管他们是谁”。国王需要确保手下所有的显要封建佃主向他保证忠诚，这一大群人借助誓言效忠连接在一起的。

诺曼人在英国取得的成就不仅在军事方面。虽然骑士服役制度管辖财产的持有，并且培养出新贵族，但撒克逊英国的许多东西延续了下来。诺曼人擅长于执法和司法，而不善于立法。他们的政务中心是在王家教廷，是终审上诉法院和监督机构，这里保留着盎格鲁撒克逊王国的财政措施和秘书工作方法，并加以发展。对后来很有益处的撒克逊地方政府体制，即郡、郡守和法院幸存了下来，国王通过这种体制同全国保持着广泛的联系。实际上，征服者威廉本人也借此收集到财产清查的信息。不仅法院被保存了下来，连丹麦金一类的捐税也为了增加诺曼的岁入而被加以保留。各郡组织的民兵在诺曼征服英国之后依然存在，对威廉及其继承人不无益处。就这样，在统治英国的过程中，诺曼和撒克逊制度不知不觉地紧密结合在一起。

在某种意义上，这一切都突然加速了英国向采邑制演变的过程。这一制度在盎格鲁撒克逊英国大行其道，在韦塞克斯当然也不例外。但即使在韦塞克斯，领主和自由民的关系主要是个人关系的观念仍然挥之不去，所以，自由民可以携土地从一个领主转向另一个。然而，诺曼封建制度的实质则是，不管自由民怎么做，土地均归领主所有。这样，以国王为顶尖的土地所有者金字塔就此一层层垒起，最后每一英亩土地都以某种劳务形式被登记到个人手中持有。男丁除了为领主服兵役，还得参加百户邑和郡的法院。这两级法院除了享有各种豁免特权以外，还是国王的法院，执行旧习惯法。英国和大陆封建制度的大不同之处，就在于英国留存了百户邑、郡法庭和郡守制。英国国王无所不在，在诺森伯兰和米德尔塞克斯都是如此。在任何地方犯下罪行，都是破坏了国王的秩序。如果国王想了解任何情况，就命令郡守先组织评审团调查一下，然后派遣有地位的人到威斯敏斯特向他报告。有时这些人到达威斯敏斯持时，可能对他说，他误听谗言，若不改弦更张，他们就不纳税。这里可以就远远看到 17 世纪的立宪问题了。在诺曼统治的时代，英国除了伦敦没有商业重镇。倘若威廉没有把郡和百户邑作为活跃有效的行政单位保留下来，那么除了贵族世家以外，就不会有机构能够反抗中央政府或与之抗衡。

在诺曼定居点当中存在着宪制反对派的胚芽。这种潜在的反对派即使没有控制政府的意图，也并不想分裂政府，但起到了那样的作用。这些人主要由各个郡里权势不大的贵族及其没有爵位的子孙组成。在地方治安官和郡选议员则自然拥护王权，赞成过平静的生活。因此，数百年之后，这些反对者靠拢都铎王朝的各代国王。后来他们又站在议会一边反对王权。不管发生了什么变化，他们都依然故我。

其原因在于威廉建立了西撒克逊旧政区，只有这些人可以统治，非常便利。威廉不想自己对待法国国王那样被诸侯左右，因为他在看到一个国家划分为几个大省的弊病时有所借鉴，他把英国分为一些区域，委派官员治理，因而达到了在治安和财政管理上所需要的力量平衡，同时也使这些郡无力单独谋反。在黑斯廷斯战斗之后，原有的英国贵族都消失了。但是《末日裁判书》所记载的那些人，即我们后来所说的乡绅，可以一言九鼎。他们就是新阶级，在邻里有一定地位，有时间出席郡守的法庭，后来还到了威斯敏斯特。随着时间的推移，这些人当中便出现了皮姆派和汉普登派[①]。

征服英国是诺曼人的最大功绩。它把英国历史重新同欧洲联系起来，防止其滑入斯堪的纳维亚帝国的狭窄轨道。从此，英国历史便同英吉利海峡南岸的民族和国家一同前进。

*　　*　　*

诺曼征服对教会也起了同样广泛的振兴作用，主教、修道院院长等高级职务当然全部授给诺曼人，国内的惯例都让位于国外的最新时尚。这段征服时期正值 1073 年成为教皇格雷戈里七世的希尔德布兰德对教会多方面改革且扩大教皇权力，英国在新统治者带领下成为这个运动的先锋。新的教堂在各地纷纷建立，虽不如以前的教堂那样富庶而有地位，却也反映了征服者的虔诚之心。修道院和教区是宗教活动和传授学问的中心，直到一个世纪后才被大学逐渐取代。然而，新的教士比贵族们更加不愿意将诺曼人征服英国视作他们历史的分界线。法国人慢慢地、却稳扎稳打地开始崇拜原来英国

① 皮姆和汉普登都是 17 世纪英国政治家，带领议会抵制王权。

人的圣徒和圣祠，宗教生活同邓斯坦时代保持连续性。先后担任坎特伯雷大主教的兰弗朗克和安塞姆都是当时最杰出的人物，他们使英国教会获益匪浅。

威廉在1066年的远征得到了教皇的全力支持，他的军旗得到正统教派的祝福，公认撒克逊教会保守而又顽固，而他却是热情的宗教改革者。自从丹麦人入侵以后，英格兰就再也没有按期向教皇缴纳献金[①]，而且，只受教会分裂者本笃九世祝福的斯蒂甘德，兼领温切斯特和坎特伯雷的主教。面对这些弊端，对教会怀有赤子之心的威廉挺身而出。俗界的征服一旦定局，他就转向宗教领域。最重要的任免是坎特伯雷大主教。1070年，兰弗朗克取代了撒克逊人斯蒂甘德，他是伦巴第人，行政能力强，曾经在意大利北部的著名学校和诺曼人的贝克修道院学习，后来成为该院的院长，他迅速为英国教会注入了新的生机。在自西奥多时代以来英国从未召开过的一系列委员会会议上，教会的机构和教规得到了改革。旧时的主教教座由乡村迁到了城市，从克雷迪顿迁到埃克塞特，从塞尔西迁到奇切斯特。还建立了几个新教座，到1087年，已有七个大教堂破土动工。与此同时，发祥于克吕尼修道院的修道活动逐渐在英国推广。英国教会被诺曼征服者从死气沉沉的状态中拯救出来，再次接触到欧洲大陆上基督教会的广泛生活和基督教的文化遗产。

早已灭亡的罗马帝国的精神被天主教复活之后，带着三个重要的观念重返岛国。第一，在欧洲不存在民族主义乃至民族概念，只有在一般行为准则和法律指导下的统一的得胜军事阶级，其地位远

---

① 英国每户每年向罗马教皇交纳一便士献金。

高于民族;第二，君主制观念，国王是他所统帅的阶级等级制的代表，也是经常发生的利益冲突的仲裁人；第三，胜利的天主教会，它奇特地把罗马帝国主义同基督教伦理结合起来，却深受当时的社会制度和军事制度的影响，唯恐失掉自己的利益和权威，但也保存着流传下来的全部知识和艺术。

第 11 章

动荡中成长

在诺曼人征服英国的第一代，得胜的军队和阶级定居到他们夺取的土地上，并把英国的领主和附庸之间主要的个人依附关系强行纳入以土地所有权为基础的封建制度。在征服者威廉的在位期间，这个过程严酷而又彻底；在他儿子，绰号“红脸威廉”执政以后，这一过程同样严酷，并且反复无常。此外，征服者威廉的次子继承英国王位也是颇有争议的。威廉一世把英国同诺曼国土分开的决定惹出了新的麻烦。豪门权贵在英吉利海峡两边都有领地，此时要对两个君主承担封建义务，也就难免厚此薄彼。公爵罗贝尔和威廉二世都对自己的份额不满意，兄弟情谊也未能减少他们的贪欲。在“红脸威廉”在位的 13 年间，诺曼英国一直苦于自相残杀和贵族叛乱。撒克逊居民害怕回到诺曼征服以前的混乱状态，所以支持国王镇压一切叛乱。民军召之即来，像 1075 年支持他父王作战那样支持他。因此，他最终能够把坎伯兰和威斯特摩兰并入王国版图。曾经烦扰征服者威廉多年的捣蛋鬼罗贝尔，出于一时的豪情壮志，参加了第一次十字军东征，将诺曼底以 1 万马克的押金抵押给“红脸威廉”。

*　*　*

十字军东征的精神早已在西欧各地弄得人们心神荡漾，西班牙的各个基督教王国已经带头发起对阿拉伯人的圣战。到 11 世纪末，在基督教世界东方 1500 英里的地方又出现了新的敌人。塞尔柱率领的土耳其人在小亚细亚向拜占庭帝国咄咄进逼，骚扰从欧洲经叙利亚去圣地的朝圣者。拜占庭皇帝向西方请求援助。1095 年，早就梦想为基督教世界收复耶路撒冷的教皇乌尔班二世号召欧洲的骑士参加圣战。人们迅疾群起响应，但反应过度，导致一开始损失惨重。一位自称隐士彼得的云游修士开始吆喝人们拿起武器，他的说教有很大的号召力，到 1096 年便有 2 万积极而组织涣散的军队随他从科隆出发东征，其中大多是缺乏训练的农民。他们当中没有几个人到达圣地，大多数人穿过匈牙利和巴尔干国家之后，便在小亚细亚的崇山峻岭中死于土耳其人的箭矢之下。

所谓的“人民的十字军东征”就此崩溃了。但是此时，欧洲的显贵们也投入了圣战事业。四支人数各为 1 万的军队在布永的戈弗雷等当时最显赫的贵族率领下，从法国、德意志、意大利和低地国家聚集到君士坦丁堡。拜占庭皇帝十分尴尬，本来指望从西欧得到一些容易控制的雇佣军作为援兵，没想到却引来四支强大且野心勃勃的独立大军进驻京畿。

十字军通过帝国领地向土耳其占领区进军，由于严重的钩心斗角而受阻碍，但也进行了激烈的战斗。他们在小亚细亚杀出一条血路，然后于 1098 年包围并收复了被土耳其人攻占的基督教堡垒安条克。忏悔者爱德华的侄孙、撒克逊王子埃德加率领一支英国舰队到达叙利亚海岸，鼓舞并救援了十字军。于是，命运阴差阳错，埃德加同诺曼底的罗贝尔携起手来，前者是撒克逊王族的被罢黜的继承人，后者是征服者威廉的被罢黜的继承人。

十字军利用土耳其诸侯间的分歧以及土耳其人和埃及苏丹们之间的互相猜忌向前挺进。1099 年 6 月 7 日，他们到达向往已久的目的地，在埃及人控制的耶路撒冷城外安营扎寨。7 月 14 日，他们夺取了耶路撒冷。布永的戈弗雷拒绝在基督圣城戴上王冠，但还是被拥立为统治者，获得“圣墓守护者”的称号。十字军在阿什凯隆战斗中打败埃及来的援军之后，更是稳操胜券了。此后，十字军中许多重要人物纷纷回国。之后在近百年的时间里，统称为法兰克人的跨国籍骑士团统治着巴勒斯坦和叙利亚沿海的一系列基督教公国。长期以来一直遭受侵扰的西方基督教世界终于反击，在东方世界夺取了第一个重要立足点。

在国内，红脸国王的敲诈和残暴手段自始至终激起了各地贵族的不满。1100 年 8 月，他在新森林打猎时被一支箭矢不明不白地射穿了脑袋，给人们留下的记忆只有横征暴敛和寡廉鲜耻，不过，他也为继承人留下了一个顺从的王国。他在位时期的主要进步在于财政方面，另外，新的封建君主制更加稳固，版图也较即位时有所扩大。征服者威廉派到威尔士边界地区定居的诺曼领主已经彻底控制了威尔士南部，北方诸郡最终也置于诺曼人的控制之下，他们还同苏格兰人划定了军事分界线。红脸国王的粗暴手段虽然擦伤并扭曲了封建关系，但是也强化了封建国王的权力。

征服者威廉的小儿子亨利王子，参加了新森林那次致命的狩猎。没有证据表明胞兄的死亡与他有关，但是可以肯定，他不失时机地前去哀悼。他直奔温切斯特的国库，同看守国库的人大吵一番之后控制了金库。很明显，他代表着上层阶级中一种强大的思想倾向，并且有自己的政策。作为俗界人士，他的学问无愧于当时的习俗授予的学者称号。他登基的时候，颁发了一种特许状，企图同那些教俗重要势力和解，这批人士由于上一代国王贪欲无度和手段拙劣而产生了离心倾向。后来的国王也都仿效了这种做法。他保证说，贵族和教会的权力将得到尊重。同时，鉴于撒克逊人在他父兄在位期间所表现出来的忠诚，他向这个被征服的民族保证，要待他们公平公正，实行忏悔者爱德华的法律。他知道，诺曼底与英格兰分开后所造成的摩擦根本没有和缓。罗贝尔公爵从圣战班师，要赎回自己所抵押的诺曼底。海峡两岸的贵族都会利用国王的兄弟相争为自己的利益讨价还价。亨利想把英国的撒克逊人作为支持自己的部分基础，因而不顾诺曼底贵族的疑虑，同原英国王室后裔、最后一个王位顺序继承人的侄女马蒂尔达结了婚。贵族们由于特许状的安慰而接受了这一决定性步骤，从此，无休止的两族大规模通婚便得到了最高形式的认可。

亨利此时已做好准备，不管罗贝尔何时归来，他都能直面。1100 年 9 月，大戏开锣。英国随即又发生了常见的封建叛乱事件。国王要为保卫父王传予的王位战斗 6 年。蒙哥马利大家族居英国反对派之首。经过一系列顽强的围攻，这个家族的据点相继陷落，亨利最终彻底摧毁了他们的力量，将他们的庄园归入王室领地。但是，祸根在诺曼底。亨利在英国巩固了地位之后，于 1105 年渡过了英吉利海峡。1106 年 9 月，双方在坦什布赖进行了黑斯廷斯之战以来最重要的战斗。亨利国王大胜，罗贝尔公爵被解送到英国永久关押。诺曼底承认亨利的权威，诺曼英国的决策权自此从鲁昂转到了伦敦。

跟随亨利浴血奋战的撒克逊人认为亨利该战役在军事上为黑斯廷斯之战雪耻了。由于同国王的这种新战友关系以及通过国王和马蒂尔达的婚姻，撒克逊人感到，他们至少部分免除了被征服的痛楚，已经雪耻，赔款尚可忍受。靠这两个意义深远的因素，岛国又实现了广泛的团结。

* * *

王位继承至此已无挑战。英王的权力在海峡两岸都巩固了。撒克逊人已经证明自己的忠诚，强势的贵族业已慑服。消除外来危险之后，亨利暂时得以腾出手来治理国家，在全国加强王权，试图为诺曼英国的王权赋予新的强大职能。中世纪的欧洲存留了一种比封建君主更加高贵的传统王权。国王不仅是封建金字塔的顶尖，而且也是上帝在人间的指定代理。罗马帝国的崩溃并没有把这种罗马式的君主概念彻底消灭，因而亨利此时着手把这种观念输入诺曼英国。他这样做，事实上使国王是秩序维护者和民众监护者这一撒克逊观念被复活。

中央统治机构即王庭，是一个定义不明确的机构，成员有根据封建义务奉召出庭的大佃主，也有国王内侍，既管理宫廷事务，又可以出宫理政。亨利意识到，如果让出身于末等贵族的内侍组成永久的核心，就能牵制显要封臣造成的骚动。这就是民事行政机器的起源，是尝试性的，虽然规模不大，然则隐含着某种力量。在职权限制内，它比当时已知的任何机构都更有效更持久。这些官员不久就有了自己的既得利益。正如编年史里所说，国王“从卑微下层提拔起来为自己服务”的那些家族，如克林顿家族和巴西特家族，在王宫的办公室里巩固了阵地，形成了实际上的官僚阶级。

任何一个政府的权力最终都是以其财政状况为基础的，因此这个新机构也是在收集和管理岁入的事务中初露头角的。在封建社会里，国王的私有财产和公共资源没有区别。根据封建主义的理论，国王只是全国最大的地主。郡守不仅为国王征税和收罚金，而且收缴王室领地的收入，他们还负责每年到国库一次交清自己郡里应缴的款项。亨利的官员设立了一个专门机构，同郡守交涉，负责郡守所处理的事务，这就是财务署。当时，它仅仅被看作法院的财务部门，后来逐渐地自成一体。其名称来自划成格子、便于用罗马数字计算的那种木板，它的工作方法包括保存文字资料，其中有一种存放时卷成筒形的重要文件，叫做国库年鉴，俗称“卷筒”。由此，国王进一步控制了国家的财政，最早的皇家专门行政机构也应运而生。这一机构演变而成的部门至今仍然存在。

亨利努力将郡长置于日趋严密的控制之下，曾指定多个委员会负责调整郡长人事。在乱世，郡长职务一般落入强势贵族手中就世袭了。国王尽可能委派自己的亲信担任这些要职。岁入的最肥来源之一，是法庭勒令罪犯缴纳的罚金。贵族也和国王一样，早就对此心领神会，他们的采邑法庭呈上大宗收入，可以马上武装庄客亲兵。他们对领地内的几乎一切俗人有裁判权。但是在郡和百户邑一级的法庭，国王可实行昔日的撒克逊司法制度。这些久经考验的制度完全可以用来与贵族的封建法庭相抗衡。因此，亨利改革了郡级法院的工作制度，规定定期开庭，让每个人知道，全国都在实行国王的司法制度。后来演变为法官的皇家官员有时也会巡回开庭，这种职能本身使他们下同卑贱的原告、坏人，上与傲慢的军界巨头，不断冲突。

国王同贵族在全国范围内展开竞争，看谁最有资格在司法系统获得利益。国王通过对郡长的控制，把君权同旧的撒克逊法制绑定在一起。征服者威廉在进行土地所有权调查的时候就树立了榜样，他把欧洲大陆获取信息的制度（人们要发誓说真话）同英国的郡邑组织结合起来。亨利别有用心地继续并强化了这个进程。他不断派遣宫廷官员全国巡查，让郡级法庭调查皇室要求的岁入，聆讯国王关心的案子。皇家官员遍访民情的做法对亨利二世时期产生了深远的影响。编年史对亨利一世给予高度评价，他们宣称，“他是个好人，全国都敬畏他。在他在位期间，没有人敢伤人”。他们把他誉为“正义之狮”，迄今无人想剥夺他的这顶桂冠。

应该肯定，在亨利在位期间，中央政府通过熟练精明的会计书记工作，以精确的形式巩固了国家的结构和财力。在这个过程中，地方政府所依靠的封建长官们怒不可遏，因此和王权逐年剑拔弩张。国王虽然对大家都手段强硬，但日益有力地保护百姓对付地方领主的不公正和任性。不过，贵族中也有广施德政的例子，因为诺曼人的眼光高远，不屑于前代人卑劣的抢劫和贪欲。不管怎样，在封建贵族压制和盘剥的国家里，人民总是苦于地方领主的压迫，所以他们开始依附于国王、中央政府，因此给予国王新的力量源泉。这种力量对国王来说有时唾手可得，有时却很疏远，只要统治者坚强有力且主持正义，这总是能够凝聚民力，在国家经历脆弱而混乱的局势之后更是如此。

*　*　*

诺曼英国已经相当强大，亨利是英国、诺曼底和曼恩的君主。1109 年，他唯一嫡出的女儿莫德同神圣罗马帝国皇帝兼德意志国王亨利五世订了婚约。另一方面，英格兰和诺曼底在坦什布赖战役后的重新统一引起了法国的敌意。12世纪初,巴黎作为首都的权威复兴。路易六世继位，法国国王开始有了实力。为了法国的安全，必须在最后破坏诺曼英国的统一。按程序说，诺曼底公爵是法国国王的封臣，所以，身陷囹圄的罗贝尔公爵之子的存在为法国国王的干预提供了各种各样的借口，也使心怀不满的诺曼底贵族有了层出不穷的机会。由于对诺曼底承担义务，亨利在位后期不得不干预法国北部的政治事务。他在诺曼底的地位由于罗贝尔之子威廉·克里托的继承权而不断受到威胁。克里托在1128年亨利逝世以前一直得到路易的支持，也得到邻近的安茹的支持，因为安茹不承认亨利国王在曼恩的权益。一场消耗实力的战争使亨利在位后期暗淡无光。从军事角度来看，亨利能够轻易抵挡法国人所能投入战场的任何军队。

可是，可以称为厄运的不测事件发生了。亨利国王有一个儿子，他是毫无争议的法定继承人。在这个17岁的年轻人身上，寄托着许多希望许诺。1120年冬，他访问法国之后乘“白舟号”游艇回国，游艇在诺曼底近海触礁沉没，除了一人之外统统淹死。王子其实爬上了一条小船，后来他回去救妹妹。在这个危急关头，人人平等的观念起到了强烈的作用，许多人跳入船内，小船沉了。水面上只剩下两个人，一个是游艇上的屠夫，另一个是位骑士。骑士浮出浪头道：“王子在哪里？”屠夫回答：“所有的人都淹死了。”“那么，”骑士把双手举过头说，“英国一切都完了。”屠夫死里逃生，上岸讲了经过。谁也不敢告诉国王。国王终于听到这个噩耗，“再也没笑容了。”他的苦不仅仅是因为痛失独子，还因为这预示着他为之奋斗一生的制度破灭了，巩固王位的前景断了。继位之争的幽灵又开始在英国游荡了。无政府的势力在滋长，每个贵族都在城堡里权衡着谁继承王位给自己带来的机会。

有两个人可继承王位，且权力均等。亨利国王有一个叫马蒂尔达的女儿，即英国人所称的莫德。虽然诺曼法典中没有萨利克继承法[①]，但是喜欢争吵且全身披挂的贵族并不赞成女人当政。和莫德同样拥有继承权的是征服者威廉之女阿德拉的儿子，布鲁瓦伯爵斯蒂芬。他在欧洲大陆上并非无足轻重的人物，后来在英国又获得了大片领地，在哥哥放弃继承权之后，他就是合法的男性继承人了。封建制度的生存完全靠宣誓效忠的精神。在基督教世界，被指责违背誓约，几乎是致命的打击，只有取得辉煌的胜利才能让犯错者赎罪开脱。但这是两难问题，每个人都可以根据自己的利益和抱负自行解决。分裂——全面、诚实、彻底地分裂！

亨利国王在风烛之年准备立其女莫德为王，填补空位。他余生都在试图为家族的继位顺序立下某种“国事诏书”，以免在辽阔的国土上发生内战。莫德在 8 岁的时候就和神圣罗马帝国皇帝订婚。1125 年，即“白舟号”失事 5 年之后，皇帝驾崩，22 岁的莫德成了寡妇，也成了女王。关于这位杰出的公主有许多记载，其中有一段说：“她那女子身躯中蕴涵着男子的特性。”她凶猛、高傲、严厉而又玩世不恭，一生为了政治，压制种种激情，不管其多么狂暴。她适合参加任何战争，当之无愧地成为一位极其伟大的英国国王的母亲。

经过深思熟虑之后，亨利把一切希望都寄托在这个女儿身上。他曾经两次把牢骚满腹的贵族召集起来，命令他们郑重宣誓站在莫

---

① 古萨利人的基本法，主要是排除女子继承权。

德一边。后来，为了加强莫德维护统一的权威，防止安茹王朝在他死后对诺曼底提出所有权的要求，他把莫德嫁给了安茹伯爵，借此把法国北部这个最强大国家的利益同他的家族和英国王位的正当性连在一起。在后世，英国人感情上从不反对女王，也许女王反而可以更好地效力国家。但此时此地，却存在着深刻的分歧，所有派别和利益集团都要择一而从。两边的政治力量严阵以待，等候国王的死期。贵族在这个关键时刻得到了教会平衡势力的支持，其利益所在，是限制王权和恢复他们在本地的控制权。他们见王权有裂隙，便看出时机已到。

亨利一世在使岛国享受 30 年太平盛世，基本上使撒克逊人归顺诺曼人的统治之后，于 1135 年 12 月 1 日怀着女儿莫德必承父业的坚定信念安息了。但是，莫德其时正和丈夫住在安茹，首先赶来的是斯蒂芬。他迅速从布鲁瓦赶到伦敦，要求获得王位。世俗力量四分五裂，因而教会的态度举足轻重。斯蒂芬有一个有利条件，他兄弟亨利是温切斯特的主教，在宗教会议上一言九鼎。在亨利的帮助下，斯蒂芬同教会达成协议，有教会的支持，举行涂油仪式加冕为王。但是，双方的默契中有一条，他将放松严厉的中央集权。在前两代国王期间，中央集权极大地得罪了贵族利益。

此外还有一件烦心事，亨利一世有一个私生子，即格洛斯特的罗伯特。他是卓越的军人和西南部诸郡的实力人物，也是如今人们眼中少有的公正无私的贵族之一。他认为自己没有足够的机会同两个合法继承人中的任何一人竞争。几乎一开始，他就忠实地支持异母姐姐莫德，成为斯蒂芬的死敌之一。

在如此有争议的条件下继承王位，只有通权达变的君主才能不受挑战。我们越是考虑现代政府的缺陷，就越应该考虑到当年面临的困难。斯蒂芬在位初期就失去了自己所依靠的三大支柱。除了一些受到新国王宠幸的贵族以外，大多数贵族都肯定地认为，这就是他们等待已久的提出各种要求的良机。通过宗亲关系连在一起的大官们、新任官员们也开始疏远新国王。他们学识丰富，字写得漂亮，还受到行政管理的训练。许多高级教士也不满，因为斯蒂芬怀疑索尔兹伯里主教罗杰将要倒戈，便把他的庞大官僚家族监禁起来，使教会特权受到了损害。这样，大部分教会势力也反对国王了。总之，社会各阶层怨声载道。

《盎格鲁撒克逊编年史》写道，叛徒们觉得，斯蒂芬国王“温和、软弱、善良且赏罚不明，于是他们便做出了种种可怕的事情。他们曾经崇敬他并向他发誓，但是他们言而无信”。[1]

苏格兰的大卫国王确信英格兰已经没落，便越过了边界，对诺森伯利亚提出领土要求。约克大主教在北方各郡民众的支持下挺身还击。他打起了约克的圣彼得的大旗、贝弗利的圣约翰旗和里彭的圣威尔弗雷德旗，在血腥的诺萨勒顿之役中击败并杀死大批的入侵者。这次战斗因此得名为“圣旗之战”。这次局势的逆转并没有使那些心怀不满的人垂头丧气，反而成为内战的前奏。1139 年，莫德摆脱了使她离不开法兰西的事务纠缠之后，进入英国索取继承权。她跟斯蒂芬一样，从教会中得到了主要的支持。亨利一世统治下的行政官员因斯蒂芬对贵族的软弱态度而反水投向敌人阵营。1141 年爆发了反对斯蒂芬统治的大规模叛乱，斯蒂芬本人在林肯战役中被俘。他的兄弟温切斯特主教原是他的主要支持者，至此也倒向莫德一边。莫德虽然没有戴上王冠，但实际上控制英国将近一年。伦敦人尝试一阵之后，觉得她比斯蒂芬还讨厌。他们愤怒起义，把她赶出首都。她顽强地坚持战斗，但是制度经不起如此沉重的压力。岛国又一次陷入内战的混乱之中。在此后的6年里，岛上大部分地区法治崩溃，战乱不已。

*　*　*

内战的意义变成了贵族反对国王集权政策的首次胜利。斯蒂芬在强大的对手面前，未能保留国王的权力。王室的岁入减少了，国王对政府的控制放松了，行政机构的大部分也一度闲置起来。贵族又恢复了法律裁判权，他们的城堡震慑着人民大众。继位之争似乎已经摧毁了诺曼国王们建起的大厦。

在这段无政府期间，低洼地区遭到了尤其严重的破坏，彼得博罗的一位修士在《盎格鲁撒克逊编年史》中以忧郁的笔调描写了那里的苦难。

> 凡是有势力的人都建起城堡以拒国王……城堡建成了，里面塞满了魔鬼和坏人。然后，他们不分昼夜地出去搜捕他们认为拥有财产的人，把这些男女投入监狱，敲诈其金银财宝，还施以不可言状的酷刑。……他们让数以千计的人活活饿死，我简直无法历数权贵们对国内可怜百姓所采取的各种恐怖和百般折磨。苦难在斯蒂芬在位的19年里持续不断，日甚一日。权贵们还不时向各村摊派捐税，称为“坦瑟利”。当穷苦百姓实在拿不出时，他们就把村庄抢光烧光。所以，可能走一整天都不见哪个村里有人，也不见田里有人耕种。当时小麦、肉、奶酪和黄油价格昂贵，因为国内已经没有了。许多可怜的人活活饿死，

一些曾经的富翁也出去寻求救济，其余的人则逃往国外。……不管在哪里耕种，都长不出小麦，因为土地已经被弄得彻底荒芜了。百姓说，基督和圣徒都睡着了。

温切斯特的一位修士也用同样的文字记下了他所在的英国那部分地区发生的灾难：

一些人对乡村的热爱变成了讨厌怨恨，因此他们迁往遥远的地区。另一些人为了得到保护，在教堂附近搭起低矮的篱墙草棚栖身，在痛苦恐惧中度日。由于缺粮，一些人靠平常禁止食用的狗肉和马肉充饥，其他人则吞食没有洗过煮过的野草和草根充饥。在各个郡里，一部分居民在饥饿中逐渐消瘦，成群地死去，其余的则带着妻儿老小悲凉地自我流放。可以看到有名的村庄空无一人，因为村里的男女老少都已弃家出走。秋天（1143 年）来临时，地里的庄稼有望丰收，但种田人已经在饥荒以及随之而起的瘟疫中死去了。[2]

这些恐怖的景象不一定能反映全国的情况。在英国的大部分地区，战斗是在局部地区零星进行的。内战中首当其冲的只是中南部的几个郡。但是，这次动乱在人民的心灵里留下了很深的创伤。人们意识到，强大的君主制对生命财产的安全是何等重要。没有比斯蒂芬在位时期的事情更能迫使所有人心领神会，呼唤君主制了。人们怀念亨利一世励精图治的时代，其实，一位比他更伟大的人物即将登场了。

* * *

1147年，格洛斯特的罗伯特去世，莫德势力的领导权转移到她的儿子亨利·金雀花手中。亨利生下来就将继承大帝国。祖父富尔克已将安茹大地的安茹、图赖讷和曼恩合并成法兰西境内无可匹敌的强大公国，其实力超过了诺曼底。富尔克于1143年以耶路撒冷国王的身份死去，指定两个儿子继承那个岌岌可危的王位，他的另一个儿子杰弗里继承了他在法兰西境内的属地。杰弗里同莫德的婚姻统一了诺曼和安茹的国土，他们的孩子亨利自1133年出生后就被公认为"多国之主"。当时人们通称他为亨利·安布洛西（Henry Fitz-Empress，皇后之子）。他把家族的金雀花纹章载入了英国的史册，后人用这个名字来称呼其家族的王朝，即金雀花王朝。他集中体现了这个家族的才干和能量，但却丝毫没有反映出它十分残酷无情的一面。据说，安茹王朝（即金雀花王朝）的残酷并非来自人间，而是同魔鬼沆瀣一气的结果。

1147年，亨利还不满15岁，就踏上英国的土地，积极争取他的王位继承权。他的一小帮人马被斯蒂芬的军队打败，他本人逃到了诺曼底。翌年，莫德女王放弃了取得成功的一线希望，到诺曼底公国与儿子会合。她后来还有19年的生命时光，却再也没有踏上英国的土地。她的大量时间都用在宗教活动上，这在当时是自然而然的。但是，在亨利获胜后的年代里，她在诺曼底和安茹世袭领地摄政，发挥了重要的政治作用。当年她在插手英国追求王位时，常常被扣上傲慢的罪名；而在晚年，她对亨利来说却成为有远见卓识的顾问。

1149年，亨利又参与了反英攻势，但苏格兰国王和切斯特伯爵让他发动的这次事业一无所获。在相对平静的几年里，斯蒂芬国王摇摇欲坠。同时，亨利在1150年被其父母授予“诺曼底”公爵封号。次年其父去世，亨利又兼有安茹、图赖讷和曼恩的伯爵封号。亨利常以封建高等级身份去巴黎拜谒法兰西国王。根据当时的法律，他领有法兰西的大部地区。

路易七世是法国的忏悔者爱德华，他信守基督的训诫，白天做礼拜，晚上做守夜祷告或苦修。他离开御用教堂时，总要等最卑贱的人走后才走，情愿使上朝推迟。这些虔诚的模范举动并没有博得王后的欢心。阿基坦的埃莉诺是一位摄政公主，具有南方人那种热情豪放的性格。她早就抱怨自己“嫁给了修士而不是国王”，所以当虎背熊腰、容光焕发、谈笑风生、精力旺盛的亨利作为丈夫最卓越的封臣突然出现的时候，她未白费口舌就做出决定。教皇历来屈服于高级封建主的意志，因此埃莉诺于1152年名义上以近亲结婚为由，获准同路易七世离婚。两个月之后，埃莉诺突然和亨利结婚，令法国朝廷惊诧，虔诚的国王也如梦初醒。这样，法兰西的一半领土脱离国王的控制，落入亨利手中。感情和政治难得如此融洽在一起。这桩婚姻是当时最漂亮的政治举动之一。事后亨利承认了当时的意图，两人的大胆决定博得了全欧的敬佩。亨利当时年仅十九，埃莉诺可能已经三十。他们联合起自己辽阔的版图，共同抵御外来者。路易七世得到的只有精神上的安慰，但这也由于政事坎坷而不胜其烦。

亨利和埃莉诺四面受敌。普瓦图、圣东日、佩里戈尔、利穆赞、昂古木瓦和加斯科涅并入了他们的诺曼底和安茹，而且他们还获得了奥弗涅和图卢兹的宗主权，这使封建的基督教世界既痴迷又震撼。

由于长期的宿怨或利益冲突而彼此疏远的那么多民族和国家，突然在权谋爱情的纽带联结的奇观刺激下，形成高度的权力集中，令欧洲各地人士拼命摇头。四面八方的君主群起反对暴发户，其中有必然抱怨的法兰西国王；有英国斯蒂芬国王，他虽然无力渡海干涉，但也对亨利的诺曼底爵位提出争议，有香槟伯爵和佩哈什伯爵，还有亨利的兄弟杰弗里。这些人理直气壮地自发向亨利扑来。

亨利婚后一个月，这些敌人合力围攻诺曼底。年轻的亨利公爵击退了他们，使之溃不成军。诺曼军队再一次显示了自己的战斗素质。亨利未满 20 岁，便镇压了诺曼底的叛乱分子，平定了安茹，然后着手对付英国。1153 年 1 月，勇猛的骑士登岛，在苦于内战的英国大地万众瞩目，人心所向。传说中的梅林曾预言救世主即将到来。亨利的血管里不就有征服者威廉的血液以及通过外祖母、亨利一世之妻马蒂尔达而继承的塞德里克和早已消失的盎格鲁撒克逊王族的血液吗？灾难深重的岛民对他顿时满怀希望。当他登陆后跪在找到的第一座教堂里，“以军人的姿态祈求一片空间”时，教士用下面的话表达了全国人民的愿望：“看啊！君主和统治者来了，王国听凭他主宰。”

接下去是这些战役：在马姆斯伯里镇，上帝专门指引冰雹拍打在敌人的脸上；在沃林福德，由于上帝的干涉，斯蒂芬国王还没上阵就从马上掉下来三次。而年轻力壮的骑士亨利则魅力四射，威风凛凛，战绩辉煌，他不仅手握宝剑，还握有地契。贵族们认为，相持局面对他们有利，既不希望斯蒂芬赢，也不愿意亨利胜。国王越软弱，贵族就越强大。1153 年，斯蒂芬和亨利在温切斯特签署了协定，斯蒂芬收亨利为养子，指定为继承人。斯蒂芬还保证：“在处理王国的事务时，我将征求亨利公爵的意见行事，但在英格兰全国，不管是亨利公爵还是我控制的地区，我都将实行我的王法。”在这些条件下，亨利表示臣服，在行动上也完全归顺。次年，斯蒂芬驾崩，亨利便在普遍的希望和欢呼声中被宣布为英国国王，戴上了王冠。在阿尔弗雷德大帝之后，从未有任何英国君主被如此欢欣鼓舞地拥戴过。

第 12 章
亨利·金雀花

亨利二世即位，在英国历史上开始了最多产且最能奠定乾坤的统治时期。新君主统治着大帝国，臣民夸耀着，他江山“从北冰洋一直延伸到比利牛斯山脉”。英国只是他的行省之一——可能最没有吸引力，但也最牢不可破。他对英国实行了外部控制，就像奥兰治的威廉在位时那样，这个有效要素对增进国家的统一是必不可少的。英国人和诺曼人都承认他是两个民族和全国的统治者。黑斯廷斯大败的记忆在他本人这里模糊了。在贵族抢掠、内战频繁的可恶的无政府状态之后，亨利的诏令得到应有的重视。就这样，一位说外语、行外俗的法国人塑造了我们国家的雏形，其轮廓至今仍然存在。

100 年来，英国一直是侵略军的兵营，也是争吵的军官及其后代的角力场。此时，终于在基督教以及呼应古罗马的拉丁文明的基础上，成为永久的统一王国。亨利·金雀花先使英格兰、苏格兰和爱尔兰结成某种共同体关系，然后重建了外祖父亨利一世曾经过早创设的王室行政机构。他在财务署和司法系统的基础上重新奠定了中央权力的基础，它最终将取代征服者威廉确立的封建制度。亨利国王整理并珍视盎格鲁撒克逊人在王权下实行郡、市自治的传统。他还发展了“巡回法庭”,使其永久化,今日仍然存在[①]。多亏他的功劳,今天世界各地的英语民族才能实行英国的习惯法而不是罗马法。他制定了《克拉伦顿法规》,力图确定政教关系,强迫教会以世俗角色服从国家的生活和法律。经过殊死斗争之后,他不得不撤回这种努力,留待数百年后,亨利八世捣毁了坎特伯雷的圣托马斯陵,为先人报了仇。

这个天赋异禀、一度令人羡慕的人物有着非常生动的形象:棱角分明,身材魁梧,脖子粗短,臂膀有力,双手粗糙,由于经常骑马而形成罗圈腿,脑袋又大又圆,短红发,雀斑脸,声音嘶哑刺耳。他酷爱打猎,还有教会悲叹、埃莉诺怨恨的其他嗜好;他衣食简单,整天关注政务,经常旅行,情绪无常。据说,他在万分危急的时刻总是温和镇静,压力减轻之后,却暴躁任性。“他对死去的将士比对活着的人更加亲切,对阵亡将士的哀思远远超过因幸存者的爱戴而感到的快慰。”他在自己的属地行踪匆匆,人们以为他在法兰西南部的时候,他却出人意料地来到英国。他在各省巡视时,大车上随身运载沉甸甸的卷宗,相当于现在的公文。朝臣和随从气喘吁吁地跟在身后。有时他下令起早动身,却一觉睡到中午,让车辆马匹负重等候;有时他比预定时间提前几个小时出发,让大家紧赶慢赶。在英国,什么都被他惊动过,进行改造,在那些更大的领地,他也毫不疲倦地进行巡视。

这位12世纪的君主尽管喜好声色犬马,爱记仇,搞阴谋诡计,

① 于1971年为王座法庭所取代。

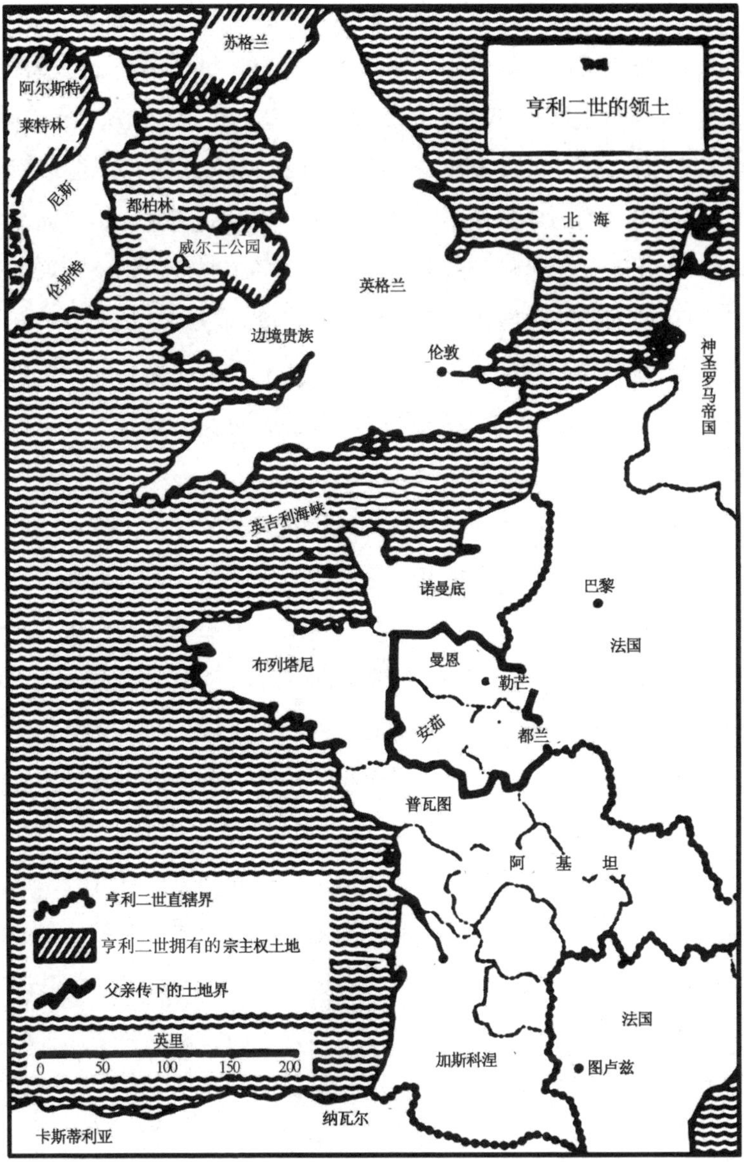
亨利二世的领土
苏格兰
阿尔斯特
莱特林
尼斯
伦斯特
都柏林
威尔士公园
英格兰
北 海
边境贵族
伦敦
神圣罗马帝国
英吉利海峡
诺曼底
巴黎
法国
布列塔尼
曼恩
勒芒
安茹
都兰
普瓦图
阿 基 坦
亨利二世直辖界
亨利二世拥有的宗主权土地
父亲传下的土地界
英里
0 50 100 150 200
法国
加斯科涅
图卢兹
纳瓦尔
卡斯蒂利亚

亨利二世的领土

但并不是功利主义者，而是一位神权选定的王，同坎特伯雷大主教一起掌握着臣民的全部忠心。他和大主教是“拉动英国这部犁的两头壮牛”。他时时祈祷，担心死后下地狱，希望在冥界统治更大的王国。他时常懊悔不已，深深忏悔。他希望在现世和来世尽可能寻欢取乐。人们给我们描绘的形象是不断来回抽风，时而心灵高尚，时而境界低劣。他并不是与世隔绝的君主，因为在那个时代，国王就像现代的美国总统，任何阶层的人想见就见。民众可以随时到他身边办理公务，告诉消息和八卦，也可以诉说梦想和投诉；贵族和朝臣当着国王陛下的面高谈阔论，肆无忌惮，弄臣是可贵的监督，有全权对所有事情进行公正的抨击。

没有多少凡人像亨利二世那样经历过充实的生活，或者说尝尽了胜败的悲欢。他在后半生和埃莉诺闹翻了。据说，当埃莉诺年过五旬而他还只有42岁的时候，他爱上了一位上层社会的绝色少女——“美丽的罗莎蒙德”。子孙后代都对埃莉诺王后的浪漫悲剧津津乐道。王后在伍德斯托克通过一根丝线的线索揭穿了保护性的迷宫，让倒霉的情敌在自刎和服毒之间作出艰难的抉择。令人讨厌的打探者糟蹋了这段佳话，而它当然应该载入任何名副其实的史册。

继承斯蒂芬大位的就是这样一个人，当时国家四分五裂，动荡不定。亨利在登上英国王位之前，已经为保卫大陆上继承的属地打了他的第一仗。自从百年前强大的诺曼底在法国西北部出现以来，法兰西国王一直在同蚕食中央政府的强大公国诸侯战斗不息。形式上法律上都是法兰西诸侯的诺曼底公爵、阿基坦公爵、布列塔尼公爵、安茹伯爵、图卢兹伯爵、佛兰德斯伯爵和布洛涅伯爵，却和一大帮其他封建领主一起追求独立君主的地位。在国王大权旁落之时，他们多次似乎胜券在握，壮志得酬。黑斯廷斯之战后，法王最大臣属诺曼底公爵成了英国国王，然而亨利二世 1154 年登上岛国王位对法兰西则是更严峻的威胁。此前，挑动坐大的封臣互相残杀一直是政治解围之策。因此，安茹伯国和诺曼底公国在 11 世纪发生冲突时，法兰西国王看见两个强敌殊死相搏，不胜欣慰。但是，亨利二世忽然成为英国国王和诺曼底公爵，并且统治阿基坦、布列塔尼、普瓦图、安茹、曼恩和吉耶讷，成为从索姆河到比利牛斯山脉之主，成为法兰西大半地区的统治者，于是封建领主之间的力量平衡就彻底打破了。

路易七世面临的已经不是十几个力量分裂且互相嫉妒的公国，而是一个强大的帝国，资源远远超过他自己的实力。他根本就不是这种合力的对手。埃莉诺同他离婚后就同他的敌人结婚并通力合作，这使他蒙受了不可弥补的损失。埃莉诺为亨利生了几个儿子，可是为路易生的全是女儿。不过，法兰西国王还有一些优势，在有生之年抵挡住了金雀花王朝的攻势。法兰西经历了近四个世纪的战争蹂躏之后，在欧洲取得了最后的胜利。金雀花帝国在地图上确实比实际上更加显赫，是一些公国诸侯由于一次婚姻的机缘而拼凑起来的大杂烩，并不同心协力。英国同它的大陆帝国的唯一联系，是亨利本人和一些显要朝臣在英吉利海峡两岸都有领地。帝国没有中央政府的虚饰，没有统一的行政机构和习惯法，也没有共同利益和耿耿忠心。虽然路易七世同进取的、积极的亨利斗争，显得弱小，但是客观形势的潮流有利于巩固法国王权。路易离开王位时，法国王权甚至比他即位时巩固得多。

法国人的主要策略很简单。亨利继承了辽阔的领地，但随之而来的是所有地方上的不满和仇斗。路易已经无法挑拨安茹伯爵反对诺曼底公爵，但他却可以在安茹和诺曼底煽动地方仇斗和局部战争，削弱原则上归他统辖的封建主的力量。利用家族矛盾也频频奏效。亨利二世在位末期，他的急躁狂暴而又高傲自大的儿子们为路易七世及其足智多谋的继承人腓力·奥古斯都所利用，起来反抗父王。

* * *

我们或许会有疑问，这一切是如何影响英国日常生活和历史进程的呢？遥远国度的一系列私人仇斗战争，外族统治阶级的内斗，老百姓并不理解，更不喜欢，但这些却成为他们人生的长期负担。在几代人时间里，他们当中最勇敢和最优秀的人到卢瓦尔河流域的沼泽地和法国南部烈日炎炎的群山中，在为了能让英国统治法国领土的战斗中牺牲。为了这一目标，英国人200年以后在克雷西、普瓦蒂埃和阿金库尔获胜，也在随同“黑太子”爱德华奔向利摩日的可怕行军中忍饥挨饿；为了这一目标，他们把法国的肥沃土地变成了荒漠，连最有用的牲畜都渴死饿死。整个中世纪，英法战争连年不断，时时成为重要的主题。战争潜移默化地融入英国生活的方方面面，塑造、侵蚀了英国社会和制度的形态。

亨利二世同他的大臣和旧友、坎特伯雷大主教托马斯·贝克特的争吵，最能让我们对12世纪英国的政治大开眼界。我们必须认识到这场冲突的严重性。在精神方面，封建基督教世界的军事国家服从于教会，但它从未接受要向教会交出世俗权力的观点。然而，呼号待毙时由于担心死后入地狱，顽强的贵族往往将遗产留赠给教会，教会因此逐渐致富，成为社群中最大的地主和资产者。罗马利用它的幽冥之术影响戏台上几乎所有迷信的演员，国家权力因而不断受此强大因素的挑战。教义的问题可能已经解决，但是，两种势力你争我夺，又都强烈地宣称自己对有限的国家资源拥有很大的权力，怎么治理国家呢？这种斗争并不只限于英国，它是当时整个欧洲的根本问题。

过去，征服者威廉通过谋略和妥协使英国避免了政教分裂，教会在兰弗朗克的领导下同国王合作，两者相辅相成，共同对付骚乱的贵族或受压迫的黎民百姓。而此时，一位超群的人物、国王的旧友托马斯·贝克特站在宗教等级阶层的顶峰。贝克特曾经是国王的国务大臣，正如兰克首先指出的那样，“用一个对等的说法，就是最信得过的内阁部长”。他在内政外交方面都效忠主人。他整顿了兵役免除税（缴纳货币便可折换个人兵役的制度），从而最终摧毁了封建制度的核心。他还尽责地帮助国王吞并了布列塔尼公国。国王确信，贝克特是自己人，不仅是仆人，而且是勠力同心的忠实同志和同事。由于国王的直接影响和个人的努力，贝克特才当选为大主教。

从那时起，他的才能和冲动便朝着另一个方向发展。就像亨利五世一夜之间由整日嘻嘻哈哈的王子变成威严的英雄国王那样，贝克特也经历了同样的变迁。他的私生活一直是既虔诚又规矩的。他当然卷入了政治事务之中，但并不是君王背后阴郁的人物。此前他作为廷臣和诸侯在排场和威仪方面争先，加入了当时追求奢华的行列，但此时却极度节俭，企图博得圣人的名望和殊荣。贝克特在宗教界使用以前在政界用过的方法，追求同样的野心，而且在两个领域里都出类拔萃。现在他在政教无数职能交叉点的各个方面力挺教会反对王权，并且用天主教会的普世观点和教皇的权威来包装这一咄咄逼人的过程，因为后者远远超越我们岛国的边界，覆盖全欧，直达神秘崇高的地方。一次大陆行，同法国和意大利的高级宗教人士进行会晤之后，贝克特回到英国，毅然决然要使教会统治集团独立于以国王为代表的国家权力之外，从而挑起了明智的兰弗朗克一生中努力避免的冲突。此时，这个问题在英国有一触即发之势。

在撒克逊人的英国，已经松散含糊地预示了很久以后伊丽莎白时代的改革者们所要回归的那种理论。两者都认识到君主是由上帝所指定，不仅要治国理政，还要保护并指导教会。但是到了 11 世纪，在 1073 年成为教皇格雷戈里七世的希尔德布兰德及其后任重振了教皇权力，罗马教廷自此开始提出与"国王是国家教俗首脑"这一传统概念格格不入的要求。格雷戈里运动的观点是，教会的管制权应该掌握在教士手中，受教皇的监督。据此，国王只是一个世俗人士，他的唯一宗教职责是服从教会统治集团。教会是独立的机构，它有自己的效忠对象和法律。到亨利二世在位时期，主教不仅是教职官员，也是大地主，相当于俗界的伯爵。他可以调兵遣将，也可以将自己的敌人开除教籍，哪怕他们是国王的朋友。那么，由谁来任命主教呢？任命之后，倘若教皇说东，国王道西，主教又听谁的呢？如果国王及谋士们制定了与教规相抵触的法律，人们该服从哪家的权威呢？于是，宫廷和教廷以授职仪式问题为代表展开了激烈的斗争，而亨利二世与贝克特的冲突则是上述争执在岛国的再现。

亨利二世同贝克特的斗争由于他们围绕展开斗争细枝末节而含混不清。不过，之所以纠缠行政事件，而不是针对存亡攸关的主要原则，是有充足理由的。国王对教会干预国家事务的要求深为不满，但在中世纪，没有哪个国王敢于公开向教会挑战，虽然他可能很想限制教会的影响，却不敢考虑同它决裂。直到 16 世纪，才有一位同教皇发生矛盾的英国国王敢于否认罗马的权威，赤裸裸地宣布，国家在宗教方面的权力也是至高无上的。在12世纪，唯一可行的方针是妥协，但那时教会并不想做交易。在每个国家，世俗权力接受了教会的挑战，但很难抵挡。至少在中欧国家，王权和教权斗争的结果只能是两败俱伤。

自征服者威廉及其忠实的大主教兰弗朗克时代以来，英格兰教会同贵族阶级一样，得到了很大的权力。斯蒂芬在窘境中曾向教会作出全面让步，教会的政治影响达到了顶点。亨利感到，这些让步损害了他的王权，便策划夺回失去的权力。1162年，他迈出了第一步，任命他信赖的仆人贝克特为坎特伯雷大主教，以为这样可以保证主教们对他的默许。实际上，他为教会提供了一个活力过人、无比顽固的领袖。他忽视了或者没有发现贝克特态度发生变化的不祥迹象，因而迈出了第二步，于1164年公布了《克拉伦登宪法》。亨利不无道理地声称，宪法重述了英王国在斯蒂芬无政府时期以前的惯例。他力求回溯30年，废除斯蒂芬投降造成的后果。但是贝克特反对，他认为斯蒂芬作出的让步对于教会是不可放弃的收益，决不能得而复失。他宣布，《克拉伦登宪法》并不能说明教会和国王的关系。1164年10月，他被大议会召去解释自己的行为时，高傲地否定了国王的权威，将自己置于教皇和上帝的保护之下。

就这样，贝克特打破了那种至此公认为与英国存亡攸关的政教统一，实际上他是手持幽冥武器向国王宣战的。坚决忤逆的贝克特逃到大陆避难。在那里，德意志和意大利已经被同样的斗争所困扰。英国统治阶级的思想体系被这场痛苦的论争所动摇。斗争持续了6年，其间坎特伯雷大主教贝克特一直流亡法国。直到1170年，他才在图赖讷的弗烈特瓦尔同国王实现表面上的和解。双方似乎都原则上放弃了自己的要求。国王不再提及他的权力和惯例，也没有要求大主教发誓，反而承诺他回国后平安无事并完整控制主教管区。国王和首席主教的最后一次会见是1170年夏在法国肖蒙进行的，大主教临别时说："陛下，我心里知道，分别后您此生再也见不到我了。"国王问："您是否把我看成叛徒呢？""您根本不是，陛下。"大主教回答道。但是他回到坎特伯雷之后，却决心从教皇手中获得革除教徒的无限权力，以便整饬教职人员的纪律。他写道："诸侯越是强大凶猛，就越需要用坚硬的棍子和牢固的锁链来加以限制，使其安分守己。"他还说："我到英国去，安危难卜。但命运如何，悉听主的安排。"

同时，亨利在贝克特出国时，决定在有生之年为儿子小亨利加冕，以保证儿子的和平继位。约克大主教在其他一些教士的协助下主持了加冕仪式。贝克特对这个行动非常不满，认为这是侵犯他的宝贵的主教权力。在达成弗烈特瓦尔协议以后，亨利认为，过去的事情就过去了。而贝克特则不苟同。

贝克特流亡多年返国时受到的欢迎令人吃惊，在坎特伯雷，修士们如接待天使一样迎接他。他在布道时说："我是来和你们同生共死的。"他还说："本教会有人殉教的，主不久将增加殉教者的人数。"他凯旋般走过伦敦的街头，边走边向欣喜乞求的人们散发赈济。接着，他就迫不及待地着手革除那些参加小亨利加冕的教士。倒霉的教士和高级教士结伴赶到诺曼底去见国王。照他们的说法，教界不仅向王权发出挑战，而且俨然发动了暴乱，企图篡权。他们说，大主教已经准备好，"要扯下小国王头上的王冠"。

金雀花王朝首位国王，性情暴躁的亨利听到这个消息时，身边有许多骑士和贵族，他情绪激动地喊道：“我朝真是养了一群蠢货和懦夫,竟然没有一个人肯为我向这捣蛋教士报仇！”另一种说法是“向这暴发户报仇”。于是，立即召集了一次会议，研究保证王权的措施，他们大多与国王同仇敌忾，但他们三思而后行。在那狂热而凶残的社会里，压力比比皆是，政教双方若发生可怕的冲突，英国是支撑不住的。

与此同时，另外一系列行动正在进行。四位骑士听到了国王在大庭广众之中所说的怨言，迅速赶到海边，渡过英吉利海峡，要了马匹奔向坎特伯雷。1170 年 12 月 29 日，他们在大教堂里找到了大主教，该场面和悲剧现在家喻户晓。大主教以十字架和主教冠对付他们，毫无惧色，毅然决然，采取战斗姿态，俨然是一位表演艺术大师。唇枪舌剑的谈判没有结果，骑士遂拔剑将他刺倒。他就像恺撒那样鲜血淋淋，无数伤口发出了报仇的呼喊。

这场悲剧对国王是致命的。杀害主的一个重要仆人，就像违背封建誓言一样，打击了时代的心脏。全英都充满了恐怖。他们宣布遇难的大主教为殉教者，主教的遗物似乎也立刻成了治疗不治之症的灵丹妙药，病人只要摸一下他穿过的法衣，就可缓解小病小痛。杀他确乎是不可饶恕的滔天罪行。亨利听到这惊人的消息，悲痛欲绝，恐惧万分。他针对教会分庭抗礼而努力启动的全部精细法律程序，被血腥残酷的行为全部扫除干净。虽然他做梦都没想过采取这样的行为,但他当众说的激烈言辞,就将谋杀罪,甚至是亵渎神圣罪,牢牢着落在他身上了，至少在当时是罪责难逃的。

在随后的几年里，亨利用大张旗鼓的赎罪行为，尽力扳回损失。他多次到遇害大主教的圣骨匣去朝圣，并且公开忏悔。在几次遇难纪念日上，他光着膀子谦卑地跪着，忍受得意扬扬的修士们的鞭笞。不过，从当时的图画来看，似乎是被桦条抽打肉体，象征性的惩罚。在悔悟和服从神权的外表下，亨利国王仍在为恢复国家的权力而不懈努力。根据 1172 年的阿弗朗什妥协方案，他与教皇在比较宽容的条件下获得和解。许多对此深有研究的史学家认为，亨利到寿终时虽未在形式上但实质上重新确立了《克拉伦登宪法》的基本原则，毕竟其中的内容符合英国或任何刚强而有理性的民族愿意奉为法律的东西。当然，教皇支持亨利找他的几个儿子的麻烦。有人确认，那四位骑士在圣战中重新获得救赎。但贝克特的黯然牺牲也没有白费。到宗教改革时为止，教会一直保持了独立于王权的宗教法庭系统以及向罗马教廷上诉的权力。这两点是贝克特与国王分庭抗礼的重要方面。

这些震撼人们灵魂的激烈角逐竟能有板有眼地进行到底，却又如此势均力敌，这证明了那个时代的品质。在现代一些大国的政教斗争和革命中，主教和大主教被成群地赶进集中营，或者在监狱的有集中供暖、在灯火通明的走廊里被用手枪射中颈背。我们有什么资格吹嘘比亨利二世的时代更文明呢？我们陷入更深的蒙昧状态之中，因为道德沦丧而被容忍，也为科学便利的外衣所掩盖。[1]

* * *

贝克特死后，亨利又活了 18 年。在某种程度上，这 18 年是荣耀时期。欧洲各国都惊叹亨利的辽阔版图，而亨利于 1171 年又拥有了爱尔兰的主权。他通过几位女儿的联姻而与诺曼人的西西里国王，西班牙的卡斯蒂尔国王以及德意志最强大的诸侯、萨克森的狮心亨利建立了联系。外交使者在意大利北部的伦巴第各城市传播了他的影响。神圣罗马帝国皇帝和教皇都以基督和全欧的名义，请他率军发动新的十字军东征并出任耶路撒冷国王。在当时的基督教世界，亨利的地位仅次于神圣罗马帝国皇帝红胡子腓特烈一世。亨利同时代的人猜想，他的目标是在意大利建立自己的王国，甚至登上神圣罗马帝国皇帝的宝座。

但是亨利深知，他的光辉来自他个人，且是脆弱而暂时性的。他还得处理不光彩的家门不幸。在那些岁月里，他面对了儿子们发动的不下四次叛乱。他已经封给三个大儿子显要的爵位：亨利领有诺曼底、曼恩和安茹，理查掌管阿基坦，杰弗里得到了布列塔尼。这几个儿子是典型的安茹家族后代，他们不仅要头衔，还要权力，而且不尊重父亲。在他们的母亲、与丈夫分居后住在普瓦蒂埃的埃莉诺王后唆使下,他们在1173年到1186年之间以各种组合发动叛乱，每次都能指望得到等待时机的法兰西国王的大力支持。亨利国王宽待这几个不孝之子，但他也不抱任何幻想。当时威斯敏斯特的王宫大厅里挂着钦命而作的一些图画。其中一幅画着四只雏鹰正在捕食母鹰，最小的那只落在母鹰的脖子上，正要啄眼睛。据说国王说过：“这四只小鹰就是我四个儿子，不停地迫害我，甚至要把我置于死地。现在十分宠爱的小儿子，到头来将比别的儿子更令人悲伤地侮辱我，更危险啊。”

情况就是这样的。亨利国王曾努力为约翰挣得同其他儿子相等的遗产，约翰却参与了最后一次反对父王的阴谋。1188年，次子理查在长子小亨利死后，联合法兰西国王腓力对父王发动了战争。当时亨利已病入膏肓，在勒芒一战中败北，退到诺曼底。当他在谋反者的名单上发现他百般偏爱的小儿子约翰的名字时，便停止了求生的挣扎。“听天由命吧，”他喘着气说，“丢脸，国王成了败将，真丢脸。”说着，这位坚强、狂暴、聪明而孤独的人在希依断气了，那是1189年7月6日。虔诚的教徒听到的说教是，这一凄惨的结局是主对杀害托马斯·贝克特的凶手的进一步天谴。这就是世俗权力结出的苦果，也是荣耀的矫正。

第 13 章

英国习惯法

金雀花王朝的国王都是粗暴的君王，而该时代也带着狂暴的性质。不过，那种狂暴是朝气蓬勃的表现，而不是萎靡不振。英国历代国王中，有比亨利二世杰出的军人，也有比他敏锐的外交家，但在我国法律和制度方面，却无人能比他留下更加深刻的痕迹。他的奇异迸发的疯狂能量，并没有在政治、战争和狩猎中耗尽。就像前几代诺曼国王以及自己的儿子，他对于解决行政和法律方面的难题有天分，这是他的成就所在。他在每次战斗的名声早已灰飞烟灭，但他的名望将同英国宪法和英国习惯法一起永世长存。

伟大的亨利国王在位时还算幸运。威廉一世和亨利一世为英国带来或者保持了各种各样的行政手段，使继承人得以运用，他们自己却只能循序渐进，小心行事，全国也必须适应新的规则，新的统治者。不过，1154 年安茹的亨利来到英国时，近 20 年的无政府状态已经为它接受中央集权统治做好准备。作为法国人和大半个法国的统治者，他一上任就表现出目光远大，经验丰富，并且不惜堕落到采取狡诈手段。斯蒂芬在位时期造成的灾难，让亨利二世不仅遏止贵族的独立性，夺回前任丢掉的地盘，而且决意更进一步。他规划了对全国和全民实行统一法度的皇家法庭系统，以代替一大堆贵族法庭。在习俗和特点迥异的邻里，贵族们在实行不同特征的法律。

亨利二世的政策并非毫无风险，但他比较明智，避免正面出击。他心里和当年的征服者威廉一样清楚，对既有的神圣权力触动一下都会招来祸端。面对这种障碍，亨利精明地以惯例对付惯例，并且给创新披上颇受尊重的保守主义外衣。他小心翼翼地尊重已有的形式，计划延伸旧原则，注入新内容。在未成文的宪法中，国王的传统权利界限规定得很含糊，这就开始了精明的进军。在诺曼人征服英国以前的几百年里，教会和国王都是封建割据无政府状态的敌人，但当时并不存在迅速扩大国王管辖权的问题。亨利紧紧抓住撒克逊人关于"国王赐予的和平"的弹性观念，把所有的刑事案件归于自己的法庭审理。人人都获得了他的和平，破坏和平就是犯罪，位高而触犯法律的人则罪加一等。"国王的和平"是至高无上的，破坏者可在国王的法庭受审。但"国王的和平"是有限的，往往只涉及当着国王的面或王室领地所犯的罪行。国王驾崩，他的"和平"也随他而去，人们就可以为所欲为了。亨利小心翼翼，开始秘密要求："国王的和平"扩大到英格兰的所有地区，不管谁在哪里破坏了它，都应在国王法庭受审。接受判决不公的案件的上诉并保护土地所有者，这是国王法庭古已有之的权力。亨利用这个权力，把民事案件吸引到国王法庭来审理。他对自己的企图并未大肆宣扬，他所促成的变化也是逐渐引进的，而且没有经过立法程序，所以起初很难察觉到变化。要说明任何一次创新的日期是不太可能的。但是国王驾崩之后，聪明人回顾一下，会发现亨利二世在位的 35 年里发生了多么大的变化。

假如亨利二世想在法律方面摆出一副保守者的样子，他就必须一以贯之。强迫手段对于实现计划没有多少用处，他施政须遵循的第一条原则，是把案件吸引到而不是攫取到自己的法庭审理。要使诉讼人到国王的法庭起诉，就必须有诱饵，国王断案必须比他们的领主公正。为此，国王法庭为诉讼人制定了在当时实为惊人的新制度，即陪审团制度。当时人们称之为“王恩浩荡”，这名称既说明了陪审团的起源，也反映了陪审团在习惯法崛起中的作用。陪审团并不是亨利的发明，而只是被他赋予新的用途。陪审团制度是法兰克人对英国法制的一大贡献，因为在诺曼人征服之前，英国对此还一无所知，而其萌芽可远远追溯到加洛林王朝。起初，陪审团是为了行政管理方便而建立的王家机构：国王有权召集一些人就任何一个同国王的利益有关的问题发誓作证。征服者威廉就是通过陪审团的早期形式在财产大清查时确定了国王的权力。富有天赋的亨利二世看到这种程序有新的可能性，遂把这个迄今为止只用于行政方面的工具在法庭上长期运用了。

只有国王有权召集陪审团，亨利因此不恩准私人法庭召集陪审团，只限于要求钦点法官伸张正义的人。这是妙招。迄今为止，民事刑事案件都是通过起誓法、神裁法和决斗来裁决的。法庭一般命令诉讼当事人之一找一些能发誓证明他正确的人。如果这些人作假证，寄希望于他们将受到上帝的惩罚。或者判处他在一位教士的监督下拿起一块烧红的铁，吃一口面包或者被投入水池中。如果烙铁没有灼伤手，或者面包没有卡住咽喉，或是水不能使他下沉，那么就可以宣判，上帝赐予受审者无罪的迹象。决斗，即以战斗裁决的方法，是诺曼人根据战神会给正直的人增添臂力的理论而创新的方法，一度曾被广泛用于裁决土地纷争。修道院等大地主因此豢养了一些职业斗士，预先配合上帝的“保佑”，以保护自己的财产和权力。于是法律问题就没有什么讨论的余地了。在一个较理性的时代，人们开始怀疑这种古怪的做法。而且，教会在大宪章得到批准的那一年也拒绝承认神裁法的效力。于是陪审团的审判方法迅速流行起来。但旧的审判方法很长时间不肯消失。如果被告愿意接受上帝的审判，谁也无权禁止，所以说，神裁法并没有立刻废除。因此，后来出现了一种可怕的做法,即通过“长久折磨”强迫被告接受陪审团的审判。这种做法后来被时代的潮流所淘汰。直到 1818 年，还有一个诉讼当事人要求通过决斗来裁决，让法官们窘迫不堪，并且迫使议会废除这一古老的裁判法。

当时的陪审团和现代的陪审团不同，它有各种形式，但总的来说，有一点根本区别：陪审员不仅是判断事实的人，也是证人。选择的陪审员都是正直诚实的人，但还不是因为他们公正，而是由于他们可能知道实情。现代的陪审团是很晚才产生的，它在法庭调查清楚之前对案情一无所知。其审案程序不很清楚。从边远地区召唤去威斯敏斯特的陪审团可能不愿意前往，因为路途遥远，路上不安全，可能只有三四个人报到。而法庭不能等候，休庭会有很大的损失。为了避免耽搁和破费，双方有时同意依靠由旁观者组成的陪审团。了解情况的陪审员把案情介绍给旁观者，然后陪审团便作出裁决。后来，了解当地情况的陪审员不再当陪审员，而是当证人，在法庭上公开向完全由旁观者组成的陪审团提供证据。当时的做法大概就是如此，八九不离十吧。随着证据法规的发展，逐渐发生了变化。

到 15 世纪，新的程序已经形成，但旧的方法依然保留，甚至到了都铎王朝时期，陪审员有错误裁决的仍会因犯伪证罪而受到审判。

陪审团制度已经成为英国司法的全部内容，因为只要一个案件必须由 12 个正直的人仔细审理，双方就能得到保护，免受任意枉法之苦。英国法律同欧洲大陆以罗马法为基础的法律之区别，也正在于此。在中央集权化的伟大过程中，“法源于人民而并非由国王钦赐”的旧原则被保留下来，传袭至今。

上述方法保证了司法正义，陪审团制度得以推广。专职法官摆脱了地方偏见，看法比那些偏私或无知的封建领主及其管家高尚了。他们还有来自国王的权力召集陪审团，保证迅速定案，并有很大的权力执行裁决。因此，亨利二世必须几乎从零开始建立起一套完整的国王法庭系统，能承受纷至沓来的新诉讼。他所倚重的是政务会，这个机构早就在各方面发挥了常规政府职能，后来成为大法官法庭、理财法院、议会、习惯法法庭的母体，以及都铎王朝和斯图亚特王朝所依赖的特权法院。亨利二世在位初期，政务会几乎事无巨细，统揽各种政务。在司法方面，理财法院通过审理试图对王室岁入施加影响的做法，已经开始成形，但基本上政务会在这方面无外乎是国王的封建法庭，国王像任何其他封建主一样，在这个法庭上主持封臣之间的公道。在亨利二世统治时期，这一切都变了，国王的司法机构的功能越来越专门化。到他儿子们的统治时期，政务会开始分为两大法院，即王座法庭和高等民事法院，但直到百年以后才彻底分开。以后，它们和理财法院成为习惯法系统的支柱，一直延续到 19 世纪。此外，还经常有巡回法官奉命到各郡审理各种案件，郡级法庭因此被纳入了国王的司法轨道。

但这一切仅仅是第一步。亨利二世还必须为渴望国王法庭秉公裁断的诉讼人创造条件，设法使他们把自己的案子从领主法庭转到国王法庭审理。他所使用的手段是国王令状。无论如何，贵族的权力在形式上必须受到尊重。但是，动用王室的传统权力，人们可以要求把某些案件归国王法庭审理。根据这条原则，亨利制定了一套定规，或曰令状，分别适用各种案子。如果有人能够巧言令色地证明自己的案子符合某条令状的措辞，他就可以要求移交国王法庭。令状措辞严谨，但此刻仍然不断有新的令状公布于世。在 80 年的时间里，令状的数量不断增加。每颁布一个新令状，对封建领主的法庭都是一次新的打击。直到孟福尔在 13 世纪揭竿反对亨利三世时，令状的数目才遭到遏制，总数固定在 200 项以下。这种令状制度持续了 600 年。虽然时代会变化，但社会必须顺应这个不肯变通的框架。英国法律不可避免地受到泥古主义和合法假设的影响。案子的整个审理过程取决于开头选用哪条令状，因为每条令状都有特定的程序、审问方式和最终的补偿办法。撒克逊人的形式主义就这样保存了下来。亨利二世只是以同样刻板的法律程序打破了原有法庭的原始庭审方法。令状制度尽管刻板，却给英国法律带来了保守主义精神，因而使英国的法律毫不间断地保持到现在。

*　　*　　*

有一条定论，英国法律史始自理查一世 1189 年继位。学术界是根据爱德华一世颁布成文法的时间确定这一日期的。然而将这一时间点，放在亨利二世的统治结束或许更为合适。国王法庭系统建立起来，全国实行统一的法制，形形色色的旧地方法律土崩瓦解，不久便代之以全国和所有人普遍实行的法律。现代的律师如果穿越到亨利二世以前的英国，就会发现环境陌生，但在亨利二世传给其子的制度下，他就差不多熟门熟路了。这反映了亨利二世国王的伟大功绩。他奠定了英国习惯法的基础，使后人得以继续建设。外形可以有所改动，但骨架并未改变。

英语民族就是处在这个具有决定性性格形成期，开始考虑解决法律争端的办法，并且在实质上沿用至今。一个人只有在民事刑事方面犯了法律中有明确规定的事情，才能控告他。法官是公断人，根据当事人选择出示的证据作出裁判。证人必须公开作证，而且要宣誓。他们不是受法官审问盘问，而是被诉讼当事人自己或他们私人雇用的法律上合格的代表发问。他们的证词是否属实，不是由法官而是由 12 位正直诚实的人去衡量，只有在陪审团确立事实之后，法官才有权依法判决，处刑罚款。如果不考虑世界大部分地区盛行的另一种制度，这一切就可能显得理所当然，司空见惯了。根据罗马法及其派生出的一些制度，在过去动荡的世纪里，在当代的某些国家里，审判往往是讯问而已。法官独自对民事刑事案件进行调查，而调查基本上是不受控的。嫌疑犯可以受到单独盘问，必须回答向他提出的一切问题，他聘请法律顾问的权利也受限。对方的证人可以在他不在场的情况下秘密作证。只有在这些程序完成之后，才能确定并公布他的罪名。因此，常常发生秘密恐吓、刑讯逼供、讹诈成招的情况。但是，这类恐怖弊端早在 600 多年前就从英国习惯法中消失了。到亨利二世的曾孙爱德华一世驾崩时，英国刑事民事诉讼程序已经定型并成为传统，至今大体上影响着英语各民族。无论是在美国中西部的牧场、加利福尼亚的油田、澳大利亚的大牧羊场和金矿的问题上，还是在毛利人的领土主权问题上，这些法规都将英国习惯法的程序和审判方式应用于解决诉求争端，至少在理论上成立。

但是，这不仅限于如何审判的问题。用于处理如此繁多的新老问题的法律的，基本上是英国习惯法。涉及凶杀、盗窃、土地所有权和人身自由的法律同许多其他法律一起转入新大陆，虽然为了适应时代的潮流而常有修改，但是同 12 世纪主宰英国人生命财产的法律一脉相承。

当时，法律基本上是不成文的，目前在英国很大程度上仍然如此。例如，英国成文法仍然没有谋杀罪的定义，因为这一条也同其他许多法律一样，以本国公认的不成文习惯为依，由居民宣称，法官去解释、发展和应用。律师们只能弄清法律，靠研究古代判例的报告记录。为此，他们在那么古老的时代就为自己做了安排。亨利二世驾崩百年后，他们开始在伦敦组织专业团体——律师学院，属于半学术学院半法学院的性质，但以世俗为主，因为不鼓励精通罗马法和罗马教会法典的教士参加。这些协会还出版法律年刊《法庭录事年报》，其权威性是法官们公认的，连续发行了近 3 个世纪。可是在这么长久的时间里，只有一个人尝试全面说明英国习惯法。大约 1250 年，巡回法官布雷克顿的亨利写了一本将近 900 页的巨著，名为《英国法律与习惯汇编》。几百年里没有这样的著作问世，但布雷克顿的方法为英语世界树立了范例，此后代代仿效，这类著作与其说是陈述习惯法，不如说是解释评论习惯法，从而鼓励并帮助后世律师和法官发扬光大。万能的国家以罗马人的方式强加给属地人民的《学说汇纂》和法典，同英国的精神传统是格格不入的。法律早就存在于国内的习惯之中，关键是需要通过潜心研究去发现它，把史上记载的判例加以比较，并在法庭上把它应用于具体争端。随着时间的推移，习惯法在变化。亨利二世时代的律师从10世纪的老前辈的论述中解读出了作者本人本来没有的意思和原则，应对当代的新情况，解决新问题。这无关紧要，有判例可循。如果向法官说明，某个习惯之类的在以前同类案件中曾经得到承认和遵循，如果符合他的公平观念，而且符合当时的社会感情，那么，他在处理争端时就乐于照准。人们熟知的这种“判例法”缓慢而不断发展，最终如其他国家尊崇的《人权宣言》、洋洋洒洒的《美国独立宣言》和保证民权的宪法等法律文件一样，保障了个人的权利和自由。但是，英国司法小心翼翼地前进，就连大宪章的草拟人也没有试图制定新的法律，宣告任何普遍的准则。这是因为君主臣民实际上都受习惯法的约束。英国人的自由并不依靠国家颁布的法律，而是依靠在法庭上长期缓慢形成的习惯，一项项断案的自由人陪审团所确认的习惯。

第 14 章
狮心王

第一次十字军东征以后在耶路撒冷建立的基督教王国，依赖圣殿骑士团和医院骑士团的守护，在岌岌可危中维持了百年。之所以能够长期存在，主要是由于周边的穆斯林国家不团结。终于，土耳其人即撒拉逊人当中出现了一位伟大的民族领袖，统一了穆斯林政权。1169 年，撒拉丁成为埃及的大臣，不久自封为苏丹。他出身库尔德人，文化上属于大马士革人。他的势力很快扩展到叙利亚，包围了地中海东岸黎凡特的几个十字军国家，1174 年攻克大马士革，1183 年又攻陷了阿勒颇。面对日益迫近的危险，耶路撒冷的基督教群体和它的国王吕西尼昂的居伊忧心忡忡，把保不住的王冠先是让给法国的腓力，然后又让给亨利二世，并且向西欧各国告急求援。但西欧君主争吵不休，未能及时采取有效措施。1186 年，撒拉丁也发动了“圣战”。他向好战的游牧部落许下了今生的冒险事业和战利品，以及来世可以进入极乐世界的诺言，向耶路撒冷进军。可能有 1 万基督教占领军奉命迎击，但在干燥的沙漠中失利，在哈丁一战中被占绝对优势的敌人击溃，国王、圣殿骑士团总团长和许多最伟大的贵族都被生擒。1187 年 10 月，耶路撒冷投降。此时除了蒂尔、安条克和的黎波里之外，巴勒斯坦和叙利亚全境重回穆斯林的手中。

这些事件震动了欧洲各地，教皇也和信仰基督教的西方一样感到惊恐不安。他派出使节到各国宫廷游说，劝基督徒和睦相处，对付异教徒。三大国君主响应号召，英、法、德骑士界也风起云涌。看到撒拉逊骑兵的马匹亵渎圣墓的绘画，不仅是绅士们，在某种程度上，各阶层的人都群情激奋。从当时的文献中可以看到，许多年轻的十字军离乡背井奔赴遥远、陌生的危险地界时，心中不无离别伤感。强烈的牺牲精神和神秘感使那个时代和当时的努力充满浪漫魅力，并同战争和冒险的吸引力汇集在一起。在德意志，美因茨的诸侯会议庄严“宣誓远征”圣地；英法两国的国王商定联合东征，却并未停止两国间的直接冲突。除了宗教方面的呼吁，还有税收方面的鞭策。所有不参加十字军的人都被课以“撒拉丁什一税”，而所有参加十字军的人，实行免税和暂缓偿还债务的政策。派向东方的最强大军队征集起来了。德意志在红胡子腓特烈的麾下集结了一支大军,载着 12000 名诺斯人的斯堪的纳维亚舰队渡过了直布罗陀海峡，全副武装向亚洲猛扑过去。同时，蒙费拉的康拉德率领第一批援军从君士坦丁堡急速出发，解了蒂尔之围以后，开始包围阿克里。

局势风起云涌，亨利二世在悲伤和灾难中去世了，没曾想过指定继承人，王位自然地传给了理查。新国王在曾刀剑相向的父亲去世时，并未假装悲痛，只是在诵主祷文的时候敷衍跪了一会儿，然后就料理他的政务去了。虽然他的品质多属严厉，但他身上还看到了宽宏大量，给他的军事威望增光添彩。登基之初，他就树立了杰出的榜样。起兵反父时，他甚至不穿铠甲在骑兵队一马当先，在勒芒紧追亨利二世的溃败队伍。为败军殿后的是亨利的忠实勇士威廉元帅。他迎敌,把理查控制在自己手中。理查见势不妙,高喊:“饶命!”元帅便把枪尖转向王子的战马，一枪刺死，轻蔑地说：“我不杀你，魔鬼会杀你的。”奇耻大辱，还不如一死。因此，威廉元帅和他的朋友们忐忑不安，等待他们必须转而效忠的新君主的发落。但理查王既往不咎，庄重而超脱地谈起记忆犹新且依旧刺痛内心的不快事件。他保留了先王忠仆的一切职务和荣誉，并派他到英国代其执政。理查还把彭布罗克的富有王室女继承人嫁给威廉，元帅顿时成为英国贵族中最有势力的人物之一。人们注意到，理查王宠信那些忠诚支持父王反对他的人，甚至不惜牺牲和他一同谋反的那些人的利益。

* * *

理查颇有英雄人物往往具有的优缺点，他还是中世纪最迷人的人物之一。他素来被描写成骑士时代的人物和化身。当时都喜欢在纹章中用狮子作标识，不止一个国王试图同狮子的名声联系起来。当时人们称理查为“狮心王”，这是对兽中之王永恒的褒奖。他并没有给英国人民带来什么好处，却让他们为他的冒险付出了沉重代价。他在位十年，只来过英国两次，住了短短的几个月，但数百年来，国人想起他就心荡神迷，将他塑造成一个战斗不息的形象。就英勇事迹和战争韬略而言，理查十分出彩。他个子高大，身材匀称，肌肉强健，手臂灵活，勇气可嘉。他喜欢近身格斗，并且毫无恶意地认为，对手是出名的必要媒介。他喜欢战争，并不是为了得到荣耀，达到政治目的，而是为了战斗的激动和胜利的荣耀，就像别人热爱科学和诗歌。他的整个性情都沾染了这一点，好战与他作为军事指挥官的最佳素质相结合，激发了他全身心的力量。

理查血腥暴力，其性格急躁，无法朝三暮四，也并非残忍成性。他动辄得罪他人，也同样容易原谅别人；慷慨大方，挥霍无度；战争中慎计划，巧执行；政治幼稚，既不圆滑，又不老练。他根据自己的好恶结交政治盟友，政治计划既缺乏统一性，也没有明确的目标。他靠军事天才所取得的优势，由于外交无能而丢尽。他的军队在东进途中夺取西西里的默西拿时，他轻信别人的劝说，同华而不实的盟友法王腓力·奥古斯都分享胜利果实。如果这些果实好好利用，则可能使法国国王的阴谋诡计化为泡影。他轻易夺取富庶易守的塞浦路斯之后，又把它丢得更痛快。他的一生是一场雄壮阅兵，结束后只留下一片旷野。

理查一心想发动新的十字军东征。这个使命似乎是为他定做的，召唤他本性的各种需求。把圣地从异教徒的统治中解救出来，以国王的身份在骑士队一马当先，这是人类的光荣，尤其合上帝之意，这实属可以使他志得意满的事业。英国人本来很希望国王照看他们的政务，长治久安，促进国家逐步走向繁荣，主持正义，但是他们知道，十字军东征是崇高神圣的事业，教会也教导他们，东征会给他们带来无形的祝福。理查的加冕仪式极其庄严隆重，演绎岛国君主继位的最古老的形式和传统，当年加冕的基本礼仪直到现在还被遵守。理查王为了拯救圣墓，实际上标价卖了英格兰王国。他不惜代价也要筹措资金，以支付远征巴勒斯坦的费用。他一再出售国内的一个个官职，实行新的革命性的重税制度，征收兵役免除税，后来又恢复了犁头税（百亩税）。就这样为东征充实了国库。

理查在 1190 年夏率军出征，将政务委托给两位首席政法官代理，一位是伊利的主教威廉·朗香，一位是达勒姆的主教休·普赛，由王室最可靠的老太后，阿基坦的埃莉诺监国。理查已将其妹艾丽斯许配给法王腓力。传说艾丽斯除了容貌之外,别无可取之处。腓力说，理查曾企图诱奸艾丽斯，两位国王因此结怨。真相如何，姑且不论。理查穿过法国并乘船到达西西里，准备在那里过冬。他母亲把纳瓦拉王国的公主贝林格利亚带到他那里。他对公主思慕已久，如今决定娶她。“狮心王”为爱情而不是为政治而结婚，这才合乎情理。但由于艾丽斯拒绝与腓力结婚，英法两国国王未能结成东征所需要的联盟。腓力得到1万马克的赔款,但被公然侮辱之后,不肯轻易释怀。英法之间的龃龉并未轻易停止,两国人马在西西里避冬时,互相嫉妒,常常争吵，不得安宁。

此时，红胡子腓特烈已率领德意志大军于1189年5月由雷根斯堡经匈牙利向君士坦丁堡进发。一到拜占庭帝国的边界，困难就接踵而来。君士坦丁后继的皇帝们仍然统治着巴尔干半岛和小亚细亚的广阔领地。这时，艾萨克二世已同撒拉丁结盟。只是德意志人扬言要对希腊分裂主义者展开十字军东征，他才在1190年3月底放他们借道博斯普鲁斯海峡到达亚洲海岸。红胡子穿过小亚细亚，到达基利家[①]。这位40年前第二次十字军东征的老兵,在此地卡利卡努河中溺死，可能是在渡口马失前蹄，也可能是饭后洗澡不慎跌倒。麾下部分军队折返，许多人在安条克殁于瘟疫，他的号称“德意志之花”的大军中，不到1000人在他儿子的带领下，于1190年10月回到阿克里的十字军营地。然而，他们毕竟如约而至，可是英法军队直到1191年春才离开西西里。腓力乘船直接驶向阿克里，理查则在

① 基利家（Cilicia），古罗马帝国繁荣地区，位于今土耳其东南部，又译西里西亚。

塞浦路斯逗留了一下。他和当地的希腊人首领发生争执，说他们侮辱了他的未婚妻，便征服了该岛，在那里和贝林格利亚举行了婚礼。直到1191年6月8日，他才率大军兵临阿克里。

关于第三次十字军东征的故事，因骑士的魅力而大放光彩。欧洲大国的国王严阵以待，包围了倒霉的撒拉丁据点。他们斗智斗勇，互相嫉妒，神圣的事业也不能阻止他们明争暗斗。理查王主宰了场面，战斗中，哪里最危险他就出现在哪里，打垮最强悍的敌人，但他却一直同撒拉丁举行谈判，而且几乎达成协议。为了挽救要塞，撒拉丁主动提出释放基督徒俘虏，交付一大笔赔款，并且交出他在耶路撒冷夺取的耶稣受难十字架(已经过去1200年，无法确认)。但是，谈判最后破裂了，理查在盛怒之下残酷地屠杀了作为担保的2000名土耳其人质。他到达后不到5个星期，便胜利结束了两年之久的围困。

阿克里城陷落后，理查王的骑士荣誉及其帅才获各国交口称赞。但盟国之间的争吵使战争处于瘫痪状态。流亡的耶路撒冷国王吕西尼昂的居伊和蒙法拉的康拉德发生了王位之争，理查和腓力各护一方。后来拟定了妥协方案，但是法王旋即回国，去实现他在佛兰德斯的计划，同时去唆使约翰王子反时远离国土的胞兄理查。受到理查侮辱的奥地利公爵利奥波德也扬长而去。于是，十字军空有理查的英明领导，并在阿苏夫大捷中杀死了成千上万名异教徒，却只能在山上遥望圣城耶路撒冷而兴叹了。理查王怆然掩目，不忍远眺无法进入的圣城。他决定撤回海边。次年，即1192年，他攻占了雅法。十字军的功绩回报仍然是再次可以遥望耶路撒冷,他们再度撤退下来。

此刻，英国传来惊人的消息，理查王觉得非回国不可。他又和撒拉丁重新谈判，甚至提出把妹妹乔安娜嫁给撒拉丁的兄弟，作为永久和平的纽带。撒拉逊人在顽强的战斗中已经赢得了敌军的尊重。3 年的和平或者说 3 年的停火终于实现了，双方分割了沿海城镇，圣墓也作为朝圣的地方对小股的十字军开放。十字军到达了目的地，只是以游客的身份去的。居伊和康拉德争夺耶路撒冷王国的苦斗也自行解决了，因为康拉德在要求终于得到理查承认的时候，被名为“深山老人”（the Old Man of the Mountain）领导的穆斯林教派的刺客杀死了。居伊对恢复世袭权力失去信心，便从英王手中买下了塞浦路斯，定居在那里，并在那里建立了自己的王朝。王朝在骑士团的帮助下，抵挡了土耳其人，挺立近 400 年之久。

1193 年初，理查王启程回国。船只在亚得里亚海失事之后，试图乔装穿过德意志，但他的敌人奥地利公爵迅速跟踪追击。他被逮捕，关在一座城堡里。这样有价值的猎物是不容许留在公爵手里的，神圣罗马帝国皇帝本人要求得到这个著名的俘虏。好几个月过去了，监禁的地方仍是皇宫里的秘密。但是，一个美丽的传说告诉我们，理查的忠实吟游诗人布朗德尔弹着国王心爱的和弦走遍一座座城堡，终于如愿以偿，听到了理查回奏的琴声。

*　　*　　*

伊利的主教威廉·朗香有着教皇使节、国务大臣和首席政法官的堂皇兼职，忠诚而热情地执行理查于 1189 年授予他的统治英国使命，他模仿国王的威仪，带着豪华的随从巡游各地，不久即引起全体贵族的嫉妒，随后他们愤恨起事了。国王的这位忠仆意识到，主要危险在于约翰亲王的地位过分强大。由于理查的放任不管，弟弟建立了国中之国，领有德比郡、诺丁汉郡、萨默塞特郡、多塞特郡、德文郡、康沃尔郡以及在威尔士南部拥有辽阔土地的格洛斯特伯爵领地，并有兰开斯特、沃林福德、艾伊和佩维里尔的封号。他从这些地区得到的岁入从不上报财务署。这些地方的郡治安官只对他个人负责，法律事务由他的仆人处理，法令状由他的大法官署以他的名义颁发。国王的官员和法官不敢进入约翰的领地。朗香主教决心反击这种双重统治体制，但是，他的个人排场和傲慢态度早已使他困难重重。他出身卑微，又是个外国人，还得罪了政务会的其他成员，促使他们站到了约翰一边。约翰当然知道如何从中渔利。

1191 年夏，双方的冲突公开化了，朗香率军镇压由约翰的追随者在中英格兰北部发动的叛乱。那是一场严重的危机，幸好远在黎凡特地区的国王派鲁昂的大主教瓦尔特·德库唐斯回国照看国王的利益。大主教组织了第三势力，忠于国王，不满朗香，但又不愿意支持约翰。不久，朗香于 10 月逃离英国，大主教便接替了朗香的位置。同年秋天，腓力（奥古斯都）从十字军东征的战场回国，使野心勃勃的约翰有了新的希望。这位法国国王看出，趁理查不在，有机会粉碎安茹领地的力量，并把英国人赶出法兰西。他与约翰一拍即合。两人商定：腓力进攻诺曼底，约翰在英国发动叛乱。

1193 年初，在那岌岌可危的时刻，噩耗传到英国：国王被囚禁在“德意志某地”。英国大部分忠诚的臣民理所当然地普遍惊慌失措。约翰宣布理查已死，他戎装露面，要求继承王位。英国在理查长期不在的情况下能忠于他，反对那些强大而狡猾的力量，是封建时代忠君观念之明证。大批在历史上未留名的坚定而有主见的人们深知理查的英雄气概和神圣使命，保持着忠心。教会从未动摇过，鲁昂的瓦尔特·德库唐斯立场坚定，年逾古稀的埃莉诺太后也奋力站在她的长子一边。这批人左右政务会，而政务会则控制着国家。沿海一线布置了防御，随时防止法国入侵。约翰的势力渐渐散去。到了4月，权威消息说，理查还活着，紧张状态即告解除。约翰故作镇静，悄悄溜到法国去了。

* * *

神圣罗马帝国皇帝要求15万马克的高额赎金，相当于英国王室岁入的两倍。必须在伦敦准备好10万马克，理查王才能获释。理查批准了，英国政务会也同意。同时，另一方的腓力和约翰也在积极活动。他们出价8万马克，要求把理查关押到1194年秋的米迦勒节，也就是每关一个月，就给1500马克，或者交15万马克把理查押送到他们手中。但是皇帝觉得，这笔交易是和理查做的，已经和他商定了赎金数目，可能有些仓促，但讹诈也得讲信用。腓力得知皇帝不愿意毁约，便给约翰送去了臭名昭著的短信：“当心，魔鬼放出。”

赎金还得筹集。筹款令压垮了整个王国，但是，没有什么比赎回君主的封建义务更神圣，尤其是他享有东征骑士的尊严。政法官、大主教们和埃莉诺王太后都为艰巨的任务全力以赴。教会直面自己的义务，为了一个在圣战中丢掉的基督教友，即使牺牲大教堂里的头等圣物也是合理合法的。全国各地重新开始征收兵役免除税，所有俗界人士必须交出四分之一的动产。教会的土地也承受同样的负担，教士交出了金银餐具和财宝，有三个修道会自觉献出了全年所产的羊毛。约翰亲王当然以身作则，在管辖的各郡征收捐税。他派员向百姓讲述缴纳赎金的神圣职责，但人们忠君虔诚之心捐献的款项都进了他的腰包。赎金筹措了三次。最终捐税抽到极限的英国和诺曼底实在凑不齐所需的15万马克，神圣罗马帝国皇帝确信再也榨不出更多，也就决定释放俘虏。

1193 年底，规定的第一笔赎金交付了，“狮心王理查”于次年 2 月初获释。可以确定，他小心择路，穿过欧洲大陆，避开他的法国属地，于 3 月 16 日回到伦敦。伦敦的市民虽然家徒四壁，见到理查还是欢欣鼓舞，为他的盛名而感到骄傲。约翰又一次公开叛乱，在法国的援助下攻城略地，招募军队。新任政法官和政务会早已采取措施打击叛乱的亲王，理查有力的右臂和威名有助于镇压叛乱。约翰又逃往法国。理查王在伦敦再度登基，加冕仪式比以前更加盛大。他已经同腓力开战，首要的、最终的和唯一的行政职责就是筹集金钱，招兵买马。这些工作顺利开始之后，他渡过英吉利海峡，去保卫他的法国属地。他再也没踏足英国，但岛民并不埋怨他。一切应该做的事情都做了。

强悍的勇士一到法国，就旗开得胜，恢复了边界地区，使腓力国王及其军队处于可怜巴巴的守势。约翰向他曾卑鄙忤逆的哥哥和君主恳求饶恕，结果如愿以偿。“狮心王”很清楚，如果约翰以前的阴谋得逞，自己就仍然被囚禁在德意志的城堡里，惨遭废黜，郁郁而终是最终归宿。虽然弟弟的背叛和无端恶行依然历历在目，理查还是宽恕了他，施以手足之情，并且恢复了他的部分领地，只是出于起码的谨慎不得不剔除了一些要塞。基督教社会的教俗两界不一定认为这是明智之举，但都为这一崇高姿态交口称赞。

*　*　*

在余下的 5 年在位期间，理查一直忙于保卫法国的属地，并为此目的向英国筹集军费。这时，英国又置于代理人的统治之下。这次掌管英格兰的是休伯特 · 沃尔特，此人曾作为拉内弗 · 德 · 格兰维尔的左右手在亨利二世的宫中受过传统教育。他不是封建的业余行政官，而是训练有素、经验丰富的职业政治家。当时，他是坎特伯雷的大主教，也是理查的政法官。后来他成为约翰国王的国务大臣，所以身居相位达 10 年之久。他曾经跟随理查参加十字军东征，极其得力，在筹集赎金的过程中脱颖而出。他坚毅，渊博，娴熟地发展了亨利二世首创的强大中央集权制，是中世纪的杰出行政官之一。王权在北部得到巩固。调查团们奉命处理未完成的法律和财政事务，还有调查团在当地陪审团的协助下，对国王的权力和司法行政做了深入的调查。维持社会秩序的新机制应运而生，即地方治安官的前身。验尸官的职务也在这时首次明确。财政署署长、鲁昂大主教瓦尔特·德库唐斯企图改革税制和现存的军事制度。土地重估开始，度量衡得到统一，织匠和商贩的欺诈行为受到整肃、遏制。伦敦和大城镇被授予新的特许权，其中包括地方自治的宝贵特权。在全国各地，行政机器终于轻松无声地运转了。即使有人对税收不满，但很少人敢出声。一位叫做“大胡子威廉”的煽动者表示了现代的政治家在同样条件下也会轻易想到的意见。他上了绞刑架。

虽然理查不在国内，他的事业和善行耗尽了民脂民膏，令人失望，但国内的苦难并没有其看上去那么厉害。英国政府以高调而颇有道理的原则之名实行有力的冷漠统治，得以限制贵族的阴谋和约翰亲王的背叛活动。亨利二世建立的行政体制，即我们所说的公务员，经受了考验，而且不受王权的干涉，巩固了地位，对大家来说都是方便有利。事实证明，全民所效忠的国王不再是治安的唯一保证，英格兰民族除此之外还有其他可以依赖的保障。

在法国，同腓力的战争奇怪地进行着。谈判从未中断，每年都有一次停火，在气候允许和大家方便的情况下也都重新开战。理查研究了诺曼底的战略防御，发现莱桑德利附近的塞纳河转弯处有峭壁拔地而起，扼守着通往鲁昂的咽喉。停战协议禁止在那里设防，当地的主教也发出禁止令，但理查王于1196年着手构筑他所能设计出来的最佳工事，他称之为“盖雅德城堡”和“漂亮孩儿”。这个三道墙的巨石建筑是由外围工事、桥梁和卫河组成的，至今仍对着莱桑德利城的屋顶虎视眈眈。城堡拔地而起时，理查高兴地说，这无疑是世上最坚固的堡垒。腓力怒不可遏地说：“哪怕是铜墙铁壁，也要攻破它。”理查反唇相讥：“即使墙是用黄油垒的，也能固守。”但是，命运之神将同腓力告别。

已经见怪不怪的打打谈谈局面在1197年被一个激烈事件打破了。在双方的一场大战之中，理查沿着吉索尔的街道追击法国国王及其溃败的军队。不到10年前，英法两国的国王就是在该城庄严宣誓进行第三次十字军东征的。

1199年，正当为无休止的战争筹集军费的困难达到极点的时候，理查王得到了好消息。据说，在他的一个封臣所属的沙吕城堡附近出土了无价之宝，那是皇帝、皇后、皇子和公主的一组金像，围坐在金桌旁边。国王以最高领主的身份要求得到珍宝，沙吕领主拒而不交，国王便包围了防务薄弱的小城堡。第三天，国王大胆地骑马沿墙而行，自信久经考验的运气一直不错，结果被弩箭射中左颈肩。箭伤本来就深，挖出箭头后，伤势就更重了。伤口染上坏疽病，“狮心王”知道自己气数已尽，刚毅镇静地本着历来遵循的原则迎接死神。他安排了后事，将财产分给朋友，或者赠给慈善机构。他把住在附近的令人敬畏的埃莉诺王太后请到身边，宣布约翰为继承人，并要在场的所有人宣誓效忠约翰。射出那致命一箭的弩箭手已被收监，理查叫人把他带到面前，赦免了他，并给了些钱。理查怕教会迫使他同腓力讲和，已经七年没有忏悔了，但他这次却真挚而异常虔诚地接受了教会的帮助。1199 年 4 月 6 日，理查逝世，终年 42 岁。人们公认，他可以和亚瑟王、圣骑士罗兰等军事传奇一同坐在上帝的圆桌前。我们相信,在造物主的构想中不会忘记将他摆上这张圆桌的。

可那名弩箭手被活剥了皮。

第 15 章
大宪章

约翰亲王登上了英国王位，兼领诺曼底、安茹、图赖讷和曼恩，对布列塔尼领土有索取的权力，并且可以继承埃莉诺王太后的阿基坦。他的品德已是尽人皆知了。理查体现了人们所敬慕的狮子美德，但在自然界中，却没有哪种动物结合了约翰的互相矛盾的品质，他既有残忍武士的冷酷心肠，又有马基雅维利主义者的狡猾手腕。虽然他时常“两眼冒火，脸色铁青”地大发雷霆，但他却以没人性的冷静头脑策划并执行残暴的行为。修士编年史家着重记载了他的残暴、贪婪、恶意、背信弃义和色欲无度。但根据其他记载，他通常审慎明智，始终干练无比，有时甚至慷慨大度。他善于思索，富于独创，一生珍惜藏书。在他身上，金雀花家族的坐立不安的活力升到了狂暴不稳定的程度。确实，法国作家泰纳试图在约翰道德缺陷上披上疯病的严肃外衣。但是，研究约翰的行动就揭示出，他生来耐心机智，深藏不露，虚虚实实，坚持不懈；他意志坚定，靠着这些秉性，只要有一口气在，就稳坐王位。他对于眼前的困难，总的来说克服得非常成功，他如何做到这点值得冷静认真的研究。而且，如果把这些都考虑在内，就会发现，对不列颠民族和英语世界来说，约翰的罪恶比那些仁君的勤政更有益，正是众多反约翰势力的联合，使得保障我们的自由与权利具有里程碑意义的宪章才建立起来。

虽然理查宣布约翰为王，但在继承权的问题上存在着两种意见。约翰的兄长杰弗里身后留有一子，就是布列塔尼亲王亚瑟。当时可能有理由认为，亨利二世长子一系比约翰更有优先权，这就是现在的长子继承法。威廉元帅向坎特伯雷大主教提出了这一点，但两人商定的结果却是约翰有权继位。埃莉诺王太后支持儿子，他对孙子亚瑟的母亲从来没有好感。英国毫无异议地接受约翰王，而在法国的那些省份，相反的意见占上风，尤其是布列塔尼支持亚瑟。法国国王和所有法国利益集团认为，王位纷争和拥护更小的孩子登基对他们非常有利。那些曾经支持理查反对亨利二世继而又支持约翰反对理查的人认为，支持亚瑟反对约翰是顺理成章的。再者，约翰在隆重的国事场合的无礼举止得罪了教会。登基伊始，他的轻浮言行就引起了不祥之兆。在鲁昂，当象征诺曼底公爵领地的矛递到他手中时，他转身跟随行大臣开了个玩笑，还让标枪掉在地上。

约翰继位后，法国北部的行省之间以及它们同法兰西王国之间明显产生了凝聚力。同时，在英吉利海峡这边，英国贵族们更倾向于孤立甚至民族主义理念。由于撒克逊诺曼底各大家族的分支在英国和诺曼底逐步划分爵位封地，英国和大陆的维系削弱了。而且，法国朝廷和王权在 12 世纪末不断加强，如强力的磁铁，吸引欧洲大陆上的属地忠于巴黎。约翰国王为了大陆上的属地，不得不比前几代国王更加以少敌多。而且，当他为此在英国征税时，面临的阻力也就越来越大。据说，大主教在约翰的加冕礼上布道时说，英国的君主本质上不是世袭的，而是选出来的。人们普遍认为，如果要尊重忏悔者爱德华等盎格鲁撒克逊国王的延续性，许多很好的先例是可以借鉴的，阿尔弗雷德大帝就是一例。坎特伯雷大主教宣传这一理论，无疑是得到约翰完全认可的。但是，在王室成员中选国王的原则，并不削弱亚瑟在希望他继位的那些地区宣扬自己对最高权力的渴望。

一开始约翰就害怕亚瑟。理查的死讯传来时，他正在布列塔尼亚瑟的王宫里，便急匆匆地摆脱险境。亚瑟在勒芒受到热烈拥戴。他由于领有安茹、曼恩和图赖讷而对腓力二世称臣，而约翰的势力主要在阿基坦和诺曼底。跟前朝时一样，战争和谈判不断地交替进行着，不同的只是英国新王的威望不如狮心王。1202 年，腓力正式发出传票，要约翰到他的宫廷来回答普瓦图贵族的控告，因某些领土关系，腓力是约翰的领主。约翰回答说，他不愿执行这样的法律程序。腓力说，传唤他的是普瓦图的伯爵。约翰宣布，英国国王不能接受这样的审讯。腓力强调，法国国王决不因封臣另有高位就放弃管辖这个封臣的权力。各种应对策略都用尽了，但是，连安全返回的承诺都没有得到的约翰拒绝到庭。于是，由于没有完成领主的义务，他被判处剥夺在法国的所有封地。腓力手里有当时法律界所承认的合法权力，便在 1202 年夏入侵诺曼底，夺取许多城池，几乎未遇任何抵抗。法国国王授予亚瑟骑士称号，把从约翰手中剥夺的封地除诺曼底和吉耶讷外都赏给阿瑟，并把女儿玛丽许配给他。亚瑟时年 16 岁。

对于金雀花王朝的国王来说，法国领地和整个英国一样重要，考虑到面对这样的待遇及其后果，任何一个比约翰更有道德的人显然都会勃然大怒的。满腔愤恨在约翰身上激起了敌人未曾料到的力量。

亚瑟听说祖母埃莉诺只带少数卫兵住在普瓦图的米尔波城堡里，便带兵包围了城堡，攻打外围工事，眼看就要抓到身处高位而心怀敌意的老太后。千钧一发之际，埃莉诺设法捎信给正在勒芒的约翰。儿子约翰带领大部队两昼夜行军 80 英里，拂晓时分突袭亚瑟及其围城军队，并且如他声称的那样，“蒙上帝保佑”赢得了胜利。亚瑟及其支持者——休・吕西尼昂、一些叛乱的贵族和 200 多名骑士——一举落入约翰的手中。约翰的母亲得以脱险。

亚瑟先是被囚居在法莱斯，后来被押解到鲁昂，无疑性命不保。仍然忠于约翰的那些布列塔尼贵族统统要求释放亲王，遭约翰拒绝后立即造反。约翰感到，只要亚瑟活着，他就不得安宁。情况确实如此。法国国王利用亚瑟当马前卒在约翰的法国各领地制造分裂乱象，如果这些事情发生在比约翰素质高的人的身上，可能会闹得很大。亚瑟是在围困自己祖母的战斗中被俘的，属于战俘，为了国家的利益，哪怕是比这次对极端狂暴的国王的更轻的攻击，也常常会施行可怕的谋杀。无人知道亚瑟的下场，鲁昂悲剧笼罩着一层无法穿透的迷雾。镇守鲁昂要塞的军官休伯特・德・伯格 (他的详情后叙) 透露说，他已经奉王命于 1203 年复活节将囚犯交给国王派来的人阉割，亚瑟休克死去了。这种说法丝毫没有减轻布列塔尼等地方的愤懑。于是，休伯特又说亚瑟还活着，约翰也说，幸好有人抗命。不管实情如何，亚瑟再也没有露面。虽然临刑前是否砍去手足或刺瞎双眼仍不得而知，但他被约翰下令处死的说法在当时和后来都是没有争议的。

当时，大量贵族和平民由于个人恩怨和政策因素未经审讯就被处死，是稀松平常的事，但是，一个国王竟然处死与自己地位相同的人，这使世人加深了对约翰的坏印象。而且，这次可恶的暴行不仅没有防止反而加速了诺曼底的分离。

亚瑟倒是除掉了，但约翰没有凭此获益，因为亚瑟只是腓力二世的工具，他的消失并未改变法国国王的恶毒目标。在反对这一固执的斗争中，理查激起了臣民的忠诚，约翰的品质却无法博得这种忠诚。布列塔尼以及安茹帝国中部的省份发生了叛乱。腓力二世同这几个省一一讲和，于1203年的复活节沿卢瓦尔河顺流而下，到达索米尔。在这以前,约翰的大陆领土南北两部之间早已打入一根楔子。腓力包围了诺曼底之后，准备攻打安茹王朝的这个堡垒。约翰也觉察到了这一危险，注入大量财力物力加强防务。军事形势还没有不可救药。他1203年底进行一系列野蛮无益的出击之后，如果不是突然撤离诺曼底，而是依靠英国的给养，就可能永远坚守这块公爵领地。但是，他看到腓力在诺曼底中部攻克了一个又一个要塞，就气馁了。当时，诺曼底人有意寻机投降，便把英国人的漠不关心作为借口。1204年3月，理查的“漂亮孩儿”，令人生畏的“盖雅德城堡”沦陷了，通往鲁昂的道路打开了。三个月以后，诺曼底的都城也破了，诺曼底终于落入法王之手。

英国人不必为这一损失伤心落泪，安茹帝国在极盛时期也没有实现真正的统一。时间和地理条件都在法国人一边。诺曼底的分离不仅对法国有利，也对英国有利。岛国由此摆脱了昂贵的分心之物和纠葛，一心一意致力于国内事务上。最重要的是，出生外国的统治阶级从此没有非英国的利益了，至少是本岛的利益。可是，约翰时代的人并没有看到这些有利之处，他们看到的只是惨败和耻辱，因而一味指责早已不受人民信任且与贵族失和的国王。

* * *

亨利二世在恢复秩序和建立有效的中央行政方面成功了，却为后代国王带来了新的困难。他所建立的机构权力极大，需要小心管理。他恢复了秩序，却以得罪贵族特权为代价。他采取的财政安排有独创性，而又过激彻底，在许多方面的工作侵犯了封建习俗。这一切之所以能够接受，是由于亨利二世老练的管理，也是无政府状态后的必然反应。理查一世也把英国置于干练的行政官手中。这些人采取严厉的统治手段和独出心裁的财政措施，激起了公愤，被群起而攻之，但这些反对的力量放过了国王理查一世，因为他有十字军勇士的耀眼光环，而且有幸不在国内。约翰此时成了这些人攻击的对象。

约翰像红脸威廉那样，把父亲创立的制度的倾向性推到逻辑的极限。理查在位时期在兵役免除税方面尚有未付的欠款，而约翰同法国国王腓力二世打仗正好需要更多的钱。但是，贵族之间发生了分歧。约翰在位时期的英国贵族同他的诺曼封臣不同，很少有家族在海峡两边都拥有封地。即使理查王，也曾遇到英国贵族拒绝出国打仗的情况。在海外作战和缴纳兵役免除税等问题上的争吵，成为贵族阶层激动不安的根源。约翰经常滥用自己的封建特权，迫使贵族们激烈抵抗。英国社会在不断发展，阶级利益的定义也更加明确。许多贵族不是把出入宫廷看作尽职效劳的机会，而是视为施加影响的时机。教士们日益感到教会内的团结，自治市也有同感。新的中央集权的政府需要所有这些阶级，但约翰却宁愿加强王权的残酷一面。

1205 年有一场危机。丢失诺曼底之后，约翰在大陆上地位的依赖埃莉诺母后逝世。控制国家政权达 10 年之久的休伯特·沃尔特也与世长辞，约翰失去了他唯一愿意纳谏，并在王权和国家之间具有权威的政治家。这又重新面临了由谁选择坎特伯雷大主教的棘手问题。

当时罗马教廷在位的是英诺森三世，中世纪最伟大的教皇之一，以其政治才能和外交手腕而著称。他一心想拔高教会的世俗权力。约翰和坎特伯雷修道院在选举大主教问题上的争议，为英诺森在英国行使教皇权力提供了其千逢难载的机会。英诺森把国王和坎特伯雷教士提出的人选撇在一边，于1206年12月在罗马庄严隆重地授意选中了斯蒂芬·兰顿。约翰国王本以为，他在教廷的影响足以保证他所推荐的人当选，因而轻率地事先承认教皇的决定有效。所以，知道英诺森干净利索地推出资格无懈可击的第三人选并当选时，他的愤怒是可以理解的。英国人兰顿是红衣主教，人品高贵，也是巴黎学校最著名的博士之一。约翰国王怒不可遏，不计敌手的力量，就对教会展开了不流血的战争。但英诺森三世和兰顿并不是可以慑服的人，况且他们在信仰至上的时代里掌握着比世俗君主更强大的力量。约翰开始迫害教士并没收教会土地之后，教皇便以禁止英国全国宗教活动进行报复。6年多的时间里，教堂关闭，钟声不响，死者葬在未圣化的墓地，且没有最后的圣餐。仅仅这一点，就使许多臣民确信，他们和自己的亲人要进地狱。

约翰狠下心肠对抗教权的禁令，变本加厉地没收教会财产，教皇遂于1209年采取了将其革出教门的最后措施。国王的臣民因此被免除了效忠教皇的义务，他的敌人则受到教会的祝福，并且被尊崇为十字军。但是约翰顽固不化，泰然自若，教权禁令和被革出教门均未在他的灵魂中引起任何对地狱的恐惧，反而使他的手段更加暴力，其残暴程度同时代的人只能归咎于精神失常。国王的行政机构前所未有地高效率，能轻而易举地处理财政和法律问题，维持社会秩序。如果说教权禁令是威胁，那么它也是约翰施展拳脚的机会。外逃教士的财产被国王没收。由于越来越多的主教区和大修道院人去屋空，国王的看守人便动用它们的岁入。于是，财务署的钱袋鼓鼓的。如果国王没有同教会争吵，没有世俗政治上的压力，那么王权可能达到后来亨利八世时代才能达到的地位。

在失去诺曼底以后，约翰开始实行在大陆上结成反腓力联盟的一系列宏伟计划。他与德皇奥托四世、图卢兹伯爵和佛兰德斯伯爵结成盟友，但他同教会的分裂却促使法国国王和教皇结成极其强大的联盟。1213 年，他陷入了两难境地，要么屈服，要么被法国大举入侵，后盾是英诺森三世所能调动的一切军事和宗教资源。约翰国王的国内形势不稳，被迫在这种威胁面前屈服。英诺森高兴，胜利以自己的条件获得了。

然而，约翰还没有山穷水尽，他谋划狡猾的计策，几乎转败为胜，堪称政治天才。如果不能取胜，他就得屈服;俯首听命就得忏悔，就等于终身悔罪，没完没了的。所以，他必须不惜一切代价打破敌人的包围圈。他知道英诺森三世挡不住世俗君权的诱惑,便散布消息,引诱这位教皇。他主动表示，英格兰可成为教皇的采邑，奉教皇为封建领主。英诺森对自己提高世俗尊严当然喜出望外。他饶恕了悔罪的约翰国王，对约翰和英国给予特殊的保护。他从约翰手中接过王权，再以领主授给附庸的方式交给约翰，给予祝福。

这一下就让约翰对他的世俗敌人翻盘了，他摇身一变成为教会的宠儿。腓力二世本来以巨资纠集了军队，准备别有用心地以十字军的名义入侵英国。他认为自己被宗教盟友的突然反水害惨了，感到义愤填膺，但根本不想放弃垂涎已久的猎物。贵族从这一转变中也没有得到些许宽慰，他们还没有申冤，怒气未平。甚至在英国的教会里也出现了严重的分歧。英国主教团认为，他们被置于屈从罗马的地位，这远远超出了他们的虔诚和利益需要的范围，也与养育他们的传统格格不入。服从教皇本是神圣的职责，但这可能面临过度解释。教皇选中的斯蒂芬·兰顿既是优秀教士，也是正直的英国人。他预见到，罗马会利用对英国教会的保护权为所欲为，意大利候选人将全面占据英国教会的有俸圣职。他几乎立即成为教皇的反对力量。约翰国王在多佛战战兢兢地趴着，盘算着，在牵动拉线木偶使敌人陷入混乱的同时，想必也在放声大笑吧。

约翰和英诺森在新的伙伴关系中坚持不懈，而心怀不满的贵族们在斯蒂芬·兰顿的领导下聚集起来。同法国国王的战争还在继续进行，约翰不断要求出钱出力，贵族们愤怒之极。1214 年，约翰率领的英国远征军在普瓦图败北。在法国北部，他的侄子萨克森的奥托同索尔兹伯里伯爵率领的军队在布汶被腓力国王击败。这次战役在一日之间摧毁了约翰寄予希望的大陆联合力量，这又是国内政敌反对国王的一次机会。他们制订了计划，企图限制被击败的暴君的统治，并公开扬言，不接受条件，他们就起义。假如不去管束，他们之间的敌对情绪和自私的要求会使他们功亏一篑。但是，兰顿大主教急于实现正当的和平，便对他们施加了缓冲影响。约翰作为教皇的附庸，也不敢公然无视兰顿的诤言。

但约翰还有最后一计，他在教皇的鼓动下，进行十字军宣誓，并请求将他的对手革出教门。这一请求未被拒绝。1213 年的形势完全反转了。贵族原来以为自己是讨伐被革除教籍国王的十字军，现在自己被赶出了教会。教皇禁令的这种巧妙运用使贵族失去了某些威慑能力。贵族看见国王在海外败北，便来劲了，不顾教皇的诏书而坚持自己的要求。教会里许多人也支持他们。约翰答应给予教会选举自由，企图离间教士和贵族，结果未能得逞。武装叛乱似乎是唯一的出路。尽管在最后的斗争中，兰顿大主教表明不愿意走上内战的绝路，不过，也是他说服贵族们把要求建立在尊重古代习惯和法律的基础上，并且使他们除了本阶级的利益外又有了奋斗的原则目标。贵族在亨利二世建立的行政制度下生活了40年之后，如今在反对约翰的斗争中比斯蒂芬国王时代的权贵们前进了一步，他们学会了理智地、建设性地考虑问题。为了反对国王的武断专制，他们不主张搞封建割据的令人难堪的无政府状态，而是建议实行牵制与平衡的制度，赋予国王必要的权力，但又能防止暴君和傻子滥用职权。1215年，贵族的领袖们在朦胧的光线中摸索着一条基本原则。从此，政权必须高于某个人的专断统治，习惯和法律的地位必须在国王之上。正是这种可能令人似懂非懂的思想，给贵族们组成的反对势力带来团结和力量，也使他们要求建立的宪章永放光芒。

6月的一个星期一早晨，贵族和教士聚集到斯坦斯和温莎之间的兰尼米德大草地。大家不时陷入不安的沉默之中。许多人未能前来赴约，大胆来到这里的几个人知道，国王决不会饶恕这次耻辱，他一有机会就会搜捕他们。这些人，至少是其中的平信徒[①]，为了自己的事业冒着生命危险。他们为国王准备了一顶帐篷和小宝座。这几

① 天主教会中没有教职的一般信徒。

个意志坚定的人似乎在羊皮纸上起草了一个简短的文件。他们的庄客和几队披甲戴盔的骑兵站在隐蔽的地方，保持着一定的距离。武装叛乱反国王岂非封建时代的弥天大罪吗？接着事态风云变幻。温莎方向出现了一支骑马的队列，人们逐渐看清国王、教皇使节、坎特伯雷大主教和几位主教的面孔。国王一行不拘礼节地下了马。然后有个人，可能是大主教，简单地说明了条件。国王立即表示同意，他还说，他的大法官法庭应该立即就细节作出安排。这个“贵族纲领”原件，是《大宪章》的雏形，现藏大英博物馆。这个纲领是 1215 年 6 月 15 日在一个短暂的肃穆场面定案的，这是我们的历史上最著名的场面之一。随后，约翰国王回到温莎。大约四天以后，《大宪章》就誊写好了。在后来的岁月里，它成为政治制度和原则的基石，这出乎约翰国王和贵族的意料之外。

* * *

1216 年初，约翰似乎很有机会在与贵族的对抗中获胜，一雪兰尼米德之耻，但夏末之前，国王驾崩了，《大宪章》因而在教皇的谴责声中和战争的裁决下坚持了下来。后来的 100 年里，《大宪章》重新颁布了 38 次，起初还做了一些重大修改，但是保持着原来的特点。后来它销声匿迹了。经过 200 多年之后，到了 17 世纪，努力阻止斯图亚特王朝侵犯臣民自由的议会反对派重新发现了《大宪章》，用它发出了振奋人心的反压迫呼声。“英国人自由宪章”的光荣传说由此被创造了。

如果我们撇开宪章中滥用的赞美修辞，研究一下文件本身，便会发现其内容相当惊人。形式上如法律契约，包括 61 个条款，分别涉及封建行政和习惯的细节问题，或者是为确保实施宪章中的诺言而作出的详尽规定。它完全缺少民主政府和人权原则的长篇大论，不是立宪原则的宣言，而是在封建制度下纠正时弊的实用文件。其中的主要问题是兵役免除税、封地继承税和年幼继承人财产的监督问题。“自由民”是封建制度下的专有名词，这一概念连是否包括富有的商人都是值得怀疑的，构成国家多数人口的农奴或卑贱的阶层就更不用说了。宪章中暗示，国王作出未来建立一个好政府的许诺，但承诺的条件仅限于尊重贵族的习惯特权和利益。贵族也被迫为他们的佃农作了一些规定，而约翰国王受到的限制大体上也适用于直属封臣，但他们在不出乱子和不失面子的前提下尽量不遵守。佃农们受到的保护则是作为领地上合适的有价值动产，而不是作为王国的自由公民得到关怀的。

13 世纪势将成为议会发展进行尝试的伟大时代，可是在《大宪章》中没有提及议会，也没有反映贵族以外的其他阶级的利益，更没有提出后来的那些伟大口号。实际上的宪章只是心怀不满而坚持特权的统治阶级强迫心有不甘的国王舒缓封建制度下的怨气的产物，它忽略了国王和贵族必须解决的一些最重要的问题，例如军事服役年限问题。

不过，认为《大宪章》是“阶级自私性的纪念碑”（一位现代作家语），这样轻率的否定是不对的。即使在当时，佃农以上的各个阶层也都主张，要确保土地所有权不受到任意侵犯。此外，除了主要的封地外，大封建主可以而且常常获得小块的领地，租期五花八门，有的是服役土地保有，有的是停役租地特权，有的则是随意退租的租地。因此，曾经参加兰尼米德会见的贵族既确保了自己，实际上也为大小地主在内的整个地主阶级争得了权力——普通骑士可以有

200 英亩土地，农民或小自耕农可以有 60 亩。有证据表明，全国普遍理解这些贵族的行动。1218 年，一位官员想利用一个令状推翻林肯郡法庭的一项判决。受害者是个大地主，全郡的人都起来支持他，以维护“为之宣誓并得到批准的自由”。他们还在抗议书中指出，他们“同他一起战斗，为他而战，为我们自己而战，也为整个王国而战”。

虽然 13 世纪的权贵们不懂得，更不关心大众的自由或议会民主，但他们信守的一条原则，却对后来的英国社会和各种制度的发展至关重要。宪章从头至尾给人一种暗示：这个文件是个法律，它居于国王之上，连国王也不得违反。《大宪章》的伟大成就，是重申了一项至高无上的法律并在普通的宪章中表达出来。光是这一点就值得人们毕恭毕敬。根据权威人士的说法，亨利二世时期是法治的开端，但并没有一劳永逸，因为王权仍然高于法律，约翰的行为证明，亨利二世建立的法律制度可以变成压迫的工具。

国王破天荒地受到了法律的约束，这是前所未有的事情。宪章中的基本原则注定要世世代代传下去，并在 1215 年的封建背景消失很久以后被提升到显要的地位。随着时间的流逝，《大宪章》成为永久的见证，证明王权并不是至高无上的。

《大宪章》中反映的事实和产生这些事实的背景已被埋葬或误解，但是，封建习俗中长期存在的法律至上的根本思想则通过大宪章升华为一种学说，指导着这个民族国家。在后来的各个时代，当国家由于权力膨胀企图践踏人民的自由与权利的时候，人民就是一次又一次地呼唤这种学说，而且至今无往不胜的。

第 16 章

筹划中

约翰国王是累死的，还是在节节败退中死去的。他在位时治国无方，引起的反对势力似乎结成了势不可挡的联盟。他同迫使他同意《大宪章》的英国贵族开战了。他们邀请与其不共戴天的腓力二世的儿子、法国国王路易作为君主进入英国，外国军队和剽悍的冒险家们也接踵而至。在亨伯河以北起义的贵族，得到了苏格兰国王亚历山大的支持，西部的叛乱得到强大的北威尔士诸侯卢埃林的支持。多数城镇都在反对国王，伦敦更是怀着强烈的敌意。五港联盟[①]掌握在敌人手中，温切斯特、伍斯特和卡莱尔虽然在当时的交通条件下显得相距甚远，却也联合起来反对国王。

另一方面，约翰国王牺牲了王国的独立地位买来教皇的坚定支持。他还花钱找了一支强大的雇佣军，而这是国内唯一的正规军。一些最显要的武士贵族，如德高望重的威廉元帅和著名而浪漫的切

---

① 五港联盟（Cinqne Ports），法语为“五港”之意。最初指黑斯廷斯、罗姆尼、海斯、多佛和桑维奇，由忏悔者爱德华促成的海岸防御联盟。

斯特伯爵雷纳夫，在大批贵族的追随下站到国王一边。总的来说，见到主人之间争端再起而感到迷惑的人民大众，倾向于国王，反对贵族，当然更反对外国入侵者。他们在后两者的手里只有吃苦受难的份儿。因此，双方势均力敌。各种迹象表明，可能要发生持久胶着的内战，回到斯蒂芬和莫德时代的无政府状态。约翰本人一生两面三刀，精于权术，不择手段，在宗教政策方面朝三暮四，出其不意，及至风烛残年，仍有好战的精力和智谋。对此，他的敌手莫不感到震惊。可是就在这时，他得了痢疾，加之劳累和饮食无度，便离世了。莎士比亚勾画了他临终的痛苦：

> 你们也没有一个人肯去叫冬天来，
> 把他冰冷的手指探进我的喉中……
> 我只恳求一些寒冷的安慰，
> 你们却这样吝啬无情。

约翰国王在大混战中去世，这改变了斗争的形势，但并未结束动乱。对立的利益集团和派别除了要更好地治理英国之外，还另有所图。路易正在岛国战斗。许多人向他发誓效忠，尽管已经打破过誓言。叛乱的贵族同他们的苏格兰和威尔士盟友陷得很深，谁也没有实现和平的心情。但是，随着约翰的去世，进行叛乱的唯一正当理由已经不复存在。年方九岁的亨利可以毫无疑义地继承祖父缔造的大帝国的一切权力及其臣民的忠诚。他是英国的合法国王，约翰对其他人的压迫有什么理由归咎到他的无辜儿子身上呢？历史的一页已经翻过去了，动乱不已，而新的一页羊皮纸是空白干净的。各方势力对这些考虑都心知肚明。然而，把生命财产献给国家事业的那些人，此刻仍怀念约翰。威廉元帅秉性刚直，行动果断。假如他未能对国王尽责，那么亨利二世所建立的、不断发展强大的君主集权制国家，就可能倒退到四五百年前，回到封建诸侯割据的七王国局面，甚至更糟。教皇使节确信罗马的政策未变之后，也支持威廉元帅。1216 年 10 月 28 日，年幼的国王在格洛斯特加冕即位，开始了长达 56 年的统治。加冕仪式上，教皇使节为他施涂油礼，由于约翰渡过瓦什河时丢失王冠，新国王戴上了一个简单的金圈，结果此代替品作为他权力的象征并无不当。

年已古稀的威廉元帅不甚情愿地担当现代人所谓的摄政王。他把切斯特伯爵和约翰的忠仆休伯特・德・伯格拉到了自己身边。切斯特伯爵本来可以同他一争高低，但没有坚持自己对这一职位的要求。新政府重新公布了 1215 年被教皇轻率撤销的《大宪章》，这一举动既说明新政府比较明智，也反映了它的软弱。保王派的宗教色彩昭然若揭，他们佩戴白色的十字架。教会宣扬事实上的宗教讨伐，革除了反对派头头们的教籍。亨利三世后来对格罗西特斯特主教说：“过去，当我们是孤儿和小孩的时候，当臣民不仅同我们疏远而且组织起来反对我们的时候，是我们的母亲——罗马教会——再次把这个王国置于我们的权威之下，为我们戴上神圣的王冠，把我们扶上王位。”

亨利三世的统治时期，社会动荡不安，民生凋敝，但进步力量在顽强地前进。火红的铁块在铁砧上锤打着，而敲打出的金属变得比以往所见更加坚实。该时期，老百姓尽管享有自古以来的盎格鲁撒克逊的权利和法治传统，却在贵族以及主要得到教会支持的国王雇佣军的铁蹄下呻吟着。但人民的主子们并不团结，不仅由于嫉妒、野心和好战而不和，而且正在产生若干巨大的裂痕。由于强烈的民族主义产生的切割，统治者明显地分派。那是个冲动和实验的时代，不受任何具有普遍性的政治理论的摆布。

* * *

历史上，贵族不时自相残杀或犯上作乱。他们有时会与教会并肩作战，但更经常的是与教会分庭抗礼。史书中有关这类战争的混乱和单调情况的记载曾使多少读者敬而远之。亨利三世得以闯过那些磨难，为英国带来了他儿时从未经历过的歌舞升平的景象，残酷的战争和无政府状态只是表面现象，处境艰难的演员们无法阐明、很大程度上没有意识到的各种潮流暗自涌动，500年后势将在欧洲各地奔流。现代世界所要求的几乎所有重大决策，在这个中世纪社会中比比皆是。在冲突中兴起的英雄人物能文能武，他们的磨难与我们相隔漫长的时代，但他们的功绩和心态与我们紧密相连，仿佛我们可以在晨间读报时，看到他们的一言一行。

我们必须近距离观察其中的一些人物。伟大的大主教斯蒂芬·兰顿不屈不挠，不知疲倦地为英国确立了遏制国王、贵族甚至教士过分行为的民权。他抵制约翰国王，也抵制教皇，因此约翰和教皇有时对他非常反感，差一点取其性命。他既通过天主教会为基督教世界的统一而奋斗，又为了英国的利益而反对教皇。他既是国王的忠实仆人，又积极支持《大宪章》，包括当时的和现在的所有内容。这个左右局势的中心人物注重实际，足智多谋，有时由于邪恶所迫而左右摇摆，但其胸怀开阔、明智，对其大胆、平凡、自由和开明的目标毫不动摇，也是不可动摇的。他即使不能称为我国宪法的建筑师，至少也是一位恪尽职守和忠实可靠的监工。

动荡之秋出现的第二位人物是休伯特·德·伯格。莎士比亚以其神笔接连描述英国史上的那些巅峰时刻，如同朝阳照亮了它们，使大家看到乱糟糟的群山中有数峰突起，休伯特也赫然在列。这是一位军人兼政治家，他熟悉军营和法庭，熟悉军界、宗教界的高官，因懂得人情世故可能带来的实用智慧，将这些融会于他的举止，乃至本性之中。作为约翰的首席政法官，他与当朝的罪恶和愚行是分不开的，但人们都知道，他不时坚决反对那一套。他在欧洲骑士界的明星威廉·马歇尔元帅之下，是维护君权和抵抗叛乱的一位杰出领导人。同时，他超越于交战的各个派别，坚决维护英国的权利。岛国不应该受到贪婪的贵族的蹂躏，也不应遭受外国冒险家的掠夺，更不应为了教廷的神圣利益而遭到不当肢解，尽管这一行为往往代表了基督教世界的利益。

贵族的叛乱在海陆战斗中被镇压下去了。国王一方在林肯取得了梦幻般的，也是决定性胜利。据说，在林肯的街头，400 名保王派骑士同 600 名贵族折腾了整整一天，只有三个人死亡。当时人们不愿意把这次喧闹的场面叫做战斗，而称之为“林肯集市”。要想全面描述当时的场面是很难的，但是可以肯定，骑士们平均每人至少带着 8 名至 10 名心腹封臣，几乎无懈可击、全副盔甲的骑士在人群中东奔西跑，时而追杀未穿铠甲的敌人，时而对打，激烈，也可能不特别激烈。在此基础上，还施展了复杂的调动和计谋，诸如侧翼包抄、背后袭击、买通当地人秘密登陆或进行零星的冲突，总之，各种手段都用上了。最后，保王派智胜叛乱者，痛打了他们。最有节制的帮派斗争也难免有失，叛乱的贵族首领之一佩哈什伯爵托马斯不幸被人一剑刺死，剑穿过他的脸盔深深刺入了脑袋。但对其他几乎所有穿铠甲的人来说，这是一次愉快的冒险。胜利者的报复主要落在敌人的封臣和平民身上，平民受到大规模劫掠屠杀。

“林肯集市”使幼王亨利三世取得了陆地上的胜利，而休伯特则在多佛外海战胜了路易的法国援军，切断了叛乱者在大陆上的根。鏖战中，谈判却未间断，他们寸土必争，同时，各自都蹂躏对方的庄园，那里生灵涂炭。休伯特在兰顿大主教和教皇使节的支持下，从未失去对《大宪章》的控制，虽然《大宪章》是联合反对派名义上的纽带。正如教皇所指出的那样，虔诚的英国保王派同普世教会的利益之间有着不可避免的张力。不过，张力并没有物质形式。最终不仅在国王和贵族之间，而且在英国和罗马宗教界之间都实现了妥协。

经过一年的战斗之后，法王路易被迫于1217年撤离英国。他的希望完全破灭了。政府为了表示言而有信，第二次公布了《大宪章》。1219年，年迈的威廉元帅在获胜后去世了。休伯特接着统治国家达12年之久。他是个严厉的统治者。其执政期间，曾经在动荡的年代里先后为约翰和威廉元帅担任过雇佣军司令的福克斯·德·布洛特尾大不掉，并企图扰乱国内刚刚出现的和平局面，休伯特决心把他驱逐出去。1224年，经过两个月的围攻拿下福克斯的堡垒贝德福城堡之后，休伯特在城墙前绞死了幸存的24名指挥守军的骑士。第二年，作为绥靖的信号，又重新颁布了《大宪章》，基本上这是定稿形式了。《大宪章》就此成为英国法律和传统中不可撼动的一部分。如果亨利三世在未成年时没有经历动荡的岁月，那么《大宪章》可能作为一个党派文件在历史档案馆中发霉。

长期执政都难免犯错误，每个政治家都不得不时常向刚愎自用的上层权力让步。但是，休伯特在任上却始终坚持尽可能消极的政策，不去收复国王在法国境内的属地。为此，他不仅直言进谏，而且还采取拆台的办法，甚至在不得不临敌开战的时候组织不光彩的溃逃。他拖延发动新战争的准备工作，坚决反对外国宠臣和冒险家渗入国内。此外，他还反对教皇为了执行庞大的欧洲计划而不顾一切地向英国索款的企图。他维持了社会秩序；国王长大以后，他还限制国王身边的朝臣侵害《大宪章》。他的观点完全代表了英国。

1229 年，休伯特鞠躬尽瘁，气数已尽，在劫难逃了。国王这时22 岁，已经加冕亲政。他竭尽封建权力组织了一支大军，率军到达朴次茅斯，要去法国保卫那些在诺曼底陷落之后仍属英王的属地。休伯特无法制止，但运送远征军东渡显然归他管。国王要渡海冒险时，海边等待他的只有寥寥无几的船只，没有给养，没有军费。这使国王勃然大怒。亨利三世虽然平常温和可亲，有学者派头，爱好艺术，却拔剑冲向首席政法官，指责他接受法国的贿赂而背叛国王信任。这确实是个很不愉快而又令人难堪的局面，陆军希望到海外作战，而海军和财政部却不能或不愿意把他们送到海外。争执之后平息下来，国王也心平气和了。远征军次年渡海，休伯特也保住了位置，但好景不长。1232 年，他被宫中一个小圈子赶下了台。生命堪虞，他到布伦特伍德避难，后被人从那个避难所揪出。一个普通而卑贱的铁匠接到给休伯特上脚镣的命令时表示，宁愿死也不干。据说，他说了这样一句话：“这不是多次使英国免遭外国人的浩劫，把英格兰交还英国的那个忠臣休伯特吗？”这句话被史学家视为休伯特的真正丰碑。

* * *

约翰在位时，法国南部发生了世界史上最残酷的悲剧。在图卢兹伯爵雷蒙六世的领地，经过几代人的时间逐渐产生了一种异端邪说。这种学说在理论上提倡幽暗苦行,实际上却比较温和。阿尔比派，也叫“纯洁派”，完全否认人们心中有关死者复活、炼狱和地狱的论点。他们认为，地上的一切生命都是魔鬼撒旦作祟的结果，物质阶段很快就会过去，灵魂从这被诅咒的负担中解脱出来之后，将在永恒极乐的天堂归于上帝。这种邪教的“完人”(Perfects)主张守身禁欲，原则上宣言渴望一死，但我们确信，广大群众在摆脱超自然的恐怖压迫之后，在当地风和日丽的气候中形成了放纵随便的道德观念和欢乐的性格。那里各阶层的人对今生的浮沉抱着超脱的态度，同时对来世受苦也无所忧虑，因而感到兴奋，万分幸福，从中产生了彬彬有礼的精神文明和强烈的信念。

教皇自然不欢迎这样丢弃一切精神枷锁。西方世界的道德规范是以原罪、圣恩救赎和只有靠教士才能免入无涯的苦海地狱这些论点为基础的，不过基础并不巩固。过了一个时期，教皇才意识到在如今被称为法国南部这块地方蔓延的这种新罪恶的致命性、惨烈度。这个挑战的严重性一经发现，就立刻压过了从异教徒手中抢救圣墓的问题了。1209 年，一种另类的十字军讨伐开始了，罗马所能调遣的一切世俗力量在法王腓力的率领下扑向阿尔比派。此时，以往在法国零星执行的做法，即将异教徒等不受欢迎的人处以火刑，获得了法律的正式认可。其手段之野蛮残暴，可谓匪夷所思。消灭新异端邪说的过程持续了一代人时间。异教徒在“完人”的带领下，顽强战斗，势若猛虎，把死亡看作从肉体诅咒中的最终解脱。但这次讨伐很彻底，阿尔比派的邪说在火刑柱上灰飞烟灭。只有那些碰巧住在到处是深山密林里的贫困饥饿百姓，仍对即将罚入地狱的说教保持着疑虑，而人类的纪律和责任以及教会的权势和资产在很大程度上依靠着这种说教。

在这次十字军讨伐的领导人当中，最出类拔萃的是“巴黎地区的一个小领主”，一个叫西门·德·孟福尔的人。他升到这次战争的司令地位，公认为实际的领导者。“经神圣军队中的贵族以及在场的教皇使节和教士提议，他被封为贝齐埃尔和卡尔卡松的子爵。”这个精明能干而残酷无情的人完成了血腥使命，在图卢兹围城中倒下时，身后留下一子，儿子沿用父名，继承了他在当时贵族中德高望重的地位，也承袭了使他千古留名的一种思想。

*　　*　　*

休伯特·德·伯格的行为并非无可指摘，但他的倒台是一些人处心积虑策划的。这些人的目的不是改革，而是夺权。阴谋的核心人物是德·伯格以前的政敌、温切斯特主教德罗奇斯。1232年的圣诞节会议上，政府机构中的几乎所有重要职务都由德罗奇斯的朋友所占据，而他自己则躲在幕后。朋友中的多数人和他一样，都是普瓦图人。德·伯格的败绩比德罗奇思一伙的胜利更有内涵。德·伯格是行使全权，有时甚至行使君权的最后一个伟大首席政法官。从此以后，几乎处处迎合国王的意旨和宠幸的管衣官一类的宫廷职务，就要比名门贵族所担任的首席政法官之类的高级“国家”职务更加显赫了。由于普瓦图人、萨伏依人和普罗旺斯人越来越多地担任英国宫廷职务，贵族产生了强烈的民族敌对情绪。在威廉元帅的次子理查德元帅的带领下，贵族开始对外国权贵发出怒吼。德罗奇斯反驳说，为了不被叛乱的本国臣民所害，国王需要外国人的保护。为了支持这一观点，他找来了大量普瓦图和布列塔尼雇佣军。但斗争为时并不长。年轻的理查德元帅同卢埃林亲王联合，把亨利三世驱赶到威尔士边界，洗劫什鲁斯伯里，骚扰德罗奇斯的占领区。1234年春，亨利三世被迫接受了条款。虽然理查德元帅于4月阵亡，新任大主教埃德蒙·里奇仍要求国王履行协定。普瓦图官员统统被解职，德罗奇斯很自然地去意大利旅行。休伯特·德·伯格再度荣获原来的封地和财产。

亨利三世在位中期从国外招纳了一大堆宠臣，其中第一批就是普瓦图人。外国人引起了贵族反对势力的仇恨，他们控制国王，垄断各种职务，并且在英国可耻地榨取利益，而他们对英国民族利益又完全漠不关心。亨利三世偏心于奉承其虚荣心、迎合其反复无常的人。他慢慢喜欢起奢华，而且自然地喜欢普瓦图和普罗旺斯的聪明冒险家，冷落了他那些难以相处的贵族。普罗旺斯是行吟诗人的故乡和骑士精神的发祥地，这些使亨利三世为之痴迷。1236年，他同普罗旺斯的雷蒙之女埃莉诺结了婚。埃莉诺带来了许多穷亲戚，其中有她的四个叔叔。一大波新来的外国人平白获得了有利可图的监护权、婚姻仪式主持权、归复土地和有俸圣职，而贵族们认为这些是他们的囊中物，便对之深恶痛绝。亨利三世喜欢对那些可爱的亲戚大肆赠礼。他统治时期的种种弊端也由他们负责。历史令人哭笑不得，镇压阿尔比派的西门·德·孟福尔的儿子的并不是那时人缘最坏的人。

英国人不满的更大来源，是教皇支配了虔诚并对他感恩戴德的国王。教皇格雷戈里九世同神圣罗马帝国皇帝腓特烈二世斗得你死我活，对金钱的要求越来越多，因此他的使节奥托对英国教会的改革发生了兴趣。1240 年，奥托要求教士交出五分之一的地租和动产，顿时引起轩然大波。伯克郡的教区长们发表了宣言，否认罗马有向英国教会征税的权力，敦促教皇像其他主教那样“自食其力”。但是，奥托在 1241 年初返回罗马时，带去了大量财宝，教皇把下一批的 300 个有俸牧师职位回报给了忠诚的意大利教界。1243 年，英诺森四世当选为教皇，重新向英国索取财富。那年，教皇使节禁止英国主教在教皇钦点的长名单获任之前被任命为有俸牧师。自 1235 年以来担任林肯主教的罗伯特·格罗斯泰斯特，是一个学者、科学家和圣人，曾任牛津学院院长，他带领英国教士逃避、拒绝教皇的要求，成为他们的旗手。尽管他仍认为教皇至高无上，却预言了 100 多年以后约翰·威克里夫[①]对罗马教廷的勒索和腐败发动的攻击。

在教皇的勒索下，痛苦不堪的教会与被宫廷蚕食激怒的贵族，怀着仇外心理联合起来。1244 年，贵族任命一个委员会来确定给国王拨一笔款项的条件，导致危机。贵族坚持说，除了某些法官外，首席政法官、国务大臣和财政大臣应由议政大会选举，因为贵族的代表在议政大会中占大比重；政务会中有权召集议政大会的四个成员也应以同样的办法选出。国王在困境中向被榨钱的教会求援，但教会在格罗斯泰斯特的影响下加以拒绝。1247 年，贪婪的普瓦图人怂恿国王实行专制，他们还拉拢国王的三个异父兄弟，即约翰的王后伊莎贝拉改嫁到吕西尼昂家以后所生的三个儿子，狼狈为奸。亨

① 威克里夫（Wyclif，1320—1384），英国经院神学家、翻译家，英国散文之父，天主教会改革者，被称为“宗教改革的晨星”。

利采纳了新调子。他在1248年说："仆人不评判主人，附庸不评论领主或用条件束缚他。应该听从领主，服从他的意志。"这番话也未能获得款项，手头紧啊。他不得不变卖银具和珠宝，对愿意购买者给予新的特权，或者重新承认他们过去已有的权利。他没有支付薪金，并强索礼物；他向森林法庭勒索钱财，对民众横征暴敛。1252年，国王借口十字军运动，要求教士缴纳三年的地租和财产的什一税。教士根据格罗斯泰斯特的忠告，拒绝缴税，因为国王不愿批准《大宪章》。格罗斯泰斯特翌年去世，直到生命的最后一刻他还坚决抗拒教皇和国王的勒索。

与此同时，亨利三世秘密地在大陆上承担了更多的义务。神圣罗马帝国皇帝腓特烈于1250年去世，因此罗马要把他所管辖的西西里纳入教皇统治范围的计划又死灰复燃。1254年，亨利三世为小儿子埃德蒙从教皇手中接受了西西里的王位。这是愚蠢的一步棋，赠礼所附带的条件使这一行动达到了愚不可及的地步。根据条件，英国国王必须提供一支军队，并担保教皇的9万英镑巨债，这在当时是非常可观的数目。国王接受教皇条款的消息一经公之于世，便引起全国义愤填膺。议政大会和教会都拒绝给予财政援助。似乎还不止于此。在1257年的选举中，他的弟弟、康沃尔伯爵理查竞选神圣罗马帝国皇帝，亨利为保证理查当选大肆撒金。最后的一击则是亨利三世完全没有能防止卢埃林的胜利，后者在1256年将英国人赶出了威尔士，并策划摧毁在苏格兰的英格兰势力。亨利受到轻视，失去信任，充满恐惧，囊空如洗，缺乏人力，面临着愤怒而强烈的反抗。

*　*　*

格罗斯泰斯特晚年对朋友西门·德·孟福尔抱有厚望。西门娶了国王的妹妹为妻，继承了莱斯特伯爵领地，并且在英国属地加斯科涅担任过 4 年总督。此人强悍，精力旺盛，引起了国王宠臣的嫉妒和反对。由于他们的阴谋，他在 1252 年受审。委员会判他无罪，但他为换取国王手中一笔款项，被迫同意去职。他同国王的友情就此结束，一方面是出自轻蔑，另一方面是由于猜疑。于是，从意想不到的地方，出现了一位贵族和全国反对派欠缺已久的领袖。

英国有许多比西门更显要的贵族，并且他同国王的关系受损，因为他被指控婚前诱奸了他的新娘。但这位外籍领袖和他意志坚定的五个儿子，将成为英国贵族的主心骨和驱动力量。他逐渐得到了大多数封建大领主、整个伦敦市、所有的下层教士乃至全国的支持。一名宫廷官员在 1258 年 7 月写的信保存了下来。信中说，国王已向巨大的压力让步。政务改革委员会建立起来，大家同意，“公职概由英国人担任”，“罗马的使节、外族商人和银行家应该降格到适当的地位”。分给外族人的土地、宫廷的地位和要塞的守卫等都遭到质疑。这位公务员写道：“贵族面临着难以轻易完成的艰巨使命，他们正在……勇往直前。祝预往后好上加好！”

第 17 章
议会之母

亨利三世在位末年，麻烦不断，但对英国政体的成长却影响重大。大概可以称为英国议会制的萌芽期，尽管没几个播种者能预见到最终的收获成果。政务改革委员会郑重其事地开始工作。它的建议在 1258 年列入了《牛津条例》，并在 1259 年用《威斯敏斯特条例》加以扩充。这次贵族运动超出了对外国谋臣的不满，因为这两个条例加起来，反映出注意力已经从《大宪章》的观点上转移开来。《大宪章》主要是解释法律问题，而《牛津条例》涉及的则是国王行政听从谁的谋划以及任用什么样的官员这个头等大事。《威斯敏斯特条例》的许多条款限制的不是国王的权力，而是贵族的管辖权。亨利二世取得的成果此时就要显现出来；国家日益强大，人民自我意识更强，也更有自信。全国显著地加强了司法活动，法官和官员在各地合作下更加频繁巡视，教育地方的骑士加强政治责任，改善政务。这过程在 13 世纪就初见成效，让英国未来的政治制度定型了。

贵族的主体要求是，国王今后应通过“十五人委员会”进行统治。委员会将由四个人选举，两个贵族代表，两个王室代表。有意思的是，国王用英语和法语宣告，接受这项安排。这是征服者威廉时代以来用两种语言发表的第一个公共文件。孟福尔发动和控制的这个委员会一度统治着国家。成员互相制约，分别担任高级行政职务，把实际的管理工作委托给“小人物”。当时，人们普遍认为这是可取的办法。权贵们在确保自己的阶级利益和权利（提升到某种程度上就是全民的权利）之后，不想把权柄交给他们当中的一两个人。贵族中选拔的政治家内阁监督那些训练有素且无政治地位的下属公务员运作，这个观念具有历久不衰的生命力，并且多次卷土重来。

“议会”一词正是此时流行开来的。1086 年，征服者威廉在开始财产登记之前，同贤人会议的成员进行了“深刻的会谈”，拉丁文叫做“恳谈”；12 世纪，国王和权贵商讨问题则通称“恳谈会”。“为讨论国家大事”而偶尔举行的恳谈会此刻可以称为议会。但此词在这时往往指的是由官员和法官组成的常设委员会，负责在威斯敏斯特接待请愿，纠正冤案和广泛调控法律的执行。到了 13 世纪，“议会”一词成了两个既联合又不同的机构的总称。

如果把它们的职能译成现代语言，可以说，第一种大会解决政策问题，第二种大会解决立法和执法问题。现在议会开幕词的辩论很像当年的恳谈会，而“议会”的程序则很像现在审议一项法案的委员会阶段。在亨利三世时期，甚至在爱德华一世时期，都不能得出两种大会要合并的必然结论。相反，英国宪法似乎将像法国宪法那样发展，由国王主持政务会掌握行政实权，而达官显贵则沦为普通贵族，“议会”只是法律事务的票据交换所。但是，我们的历史并没有走这条道路。首先，达官显贵在此后的百年里成功地控制着政务会，使双方利益趋同。其次，英国各郡有自己的生活方式，其在威斯敏斯特的代表们将不断扩大影响。要不是孟福尔的有力推动，这些力量就不会协力缔造持久的立法大会。

*　*　*

亨利三世、宫廷派及其相关的庞大外籍利益集团并不愿意无限期地受到两个条例的束缚，他们厉兵秣马，准备夺回失地。1259年，国王在巴黎同法国签订和约之后，满怀得到外援的希望回到国内。对所有希望王权强大的人来说，太子爱德华已经成为冉冉升起的新星，其支持者出没于伦敦和城镇的穷苦骚动分子中间。贵族的胜利并没有满足革命热情——那是不折不扣的革命啊。这股思潮正暗流涌动，难以遏止。孟福尔值得称道的一点是，他没有满足于贵族对国王取得的胜利，而是立即转身对付贵族——既然国王要受到约束，贵族在自己的领地内也应该尊重百姓的利益。在这些问题上，为贵族占上风发挥重要作用的中间阶层所提出的要求不可忽视。可以认为，"学徒工"，也就是青年骑士，表达了乡绅的愿望，组成了自己强大的协会，叫做"英格兰青年骑士团"，孟福尔则支持他们。不久，他又抨击大领主滥用特权，并且想把王政改革扩大到贵族领地的范围。他向统治英国西南部和威尔士南部的格洛斯特伯爵理查德当面陈词。他还让政务会颁布法令，明确规定诸侯服从国王，而国王的权力又在政务会之下。不过他没有强调后一点。这是一种新型的专制，是共和专制。可是，这些大胆的新思想往往都一样，不可避免地表现为某个人和一个领袖。这些发展使贵族派离心离德，国王和勇敢的爱德华王子全力以赴插手进来，打击四分五裂的对手，两人感到，该将这个问题检验一下了。

教皇解除了亨利关于接受两个条例的誓约之后，亨利便在1261

年的复活节罢免了贵族任命的官员和大臣。其时有两个政府，权力有冲突，且互相干预。贵族召集各郡代表到圣奥尔本斯开会。亨利国王则召集他们到温莎去，双方都想赢得大众的支持。贵族在各地得到更多的同情，只是因为格洛斯特反对孟福尔才没有采取过激的行动。1262 年 7 月格洛斯特过世后，贵族派便开始奉行孟福尔的偏激政策，内战爆发了。西门及其积极活跃的几个儿子、近半的贵族、少量新兴的中间阶层和强大的威尔士盟友严阵以待，面对王权的挑战。

孟福尔既是政治家，又是将军。他从小所受的教养和当时的环境，并没有自然而然地提示他要走的道路。近代有人出言不逊，说他对自己的行动之根本意义并无构想。诚然，他的建树超出了他自知的贡献。到 1263 年 9 月，反对他的活动已经明朗化，因为他的功绩实在过于显赫。爱德华利用贵族的不满情绪，迎合他们的封建利益和自私，挑动他们嫉妒孟福尔，由此集结了强大的保王势力。年底，孟福尔被迫同意请法国国王路易裁决。裁决的结果对他不利。路易忠于自己的帝王阶级，所以保护英国国王的特权，宣布两个法规是非法的。路易在世时就已封为圣人，问题严重了。不过，对峙的派别已经拿起了武器。接下去的内战中，封建派或多或少支持国王，以城市居民为主的平民和宗教改革派，尤其是方济各会教士，则支持孟福尔。许多城市临时建了新的控制设施，以击败城市寡头集团的保王派。1264 年夏，孟福尔再次南下，缓解亨利三世和爱德华对五港联盟施加的压力。

亨利国王和爱德华王子以优势兵力在苏塞克斯迎击孟福尔。激战在其重镇刘易斯打响了。在某种程度上，这次战斗是埃吉希尔大战的序幕，爱德华同 400 年后的鲁珀特亲王一样所向披靡，对敌人穷追不舍，但在返回战场时，却发现一切都完了。战斗经验丰富，战术精湛的孟福尔利用奇特的地形设下圈套，当他的中央阵地被突破时，布在两翼的重甲骑兵便向国王的大部队进行夹攻，粉碎了一切抵抗力量。孟福尔曾经摔落马下，因而此时他在军中经常乘坐一种 18 世纪的将军马车那样装潢富丽堂皇的肩舆。为了安全，他把两三个人质也放在肩舆里，让威尔士人把肩舆围在中央。肩舆上面还有许多旗帜和标识表明他的所在。爱德华王子冲杀过去缴获了肩舆，杀死里边两名倒霉的己方人质。这时，国王和朝廷人员以及主要的支持者已被孟福尔俘虏。等到斗志旺盛的王子返回，只能同遭厄运了。

此时，孟福尔从各方面看已是英国的主宰。如果他像现代几个欧洲国家那样行事，残酷地集体屠杀他所控制的人，他就可以长期称雄于英国。但在那个时代，尽管他们对个人事务很残酷，还没有无所不用其极。搏命争权力的人，采取的手段并非只有残酷；武力固然有效，但也不是万能的。孟福尔同被俘的国王和战败方签订了协议，对国王的权力在理论上予以尊重，但实际上要对国王父子进行严格的约束。国内基本上保持了力量平衡。从孟福尔的行动中，显而易见，他不仅已经感到反对派的强大力量，而且希望最终和他们联合起来。由于国王在他手里，他觉得有能力利用王权控制贵族，建立更广泛、更好的政治制度。不管他有意与否，在他取得胜利之后，这种制度一定是水到渠成了。他就这样统治着英国，控制着沦为阶下囚的懦弱的国王和傲慢的王子。他生平的第三个也是最后的一个阶段就此开始了。

* * *

不管贵族选择哪一派，他们面临的威胁都要比利用孟福尔帮助他们摆脱的威胁更大。孟福尔的天才和精力，加上金雀花王朝的君主所固有的权力和咄咄逼人的中间阶层的支持，对贵族阶级的特权构成了威胁，这种威胁比约翰的苛政和亨利三世的境外妨害更真切、更彻底。在这些具有深远意义的斗争中，英国贵族始终没有偏离自己的利益。在兰尼米德，他们虽然为全国的自由作出了贡献，但本意是为了保护自己的特权。他们此时丝毫不怀疑孟福尔是仇人。此公显然是个暴君，手里有国王，背后又有社会变革力量的支持。贵族结成了坚固的联盟，利用不在孟福尔手中的所有朝廷军队，日夜策划推翻他。

当时孟福尔感到满意的是，由一个九人委员会处理必要的步骤，他们掌握开支并任用官员。至于长期的财产授予，则留给他在 1265 年召开的议会处理。伯爵的独裁作风不得人心，但国家处于如此混乱的局面，独裁似乎势在必行。在北方以及在威尔士边界，反对派仍很强大，而且行事鲁莽；身在法国的王后以及休·比格德伯爵和瓦列尼伯爵密谋争取支援，教皇是支持国王的。孟福尔在五港联盟召集了一支舰队，并且公开怂恿武装民船，才控制了英吉利海峡和爱尔兰海。可是在西边，他失去了昔日政敌理查德·德·克莱尔的儿子、格洛斯特伯爵吉尔伯特·德·克莱尔的支持。克莱尔没有公开加入保王派，而是同他们密谋，并且重启其父同孟福尔的争吵。他被召参加 1265 年议会，答复时指责孟福尔父子们侵吞王室的岁入和对立派贵族的被没收的财产。这些指责有些道理，但克莱尔主要反对的似乎是他未能分到赃物。

1265 年 1 月，孟福尔在伦敦召开议会，各郡和城市均有代表参加，宗旨是给革命性的财产授予安排披上合法的外衣；在孟福尔的指导下，会议努力推进着。不过，这次议会的重要性与其说在于他的成果，不如说在于代表大会的性质。作为我们历史上第一届代议制议会，其一度附着的宪政意义，却被现代舆论有一点低估了。召集强有力的民众要素参加议会的实用理由，是孟福尔想利用自己的支持者加重议会的分量。在权贵当中，只有 5 名伯爵和 18 名男爵收到参加议会的通知。孟福尔又一次依靠乡绅和市民的支持来对付心怀敌意或态度冷淡的权贵。他的使命和战术就在于此。

议会忠于职守，批准了孟福尔的行动，接受了他在两个条例中的财产授予安排。但是，克莱尔撤回西部，只能意味着内战再起。亨利三世顺从地生活在孟福尔的控制之下，一直深受尊重；爱德华王子只能在发誓决不逃走的条件下，才享受着行动自由。然而，当贵族中山雨欲来，孟福尔派内部也分歧多多，执政中种种困难自然而然引起民怨的时候，王子于某日带着三两个朋友出去打猎，忘记自己的庄严誓言，没有回去。他在树林中纵马奔驰，先是追牡鹿，然后找更大的猎物。他立即成为英国社会中最强大部分的活跃领袖。他们的首要目标就是孟福尔，要破坏他那些闻所未闻的改革。爱德华保证遵守《大宪章》，缓解冤情，驱逐外籍人士，因此得以联合贵族派，铲除孟福尔的群众基础。孟福尔伯爵此时貌似只是一个派系的首领，而他同卢埃林结盟，承认这位威尔士亲王对于领土和独立的要求，这也有损于自己的声望。他不仅政治上斗不过爱德华，军事上也陷入极为不利的处境。爱德华和威尔士边界地区的贵族占据塞文河流域之后，孟福尔进退维谷，东边的退路已被切断，部队被逼退到威尔士南部。8 月初，他再次企图渡过塞文河，与儿子西门从东南带来的军队会师。他终于在伍斯特附近的一个渡口过了河，可是儿子的部队却在肯尼沃斯一带被爱德华困住击溃了。孟福尔伯爵不知道这灾祸，他自己也受困于伊夫舍姆。8 月 4 日，决战在这里打响了。

这场战斗是冒雨进行的，暴风雨突如其来，天黑蒙蒙的。威尔士人在爱德华的重甲骑兵面前溃散，只有孟福尔的一小批亲随在血战，寡不敌众。孟福尔英勇地战死沙场。所谓“边界贵族”屠杀了许多逃兵和俘虏，肢解了死尸。年迈可怜的亨利国王一直被孟福尔带着流浪各地，他被西门的部下刺伤，亨利急忙高喊：“别杀我！我是温切斯特的亨利，是你们的国王。”表明自己的身份，他才死里逃生。

* * *

伟大的孟福尔伯爵离世了，他的运动在全国留下了广泛而深远的印记。伊夫舍姆之战后，胜利者随意而无情地分封没收的土地，激起失去继承权的那些人的激烈反抗。孟福尔的追随者在孤立的中心肯尼沃斯、阿克斯霍姆和伊利坚持斗争，他们在绝望中沉着脸洗劫乡村度日。政府非常虚弱，无力镇压。全国蒙受混乱动荡之苦，老百姓并不掩饰他们支持孟福尔的态度，叛乱者和法外之徒拦路抢劫，啸聚山林。政府以国王的名义禁止外国商人入境，因为安全得不到保障。国家眼看就要复辟封建割据而陷入无政府状态。灾祸连连，教皇克雷芒四世和驻英使节奥托本敦促采取温和的政策。爱德华半年的围困未能攻克肯尼沃斯，这让他认识到温和政策是不二法门。没收土地的受益者则坚决反对。格洛斯特伯爵见爱德华背弃改革诺言而觉得理想幻灭。1267 年初，他要求驱逐外籍人士并重新执行两个条例。为了坚持自己的要求，他进入伦敦，受到普遍的欢迎。他的行动和教皇使节的影响，促成了“不搞剥夺继承权，但可以购回”的折中方案，确保失去继承权的人获得赦免，制定了优裕的偿还期。

1267年底，向全国各地派出法官，以便公平执行。从史料中可以看出，动乱的范围很广；在地方，暴乱是针对官员的，并且得到下层教士和不少大小修道院院长的支持，没有被封建关系束缚在贵族一边的大批乡绅也支持孟福尔。

由于孟福尔已死和爱德华参加十字军远征，虚弱的亨利三世晚年享受着相对的和平。50多年前，9岁的亨利在内战的硝烟中继承了父亲不平稳的王位。有时，他貌似也将在内战的烽火中死去。然而，风暴终于平息下来，他又可以去欣赏比政治斗争更令他感兴趣的美好东西了。新的威斯敏斯特大教堂建成了。这个哥特式建筑杰作的神圣化是亨利三世一生中最宝贵的目标。1272年的最后几个星期里，他就是在这座大教堂里入葬的。

我们不要由于这几年的平静而认为孟福尔进行的斗争和内战是徒劳无益的。多年以后，老百姓还把他奉为圣人，他的墓前曾经出现许多奇迹。他们的支持无助于他的伊夫舍姆之战，但是，他是百姓的朋友，他们在他身上寄托着为穷人解除、缓解痛苦和压迫的希望，所以他们忘却了他的过错而怀念他。他是行政官员中的佼佼者，但作为政治家，却未免过于自信而又缺乏耐心。他践踏既得利益，与一切传统决裂，粗暴对待一切形式，无谓地制造怀疑和不信任，但他在英国历史上点燃了一支永不熄灭的火炬。早在1267年的《马尔博罗法》中，就再度体现了《威斯敏斯特条例》的主要内容。孟福尔对他的外甥、新王爱德华也有同样重要的影响，爱德华杀死了他，却深深地吸收了他的思想。于是，孟福尔的目标经受住了伊夫舍姆之战及以后局势逆转的打击，爱德华一世是他的真正继承人。

第 18 章

爱德华一世

爱德华在统治艺术方面受到的教育超过了任何一位王子。他 33 岁时父亲病逝，他便继承了王位，称为爱德华一世。他既是经验丰富的统治者，又是善战的将军。他曾背着父亲，同孟福尔较量。他虽然和孟福尔有许多共同的看法，却杀死了对方。他在失败中学会了战斗的艺术。亨利三世在位末年，他本可以随时夺权，却孝顺而耐心，以宪政为重。如果把他励精图治、锐意改革的精神同他父亲的慵懒无能和混乱统治加以比较，就更能显出他的难能可贵之处。

爱德华身材匀称，比常人高出一头，头发浓密，幼年时呈黄色，成年时变成黑色，老年时则已白发苍苍了，可以借以衡量他一生的历程。他气宇轩昂，五官端正，美中不足的只是如父亲那样左眼睑下垂。他口吃，却仍然雄辩。关于他的四肢，传说很多。他骑士的双臂肌肉发达，两条长腿能紧夹马鞍，因而有“长腿”之绰号。这些特征的描写出于多明我会的修士编年史家尼克拉斯·特里维特之手笔。他还写道，爱德华一世喜欢战争和比武，尤其酷爱带鹰打猎。他追逐牡鹿时不用猎狗，也不投枪，而是纵马疾驰，直到亲手砍倒那不幸的动物为止。

爱德华的统治有这些特点，他兼有亨利二世的治世之才和狮心王理查的个人勇武和大度。他自选了一条“各得其所”的格言，在英国的历代国王中，没有人比他更身体力行了。他热情地关怀自己视作正义和法律的东西，尊重社会各阶层的权利，并且活跃于此。他的行为招致了伤害和敌意，引起了一连串的激烈抵抗，甚至直到他最后一口气，而他谦逊、慷慨的行为也多次得到迅速的回应，为后来的友情奠定了基础。

父王驾崩时，爱德华正在西西里。但国内的权贵没有等到亨利入葬就拥戴爱德华为国王，全民都同意。两年以后，爱德华才回到英国举行加冕礼。他的登基有继承的因素，也有选举的力道，汇入了共同的渠道，没有人询问以哪一种因素为主。同孟福尔和贵族的冲突教导了爱德华，国王考虑问题必须从全国着眼。既然孟福尔危难中曾经号召中间阶层帮他同时反对国王和傲慢的贵族，那么，新国王登基伊始就主动地妥善利用这支力量也未尝不可。新国王在全盛时期的基调就是均衡。他知道，傲慢而狂暴的贵族和贪婪的教会是约束王权的力量，他也承认，他们是百姓的压迫者。由于比以往更充分地考虑中间阶层的利益和全民的需要，他成功建立起广泛而有秩序的基础，使活跃的国王可以替全民族的利益运作。于是，他深受鼓舞，力图成为全国的国王，把自己的掌控扩大到整个不列颠群岛，并且在欧洲各国的政务会中产生举足轻重的影响。

爱德华在英国搞行政改革，并不是为了满足抗争的某一派的强大势力，而是对全体一碗水端平。虽然他对《大宪章》给他祖父戴上的枷锁愤愤不平，想控制教会日益增长的财富和权力要求，但他自己并不接管夺回的权力，而是将它们安排在更广泛的基础上。他同近来的现状作斗争时，剥夺了教会和贵族的既得利益，一切行动始终都是为了公认的全社会利益。在他的所有立法活动中，不管问题千差万别，都有一个共同的宗旨："我们必须确定，什么是我们的，应该归于我们的，什么是他们的，应该归于他们的。"

这是个拨乱反正的时代。它值得被纪念，并不是因为树立了伟大的新里程碑，而是因为从三个前朝的谬误混乱中吸取了有益的经验，组织巩固为一个永久的结构。我们看到，不断波折之中形成的国家架构与政策，此时固定了形式，它经受了黑死病、英法百年战争，玫瑰战争以及中世纪后期的各种悲剧而幸存，有一些维持了更长的时间。在这个时期，可以看到骑士和中产阶级社会阶段日益取代纯粹的封建主义社会。统治工具、土地保有权、军事和财政制度以及政教关系都已清晰，几乎一直维持到都铎王朝。

*　　*　　*

在爱德华执政的头十八年里，立法活动爆发，几百年都无法与之相比。几乎每年都颁布一个重要的法规。这些法规没有独创，而且语气多数比较保守，但其积累的作用却是革命性的。爱德华十分倚重他的国务大臣、巴斯和韦尔斯的主教罗伯特·伯内尔，此人出身低微，从大法官署和宫廷里的职务升为主教，直到1292年逝世为止，始终是国王的主要谋臣。他把自己的一生献给了国王的事业，他所采取的政策都是为了削弱封建特权和封建势力以加强王权。爱德华1274年回到英国以后，伯内尔出任国务大臣才三个星期，就开始彻底调查地方政务。专员奉命带着40个问题奔赴各地，去了解哪些是国王的权力和财产，其中哪些受到何种蚕食，哪些官员玩忽职守或贪污腐败，哪些郡守“由于祈祷、大价钱或偏心”而犯包庇重罪，失职、做酷吏或贪官。类似的调查以前也有过，但却从未如此彻底，如此成果累累。爱德华国王的政策“有控制力而不霸道”，尊重一切合法权利，剥夺一切侵占的果实。

国会1275年通过的《第一威斯敏斯特法规》针对的是专员们揭露的渎职行为。1278年的《格洛斯特法规》，则指示法官们持调查令去了解封建权贵利用自己的法庭和官员在自己领地上执行法律的权利，并且规定，这些权限必须严格定义。调查的主要用处是提醒大封建主；他们的权利义务要相配。1279年颁布的《莫特美因法规》，涉及宗教，禁止向教会馈赠土地，但如有国王的许可则属例外。1285年颁布了《温切斯特法规》，整饬地方秩序，同年还颁布了《第二威斯敏斯特法规》，涉及指定赠与，巩固了世袭领地制度。《第三威斯敏斯特法规》，是部土地完全保有法，则针对不限定继承的土地。这类土地可以自由让与，但法规中规定，以后买主不是从卖主手中而是从卖主的领主手中接受土地，而且必须遵守土地出售以前所附带的封建服役惯例。这就制止了分封的进一步发展，对国王极为有利，增加了他以最高封建主的身份直接管辖的佃户数量。

这一系列著名的法规，宗旨基本上是保守的，故一度得到有效的执行。但是，经济上的压力给英国的有产阶级生活带来了巨变，其深刻程度并不亚于政治方面。土地逐渐地不再是国民社会和国防所依靠的道德约束力，而逐渐成为一种商品，原则上可以像羊毛羊肉那样买卖，还可以在一定的限制下赠送或遗留给别人，甚至可以用限定继承的条件留给那些将成为新贵族阶级的尚未出世的人们。

当然，英国只有一小部分土地进入了这一粗放却活跃的市场。

可是，至今是坚硬的要素，已经有足够的流动性，掀起一池春水。当时最大的王侯们手头现金也匮乏得可怜，但英国已经有一股信用之泉在轻轻地流淌。犹太人已经悄悄地进入那个迅猛时代的社会建构之中。他们神出鬼没，常常在大人物急需金钱的时候给予其极大的帮助，而不愿意请求国会拨款的国王获益最大。有钱人可以利用稀少但确定的机会购得土地，英国犹太人见此好事，居然走上了惊世骇俗的鲁莽道路。土地开始转入犹太人手中,有些是直接出售，也有些是按揭的。入市的土地多了之后，通过这两种途径就有利可图了。二三十年以后，昔日的封建主才意识到：为了过眼云烟的收益，他们已经永远失去了数量颇为可观的一部分英国土地。

一个时期以来，愤怒的反应已经在酝酿。饱尝按揭之苦的小地主和挥金如土而在交易中吃亏的贵族，联合起来进行控诉了。意大利放债者开始进入英国，在短缺时代，他们可以同犹太人一样对国王有用。爱德华感到，他可以通过简单而惯有的反犹太政策，取悦于那些势力大的分子，逃避尴尬的债务。迅即发表了人祭等骇人听闻的故事，现代文明社会司空见惯的宣传，舆论哗然。犯了众怒的犹太人遭到抢劫虐待，最后被驱逐出境。只有一些医生例外，因为没有他们的一技之长，大人物就没人看病了。这个饱经忧患而颠沛流离的民族被洗劫一空，只好再次寻觅栖身之处，白手起家。已经招摇过市的大篷车不得不继续赶路，郁闷地开往西班牙或北非。直到400年以后，奥利弗·克伦威尔和一个以色列富翁签订了秘密合同，英国沿海才又开放给犹太人创业。结果让加尔文派的独裁者取消了天主教的国王对犹太人的禁令。爱德华一世的孙子在位时期，现在轮到取代了犹太人地位的佛罗伦萨和锡耶纳的银行家，来尝尝基督教世界的公道是什么滋味了。

* * *

爱德华国王除了取得立法的巨大成就，还不断进行行政改革。他不知疲倦地巡视全国各地，在各个中心严格调查各种渎职行为，以强硬手段和犀利笔锋纠正地方权贵的过火行为。合法性是他随时准备利用的武器，却往往陷入牵强迂腐的解释。他坚持不懈，四面出击，整顿了国内政务，并且将私人利益排除出各个领域，因为诸领域不仅属于他自己，而且属于全民。

爱德华一世重视行政管理和德政，这在中世纪的国王中难能可贵。因此，他自然主要依靠行家里手的辅佐，而不依赖被史家精辟称为“在自身尊严的重压下跌跌撞撞的大封建主的外行协助”。到13世纪末，已经有三个专门行政部门在履职了：一个是财务署，设在威斯敏斯特，负责收缴大部分岁入和记账；一个是大法官署，是总秘书处，负责起草无计其数的宪章、令状和信件；第三个是内务部，它有一个单独的秘书处，叫做掌玺司，专门跟随四处流动的宫廷，兼管财务和秘书职权，大至拨款大陆战争，小至为御厨买一便士的胡椒。伯内尔是典型的公务员雏形，他死后，财务署的官员沃尔特·兰顿接替他的工作。这位财政大臣同伯内尔一样，没把他的利奇菲尔德主教职位看作宗教职务，而是看作对国王有功的奖赏。

爱德华一世是极正统的教徒，也难免同教会发生冲突。他渴望为上帝服务，但比父王有更鲜活的意识，恺撒的归恺撒，上帝的归上帝，因而不止一次被迫提出抗议。教会领袖是方济各会修士约翰·佩坎，此人在1279年至1292年间担任坎特伯雷大主教。他以极大的勇气和智慧，保卫了他认为的教会在国王面前的独立地位和正当权利。1279 年在雷丁召开的省议会（the provincial Council）上，他发表的一些公告激怒了国王。公告之一是禁止教士兼职的教规，规定打击了国王把宗教职务奖励给正在壮大的公职人员的主要做法。另一项公告则是命令每个大教堂或者有牧师会组织的教堂公开张贴一份爱德华发誓遵守的《大宪章》。凡是凭国王令状禁止宗教法庭判案的人以及所有违反《大宪章》的人，都有被革除教籍的危险。

爱德华怒不可遏，佩坎只好暂时让步，等待时机。1281 年，在兰贝斯又召开了省政务会，爱德华国王怀疑有人搞鬼，便签发了令状，禁止政务员"咨询涉及我们的国王的问题，或者触及我们个人，国家或政务会议的状况"。佩坎并不畏缩，他几乎一字不改地重新颁布了雷丁会议制定的主要法规，并且加上明确重申教会自由的序言。一个月后，他给国王写了一封了不起的信，为自己的行为辩解。信中写道："任何人类的章程，甚至任何誓约，都不能强迫我们忽视那些无疑基于神权的法律。"一名为之折服的职员把这封信抄入大主教的文件录时，写下了这样的眉批："极妙的信件。"

佩坎的行动本该引发一场堪与贝克特和亨利二世的冲突相比拟的危机,但爱德华似乎对他的挑战漠然置之。仍然不断地发出禁令状，但爱德华是有节制的。他在 1286 年签发了一个著名的令状，明智地命令他的巡回法官们在有关宗教裁判权的问题上谨慎处理，还列出案件清单，去留给教会法庭审理。大主教和国王的争端因此推迟到了他们去世之后。

* * *

爱德华在位初期，贵族于 1259 年缔结的《巴黎条约》是英法两国关系的准则。两国尽管有敌意的潜流作祟，但还是维持了 30 多年的和平。两国在实施条约问题上的分歧以及英国、加斯科涅和法国三方的水兵在英吉利海峡的争议导致了 1293 年的圣马埃外海的大海战。要不是英国在法国南部的存在常常影响法国人的自尊心和国家完整，双方也不至于重开战端。甚至在法国国王美男子腓力四世伺机挑衅时，爱德华还是长期忍耐，企图和平解决。后来，巴黎的国会竟宣布没收加斯科涅公国。腓力要求爱德华象征性地交出加斯科涅的几个重要堡垒，承认他作为最高领主的合法权力。爱德华照办。可是，腓力四世一旦得到这些要塞，便再也不肯收手。爱德华这时意识到，如不采取武力，就会丢掉他在法国的属地。

到 1294 年，这位国王比开朗的青年时期有了巨变。他在动荡不安的年代辅佐父王多年之后，自己执政也有 20 多个春秋了。同时，他周围的世界也发生了变化。他失去了爱妻卡斯蒂尔的埃莉诺和母亲普罗旺斯的埃莉诺,长子和次子也不幸夭折。伯内尔已经不在人世。威尔士和苏格兰动乱迭起,反对势力开始鼓噪起来。爱德华国王年迈，迷茫，还要应付数不清的难题。

1294 年 6 月,爱德华一世在伦敦向由权贵组成的已经定名为“议会”的机构解释了同法国人争吵的理由。他的开战决定得到批准。比较正规的议会上往往都是这样的。

这场战争本身没有什么重要特点。英国人在加斯科涅发动了几次战役，在英吉利海峡的沿海地区频频出击，还长期围困了波尔多。人们在战争初期兴致勃勃，这种热情很快由于不可避免的增税而逐渐消退了。英国出口的大宗产品羊毛和皮革均被扣押，只有交出每袋 40 先令的关税才能赎回，而 1275 年议会规定的税额只有半个马克 (六先令零八便士)。1294 年 9 月，教士接到缴纳一半岁入的命令，怒不可遏。圣保罗大教堂的主教打算到令人望而生畏的国王面前提出抗议，可是病发倒地而死了。11月，议会批准了对一切动产征收重税的决定。在征收税金的过程中，各阶层的人都愤愤不平。这年冬天，威尔士发生叛乱，爱德华前往镇压。等他平叛回来时，苏格兰已经同法国结盟。从1296年开始，同苏格兰的战火便时起时落，从未熄灭。

1297年10月至1303年间，英法多次休战，局面更加糟糕，并不比交战状态省钱。这几年内外交困之中，苏格兰问题尤为紧张。爱德华国王不失时机，在威斯敏斯特恢复召开议会，全面地介绍形势，但没有得到必要的支持。议会不肯批准再增加税收。

1296年，教皇公布诏书《教士不纳俗税》，禁止在未经教皇许可的情况下缴纳附加税，教士的地位更加尴尬。在圣埃德蒙兹伯里召开的秋季议会上，教士们犹豫再三之后，在新任大主教罗伯特·温奇尔西的领导下作出了决定：他们无力捐助。爱德华恼羞成怒，剥夺了他们的公民权，宣告没收其世俗采邑。大主教也报复，扬言有不服从教皇诏书者，革除其教籍。大家情绪激昂地相持了一阵之后，终于心平气和。第二年夏，教皇又发表新诏书，收回了他的过分要求。

爱德华当然更愿意同教会讲和，因为另外一个方面已经爆发了对抗。他向索尔兹伯里的贵族建议，他到佛兰德斯作战期间，贵族中间要留一些人在加斯科涅效力。无人响应。赫里福德的伯爵、英国统帅汉弗莱·德·博汉和诺福克的伯爵罗杰·比格德副统帅说，他们必须跟随国王履行自己的世袭职责。这个借口是骗不了人的。两位伯爵对国王都有私怨，更主要的是，他们说出了大量贵族的不满情绪，因为20年来，眼看着国王的权位不断加强，而削弱了贵族的力量。上一代，他们曾经公然违抗爱德华的父亲，此时，贵族们重新起来抗拒的时机已经成熟。

此刻，爱德华国王并未理睬贵族的挑战，他继续加强战备，派人去赫里福德和诺福克两地补缺，然后于8月乘船去佛兰德斯。国王走后，反对派认为久等的良机已到。他们要求确认《大宪章》和派生出来的《森林宪章》(the Charter of the Forest)的法律效力。这两个宪章是强迫约翰同意的条款的最后版本。另外还提出了六个补充条款。根据这些宪章条款，以后如果未经全国百姓同意，不得征佃户税或要求援助，不许违背主人的意愿任意扣押小麦、羊毛等产品；教俗人士必须恢复古已有之的自由，对拒绝去加斯科涅效力的两位伯爵及其支持者不应处罚，主教必须在各自任职的大教堂宣读《大宪章》，对于无视《大宪章》的人要革除其教籍。同年秋天，这两位伯爵带领军队进入伦敦,要求宫廷接受这些建议。摄政无力抵抗，只好顺从，确认所有的条款。11月份，国王在根特予以批准，不过还是保留了国王在财政上的一些权力。

朝野都重视这些令人惊奇的重大让步。有人怀疑国王想取消自己的诺言，这也许有道理。因而贵族几次在议会公开呼吁大家注意这些诺言。他们在林肯召集的议会上据理力争，进行威胁，1301年2月，爱德华国王只好重新郑重地确认《大宪章》和附加条款。

通过这次危机，以及解决方式，确立了两条原则，并影响深远。第一，国王无权随意调动封建军队去一个地区。这一限制敲响了封建征兵制的丧钟,在后一个世纪,不可避免地兴起了军队契约雇佣制。第二，国王不得以“紧急需要”为名，未经同意就征收赋税。到了17世纪，英国国王都有这种尝试，但无奈于爱德华的受挫开创了的一种先例，而且在国王依赖议会准许的道路上向前迈出了一大步。

爱德华表明自己准备执政为民，比较尊重宪法形式，在这点上他胜过以前的历代国王。因此，令人哭笑不得，并使国王抓狂的是，他发现他所强调的原则却用来反对他。贵族势力没有诉诸战争，而是利用国王不遗余力制定的一套宪法机器来反制。这样，他们转移了阵地：他们不再作为封建贵族阶级的代表，而是作为全国反对派的领袖说话。于是，国王再次被迫郑重地公开承诺维护《大宪章》的原则。鉴于最近滥用国王特权而制定的补救措施也被写入宪章条款，使得这次让步更加难能可贵。这是宪政方面的一个跃进。

* * *

英国各代国王念念不忘在法国的属地，忽略了在大不列颠岛上扩大统治版图，真是要命。他们也断断续续干预过威尔士和苏格兰的事务，但保卫边界的任务主要落在当地封建主的肩上。《巴黎条约》的签订，让在欧洲大陆的冒险活动暂歇了一代人时间，他们就可能转而对付国内安全方面的迫切问题。爱德华一世是全力以赴在西部北部进行民族扩张的第一位英格兰国王；征服威尔士的独立地区，巩固西部边界，他功不可没。他朝着不列颠岛的统一迈出了重要的第一步，要去征服罗马人、撒克逊人和诺曼人均未征服的地方。威尔士的深山要塞养育了一支英勇顽强、不可征服的民族，在亨利三世执政期间，他们曾经在著名的卢埃林的孙子领导下，在英国政治舞台上再次留下了很深的印迹。爱德华作为父亲的助手，同威尔士人打过交道。他曾经和他们在战场上对垒，但是否取胜值得怀疑。同时他不以为然地看到，威尔士边界地区刻薄的贵族莫蒂默家族和博亨家族以及南部拥有格洛斯特领地的克莱尔家族，利用他们的军事特权侵犯威尔士和英格兰人民的利益。威尔士独立的种种要求使爱德华感到苦恼，但是，由拦路抢劫的贵族帮派守卫英格兰边界的制度同样使他不快。他们曾经三番五次地造次向王权挑战。他决心以维护正义和进步为名，去扫荡小诸侯和山地蛮人的庇护所，那里的野蛮人桀骜不驯，自古以来就让野蛮自由发挥。同时，他要限制边界贵族的特权。

爱德华一世利用威尔士边界贵族在世代冲突中发展起来的全部当地资源，在海上和陆地上发动了精心策划的血腥战争，坚持几年，便征服了威尔士。他使用的军队主要是威尔士雇佣军，驰援的正规军从加斯科涅调来，还有附庸征兵的最后献身。不过，他能消灭骁勇古老布立吞人的力量，靠的主要不是这一切，而是靠可怕的冬季攻势。他颁布了《威尔士法规》，这个独立的公国至此覆灭。卢埃林的威尔士领土统统被并入爱德华一世的版图，分别划入安格尔西郡、卡那封郡、梅里奥尼思郡、卡迪根郡和卡马森郡。爱德华一世的儿子、出生在卡那封的爱德华，受封为英国首位威尔士亲王。

爱德华一世进行威尔士战争的期间，可以看到英国的军事制度由古老撒克逊时代和整个封建时代的临时服役制转变为常备雇佣制。我们知道，阿尔弗雷德大帝曾多次由于征召的民军服役期满而吃尽苦头。400 年过去了，诺曼人的封建社会仍然遵守这一基本原则。但是，靠这种办法怎么能够不分寒暑连续进行 15 个月的战争呢？又怎么能够坚持不懈对欧洲大陆发动远征呢？所以几个朝代以来，不愿意服役的贵族和喜欢收钱以雇佣常备军的君主，都喜欢采用交钱免除兵役的原则。在威尔士战争中，这两种制度并行不悖，但旧制度正在衰落。政府不再调集忠君的军队，而是需要可靠的雇佣军，因此金钱是不二法门。

与此同时，战争的平衡也发生了逆转。重甲骑兵自从5世纪以来曾经取代罗马军团的整齐队形，但他们也来日无多，从老百姓中募集的新型步兵开始左右局势。这种步兵不用棍棒刀枪，也不用任何投射器，而是使用弓箭。欧洲对弓箭已经发展多年，很快惊艳登场军事舞台，戏剧性地凌驾大陆战场的情况并不知情。这些弓箭是征服者从败军手中缴获来的战利品。在南威尔士，长弓射箭已经到了炉火纯青的境界，边界地区的贵族对此有记载。他的骑士中了箭，不仅穿过甲衣的衣襟，还穿透甲裤、大腿和木鞍，最后深深插入马腹。这是战争史，也就是文明史上的新生事物，可以同铜器取代石器、铁器战胜铜器相提并论。步兵首次拥有了能穿透那金属时代盔甲的武器，其射程射速比任何方法都快，空前绝后，直到近代的步枪问世。陆军部的档案中，存有一名长期同拿破仑作战的将级军官在滑铁卢大战之后所写的专论，建议以弓箭取代滑膛枪，因为弓箭命中率高，发射快，而且有效射程远。

于是，威尔士战争在两点上粉碎了封建制度的物质基础。其实在精神方面，该制度在速度和等级上早已被日益扩张的高效行政管理所淘汰。即使在征服完成以后，占领区的长治久安也需要远非封建贵族所能掌握的手段。构造复杂的石头城堡在铠甲时代确实长期发挥过重要作用，可是此时，有碉楼的城墙必须扩大范围，不仅要容纳更多的守军，而且能承受升级换代的抛石机、投石机等重型攻城设备的打击，还要能防止敌人接近内墙。况且，此时不仅有身披铠甲的骑士横冲直撞，到处蹂躏乡村，还有训练有素的步兵，他们具有长射程的新战力，将在职业军官的指挥下执行中央指挥部下达的计划。

＊　＊　＊

爱德华一世在位期间，激烈的冲突发生在英格兰和苏格兰之间。多年来，两个王国曾经和睦相处。1286 年，苏格兰国王亚历山大三世黑夜骑马时摔下悬崖，继承的是孙女玛格丽特，史称“挪威少女”。苏格兰的权贵们经过劝说承认这位年方十四的公主为接班人。于是，有人出了一个妙计：“挪威少女”在继承苏格兰王位的同时，还要嫁给爱德华国王的儿子小爱德华。这样，两国的王族可以联姻，英格兰和苏格兰之间的敌对情绪也可以烟消云散。这个计划若能接受，我们可以称之为一个睿智的时代。英格兰和苏格兰差不多所有的统治势力一致同意。但这是一场美梦，飘忽而过。1290 年，“挪威少女”登船横渡波涛汹涌的海洋，没有靠岸就一命归天，给苏格兰留下了继位之争。要解决这个问题，英格兰的利益是必须考虑的一个重要因素。苏格兰贵族中的许多人同英格兰王室有联姻关系。在要求获得王位的十几个人当中，有些人是私生子。有两个人脱颖而出，一个是约翰·贝利奥尔，另一个是罗伯特·布鲁斯。布鲁斯强调说，他年迈的父亲与王室的祖先是近亲，而远亲贝利奥尔则维护长子继承权。双方的支持者势均力敌。

自亨利二世以来，英国国王反复声称对苏格兰有宗主权。其依据是，以前苏格兰的历代国王承认撒克逊人的宗主地位。以精于法制而闻名的爱德华一世曾经就类似的情况为阿拉贡和安茹作过裁决，此时他主动请缨，要为苏格兰的王位继承问题仲裁，得到了不少人的拥护。选择只有两个，一是国家分裂，二王并存，二是打起内战，胜者为王。苏格兰人也只好请爱德华作出公断。一贯走严厉法制道路的爱德华欣然同意，但是有一个先决条件，要承认他的宗主地位，并交出苏格兰的一些城堡作为象征。爱德华极其得体地行使了仲裁人的职能，他拒绝利诱，抵制了苏格兰贵族分裂国家的阴谋，于1292年宣布约翰·贝利奥尔为继承人。后世评价并不非难这个正确的决定。但是，考虑到苏格兰内部的深刻矛盾，布鲁斯的支持者力量强大，爱德华的人选贝利奥尔还势必会成为傀儡。爱德华一世就这样想着，自诩作出了公正而又有利可图的决定。他确立了自己对苏格兰的宗主地位，任命了苏格兰的国王，后者如履薄冰地在本国土地上。但是，苏格兰的民族情绪却困在法律承认的壁垒后面。苏格兰贵族内外交困，接受了爱德华的裁决，但也成立了由12名大封建主组成的权威性委员会辅佐新国王，以此吓阻约翰，维护苏格兰的权利。这样，爱德华国王懊恼地发现，他虽然取得了貌似公平的胜利，但面对的苏格兰仍然是完整的民族，其政府并未屈服，而是傲然自立，整个国家不但毫不顺从，而且同仇敌忾。

同时，强大的法国国王腓力四世也向爱德华逼迫同样的宗主权。爱德华是腓力这边的附庸，他洋洋得意地保卫着封建利益，而法国国王则处于合法封建主的有利地位。况且，英格兰虽然比苏格兰强大，法国军队则比英国更强大。这种双重冲突对英国国王的财政和军事资源施加了压力，难于应付。在位后期，爱德华南北受敌，因此，只有征税，臣民苦不堪言。他起劲地奔走于佛兰德斯和苏格兰低地之间。他搜刮国内钱财。其余的无关紧要。为了取得议会的同意，他一让再让，萌芽时期的议会制获益匪浅。他承认约翰被迫作出的大部分改革。除了一些大封建主之外，全国对他的两场外交斗争都支持。尽管全国人民一再满足他的要求，但并不接受令人难以喘息的负担。眼看着这位英明立法家、勤俭的英国理财家和行政改革家，出于无奈逼得老百姓忍无可忍，由此激起反对，把他的人生和名望都蒙上了阴影。

为了对抗爱德华，苏格兰人同法国人结盟。当时爱德华正在同法国交战，他认为这是敌对行为，便传唤贝利奥尔到贝里克朝觐。苏格兰贵族拒绝让他们的国王赴会，从此便开了战。爱德华发动残酷的打击，兵临贝里克。该城是当时北方的贸易中心，已经过了百年和平生活，对进攻毫无准备。市民们连忙立起栅栏，随手抓起武器应战。英格兰军队没有什么损失，便踏平了临时搭建的防御工事，城里遭到劫掠屠杀，残酷程度令野蛮时代都震惊。死难者数以千计，抵抗得最顽强的是 30 名佛兰德斯商人，他们坚守着被称为“红厅”的货栈直到其被烧毁。区区几个小时，贝里克就从欧洲贸易中心之一的宝座上跌落下来，沦为今日依然存在的小海港。

这次恐怖的行动镇压了苏格兰统治阶级的抵抗，珀思、斯特林和爱丁堡在国王的大军压境面前屈服了。在贝里克的骇人惨祸之后，爱德华继之以仁慈宽厚的精神，欢迎并给各种形式的归顺提供便利，可见他的行动早于马基雅维里的教导了。贝利奥尔交出王位，苏格兰被置于英格兰的管理之下。但是，征服者就像在威尔士那样，不仅引进外族统治，还强化治安，二者都不得人心。苏格兰统治阶级败绩昭然，爱德华一世可以自鸣得意，大功告成。其实这仅仅是个开头。人们常说，贞德是西方第一个举起民族主义旗帜的人，但在她之前 100 多年，就有一位身为骑士的不法之徒从苏格兰西南部的避难所站出来，他体现了苏格兰的民族精神，领导苏格兰民族走向胜利。他就是威廉·华莱士。爱德华一世在法国作战的运气时好时坏，还不得不听到苏格兰的王治不断遭到侵蚀的故事，而在此之前人们一直认为苏格兰江山永固。华莱士背后有本民族的支持，民族精神的不屈不挠无与伦比，他更辅之以超群的军事才能。尽管当时国家赤贫，统治手段原始，他却能把一群散漫而骁勇匡扶正义的人打造成一支顽强不屈的军队，敢于以寡敌众，敢于胜利。这支军队的建制奇特，四人一组，第五人领头；九人一班，第十人领导；十九人一排，听从第二十人；以此类推，直至千人。大家商定，凡违反任何一单位长官之令者，均是死罪。这样，自由就拔地而起，不可征服。

萨里伯爵瓦伦讷是爱德华一世的北方司令。当苏格兰叛军的劫掠行径达到忍无可忍的地步时，他率领大军，一马当先杀向斯特林。1297 年 9 月，他在坎伯斯肯尼思大教堂附近的斯特林桥头遇到了华莱士的军队。英格兰军队中有许多苏格兰人，其中一位骑士提醒伯爵说，跨过河上狭长的桥梁和河堤到对岸排兵布阵有危险。这位骑士的深谋远虑不亚于现代的作战参谋。鉴于部队过桥需要 11 个小时，他问道，如果部队还没有全部过桥，先头部队就遇袭，会怎么样呢？他提到上游有个渡口，至少可以让侧翼部队在那里渡河，但伯爵根本不听。华莱士则一步步注视着英军的过桥集结，在适当的时机以全部兵力猛扑过去，占领桥头堡，消灭了伯爵的五千先锋部队。伯爵随后撤离了苏格兰的大部分地区，要塞相继陷落，英格兰人差一点失守特威德河一线。

爱德华国王无力对苏格兰和法国进行两面恶战，只好设法集中力量应付近在咫尺的危机。他同法国国王进行了一系列谈判，反复协议停火，最后于 1303 年缔结了《巴黎条约》。正式的和平拖延了几年才实现，但 1294 年，爱德华一世与腓力的妹妹、青春年少的玛格丽特公主订婚，爱德华一世的儿子和继承人、生于卡那封的爱德华与腓力的女儿伊莎贝拉订婚，就已明确了事实上的和局。两国王室的双重联姻使英法战争实际上于 1297 年结束。不过，由于教皇从中作梗，爱德华国王的婚姻以及和平直到 1299 年才正式得到确认。通过外交上的这些安排，从 1297 年底开始，爱德华一世就能够集中力量对付苏格兰人了。

华莱士此时已是苏格兰的君主。战争仍然在无情地进行着。一名可恶的英格兰税务官在斯特林桥头倒毙，他的皮被割成一条一条，后来就被充作华莱士的剑皮带。爱德华一世被迫停止在法国的战事，立即赶到出事现场，率领英格兰的全部封建募兵向苏格兰人进攻。1298 年，他亲自指挥了福尔柯克之战，战果同斯特林桥头之战成鲜明对比。华莱士的军队今非昔比，他采取收缩守势迎敌。他没有骑兵，也没有弓弩手，但是对长矛兵的铠甲圆阵充满信心。这些长矛兵不可战胜，除非战死。打头阵的英格兰铁甲骑兵在长矛的迎击下，败下阵来，损失惨重。爱德华将威尔士弓弩手调上阵来，安插在二线骑兵中间，集中射击苏格兰圆阵的特定位置。这些位置死伤过半，英格兰的骑兵踏着尸体打入缺口。苏格兰人的阵线一旦被冲破，长矛兵很快遭屠戮，一直追杀到森林深处。华莱士和苏格兰军队再次成为逃亡者，叛军遭追捕，忍饥挨饿，尝尽人间的困苦，却仍不肯放下武器。

苏格兰人是不可征服的敌人。到了 1305 年，华莱士才被俘获，押往威斯敏斯特宫，在全副威仪下受审。他在泰伯恩绞刑架[①]绞死并

---

① 位于伦敦牛津街西端，1196 年起使用，1783 年刑场易地。

被剖腹分尸。但是，苏格兰战争却如一位编年史家所说的那样，“严冬毁掉夏天的工作”。华莱士手中的火炬又传给了罗伯特·布鲁斯。

* * *

爱德华一世在晚年似乎是个孤独愠怒的老人。他身边的新一代已经成长起来，而他对他们既不熟悉，又无同情心。玛格丽特王后还很年轻，足以做国王的女儿，她常常站在继子女一边，反对国王。几乎无人敢于反抗老国王，但他在家庭圈里却得不到敬爱。

曾经在1290年要求继承王位的布鲁斯有个孙子，也叫罗伯特·布鲁斯。小布鲁斯靠出生时获得的特权，心狠手辣出人头地，苏格兰战端又起。他在边镇邓弗里斯的神圣教堂里会见了代表英格兰利益的苏格兰人首领。两位首领单独进入密室，布鲁斯很快一人走了出来，对随从说：“不知我是否杀死了红科明（Red Comyn）[①]。”他部下的头目说了“我去瞅瞅”之后，又进入了这个神圣的大厦。于是，这个伟大的北方民族又有了武装保卫者。爱德华国王年事已高，但意志并未衰退。他在温切斯特宫中听到布鲁斯在斯科尼加冕登基的消息后，顿时怒不可遏。1306年夏天，他发动战役，打败了布鲁斯。布鲁斯兵败之后逃到安特里姆外海的拉斯林岛。据说，他因在那里看到一只蜘蛛百折不挠地织网而信心百倍，那蜘蛛也因此名垂青史。翌年春天，布鲁斯回到苏格兰。爱德华一世已经重病缠身，无法行军骑马，只是跟1000年前的古罗马皇帝塞维鲁那样，乘坐肩舆征讨顽强的苏格兰人，也是那样死于行军途中。他临死还念念不忘苏格兰和圣地，嘱咐儿子把他的遗骨装在车里，随军讨伐苏格兰，直到

---

① 即约翰·科明，是苏格兰与英格兰战争期间科明家族首领。

逼其就范，另派百名骑士带着他的心脏到巴勒斯坦去帮助收复圣地。但是，无能无德的接班人没有执行遗嘱。

* * *

爱德华一世是英国法制形成时期的最后一位大人物。他颁布的那些法规解决了社会秩序的问题，规定了封建领土法庭的权限，制止了法官创制的法律任意泛滥，制定了到19世纪中叶仍然有效的财产法基本原则。这些杰出的立法活动为习惯法的应用范围划定了必要的界限，在不违反习惯法的主要原则、不与过去决裂的前提下，确定了它的最后形式。

爱德华一世在宪政领域的贡献同样经久不衰。他使由一些权贵和郡市代表组成的议会成为国王的伙伴，以取代旧时的大领主法庭。他在位末年，这一构想已经确立。起初缺乏实质内容，后来逐渐变得有血有肉。但是在他统治期间,发出的具有决定性的推动力。起初，他父亲动荡的统治期间的实验，可能会带来任何一种后果，也可能会一事无成，可是到他在位末年，英格兰的习惯和传统中，这些原则已经基本上确立，“主权”这个爱德华一世还不能理解的名词，此后不仅仅掌握在国王一人手中，也不在国王和贵族会议手中，而是由议会中的国王掌握。

黑暗的宪政问题将在未来露头，国会的权力和国王的权力之间的界线依然模糊。虽然很快就被确认，法规是国王通过议会立法的，只有得到议会的批准才能废除。但议会尚处于幼年阶段，政府工作的主动权仍在国王手中，因此他必然保留多种界限不明确的权力。枢密院根据国王一人的权威所颁布的王室条例有法律效力吗？国王在特定情况下会不会以社会利益或王室利益为借口来践踏法令呢？

国王和议会的权力发生冲突时，由谁公断哪一方有理呢？随着议会制度的成熟，这些问题必然会提出来，不过要到斯图亚特王朝才能得到最终解决。

不过，联合王国强大的君主和君主立宪已经有了基础。它们的继续发展和完善有赖于爱德华一世的直接接班人。形形色色的弱者、梦想家和年轻冒险家破坏了岛国新生的统一局面，长期的内战和混乱状态引起的独裁则破坏延迟了岛上各种制度的发展。但是，当游客来到威斯敏斯特，凝视刻有“此处长眠着打击苏格兰人的锤子爱德华一世，保持诚实”字样的大理石墓碑的时候，所面对的就是不列颠生活、性格和声望的建筑大师的安息之所。

第 19 章

班诺克本

爱德华二世的统治大可视为他父亲朝代的忧郁尾声和他儿子统治期的前奏。爱德华一世在年青和壮年时代聚集的力量和威望，掩盖了晚年的没落。我们看到他的强盛时代，也必须看到他的衰落时期。人不会长生不老，这位大胆的勇士，这位曾经打倒了西门·德·孟福尔，逼迫威尔士人俯首帖耳乃至遵纪守法，成了“打击苏格兰人的锤子”，为议会奠基，通过立法活动博得了“英格兰的查士丁尼”的光荣称号的勇士，却在最后阶段同目光短浅、满腹怨恨、阶级意识日增的贵族作斗争，而且失败在即。衰老和死亡迫使他把这场战斗托付给儿子，儿子十分困窘，结果无力获胜。

强壮能干的国王曾经吃力地承担过这副重担，而继承人是个行为乖僻的弱者。后者倒也有些可爱品质的记载，在 16 世纪剧作家马洛的悲剧中，他弥留之际说了几句美好的台词：

告诉伊莎贝拉王后，

我在法国为她驰骋疆场时，

并非这副模样，

曾把克莱蒙公爵打下马来。

历史没有把这一段有关胜利的历史从不幸的国王身上抹掉，不过现存史料却没有提到战争和骑术比武，而是介绍了爱德华对盖茅屋、挖沟等实用技术的兴趣。他沉溺于划船、游泳和泡澡，不拘小节地同谋臣交往。他的统治虚弱，但从长远来看却有助于英国的强盛。统治者已经不在，权杖也已折断，但在老国王统治时期已经活跃起来、有自主意识的英格兰民族力量，以更加快速热烈的步伐重新向前迈进。由于缺少占统治地位的议会制度，我们看到国王法庭似乎是控制行政事务的中心。爱德华一世驾崩后，贵族们成功地控制了这个由强大的权贵和能干的宫廷官员组成的混合机构，成立了一个代表国家贵族和教士利益的委员会，叫做“授命大臣”。这些新统治者仍然面临着苏格兰和法国的外交问题，但他们把矛头首先指向国王的宠臣皮尔斯·加维斯顿。此人是个漂亮的加斯科涅小伙子，受到国王的完全宠幸，他的意见举足轻重。人们怒不可遏，他可以服从国王的统治，而对其自命不凡的狐朋狗友却丝毫不能容忍。贵族群起攻击皮尔斯·加维斯顿，爱德华二世和加维斯顿则骚扰苏格兰人，企图以此延缓反对派的攻势，结果没有成功。1311 年，加维斯顿被流放到佛兰德斯。后来，他无视授命大臣们的反对，又鲁莽地回国。大臣逼迫他逃到北方避难。不是诉诸战争追捕他，而是尽力建立自己的权威，占领城堡，控制法庭，并向军队发布命令。加维斯顿被困在斯卡巴勒城堡里，不得已同敌人讲和。敌人同意留他一条性命，但把他监看起来。授命大臣的重要成员沃里克伯爵在达成斯卡巴勒协议时不在场，他率领其他贵族破坏了协议。他们在牛津郡的德丁顿打垮了卫队，抢走宠臣，在沃里克附近的布莱克洛山砍了他的头。

尽管授命大臣取得了这些胜利，王权还很强大。爱德华二世仍然控制着政府，尽管受到大臣们的制约。他面临着同法国的纠纷和苏格兰战争。为了扫除国内颓势，爱德华决意征服北方王国。动员英格兰的全部力量，前去攻打苏格兰人。1314 年夏，大军渡过特威德河。25000 人，其中至少有 3000 全副盔甲的骑士和重甲骑兵在爱德华名义上而又变幻莫测的指挥下，向苏格兰军队挺进。大军在当时不容易征集，准备粮草则更加困难。苏格兰新卫士罗伯特・布鲁斯面临着英格兰的报复。苏格兰军队约有 1 万人，还像福尔柯克大战时那样，主要是长矛兵，顽强不屈，无所畏惧，一旦进入阵地，就死战到底。布鲁斯深谋远虑，尽管长矛兵忠心耿耿，但他们在遇到弓箭手和铁甲骑兵的轮番进攻时，却难以抵挡。于是他预先采取了三条措施，证明了军事才干，娴熟而有远见。首先，他选择阵地，要有茂密森林保护两翼；其次，他在阵地前沿挖了许多小圆坑，上面覆以树枝草皮，以对付骑兵的冲锋，这一做法后来被弓箭兵在克里西战斗仿效；第三，他把精干、训练有素的骑士队留在身边作为机动部队，准备挫败在侧翼布置弓箭兵突击他的盔甲圆阵的企图。安排就绪之后，他便静待英格兰人的进攻。

英格兰军队非常庞大，后队向前沿靠拢要三天时间，而能够布阵的空地不过两千码。正当这支大军在苏格兰阵前聚集时，发生了一个事故。英格兰骑士亨利·德·博亨率领一支威尔士步兵向前猛进，企图乘敌不备去解救英格兰人的斯特林城堡。布鲁斯及时赶到，带人插入博亨的人马和城堡之间。博亨同他单挑，他没有骑自己的高头大战马，而是跨上一匹受过良好训练的乘用马应战。布鲁斯用战斧拨开博亨的长枪，当众将他一斧头砍死。

6月24日上午，英格兰人进攻了。密密麻麻的重甲骑兵冲下山坡，乱哄哄地蹚过班诺克本河，向对面山上的苏格兰圆阵杀将过去。阵前的圆坑使队形大乱，但他们还是冲到了苏格兰长矛兵面前，拼命厮杀。“两军交战，骑士的战马冲入苏格兰人的枪林，长枪刺破声和战马中枪倒地的凄叫声响成一片。双方僵持了一阵。”两边都不肯撤退，战斗持续了很久，全线展开。强大的弓箭兵部队无法介入，他们学征服者威廉在黑斯廷斯的方法，把箭射向空中，可是杀伤的自己人多于苏格兰步兵。终于，一队弓箭兵调到了苏格兰人的左翼。可是布鲁斯已经采取有效的预案，他派骑兵小队极其敏捷地冲过去，把他们赶回待命出击的大军之中，而英格兰大军已露出混乱迹象。增援部队源源不断地调上阵线，混乱逐步加剧。终于，布鲁斯随军人员出现在英格兰人右侧的山头上，摇旗呐喊，足以造成全线撤退。爱德华二世和大批侍卫抢先撤退，顷刻之间，撤退变成了大溃退。苏格兰圆阵中的士兵冲下山来，没等英格兰人退过班诺克本河，便把他们杀得尸横遍野。英格兰骑士从来没有在一天之内如此死伤惨重过，即使玫瑰战争中的陶顿战役也没有如此惨烈。苏格兰人宣称，他们杀死和俘虏的有3万之众，竟然比英格兰军的总数还多。但不管怎样，他们主要是依靠长矛兵差不多消灭了骑兵和弓箭兵组成的大军，这一事件应该视为战争史上的奇迹。

*　　*　　*

在一个国家的漫长历史中，常看到贤明的统治者因贤德而播下遗患后世的种子，而懦弱颓废的王公却开辟了进步的道路。这次，无休止的权力斗争发生在新的领域。还有宫廷长期任职的官员掌握着日益扩大的势力，有时甚至颇有权威。当国王控制在他们手中或者国王的政策和个性不能压服他们的时候，这一点更加明显，因此也更讨厌。封建贵族已经成功地打击了王权，他们此时认为，宫廷官员是他们的绊脚石，但对于日益扩展的国家生活显然必不可少。正如贵族的祖先不能设想废除王位，他们不能考虑取消宫廷官员的职务。他们这一代行动的总趋势是要牢牢控制宝贵的官僚机器。在14世纪，他们设法获得选拔宫廷主要官员，至少是监督任命主要官员的权力。后来，汉诺威王朝的辉格党贵族真的将这个权力夺到手中。

我们知道，授命大臣控制了国王法庭，可是不久便发现，还有许多权力不在掌握。当时，国王不仅在位，而且还有统治权。国王的亲笔签名、文件上的玺印或者某个官员签发的令状，都是法庭宣判、军队行军和刽子手行刑的依据。爱德华二世被废黜的主要罪名之一，就是执政不力。在位初期，他对宫廷官员太放手。授命大臣觉得，统治大权已经从国王法庭落入称为“国王财库”的宫廷集团之手。国王依靠由宠臣和不可缺少的官员组成的财库，处理各种问题，小至购买王室成员用的衣服，大到发动欧洲大陆战争。在这个精选封闭的圈子之外，粗犷、傲慢的贵族在闷闷不乐中四处窥探。这个过程着实惹人恼怒，就好比登山一样，新的高峰不断出现，一个连着一个，没完没了。我们不要以为，只有在那遥远的时代才有这种事情。最高行政权收缩到极小范围里，实为其本质所决定；没有这种紧缩，便无所谓行政权了。但当这种排他过程被不伦的恶习所沾染，被战场上不光彩的败绩所玷污时，垂涎此权者显然有机可乘，尤其是许多大臣谨慎地回避了自己班诺克本河战役中的责任，把惨败的罪责全部推卸到国王身上。

双方势均力敌。冒犯神圣的国王是弥天大罪，因为整个教会向来依赖国王。目空一切而又自私自利的贵族应该记住，在全国的大部分地区，老百姓有许多不平之事要申诉，他们自征服者威廉时代以来一直把国王看作反抗贵族压迫的保护人。首先，法律和习俗对贫富各个阶层有同样的束缚力，每个地区都有自己的生活方式，比如，有的地方在太阳落山后没有人家点灯。贵族在威斯敏斯特或许能够猛烈抨击国王，但是，国王如果带着他的禁卫军和王徽到威斯敏斯特或希罗普郡，发表自己的意见，骑士和弓箭手就会聚集到他的麾下。

在这种均势中，议会站在哪一方是极为重要的。有关中央行政的案件，必须在这个代表国家的机构面前受到审理，尽管这个代表机构很不完善。因此，在爱德华二世统治的时期，王室和贵族都在议会中或通过议会进行斗争，这种斗争加强了议会的权力。爱德华二世在位期间，议会至少开了 25 次会议。它没有提议权，也不能决定政策，而且苦于国王和贵族之间的钩心斗角，议员中的许多骑士和市民代表不过是这一派或那一派的走狗而已。尽管如此，它还是能够时常发挥决定性的作用。可以说，爱德华二世的时代非常有利于国内第三种力量的发展。这种力量将同国王的力量或贵族的力量有着根本区别。

爱德华一世的侄子托马斯·兰开斯特是贵族反对势力的首领。关于他的长处没有什么记载。他曾经长期同苏格兰人勾勾搭搭，图谋不轨。他带领贵族将加维斯顿迫害致死。他虽未直接策划处死加维斯顿，却从此受到爱德华二世的极端仇视。在班诺克本河畔惨败之后，爱德华二世落入托马斯和其他立法院成员的控制之下。托马斯一时成为英国的首要人物。不出几年，立法院的稳健派便对兰开斯特的无能和政府的虚弱状态非常反感。他们和保皇派联合起来，把他赶下权力的宝座。这股以彭布罗克伯爵为首的中间势力的胜利并未博得国王的欢心。彭布罗克伯爵和他的朋友努力加强现有法令的效力，并对宫廷机构作了重大改革，企图比兰开斯特干得出色。

爱德华开始建立保皇势力，该势力的首领是德斯彭索父子，名字都叫休。他们是贵族，领有威尔士的边界地区。由于有幸和克莱尔家族联姻以及博得国王的宠爱，他们在贵族的嫉妒眼光之下，战战兢兢地踏入权力中心。他们私心膨胀，而且国王对小德斯彭索百般宠信，贵族见之咬牙切齿。威尔士边界地区的贵族对他们更加恨之入骨，因为他们在威尔士南部野心勃勃，盛气凌人，搅得四邻不安。1321 年，威尔士边界地区的贵族和兰开斯特集团挽起手来，企图赶走德斯彭索父子。爱德华立即将他们召回，首次表现出当机立断的能力。他以迅速的行动，首先打败边界地区的贵族，翌年在约克郡的博罗布里奇粉碎了以兰开斯特为首的北方贵族力量，将兰开斯特斩首示众。这一行动引起了人们的异常反应。据说在兰开斯特的墓前发生了奇迹。许多同时代的人认为，他的死刑使他成为由于反对国王压迫而献身的烈士。

德斯彭索父子和爱德华二世国王似乎达到了权力的顶峰，但是，一场残酷的、典型的古代悲剧即将发生。边界地区的贵族罗杰·莫蒂默被国王俘虏后，设法逃到法国。1324 年，法王查理四世乘加斯科涅发生内部纠纷之机夺取了这个公国，只有沿海的狭长地带未能到手。爱德华二世的妻子、人称“法国母狼”的伊莎贝拉，看到爱德华二世宠幸休·德斯彭索，怒火中烧，便托辞要到法国同她哥哥查理谈判，争取收复加斯科涅公国。她到法国以后，同流亡在法国的莫蒂默结成盟友，并成为他的情人。她把她的儿子爱德华王子从英格兰接到法国，要他代表加斯科涅向法王表示效忠。这位 14 岁的王子是王位继承人，把他抓在手里，就可以使反对爱德华国王的活动合法化。年轻的王子一到手，伊莎贝拉和莫蒂默便率领一大批流亡者入侵英格兰。爱德华二世的政府不得人心，摇摇欲坠，所以伊莎贝拉不久即获全胜。胜利后她和莫蒂默胆子更大了，企图废黜他，结果引起一场大屠杀。狂怒的风暴席卷大地，英格兰政府的重要人物个个难逃厄运，德斯彭索父子也遭到逮捕，双双上了绞刑架。爱德华二世死得更惨。他被囚居伯克利城堡，在那里被人以骇人听闻的方法不留痕迹地杀害了。当炽热的铁条插入他的腹腔烧焦肠子的时候，惨叫声传至监狱之外，回荡空际，久久不绝。

第 20 章

苏格兰与爱尔兰

爱德华二世统治的失败对不列颠群岛的统一产生了长期的影响。班诺克本河畔之役使武力合并英格兰和苏格兰的可能性成为泡影。在爱尔兰海彼岸，在撒克逊诺曼底人的统治下建立巩固的爱尔兰的设想也不过是黄粱一梦。残酷的苏格兰战争在不列颠南北之间造成的隔阂，几百年之后也无法消除。从 1296 年爱德华一世进攻贝里克时起，战争冲突在 27 年里连续不断。到了 1323 年，罗伯特 · 布鲁斯终于同爱德华二世讲和。即使在讲和之时，布鲁斯的苏格兰国王地位也没有得到正式承认。直到爱德华二世死后，他于 1328 年签署了《北安普敦条约》，国王的头衔和国家的完全独立地位才获得承认。一年以后，苏格兰的这位救世主离开了人世。

在中世纪骑士界最著名的传说中，提到了忠实地跟随布鲁斯战斗二十年的“黑”道格拉斯——詹姆斯爵士。他带上主人的心脏，要把它埋葬到圣地，途经一个西班牙港口时，他响应骑士界的突然召唤，参加了同摩尔人[1]殊死斗争的基督徒行列。他向异教徒冲去，把装着布鲁斯心脏的银匣子投入两军混战的战场。“按照你的意愿前进吧,勇敢的心！只要我一息尚存,就跟随着你！”可是当胜利在望时，他却倒下去了。傅华萨[2]撰文记述了这件事情,艾敦[3]为此事赋诗一首，多少世代以来，苏格兰儿童每当听到“英雄的詹姆斯勋爵”的故事，无不欢欣鼓舞。

布鲁斯的崇高威望及其随从的忠诚所起到的作用，相当于把英格兰统一起来的制度和传统所产生的力量。他死后，王位传给年仅6岁的儿子戴维二世，使苏格兰又在另一个年幼的君主统治之下备受灾难的折磨。苏格兰的王权常常受到平原地区贵族和高原地带首领的威胁，此外还有其他不利因素。“红科明”的亲戚从来没有忘记布鲁斯杀害科明之仇，一直企图进行报复。曾经支持巴利奥尔的贵族均被布鲁斯的追随者剥夺了他们的领地，他们一直梦想在英格兰人的支持下收复这些领地。戴维二世在位42年，其中有18年是在国外度过的。在他的代理人同巴利奥尔派进行的长期战争期间，他在法国避难。回国后，他丝毫没有显示出他父亲的才能。他对法国的忠诚促使他入侵英格兰。1346年，他在达勒姆郡的内维尔克罗斯战败被俘。他在狱中度过了11年，后来被赎出狱。为了这笔钱，苏格兰被搜刮一空。继承戴维二世的是他的侄子皇廷总监罗伯特，从他开始，以后的几代国王就没有多少名望了。

许多世纪以来，斯图亚特家族的人一直担任着皇廷总监这个世

---

① 8世纪至13世纪进入并统治西班牙等地的柏柏尔人。

① 法国编年史家兼诗人(1337—1405)。

① 苏格兰诗人(1570—1638)。

袭官职，他们的族姓就是根据“总监”二字的谐音得来的。他们的王位继承权是合法的，但他们没有赢得苏格兰人的忠诚。斯图亚特王朝最初的两代国王是罗伯特二世和罗伯特三世，他们继位时都是性格软弱的老年人。国事主要掌握在把持政务会和分散在各领地的权贵手里。在 14 世纪的其余年代和 15 世纪的大部分时间里，苏格兰四分五裂，不会对英格兰构成威胁，对她的多年盟友法国也不会有多少帮助。获得统一的英格兰在英法战争之后本来可以乘虚直入苏格兰，无奈她在 15 世纪中叶已被玫瑰战争拖得疲惫不堪。

两国的王位合二而一显然是恰当的解决方法。可是，英格兰在几代国王的统治期间未能以武力实现统一，苏格兰人的自豪感又振奋起来，成为不可逾越的障碍。一个优秀的苏格兰人的标志，就是仇视英格兰。心怀不满的贵族可能会接受英格兰的帮助和金钱，普通百姓却坚决不向任何形式的英格兰统治低头。苏格兰人由于取得班诺克本河畔战役的胜利，尽管以后在英格兰人面前屡遭失败，却并不绝望，更不考虑投降。

话到此处，最好还是将苏格兰历史深究一番。斯图亚特王朝时运不济，灾难不断。伟大的金雀花王朝在制服英格兰封建势力时所依靠的制度，是斯图亚特王朝无法建立的。罗伯特三世将他的儿子、后来的詹姆斯一世送到法国求学。1406 年，詹姆斯在约克郡弗兰博罗岬角为英国人所俘，被押解到伦敦，时年 12 岁。过了一个月，罗伯特国王去世，苏格兰的王位从此空缺了 18 年。后来，英格兰政府同意苏格兰赎取詹姆斯，将他放回苏格兰。铁窗生活非但没有吓倒詹姆斯，反而使他情不自禁地羡慕英格兰君主的权力和地位，因此他一回到苏格兰就努力加强自己的君主地位。他在位 13 年的有效统治期间，无情地制服了苏格兰的贵族阶级，让他们尝到了他的厉害。他镇压了他在奥尔巴尼家族里的几个表兄弟，这个家族曾经趁他不在国内的时候掌理朝政。他还粉碎了“海岛勋爵”[①]要独立的企图，这个勋爵颇有实力，控制着苏格兰北部的大部分地区和赫布里底群岛。在这些过程中，詹姆斯杀了许多人，没收了大量的土地。最后，一些愤怒的诸侯决定进行报复。1437 年，他们借机杀了詹姆斯。苏格兰权力最大的国王之一还没有完成他的使命，就一命呜呼了。

王位再次传给一个幼童，即年仅 7 岁的詹姆斯二世。在詹姆斯二世的幼年时期，苏格兰不可避免地陷入动荡不安的局面。他长大以后，成为颇得人心的有力统治者。他能够达到这个地步，确实需要一番才能，因为布鲁斯的忠实骑士“黑”道格拉斯的后代已经十分强大，对国王构成了严重的威胁。由于从巴利奥尔的支持者手中没收许多领地，“黑”道格拉斯家族控制着苏格兰西南部，东部的辽阔地区则由他们的亲戚“红”道格拉斯家族统领。他们还巧妙地利用了他们同北方部族和盟邦的友好关系。更主要的是，他提出了继承王位的要求，而且得到一些人的承认。

100 多年以来，道格拉斯家族是苏格兰的重要保卫者之一。它的一名成员是奥特本[②]战斗中的英雄，一直为当地切维-蔡斯歌谣所传诵。家庭成员不断在苏格兰和与英格兰宫廷间保持联系，策划阴谋，因此激怒了血气方刚的国王。1452 年，年仅 21 岁的詹姆斯国王将“黑”道格拉斯请到斯特林。道格拉斯得到安全返回的保证，前

---

① 苏格兰的世袭封建爵位。

② 英格兰诺森伯兰的一个村子，1388 年苏格兰军队在道格拉斯伯爵的指挥下，在村外半英里处打败了英格兰军队。

往赴约。詹姆斯国王一气之下亲手刺伤了他，国王的侍从随后结果了他的性命。然而，杀死道格拉斯家族的首领并不能消灭这个家族，詹姆斯国王受到道格拉斯的弟弟和亲戚的进攻。直到 1455 年，詹姆斯才取得最后胜利。他烧毁道格拉斯家族的城堡，洗劫他们的领地，将这个家族的主要人物赶过英格兰边界。他们在英格兰生活多年，在英格兰国王的支持下策划了一系列阴谋，使斯图亚特王朝不得安宁。

詹姆斯二世达到了权力的顶峰，可是斯图亚特王朝好景不长。1460 年，詹姆斯乘英格兰发生内战之际，包围了被英格兰占据的罗克斯巴勒城堡。他对大炮和火器有着特殊的兴趣，在视察一门旧式攻城炮时，这门炮突然爆炸了，他被一块飞起的碎片击中毙命，时年 30 岁。年仅 9 岁的詹姆斯三世继承了王位，他是 100 年里第四位幼年登基的苏格兰君主。他长大以后，作风平易近人，酷爱音乐，对建筑也感兴趣。但是，他没有前两代国王那样的治世之才。他执政的时间较长，一直延续到都铎王朝。在他的统治期间，政局动荡，内战迭起。他同丹麦国王的女儿结婚时，从嫁妆中得到了奥克尼群岛和设得兰群岛，使苏格兰的版图成为圆形，这是他的最明显的政绩。

* * *

英格兰运用政治手腕在苏格兰造成的分裂局面，由于苏格兰君主的不幸遭遇而历久不变，然而它并不是苏格兰虚弱不堪的唯一根源。苏格兰有不同的民族、语言和文化，高原地区和平原地区并非只有地理上的差别。平原地区是封建世界的一部分，除了西南部的盖洛韦之外，普遍讲英语，高原地区的社会制度比封建制度还要原始。在平原地区，苏格兰国王是大封建主，而在高原地区，他只不过是松散的部落联盟的首领。由于同撒克逊诺曼底贵族和古代的凯尔特国王有血缘关系，他显然受益不小。毫无疑问，布鲁斯家族是阿尔弗雷德大帝的后裔，也是9世纪苏格兰的第一个国王肯尼思·麦卡尔平的后裔。斯图亚特王室成员比较令人信服地宣称，他们是与麦克白同时代的班戈[①]的后代。在爱尔兰的英雄传奇中，这些王室成员的谱系可以一直上溯到凯尔特人的时代，古代的神圣光彩为这些王室成员增添了无限的光辉。即使在那些缺乏顺从和忠君精神的时代，对于高原地区或平原地区的所有苏格兰人来说，国王是神圣不可侵犯的人物，他受到普遍的崇敬。此外，凡是和王族有血统关系的人，即使行为不轨，也可以获得宽恕。

不过，这种崇敬并不是有效的统治工具。苏格兰的领地制度没有像英格兰的议会那样为各阶级的联合提供条件。在法律上和实际生活中，苏格兰封建主的权力远远超过英格兰的封建主。国王的司法权只能管辖苏格兰一小部分地区，他的许多法官不是封建制度的有力对手。当时还没有相当于英格兰地方法官的职务，更没有金雀花王朝在艾尔的那种高级法官职务。

在全国的大部分地区，封建法律本身也在同原始的部落习俗进行着斗争。高原地区首领的领地和权力在形式上可能属于国王，所以他们也许会成为封建大地主，但实际上他们拥有权威是由于部族民众的忠心拥戴。像戈登大家族那样的高原部族首领，也是附近平原地区的封建主。在西部地区，刚刚崛起的坎贝尔家族根据需要扮演着双重角色，他们将在后来发挥重大的作用。

同时，在200多年的政治动荡中，苏格兰农民和节俭的市民一

---

① 莎士比亚戏剧《麦克白》中的苏格兰勇将。

直追求他们自己的目标，形成了国内真正强大的力量，尽管他们的领主或主人之间不断发生冲突。教会努力修补各方势力之间的裂痕，许多优秀的主教和牧师使中世纪的苏格兰典籍中绽放出夺目的光彩。15 世纪，苏格兰建立了圣安德鲁、格拉斯哥和阿伯丁三所大学，在 19 世纪前比英格兰多一所大学。

* * *

中世纪的爱尔兰一直使研究英语民族史的人们迷惑不解。爱尔兰位于不列颠群岛的西部，这里有欧洲最早的基督教团体。当野蛮的日耳曼人在英格兰肆意横行时，这里已经有了传教活动和修士的学术活动。可是，爱尔兰直到 12 世纪才发展起具有约束力的封建国家体制，而这种体制在其他地方已经开始逐渐得到发展。一些部族的族长控制着一个讲盖尔语的乡村公国联邦，他们自称为这些公国的“国王”。在他们之上有“最高国王”,他住在塔拉。塔拉不是都城，而是一座圣山，上面保留远古时代的工事。到公元 1000 年为止，“最高国王”一般是北方强人的奥尼尔家族的成员。“最高国王”没有真正的中央权力，只是为家族争端作最后裁决，爱尔兰也没有可以作为行政权力中心的城镇。

在遭受英格兰长期干涉的惨痛历史之前，爱尔兰已经受过斯堪的纳维亚入侵的打击和折磨。虽然北欧人把它劫掠一空，破坏它的传统和习俗，但爱尔兰还是爱尔兰。北欧人首先建立了都柏林、沃特福德、利默里克和科克等城镇。自从伟大的布赖恩·博鲁废除了奥尼尔家族的“最高国王”继承权以后，“最高国王”的地位便引起了争议。1014 年，布赖恩·博鲁 在克朗诺夫战斗中打败了丹麦人，自己也不幸身亡。有些歌谣对他表达了无限的哀思。150 年以后，他的继承人伦斯特[1]国王由于斗争失败逃到阿基坦，在亨利二世的宫中避难。他获准在亨利的撒克逊诺曼底骑士中招兵买马，这个决定影响到爱尔兰的命运。1169年，第一批撒克逊诺曼底人侵入爱尔兰。

侵略者中有许多诺曼底人，也有许多威尔士人，讲法语的人是首领，威尔士人则是小卒。他们的统帅是号称“强弓”的彭布罗克伯爵理查德·德·克莱尔。甚至现在，从许多普通爱尔兰人的名字中仍可看出，他们有威尔士血统。首领当中也有佛兰德斯人，但所有首领都是统治西欧的高级封建社会的代表者，这个社会已经征服了从威尔士到叙利亚的广大地区。在军事技术方面，爱尔兰人无法与后来者相匹敌。“强弓”克莱尔与伦斯特国王的女儿结婚之后，也许能够像征服者威廉在英格兰、罗杰在西西里和十字军在地中海东岸那样，建立起新的爱尔兰封建王国。可是，“强弓”不相信自己的力量，也不知道他的君主、警觉的亨利二世会抱什么态度，于是他把征服的地区献给亨利国王。1171年，亨利二世到他的这块新属地稍事停留，接受新附庸的朝拜。教皇在大权逐渐恢复之后，对爱尔兰教会的长期独立地位一直感到不满。1155年，教皇发表训令，把统治爱尔兰的权力授予英格兰国王。当时的教皇是艾德里安四世，他是英格兰人，也是担任教皇的唯一一位英格兰人，因此他的决定无论从宗教利益还是从实际利益的角度看，都不足为奇。怎奈领有英格兰以及法国大部分地区的君主无暇顾及爱尔兰事务，把它留给人们称为“征服者”的诺曼底冒险家去处理。这种模式在日后会时常出现。

---

① 爱尔兰东南部地区，包括都柏林、卡洛和基德尔等地。

在亨利二世巡视爱尔兰之后的一个世纪里，撒克逊诺曼底人的扩张活动达到了顶点，爱尔兰的大部分地区处于入侵骑士的直接控制之下。这些骑士中有菲茨杰拉德家族的祖先——温泽的杰拉尔德。这个家族的分支拥有基德尔伯爵的世代爵位和其他许多地区的爵位，将长期统治爱尔兰中部和南部的广大地区。骑士中还有著名的英格兰国务大臣的弟弟和北爱尔兰伯爵的祖先威廉·德·伯格，也有约翰国王的男管家西奥博尔德·沃尔特，他是奥尔蒙德的巴特勒大家族的奠基人。这个家族的名字“巴特勒”是根据他的官职名称“男管家”的谐音而定的。不过，在爱尔兰没有统一的殖民拓居活动。在北欧人建立的东部和南部沿海城镇里，英格兰确立起自己的权威，国王的令状在都柏林周围的许多地区畅通无阻。首都周围的这些地方以“栅栏”著称，意即防护圈，外边是封建诸侯的势力范围，再远就是尚未征服的爱尔兰西部未开化的地区了。爱尔兰居住着两个民族。他们之间保持着不稳定的平衡。13世纪末，爱尔兰产生了议会，两个民族的矛盾进一步深化。议会里没有爱尔兰当地人，它只是爱尔兰的英格兰人议会而已。

*　*　*

撒克逊诺曼底人入侵后没过几代人的时间，爱尔兰的酋长们就从新的军事技术的冲击下清醒过来。他们雇佣外国人帮助作战，起初主要是雇佣苏格兰西方群岛的北欧—凯尔特人。这些雇佣军是可怕的“盖洛格拉斯”，“盖洛格拉斯”在爱尔兰语中是“外国走卒”之意。在这些手持战斧的凶猛斗士的支持下，酋长们为盖尔语民族夺回了爱尔兰的大片土地，如果他们不发生内讧，收复的失地可能会更多。

在此期间，爱尔兰的许多撒克逊诺曼底贵族在精神上发生了变化。这些大封建主常常向往盖尔族酋长的那种独立地位。他们也可以是英格兰国王的臣民，或者像他们新结交的凯尔特盟友那样，成为独霸一方的诸侯。他们常常与这些新盟友联姻。英格兰再也没有什么人移居爱尔兰，只有一些英格兰领主与爱尔兰的一些女继承人结婚，可是他们婚后也不住在爱尔兰。英格兰－爱尔兰贵族阶级渐渐地产生了。他们在很大程度上已被自己所居住的地区同化，并且同爱尔兰的盖尔族农民一样，对伦敦的统治很不耐烦。

假如英格兰国王经常巡视爱尔兰，或者定期派遣亲王驻守那里，这两个国家就会紧密而体面地结合在一起。实际上，每当英格兰国王强大的时候，英国的法律就得到加强，否则就会造成凯尔特人割地争雄的混乱局面。约翰国王两次心血来潮地前往爱尔兰，将争斗不休的诺曼底贵族和爱尔兰酋长置于他的监护之下。爱德华一世没有到过爱尔兰，但当时英格兰在那里的权威却不断加强。以后，盖尔人又复兴起来，苏格兰人的光辉榜样对他们起了作用。班诺克本河畔大战的胜利者的兄弟爱德华·布鲁斯，应爱尔兰酋长中的亲戚的邀请，率领一支久经沙场的苏格兰军队到达爱尔兰。1316年，他被拥立为爱尔兰国王。可是，胜利犹如过眼云烟，尽管有兄弟布鲁斯的援助，他却终究不免在邓多克战败身亡。

爱尔兰在一个苏格兰人王朝的统治下也无法摆脱英王的控制，未能获得独立。但英格兰在军事上的胜利并不等于它在法律、习俗和语言方面的胜利。盖尔人的反抗日益加剧，北爱尔兰的奥尼尔家族逐渐控制了蒂龙。北爱尔兰的德·伯格伯爵封号于1333年在一个小姑娘手里中断，北爱尔兰和康诺特的封建制度至此被公开抛弃了。

根据封建法律，她继承了前人的一切，并受国王的监护，应该嫁给他所指定的人。实际上，她嫁给了爱德华三世的次子、克拉伦斯的莱昂内尔。可是凯尔特法律规定，妇女不能继承酋长的地位。于是，德·伯格家族幼支的主要男子便“成了爱尔兰人”，夺取了可以继承的一切，将族名改为伯克，或者以该族的祖宗命名，叫做麦克威廉家族。他们公然无视北爱尔兰和康诺特的政府。在西部的省份，法语和爱尔兰语并用，只是不用英语，英格兰的权威在这些边远地区荡然无存。

为了保持“栅栏”地区及其周围英格兰诺曼底人领地的英格兰特点，14 世纪中叶召开了一次议会。这次国会的目的是防止英格兰人“爱尔兰化”，强迫在英格兰控制的地区居住的爱尔兰人适应英格兰人的习惯。这次议会制定的法令没有什么实际效果。在“栅栏”地区内，早先的诺曼底殖民者紧紧抱着自己的特权地位不放，反对钦差大臣把“纯爱尔兰人”置于英格兰法律和制度保护之下的各种企图。此时，大多数爱尔兰地区均不在“栅栏”之内，不是处于同钦差大臣没有联系的土著酋长控制之下，就是掌握在像两支菲茨杰拉德家族那样的诺曼底世袭统治者手中。这些统治者是伯爵，也是酋长，哪种身份合适就采用哪一种。由于英格兰的威权，爱尔兰既没有形成土著的统治中心，也没有形成诺曼底人的统治中心，而迁居伦敦的“爱尔兰君主”又不能提供另一权力中心，甚至不能防止他的殖民者与当地人混杂起来。到了都铎王朝，爱尔兰的混乱局面为再度征服提供了条件。爱尔兰再次被迫接受英格兰的王权，蒙受了深重的苦难。从亨利八世的宗教改革开始，苦难之中又增添了宗教信仰方面的致命分歧。

第21章
长　弓

爱德华一世的刚毅之血似乎只是在不肖之子的身上小憩片刻，他的孙子爱德华三世继位之后，日益强大的英格兰又有了无愧于国民的伟大君主。爱德华二世统治表面肮脏，但英格兰的力量却日渐增强，国家日趋繁荣，贵族之间的宿怨和仇恨没有加深，软弱国王的浮华恶习也有所收敛。此时，英格兰人掌握了一种先进的武器——长弓，国外根本想不到它的威力。由训练有素的弓箭手使用这种长弓，使战场上增加了大陆国家所没有的一种辅助士兵。在英格兰军队中，盔甲骑士和长弓箭手的作用可以等量齐观。

这种长弓的威力和射手的技巧得到了高度发展，最好的铠甲也无济于事。在250码的距离之外万箭齐发的威力，是美国南北战争以前在同等距离内任何步兵投射武器所望尘莫及的。熟练的弓箭手是职业军人，理所当然地领取较高的军饷。他们奔赴战场时，常常骑着矮种马，但总是用较大的车辆拉着生活用品和箭矢。他们还带着粗大的铁头尖桩，这种尖桩插在地上，对冲来的战马是致命的障碍。在尖桩的后面，列成疏散队形的长弓箭手可以接连不断地迅速射出强有力的箭矢，消灭冲来的骑兵。此外，弓箭手在各种战斗和巡逻中，能够在战争史上公认的安全距离之外射倒敌人。大陆国家，尤其是离我们最近的法国，对这一切一无所知。长期以来，法国的铠甲骑士和重甲骑士一直在战争中发挥着优势，跟随他们的步兵被视为最低级的辅助兵种。军事特权阶级凭借自己的武力和技术出现在社会上，而长弓的产生必然推翻他们所依靠的武力和技术。两位爱德华国王在威尔士和苏格兰的山区进行的长期战争，使英军受到沉重的打击。欧洲大陆的武士也常常遭受这种打击，但他们既没有发现也没有透露这支新军队的秘密。接近14世纪中叶时，英国人开始以充满优越感的眼光看待欧洲大陆。

爱德华三世的统治经历了几个重要的阶段。在他弱冠之年，国务由他的母后及其情人罗杰·莫蒂默掌握着。靠残酷的屠杀建立起来的这个政府，只代表贵族中的一派。人们指责它在国内外均处于软弱无能的地位。在将近4年的统治期间，它对法国和苏格兰都作出了让步并放弃自己的利益。为了推行这种政策，他可以从和平及审慎的角度提出许多貌似正确的理由。这一对罪恶的情侣一再放弃英国的利益，以支付自己的生活费用。1327年3月，他们和法国签署了一项条约，其中规定英国缴纳战争赔款，并把在法兰西的英属地缩小为从圣东日的桑特、波尔多到巴约讷的一条狭长地带，加斯科涅也只剩下内地的一块不设防的飞地属于英国。1328年5月，他们又签署了一项条约，当时人们称之为“北安普敦耻辱条约”。条约承认布鲁斯为苏格兰国王，以特威德河为两国边界，并含蓄地表示放弃爱德华一世在苏格兰获得的一切权力。

这些事件在全国引起了公愤。即使如此，倘若莫蒂默不同贵族发生冲突，他的政权也许会多维持一段时间。德斯彭索父子死后，莫蒂默为慎重起见，占据了他们曾经统治的威尔士边界的有利地区，在那里他可以行使适合边界地区的特殊统治权。这一行动和他的显赫权势招致了不久以前受他领导的贵族的嫉妒。为了使自己的地位永保无虞，他在 1328 年 10 月于索尔兹伯里召开的国会上，谋求在已有的威尔士终身大法官的职务以外，另得边界伯爵的头衔。他在武装扈从的保护下来到会场，可是贵族中的许多重要人物却没有到会，国王的表兄弟、被处死的托马斯之子、兰开斯特伯爵亨利甚至在伦敦唱起了对台戏。于是莫蒂默带着年少的国王从索尔兹伯里出发，去蹂躏兰开斯特伯爵的领地。在混乱的局势中，他平定了叛乱。

贵族内部四分五裂，显然无力推翻可憎而又残忍的政府。然而，莫蒂默自己铸成了大错。1330 年，爱德华三世的叔叔肯特伯爵误信谣言，以为爱德华二世仍然活着，便设法解救他，可是没有成功，伯爵本人于同年 3 月被处死。经过这次事件，兰开斯特的亨利和其他重要人物认为，莫蒂默下一步可能要向他们开刀了。他们决定和爱德华三世国王一起先发制人。大家都把希望寄托在年轻的国王身上。1329 年，爱德华三世 17 岁，已经和埃诺的菲利帕结婚。次年 6 月，爱德华得一子，因此感到自己已经成人，应该亲理朝政。但是，莫蒂默和太后仍然掌握着实权。10 月份在诺丁汉召开了议会，莫蒂默和伊莎贝拉住在城堡里，由重兵守护。显然，爱德华国王夺回权力的计划是经过周密考虑和充分准备的。如果他获得成功，近在咫尺的议会就会立即拥戴他亲掌政事。有一条暗道直通城堡的中心，而莫蒂默和伊莎贝拉对城堡里的秘密机关一无所知。在 10 月的一个夜晚，一小批勇士进入暗道，突然出现在莫蒂默的寝室，将他抓获。他和伊莎贝拉的寝室照例是挨着的。袭击者把莫蒂默和伊莎贝拉从地下通道拖走，交给国王的军官。莫蒂默被押解到伦敦，受到贵族的审判，被控犯有伯克利城堡谋杀罪[①]等罪行，按照贵族们的判决，于11月29日上了绞刑架。伊莎贝拉被她的儿子处以终身监禁，关在诺福克的赖辛城堡，每年有3000镑生活费。爱德华定期去看望她。她在经历近30年的幽禁生活后死去了。

在这个恐怖的预备阶段过去以后，爱德华三世国王的长期统治开始了。

*　*　*

新国王的指导原则是恢复他祖父的政策、权力和荣耀。同苏格兰的斗争又开始了。自班诺克本河畔战斗以来，罗伯特·布鲁斯在北方的统治从未遇到任何挑战。他取得胜利之后，便毫不留情地迫害并驱逐对立派的追随者。约翰·巴利奥尔的儿子爱德华是爱德华一世指定的苏格兰王位继承人，他也流落到英格兰宫廷避难。英国宫廷将他保护起来，正像后来路易十四保护那些拥护英王詹姆斯二世的流亡者一样。像布鲁斯和巴利奥尔之间那样深刻的矛盾，必然造成严重的创伤。1329年，布鲁斯死后，苏格兰的大人物希望时来运转，流亡者或者照当时的说法叫做“被剥夺继承权的人”的那群人，不断在国内策划起事，并且一再对英格兰政府施加压力。1332年，他们加紧进行重新控制苏格兰的活动。爱德华·巴利奥尔把自己的追随者集中起来，在爱德华三世的暗地支持下，从雷文

① 即杀害爱德华二世的罪行。

斯珀乘船到法夫郡的金霍恩，从那里向珀思进军，在杜普林穆尔打败了幼主戴维的摄政王。许多苏格兰权贵纷纷归顺巴利奥尔，他在斯科尼加冕为王。

此后，巴利奥尔时乖运蹇。没过两个月，他和他的支持者就被赶到英格兰。爱德华三世此时可以向身处逆境的巴利奥尔提出任何条件，巴利奥尔承认他为自己的君主，答应割让贝里克郡。1333年，爱德华三世率兵包围贝里克，在哈利敦山击溃了苏格兰人。这次战斗和班诺克本河畔大战的情形大不相同，长弓发挥了威力，苏格兰人的圆阵被彻底粉碎。流亡者又在苏格兰暂时建立了他们的统治，为此他们必须付出代价。巴利奥尔不得不把苏格兰东南部的所有地区割让给英国国王。在索取这些割让土地时，爱德华三世未免过分，反而弄巧成拙。苏格兰无人不知他拆了巴利奥尔的台。当时，布鲁斯的后代和支持者正在法国避难。苏格兰和法国的联系以及法国王室对苏格兰人的不断援助，在敌视苏格兰的英格兰激起了深刻的仇恨。于是，英国把苏格兰战争的矛头转向了法国佛兰德斯地区。

一些新的不满情绪为一场冲突提供了重要的基础。除加斯科涅以外，英国失掉了在法国的全部属地，加斯科涅边界不断发生摩擦，自从约翰王以来，英国人对此一直抱着容忍的态度。各代英国国王都曾经为了他们在法国的属地向巴黎表示效忠，而这些属地的大部分早就被剥夺了。查理四世在1328年逝世后，没有直系继承人，因此引起了新的问题。瓦卢瓦家族的腓力登上王位，要求爱德华三世表示效忠。爱德华抗命不服。如果母系权力确实有效的话，爱德华三世国王根据他母亲的血统，也多少会有些继承法国王位的权力。后来，爱德华在英国教俗贵族和平民的赞许和建议下，提出了获得继承权的要求，以配合他的军事行动。

野心勃勃的爱德华三世对国内政治的关心，远不如他对海外冒险和角逐的兴趣。他上台伊始就意识到，把永不宁静的贵族从国内的互相倾轧引向对外战争，可以促进他们的团结，这是大有裨益的。这个方针也符合臣民的要求。约翰国王和亨利三世在欧洲大陆进行的战争，引起了国王同贵族和百姓之间在人力和金钱问题上的长期斗争。当时人们认为，在大陆上的战争主要是国王的利益所在，他关心自己的海外属地和权利。而此刻，国内各阶层却热烈地渴望征服海外地区，爱德华三世无须请求议会支持他远征法国，因为权贵、商贾和平民都争先恐后地敦促他采取行动。

除了王位之争和领土纠纷，还有一个不那么容易牵动感情但却同样有力的因素，它吸引了议会的许多成员。对低地国家出口的羊毛是英国出口的大宗商品，而且几乎是英国在农业资源方面的唯一收入。在佛兰德斯的城市里，以纺织为主的经济得到了高度发展，那里的纺织技术简直到了炉火纯青的地步。这些城市的繁荣要依赖英格兰的羊毛。但佛兰德斯伯爵手下的贵族阶级则与法国休戚与共，不但对佛兰德斯市民的物质利益漠不关心，而且认为，他们是有叛逆之心的危险分子，他们的富裕和强大会影响封建主的统治地位。所以，多年来，佛兰德斯城市同尼德兰贵族在经济、社会和政治方面存在着根本分歧，前者亲英，后者亲法。佛兰德斯伯爵多次为羊毛贸易设置障碍，每一次都在英吉利海峡两边激怒与此有切身利益的人。英国议会中的商人早已被与法国围绕英吉利海峡展开的博弈所激怒，强烈要求采取行动。

1336 年，爱德华三世在群臣谏议之下进行了坚决的反击。他

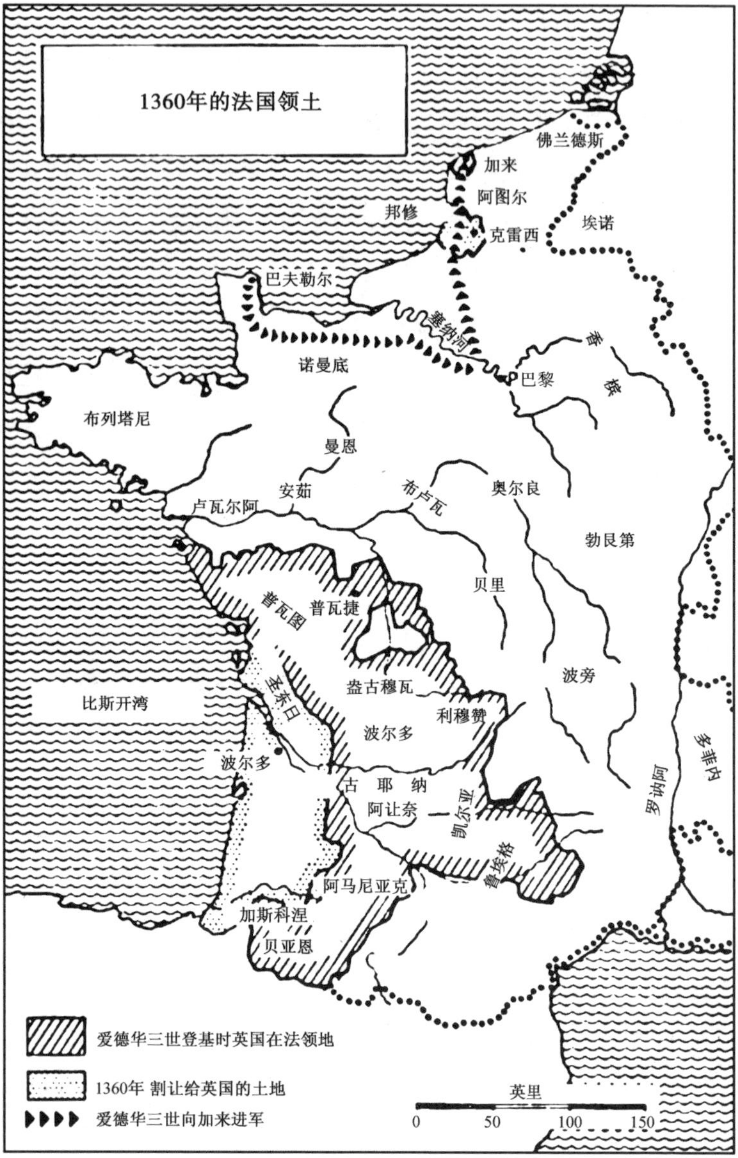
1360年的法国领土
佛兰德斯
加来
阿图尔
邦修
克雷西
埃诺
巴夫勒尔
塞纳河
诺曼底
巴黎
香槟
布列塔尼
曼恩
安茹
卢瓦尔阿
布卢瓦
奥尔良
勃艮第
普瓦图
普瓦捷
贝里
波旁
盘古穆瓦
圣东日
利穆赞
波尔多
比斯开湾
波尔多
古耶纳
阿让奈
凯尔亚
鲁埃格
罗纳河
多菲内
阿马尼亚克
加斯科涅
贝亚恩
爱德华三世登基时英国在法领地
1360年 割让给英国的土地
爱德华三世向加来进军
英里
0
50
100
150

1360 年的法国领土

下令禁运英国羊毛，给尼德兰造成了严重的危机。尼德兰的城镇居民起来反对封建贵族，他们在根特好斗的商人范·阿特维尔德的带领下，经过残酷斗争，控制了尼德兰的大部分地区。获胜的城镇居民担心贵族和法国人进行报复，便向英国求援。英格兰对此十分关注，作出了强烈的反应。军事力量的潮水上涨以后，各种利益和野心的溪流就涌入了共同的渠道，加之爱德华三世在 1337 年拒绝继续对腓力六世表示勉强的顺从，引起了英法百年战争。这场战争旷日持久。双方一直没有签订和约。1802 年,双方签署了《亚眠条约》,法兰西成为共和国，法国王储沦为英伦三岛上的难民，这时英格兰君主才正式宣布放弃他对瓦卢瓦家族和波旁家族王位的继承权。

* * *

爱德华三世慢慢地聚集英远征军。这支军队不是向封臣调集的义务兵，而是经过挑选的雇佣军。它的主体是有契约束缚的骑士，至于招兵的地区和方式，军官可以自行决定。结果，招兵的人数远远少于需要从各郡征集的民军的法定名额，因为民军的战斗力是靠不住的。军中的骑士和长弓箭手是我们民族的精英，在辛克港集中起来的全部人马是历史上最可怖、最有战斗力的入侵大军。法国人对这些备战情况了如指掌，法国国王调动一切力量准备迎敌。

法兰西国王腓力六世首先想借助海军力量。多年以来，两国在海上一直进行着掠夺性的战争。英吉利海峡两边的沿海地区民众有着深仇大恨。法国调动造船业的全部力量来建造战船。在她的港口甚至停泊着租用的热那亚军舰。诺曼底讨论了入侵英国的计划，企图重建像征服者威廉那样的赫赫战功。爱德华三世也同样没有忽略海上力量。他一直重视海军，执政初期就在议会博得了“海洋之王”

的人数可能比英军多两倍。面对这样强大的敌人和守备森严的城墙，爱德华的这点力量是无法取胜的。腓力国王冷酷地请他决定在塞纳河的哪一边决战。

这次突击失利之后，英军被迫撤退。前来挑战的爱德华只得离开竞技场，四天行程六十英里。法军以平行战阵向南挺进，在塞纳河谷切断英军的退路。英军只好向索姆河前进，企图在亚眠和海岸之间渡河。我们这一代人很熟悉索姆河的这一段，它流经广阔的沼泽地带，当时这一带的水没有排掉，只有靠长堤和桥梁才能通过。而这些堤道和桥梁有的被皮卡尔迪的军队拆毁，有的由他们守卫着。英军派出四路人马寻找渡河点，均告失败。而法军主力部队的先锋已经到达亚眠。曾经大胆甚至鲁莽地扑来的英格兰大军，此刻似乎陷入索姆河、大海和法国大军之间的三角地带。它无法将舰队及其运输船调到任何一个合适的港口。在索姆河靠近入海口的地方渡河是孤注一掷的冒险行为，这个渡口很宽，潮汐汹涌多变，每天只有几个小时可以渡河，而且险象环生。

更有甚者，这个渡口有重兵把守，守军超过12000人。傅华萨写道："那一夜，英格兰国王睡得很少，半夜就起床，下令吹号集合。一切迅速准备就绪。他们收拾好行装，在黎明时上马出发，日出时到达渡口。可是那时正值涨潮，他们无法渡河。"下午退潮时，敌人的力量已经明显增加。但是，停顿就意味着灭亡，爱德华国王命令高级将领们跳入水中，蹚过河去。法国人奋起抵抗。皮卡尔迪的骑士们催马出阵，在流沙多变、潮水上涨的河中同英格兰人展开了战斗。"他们在水中如同在陆地上那样喜欢冲杀。"英格兰人拼死搏斗，在战斗条件对穿铠甲的人极端不利的情况下，他们杀出了一条生路。

在对岸，热那亚的石弩手使他们遭到伤亡。直到长弓占了优势之后，他们才布好阵势。这样，爱德华的军队才得以逃脱。

腓力国王率领三四万大军紧追不舍，希望迫使无礼的英格兰人背水一战，或者在他们渡河时予以打击。他听到英格兰人过河的消息后，召开了军事会议。将军们建议说，河水已经涨潮，唯一的办法是到上游的阿布维尔去，从法国人控制的一座桥上过河。于是他们向阿布维尔前进，在那里休息过夜。

爱德华和他的军队深深感到，他们还没有完全逃出虎口。那一夜他们很高兴。周围的乡村粮食充足。爱德华请将领们共进晚餐，然后一起祈祷。然而，他们不经过战斗就到不了海边，唯一的出路是以寡敌众，决一死战。爱德华国王和后来以“黑太子”闻名于世的威尔士亲王举行了各种宗教仪式。爱德华祷告说，愿他在即将来临的战斗中至少能保全面子。天亮时，他集合了11000人马，将他们分为三部分。他骑着一匹小马，提着白色的王杖，铠甲外面披着绯红镶金的外衣，在队前巡视，“鼓励和恳求全军保护他的荣誉和权力”。“他情绪饱满，慷慨陈词，所有灰心丧气的人为之振奋……他们尽情畅饮……席地而坐，头盔和长弓放在脚前，以便在敌人到达时更有精力地予以痛击。”他们占据的空旷丘陵地势不利，但两侧有克莱西森林保护，可做最后的屏障。

1346年8月26日的那个星期六早晨，腓力国王在日出时到阿布维尔修道院做礼拜。然后，当时可谓壮观的法国大军向前涌去，继续进行他们的长途追击。4名骑士领命前去侦察，接近中午时分，腓力国王率领大军到达索姆河边时，接到他们的报告：英军已经列好阵势，意在决战。国王明智地下令停止前进，待后队来到后组成战斗队形，次日进攻。他的著名将领们把这些命令传到军中各部。可恶的敌人在强大的军队面前逃脱了多次，此时被迫对阵作战，而法军却不能立即收拾他们，因而感到度日如年。谁能保证第二天早晨敌人不从战场上溜之大吉呢？军队像潮水般地向前涌去，势不可挡，从阿布维尔到克莱西的大小道路上，黑压压地布满前进的纵队，刀枪甲胄在阳光下闪闪发光。一些部队听从了腓力国王的命令，大多数部队则没有服从。许多支庞大的部队奉命停止前进，可是更大的人流仍然向前涌去，他们从原地不动或正在后撤的队伍中挤过去，下午 5 点左右来到英格兰军队阵前，才停下来。英格兰军队排列在克莱西宽阔的丘陵上，望之一目了然。

腓力国王赶到队前，也被周围战士的激昂情绪所感染。这时已经日薄西山，但每个人都决意速战。军中有 6000 名热那亚石弩兵，他们接到命令，要从骑兵的队伍中钻到阵前，用弩箭打乱敌军的阵势，为骑兵冲锋做好准备。这些热那亚人已经带着沉重的武器和许多弩箭以临战姿态强行军 18 英里，因此疲惫不堪，他们说当天无力打仗。在行军途中一直骑着马的阿朗松伯爵对这些抱怨深感不满，他气愤地说："雇用这些无赖就是这么个下场，一旦用到他们，他们就变节退缩。"热那亚人向前冲出去了！他们在许多人的轻蔑眼光中奔向阵前时，乌云遮住了太阳，一阵骤雨倾泻下来，把全军淋得湿透，一大群乌鸦呱呱地从法军头上不祥地飞过。瓢泼大雨淋湿了热那亚人的弓弦之后，突然停止了，夕阳又从英格兰人背后放出光辉，照得热那亚人睁不开眼。这一点也像乌鸦那样不祥，对作战行动更加不利。热那亚人摆开阵势，高喊一声，前进几步，又喊一声，再前进几步，这样前进三次之后，"怪叫一声"，射出了弩箭。英格兰军中一直保持沉默，但是以“城堡闸门”的队形一直肃立在两侧的六七千名长弓箭手此刻向前迈出一步,将弓弦拉满，同时发射。傅华萨记述道：“他们射击时迅速有力，箭如雨下。”

热那亚人受到致命的打击，他们的武器打不到敌人那里，而自己在转眼之间却死了上千人，满地皆是插着羽箭的尸体。这一阵箭雨突如其来，在战争史上闻所未闻，热那亚人队伍中的幸存者被打得晕头转向，溃退到急待出击的法国骑士和重甲骑兵的队前。这些骑士和骑兵刚好在英格兰长弓的射程之外。腓力国王愤怒地喊道:“给我杀死那些无赖，他们无故挡住了我们的道路。”听到此令，前排的法国骑兵立刻冲入溃退下来的热那亚人当中，挥剑乱砍。他们砍来砍去，便进入了长弓的射程之内。暴风雨般的羽箭向他们袭来，穿透铠甲，杀伤了大量的武士和马匹。后边又有马队勇猛地冲入乱哄哄的阵营，箭雨同样向他们袭来，打得战马乱跳，服装华丽的武士尸横遍野，战场上凌乱不堪。这时，威尔士和康沃尔郡的轻装步兵从长弓箭手的方格阵中穿插出来，手握长刀“扑向伯爵、男爵、骑士和乡绅，杀死多人。后来，英格兰国王对此十分气愤”。在那顾痛快一时的瞬间内，许多可以换取大量赎金的人被杀死了。

在那一阵屠杀中毙命的，还有腓力国王的盟友、双目失明的波希米亚国王。他叫骑士将他们的马头同他的马头连在一起，这样，他可以亲手打击敌人。这样拴好以后，他在蜂拥的人群中向前冲去，结果连人带马倒了下去。第二天人们发现，他和战马的尸体仍然连在一起。他的儿子、卢森堡的查理王子是神圣罗马帝国的当选皇帝，已经以“罗马人的国王”自居。查理王子比他父亲谨慎，看到当时的情形，便带着自己的人马顺着不起眼的路线撤走了。法国人的正式进攻开始了。阿朗松伯爵和佛兰德斯伯爵率领重甲骑兵冲击英格兰阵线，他们尽量避开弓箭兵，朝英格兰骑兵杀去，法国、德意志和萨伏伊的骑兵一直打到威尔士亲王的阵前。法军人数众多，威尔士亲王身边的亲信派人到爱德华国王指挥战斗的风车那里求援。爱德华国王不想派出预备队，他说："让这小伙子自己立功吧。"威尔士亲王确实也是这样做的。

战场上还发生了一件了不起的事情。约翰·埃诺爵士的一名骑士，骑着腓力国王当天赠予的一匹黑马，躲过箭矢，从英格兰军队的阵线中穿了过去，英格兰人的纪律非常严明，竟然没有一个人上前伤害他。他绕过英格兰人的后阵，最后回到法国军中。一批又一批的法军骑兵不断冲击英军阵线，直到天色漆黑。整个夜晚，不断有勇敢的生力军摸索着冲向英军阵地，他们要是不战斗几下，是决不肯离开战场的。结果,这些人都被杀死,因为英格兰人的态度是"决不饶命"，当然，爱德华国王并不希望如此。

夜幕降临的时候，腓力国王身边只有 60 名骑士了。他受了轻微的箭伤，战马已经中箭而死。约翰·埃诺爵士将他扶上另一匹战马，抓着他的马缰，用至理名言劝他退出战场。据傅华萨说，约翰详细地阐述了"留得青山在，不怕没柴烧"的道理。第二天早晨腓力到达亚眠时，身边只有 5 名男爵了。

"这个星期六的夜晚，当英格兰人再也听不到怪叫声或呐喊声，再也听不到对某个勋爵或战旗的嘲弄声时，他们便把战场视为己方的乐土，认为敌人已经战败了。他们燃起熊熊的篝火，由于夜晚能见度极差，还点起了火把。整天不戴头盔的爱德华国王从指挥台上走下来，带着他的大队人马去见威尔士亲王，他拥抱并亲吻了亲王之后说道：‘好儿子，上帝给了你坚强的意志。你不愧是我的儿子，因为你今天表现得非常忠诚。你确实堪为国王。’亲王深深地鞠了一躬，自谦一番，把一切荣誉归于他的父王。”

星期日早晨，战场上雾霭沉沉，爱德华国王派出由500名长矛兵和2000名弓箭手组成的精悍部队，命令他们去察看对面的军情。这支部队一遇见法军的后继部队，便猛扑过去。由鲁昂出发的法军后继部队不知道他们的大军已经战败，继续向博韦前进。这场遭遇战之后，地上又留下了1542具骑士的尸体。后来，这支英格兰特遣队又碰上了鲁昂大主教和法国大修道院院长的队伍，他们同样不知道法军已败，结果也被击垮，死伤甚众。英格兰特遣队还碰见许多散兵游勇，也都“尽数杀掉”。傅华萨写道：“我可以肯定，星期天早晨，从大小城市和各个伯国派来的步兵死亡之众，相当于星期六战斗中阵亡人数的四倍。”这次惊人的克莱西大捷可以同布伦海姆大战[①]、滑铁卢之役和第一次世界大战中最后一个夏日攻势齐名，成为英军的四大捷之一。

* * *

爱德华三世通过蒙特勒伊和布朗吉到达布伦，然后穿过阿德洛森林，包围了加来。在英格兰人的眼中，加来是不断骚扰英吉利海峡的海盗之窝。英格兰人感到，离她最近的这个大陆城市一直是她身上溃烂的脓疮。加来的地位同300年以后的敦刻尔克一样。对加来的围困持续了将近一年。英格兰人在陆地上使用了一切新的军事

---

① 1704年8月13日，英军与奥地利在巴伐利亚的布伦海姆村联合打败了法国和巴伐利亚的军队，法方损失3万人，英方损失12000人。

技术，射石炮向城墙轰击，发出可怕的响声；在海上，法国人想乘轻筏子沿海岸行驶，避过海上封锁线，可是也被设置巧妙的尖桩挡住。一切海陆援救活动均告无效。但是，继续围困所带来的负担给英格兰国王造成了难以想象的压力。到了冬天，他的士兵要求回国，舰队几乎哗变，国内怨声载道，议会深为不满，并且不愿拨付给养。国王和军队住在临时营房里，在这期间他一直没有回到英格兰。马基雅维里深刻地指出，每个要塞都应该储备一年的食物。这个措施适用于历史上的每一次围城。

加来还没有被包围的时候，苏格兰国王戴维为了对法国尽到盟国的义务，率军越过英格兰边界。英格兰人早已预见到这种危险，因而在达勒姆城西不远的内维尔克罗斯经过一番苦战打败了敌人。苏格兰国王被俘，被关在伦敦塔。他在那里囚居 10 年，直到苏格兰根据《贝里克条约》缴纳一笔巨额赎金，他才获释。英格兰的这次胜利消除了苏格兰在二三十年内的威胁。在弗洛顿战斗[①]前后，法国和苏格兰的联盟不止一次给弱小而大胆的苏格兰带来灾难。

加来坚守了 11 个月，可是事情并没有到此为止。饥饿终于逼得城里人走投无路，他们请求讲和。爱德华国王满怀仇恨，当 6 名地位最高的市民依照他的旨意穿着衬衫，光着脚，形容憔悴地前来投降时，他还要把他们杀死。他的谋臣们警告说，这样残忍的行为会丑化他的历史形象，可是他仍然不听。这时，身怀六甲随他出征的菲利帕王后跪到他的脚下，构成了一幅宽容之神恳求正义之神的动人画面，这可能是预先安排好的。结果，为保护全市人民而勇于献

---

① 1513 年英军和苏格兰军队在诺森伯兰的弗洛顿山进行的战斗。

身的 6 名加来市民才幸免一死，甚至还受到了良好的待遇。加来是英格兰人竭尽全力同法国打仗所获得的一颗味香汁浓的果实，是迄今为止在领土方面得到的唯一硕果。至于克莱西的故事，还有一番长期的波折。

第 22 章
黑死病

英国人一心追求武功和冒险时，更可怕的敌人正在欧洲大陆肆虐。基督教世界最大的灾难莫过于黑死病。我们曾隐隐约约地听到过东方的浩劫，也听说过尸骨遍野的大灾难。这场瘟疫从克里米亚蔓延到欧洲，20 年里至少消灭了欧洲总人口的三分之一。人们由于贵族战争和王室战争的蹂躏而一贫如洗，因此很容易被疾病所征服。英国的有关记载很少，但这一沉默比其他国家资料中的惊人数字更能说明问题。我们从一些资料中看到，在法庭上，有的案子还没有开审，所有当事人都死去；有些修道院里的人死了一半，在一些教区里，活着的牧师几乎没有足够的时间为他们的会众和教友举行葬礼；有的金器作坊一年换了四个师傅。这些详情都说明问题。但更能说明问题的是，国内各地的地方志普遍出现了一段空白。这段可怕的空白整整占据了一代人的时间。

这种瘟疫真是令人心惊胆战。它有可怕的症状，发病迅速，患者身上有小脓疱，腋下或腹股沟有硬结，这些硬结敷上任何膏状药都不起作用，甚至开刀也无济于事，患者快死时会长痈，神志不清，并且说胡话。它在人类社会的各个方面造成许多空缺，影响并一度摧毁了人类的生活和信仰。中世纪的生活本来就很严酷，加上这场瘟疫，人们在精神上便更加难以支撑了。教会同其他阶层一样，不仅它的组织受到损害，它的精神力量也大大地削弱了。如果说仁慈的上帝主宰着世界，那么他是怎么主宰的呢？这就是幸存者对上帝的仁慈提出的疑问。怪异的教派应运而生。在瘟疫横行的城市里，通过鞭笞以赎罪的信徒者举行了令人毛发悚然的游行，他们每个人随着凄厉的乐曲鞭打自己前面的人。在年代史上出现的这段空白里，还有许多其他恐怖的做法。这场瘟疫似乎是我们民族死亡的先兆。

但是，瘟疫的势头终于减弱了。热敷制伏了硬结，许多人病情好转，生命的抵抗力有所复活，对生活的向往已占上风。灾难过去了，欧洲的人口所剩无几，但他们继承了许多人创造的财富，他们的痛苦也由于人们普遍受难而自然减轻，因此他们又对现世和未来充满了希望。

哲学家们可能会说，为了使人间产生必要的变化，根本不需要使用像瘟疫这样的毁灭性工具。一种更科学的试剂已经产生，它就是火药。据说，爱德华三世进攻克莱西和加来时用过一种小石炮，炮里边用的就是火药。不久以后，火药将成为一种实用的物质，在战争以及和战争有关的人类事务中发挥重要作用。如果火炮没有问世，英国人的长弓可能会使他们在欧洲大陆保持更长时间的统治地位。没有理由认为，作为自由民的长弓箭手不会达到与铠甲骑士阶层相当的阶级地位，相反，他们有更广泛的基础。

15 世纪初，铠甲武士的重要地位趋于结束，胸甲和背甲作为护身之物可能还会长久使用，但再也不是权力的工具和象征了。长弓箭手的地位有所下降，并不是由于他们不能制服铠甲骑士，而是因为有一种更方便的东西问世，并且迅速成为各民族的共同财产。震天的爆炸声和滚滚的硝烟常常使朋友感到惊讶，使敌人大惊失色，因而引起了各种人的重视。在这爆炸声与硝烟弥漫之中，一个曾经统治并指导基督教世界近500年，为推动人类社会及其管理方法作出过巨大贡献的制度变成了一堆瓦砾。人们忍痛把瓦砾清理出去，腾出地方建筑新的大厦。

* * *

这场灾难减少了当时的人口，影响了他们的生活，可是没有缓和他们之间的冲突。英法战争仍在断断续续地进行着，驰名欧洲的“黑太子”成了一名海盗似的冒险家。爱德华在1338年侵略法国时利用重大的王位问题作为借口，而“黑太子”在阿基坦进行的袭击却是师出无名。尽管如此，这些袭击在战争史上都是重要的插曲。

1355年，爱德华三世从议会得到重新开战的大量拨款，制订了一项野心勃勃的战略计划。“黑太子”将从英属加斯科涅和阿基坦北上朝卢瓦尔河挺进，弟弟兰开斯特公爵，即生于根特的约翰，从布列塔尼出击，两支军队将在一次重要的战役中会合。但是，计划执行得很不顺利。“黑太子”的军队只剩下4000人左右，其中将近半数是令人生畏的长弓箭手。他在两万法国军队进逼之下不得不下令退兵。他的处境非常困难，因此建议和解，条件是让他和部下撤回英国。法国人看到自己的仇敌陷入罗网，拒绝了这些条件，“黑太子”被迫在普瓦蒂埃作困兽斗。在他取胜的那天早晨，他的先头部队已经开始向南撤退。法国国王约翰决心要为克莱西战斗雪耻，力图一举结束这场战争。到处放火抢劫的英国强盗此时陷入可怜的境地，被迫同数量上占绝对优势的敌人对阵决战。他们的阵地选得好，两侧有森林作为屏障，长弓箭手沿着一排灌木排列成行，扼守着唯一的通路。

克莱西战斗已经是十年前的事了，但法国的骑士和统治集团对那次惨败仍然难以忘怀。他们被迫承认，战马抵挡不了长弓的箭雨，爱德华国王取胜所依靠的军队都没有骑马。他们也意识到，长弓使冲锋的战马倒的倒，惊的惊，陷入一片混乱，这对传统的战略战术来说是致命的打击。约翰国王认为，全军必须徒步进攻，他相信凭着数量优势是可以取胜的。"黑太子"的可贵之处是，他没有因袭过去的经验，或是重复以前某次战斗的制胜方法。他知道，身着铠甲徒步冲上来的众多敌人不像骑兵那样容易被打退。光靠长弓，不管它的命中率有多高，也无法得救，必须运用策略并主动出击。于是他根据当时的情况采取了违反军事常规的行动。

法军中的贵族把战马留在后方，而"黑太子"则命令他的骑士跨上战马。长弓箭手已经在全线杀伤了大量敌人。法国骑兵为铠甲所累，在葡萄园和灌木丛中艰难地向前移动，许多人中箭倒地。在这个危急关头，箭矢是不够用的。长矛手和战斧兵趁势冲出，以传统方式袭击法国人，而法国人由于行动吃力和地势不平已经乱了阵脚。同时，一批精悍的英国骑兵队伍进行了巧妙的配合，他们骑马绕到法军的左侧，对处境困难而且阵脚已乱的敌人展开进攻。结果，他们杀死的敌人和取得的胜利都不亚于克莱西战斗，收获甚至更大。法军彻底瓦解，约翰国王成了俘虏，贵族中的精英有的被俘，有的战死。战场上的战利品无法收拾，因为胜利者已经抢劫过四个省份，早已负担累累。以战争中的残酷手段著称的"黑太子"，这次显出了当代豪杰的风度，尽管经过殊死战斗之后疲乏不堪，神情紧张，对于被俘的法国国王却能以君主之礼相待，请他坐在营帐中的御座上，还亲自为他上菜。他那种天才、勇敢和豪爽的骑士气概，为他在历史上树立了令人敬仰的风姿。

约翰国王被押解到英格兰，像苏格兰国王戴维那样，被关在伦敦塔。1360 年 5 月，英法双方达成了有关约翰自由的《布雷蒂尼协议》。根据这个协议，除了原有的加斯科涅属地之外，英国得到了亨利二世控制过的全部阿基坦地区，享有它的全权，还得到了爱德华一世所继承的蓬蒂厄和著名的港口城市加来，后来控制加来约达 200 年之久。协议还规定，如果法国要赎回约翰国王，必须缴纳 300 万金克朗的赎金。这笔钱相当于 50 万英镑，是英国王室和平时期岁入的 8 倍。

在克莱西战斗中，法国人是在马背上被打败的，在普瓦蒂埃，他们不骑马也战败了。这两次败于英国人手下的可怕经历，深深地刺痛了法国人的心，宫廷和军队处于绝望之中。怎样才能打败或顶住英国人呢？一个世纪以前，在蒙古入侵者令人胆寒的打击下，全欧洲各地曾陷入同样的绝望之中。但是，俗话说得好，树木再高也不会参天。在后来很长时间里，法国人尽量避免战争，他们同爱德华三世作战，就像他们在马尔博罗[①]时代同安妮女王统治下的英格兰战斗一样谨慎。而且，他们当中产生了英雄柏特兰·杜·格斯克兰，他像“拖延者”法比阿斯对付汉尼拔那样，避免正面作战，而是发挥本土作战在时间方面的有利因素，进行围困或突击。英格兰胜利

---

① 指约翰·丘吉尔 (1650—1722)，第一位马尔伯勒公爵。

的时候，已是精疲力竭。事实证明，法国军队无力打败英军，而英国也无力征服法国。爱德华三世虽然在军事上取得了许多胜利，他的主要目标却未能实现。

* * *

同法国交战的岁月在议会发展史上举足轻重。由于需要金钱，国王和官员经常召开议会。这使议会迅速崛起。各郡、市代表的主要职责之一，是请求平息全国或地方的不满，并引起国王和政务会对紧迫问题的重视。战争的压力迫使政府重视英国平民代表的呼声。在爱德华三世时期，爱德华二世执政时开始形成的集体请愿制度得到了发展。平民代表作为一个整体正式提出意见，并且像1327年那样，要求把这些意见以议会法令的形式加以确认，这使议会中明显地形成了“下院”。在爱德华一世的时代，平民代表并不是议会中的主要成分，到了爱德华三世时期，他们取得了重要的固定地位。他们的文书为他们起草意见，就国王的复信草拟谏议书。至此，议会中的上下两院界限分明了。上院的成员认为，他们不仅是国王理所当然的顾问，而且在议会的范围内有权向国王单独进谏。1343年，教俗两界的显要人物在威斯敏斯特的白厅召开会议，骑士和市民代表则移到会议厅共商国是。此时国会中首次出现了议长的职务。那时在这种场合担任议长职务的人还不是议会成员。在后来的一段时期内，下院一般是通过指定的代表发表意见。爱德华三世时期结束时，议长的地位得到了承认，所以国王也竭力保证他提名的人担任这个重要而显赫的职务。

爱德华三世向下院的让步标志着一个转折点。他同意一切拨款须经议会批准，也赞成将下院集体提出的正式要求作为以后制定法令的基础。到他逝世时，人们普遍认为，下院在批准税收和提出议案方面发挥了重要作用。诚然，下院畏惧国王，它拥有权力的历史并不长。爱德华一世加强王权的手段仍然历历在目，而且没有迹象表明，下院或者整个议会有权控制或干涉行政事务。他们开会是为了对于通过武力获得政治解决的某些问题予以认可，为拨款事宜进行表决，同时也为了陈述苦情和提出要求。要使议会成为统治机构的重要部分，要使下院成为这个机构的重要基础，还需要在整个14世纪里作出长期不懈的努力。

教皇的代表引起人们的强烈不满。约翰时代罗马教廷对英国的干涉，亨利三世对教会的屈从，教廷收税官的横征暴敛，教士在宫廷和政务会的影响，这一切使英国教会招致日益强烈的反感。在亨利三世统治时期，这种情绪达到了顶点。国内对日益衰落的国外教会对国内所产生的影响愤恨不已，英法战争加深了这种愤恨情绪。更主要的是，那个衰落的教会不可避免地抛弃了长期以来设在罗马的神圣教廷，在法国的影响下转向法国的阿维尼翁教廷。在这些年里，议会制定了一些法令，禁止将国王法庭可以审理的案件提交教皇法庭审理，限制教廷确定英国教职人选的权力。诚然，这些法令只是根据外交上的需要断断续续地得到推行。由于英法战争耗资巨大，教廷收入有限，在爱德华三世统治的大部分时间里，教廷的收税官在英国尽力征税，结果所得甚微。

1369年，英法两国在阿基坦又进行了激烈的战斗。英国精疲力竭，幻想也破灭了。教士要求免税，并非每次如愿以偿。其实，在那极端贫困和经济失调的时代，他们得以经常显示出自己的财富。教士逐渐取代了贵族的公职，因此议会中反对教士的情绪也逐渐加深了。爱德华国王年迈体弱，贵族力图恢复他们的权力。为了反对教会，约翰·冈特通过一次精心策划的政治攻势使贵族取得优势。他手里有了意想不到的武器。在全国的神学研究和学术中心牛津大学，对教皇利益和权力的批评日益强烈。牛津大学的著名学者威克里夫关于宗教改革的论述引起了人们的注意。他对教会的腐败非常愤慨，认为傲慢的教士集团及其绝对权力不符合真正的基督教原则，他说，凡人并没有掌握人类灵魂的能力。国王作为受上帝派遣掌管俗界事务的牧师，有权限制教士的奢华，正如教士有权指导国王的精神生活一样。虽然教皇和国王在各自的领域里处于最高地位，每个基督教徒得到的一切并非“直接”来自他们，而是来自上帝。最高的权力在天庭，而不是在罗马。

威克里夫的主张不会只是一个善良学者的玄想，它被应用到教会和国家的现实之中以后，引起了严重的分歧。它要削弱世俗教会的权力，以净化它的精神生活。约翰·冈特感兴趣的是前者，威克里夫侧重的是后者，而教会对两者都表示反对。起初，冈特和威克里夫均想利用对方来达到自己的特殊目的，因此在1377年结成联盟。冈特忙于组织新议会，威克里夫则“访问各个教堂，宣扬反对教会弊端的观点”，为冈特提供了道义上的支持。但是，对立势力也开始活动。威克里夫要进行宗教改革的希望掺杂了一些阶级和党派的偏见，冈特由于和这位立志改革的神学家结成联盟，客观上巩固了教会的既得利益，对自己不利。因此两人由于结成联盟都付出了一定的代价。主教们看出威克里夫是冈特最危险的支持者，便以散布异端的罪名在圣保罗大教堂对他进行审讯。冈特赶去援助他，遭到伦敦民众的敌视。这个不合适的伙伴关系终于土崩瓦解，威克里夫在高级政治事务中再也不起作用了。

也就是在这时，威克里夫开始产生长期的影响。他决意去号召人民。教会的弊端和他的改革主张为他吸引了许多年轻的门徒。他将门徒组成一帮寒酸的传道士，这些传道士像后来卫斯理的门徒那样，在全国乡村传播教士应该清贫高洁的主张。他用英文写了一些宗教小册子，其中最有名的是《罪人》，这是人人吟读的范本。最后，他迈出了重要的一步，和他的门徒一起将《圣经》译成英文。

基督教的男女老少应该仔细阅读《新约全书》，因为它具有权威，对拯救灵魂极为重要的论点通俗易懂……《圣经》中的字字句句，不管是深奥还是明了，都提倡顺从和博爱，因此，只有做到这两点的人才能完全懂得《圣经》……傲慢与贪欲会使教士是非不分，因而也就无法透彻地理解《圣经》。

基督教早期的精神在英国乡村复活了，就像闷热天过后出现的阵阵微风，清爽凉快，沁人心脾。这种不分贫富地展现在人们面前的新境界，严重地动摇了它所依附的正在衰败的社会。教会和国家不久将意识到它们的权力所受到的威胁。

* * *

爱德华三世的长期统治已经日薄西山了，克莱西和普瓦蒂埃的两次赫赫战绩也已黯然失色。当年，这位极力追求权力和威望的好战国王为了得到海外冒险事业所需要的金钱，宁愿以祖先奋斗得来的许多特权做交易，而如今到了风烛残年，他却成为时间和命运的债务人，这两位债权人对他提出了强烈的控告。他和儿子在法国征服的大片土地，像复活节的残雪一样涣然消失，只有几个沿海城镇还展示着不列颠民族长期珍视的那种胜利的荣耀。爱妻菲利帕王后在1369年患黑死病去世。在她死前，年老的国王就已坠入艾丽斯·佩罗斯的情网之中。艾丽斯是个生性冷漠的女人，但是机智过人，能力出众，无所顾忌，放荡不羁。当时的民众暴躁易怒，看到年逾花甲的著名国王沉溺情海，格外反感。他的眷眷私情远没有1348年建立嘉德勋位时所象征的宫廷爱情那么浪漫。嘉德勋位中“心怀不良者可耻”这一名句对贵族和民众是不适用的，他们不愿意让国王晚年的情妇从她和国王的风流韵事中得到好处。艾丽斯从国王的恩宠中获利致富，她至少戴上了菲利帕王后的一部分首饰，而且还以极大的热情参与了上层的政治斗争。在审理同她有关的案子时，她甚至与法官同坐一席。鉴于上述情况，贵族和下院联合起来反对她。

爱德华国王终于被战争、政务和放荡的生活弄得精疲力竭，老态龙钟。他在位已有50年了，如今寿数将尽。最后的10年大大损害了他的名望。除了私恋艾丽斯之外，他将残存的希望寄托在“黑太子”的身上。可是，“黑太子”这位驰名欧洲的杰出军人也被戎马生涯的劳顿所征服，健康状况迅速恶化。1376年，“黑太子”去世，留下一个未满十岁的儿子作为王位继承人。爱德华三世的丰富生活到了晚年变得刻板单调。他在受到致命的打击之后，退居希恩洛奇。在那里，艾丽斯仿照时髦的做法，鼓励他多想想比武大会和游猎活动，想想他康复以后的宏伟计划。但是据仇视她的编年史家们记载，国王陷入死前的昏迷状态时，她摘下国王手上的戒指，带着宅内的动产销声匿迹了一段时期。我们听不到她的辩解。不过，她在新国王执政时又出现于一些比较欢快的场合。据此看来，她似乎也有自己的理由。唉！各种记载都证明，爱德华国王死时被众人所抛弃，只有当地一名善良的教士给了他帮助，使他在到达天国的旅途中得到教会的保护和关照。

“黑太子”的儿子在祖父去世的当天被拥戴为王，没有人提出另选国王的问题。于是，英国王冠传给了年幼的继承人。

第三部　封建时代的结束

第23章
理查二世与社会反叛

“黑太子”的弟弟、小国王的叔父、兰开斯特公爵约翰·冈特位列摄政团之首，统治着全国。黑死病的影响和阴影主宰一切。英国社会中席卷着新的不安定因素。致命的创伤还在隐隐作痛，但人们在痛楚中隐约感到，大地上此刻有了更多的空间。大批空缺的位置得到填补。各阶层有许多人感到，他们意外地得到升迁，周围的环境有扩展。社会秩序已经大乱，集体力量削弱，但个人地位往往有提升。

英国不可战胜，天下无敌，英军无坚不摧，这种信念已经根深蒂固。在法国得到的物质利益虽已丧失，人们仍为克莱西和普瓦蒂埃大捷感到欢欣鼓舞。他们确信自己能够在任何时候与法国人或苏格兰人刀兵相见，因而也就不询问战争的结果如何。很少有人看到战场取胜和长期征服的区别。处于年青时期的议会极力主战，却不做长远规划，也不愿出军费。在战时，人们指望国王取得辉煌的战果，同时又指责税负扰民。和平不可逆转地到来，却又不符合英格兰人沉湎于全胜感觉的要求。这种尴尬的局面就是理查二世所继承的重要遗产。

经济社会领域发生了大动静。黑死病袭击了本已动荡的世界。自从国王引入雇佣军代替封建义务兵的制度以后，以土地为基础的关系便瓦解了。贵族、骑士为什么不可以效仿封建主呢？小地主们纷纷订立契约，为某个强大的邻居服务，“除了反对国王之外”。契约中的限制往往并不能得到遵守。互相忠诚的旧关系土崩瓦解，代之而起的是私人军队，他们是雇用来的财产保卫者，无疑也是无政府局面的先兆。

中世纪的英国，庄园领主一般是靠农奴致富的，农奴的地位和职责由长时期的惯例固定下来，并由领主法庭强制推行。围绕每个领地形成了关系密切、自给自足的社会。虽然13世纪和14世纪初的劳动力流动和物资交流，非过往人所能想象，但社会发展仍然缓慢，村庄也是逐步解体的。曾几何时，社会和劳动力分区再也不能保持原有的格局了，黑死病造成的震动急剧地加速了这个深刻的分裂过程。由于三分之一的人口突然死去，大片的土地荒芜了。幸存者转移到最肥沃的土地上耕种，到最好的草场放牧。许多地主弃农经牧，往往靠蚕食土地，围起了最肥美的牧场。此时，发家致富似乎轻而易举，价格上涨，利润增加，而劳动力却减了一半。小块的地产被抛荒，许多庄园失去了自古以来为其劳动的农民。农夫和劳动力需求大，成为各方竞争的目标。他们也想乘机改善自己的境况，至少使自己的生活水平跟上物价上涨。诗人朗兰在《农夫皮尔斯》中，描绘了一幅冷漠而饶有趣味的画面：

无地劳力，全凭双手，

每天饥馑，野菜果腹；
买不起啤酒，无一片熏肉。
若有新鲜肉鱼，煎烤都行。
热了又热，以防寒肠。
他要高薪，否则怒骂。

农夫的雇主看法则不同。他们狠狠拒绝加薪要求，还要恢复强迫劳动、人身依附的权利。村民的家系要细查，以前只对大人们才这样做。佃农一旦被宣布为农奴，至少不受新要求的制约。雇主们提出他们久已丧失的权力，不管多么合法，村民们都会强烈反对。村民为保护自己的利益成立了行会。有些佃农则从庄园里逃走，就像 19 世纪 50 年代美国南方奴隶逃亡一样。一些地主无奈地缩短了徭役期限，或者把土地租给小地主以换取他们的顺从。在一些领地里，农奴集体获得了公民权，自由农阶级应运而生。不过，这种情况并不多见。教会才是最大的地主。总的来说，宗教力量成功地抵挡了这部分教众的攻击。有的领主如赫顿领地上的巴特尔修道院院长，被迫出租闲置土地，租期本来就很短，而且后来一有机会就把租期进一步缩短为一年。18 世纪，法国也同样企图恢复昔日的封建特权，结果引起了革命的狂澜。

英国各地经历的动荡影响到人民群众的日常生活，其深度在 19 世纪工业革命前的社会发展史上是独一无二的。例如，从有产阶级中选出的议会可以说了算。英国同法国一样，国王曾经不止一次干预地方的工资法规，但 1351 年制定的《劳工法》是为全国确定工资标准和价格的第一次重要尝试。在瘟疫过后的困难局面中，议会企图大刀阔斧地全面推行这些法令；还从乡村的中产阶级当中物色了“劳工法官”，给予固定的薪水，指定他们审讯违法者。1351—1377年，民事法庭审理了9000起违约的案件。在许多地方，专员们积极抓权而又偏私，受到当地居民的袭击。全国上下动荡不安。

不过，瘟疫的幸存者无疑能够达到小康。受饥饿压迫的国家是不会发生造反的。傅华萨写道：“英国底层百姓生活安逸、物资丰富，遂引发了农民起义。”人民并不是无法抗议世道不公，也并非没有表达不满的喉舌。在下层教士中，薪俸微薄的执事遭到黑死病的重创，仅在东盎格利亚就死了800名牧师。活着的人发现物价飞涨，他们的补贴却没变，而高级教士对教会无产者的问题则漠然置之。为此，必须逼其赎罪。教会领地是起义所攻击的明确目标。赶集日里，煽动者尤其是托钵修士中的煽动者，吸引了集市上的人群。朗兰诗中反映了既有秩序对基督教共产者的不满情绪：

他们宣扬柏拉图的追随者，
援引塞内卡加以证明，天下万物应归众人所有。
我见证，他撒谎；对无知者确是如此说教。

许多言辞激烈的煽动者散布了一连串颠覆性的说教，其中最有名的是约翰·保尔。国内到处是穷困潦倒的士兵，刚从战场上遣散，他们深知长弓及其可以用于杀伤贵族的威力，尽管贵族武装精良，得意扬扬。革命的说教广为传播，流行的谣曲说明了民众的反应：

当年亚当挖地，夏娃织布，

哪个是士绅大人？

这在 14 世纪是个新问题，在任何时代也是尴尬的问题。中世纪的英国，长期形成的刻板的社会框架从根基上发生了动摇。

这种情况绝不仅限于岛国。在英吉利海峡的彼岸，一场激进的民主运动已经启动，口号和我们现在的呼声大同小异。这场运动在英国滚滚向前，导致了 1381 年的恐怖起义。这是广泛的社会动乱，自发地兴起于全国许多地区，有着共同的原因、共同的情绪，同仇敌忾。在黑死病死亡率最高、习俗破坏最猛烈的英格兰东部和肯特，暴乱最为严重，由此可见，起义是黑死病直接造成的。是由于命运转变而不再逆来顺受的一代人发出的痛苦而愤怒的呼喊，这种转变也产生新的希望，也带来新的不公。

*　*　*

1381 年整个夏天，风暴在各地普遍酝酿。背后自有人在组织。联络员们走遍英格兰中部的村庄，与“大社会”组织进行联络，据说这个组织要在伦敦开会。5 月，埃塞克斯爆发了暴动，起因是试图再次征收前一年收过的人头税，而且更加苛刻。伦敦狂暴分子激动起来，一个名叫托马斯·法林登的人带领一帮人前去参加起义的队伍。市长沃尔沃思遭到一大批市民的反对，他们同情起义，并同起义者有联系。在肯特，农民袭击莱斯内斯修道院之后，穿过罗切斯特和梅德斯通，一路上烧毁了庄园的账目和征税账，并从梅德斯通的教会监狱里救出了鼓动家约翰·保尔。具有领导才能和经验的军事冒险家瓦特·泰勒也在梅德斯通加入了他们的队伍。

政务会茫然不知所措。6 月初，暴动的主力从埃塞克斯和肯特向伦敦进发。他们在伦敦得到了支持，鱼商约翰·霍恩邀请他们进城。负责守卫伦敦桥的市政官没有采取任何防御措施，艾德门[①]被叛徒打开迎接埃塞克斯的一队暴乱者。伦敦陷入为时 3 天的混乱之中，外国人遭到屠杀，政务会的两名成员被人从伦敦塔拉出来，在塔山上被砍了头，一个是坎特伯雷大主教兼大法官西蒙·萨德伯里，另一个是财政大臣罗伯特·黑尔斯爵士。约翰·冈特的萨伏依宫遭焚毁，兰贝思和索思沃克均遭洗劫。这是清算旧账的时候。法林登列出了应放逐者的名单，强取豪夺的金融家理查德·莱昂斯被杀。这一切带有现代社会的味道。不过，忠诚的市民则聚集到市长周围；国王在史密斯菲尔德接见了反叛领袖。起义者似乎普遍忠君，他们的要求合情合理，却令人为难。他们要求废除严酷的法令，取消隶农制，瓜分教会财产。他们着重提出，不应该有农奴，也不应该有人给领主服徭役，只要每一英亩向领主缴纳 4 便士土地年金就完事，为任何人服役不得违反本人的意愿，必须双方同意。谈判期间，泰勒先被沃尔沃斯市长刺伤，接着又被国王的扈从杀死。暴乱领袖跌下马来，死在众人面前时，年轻的国王单枪匹马冲向前应对危机，大声喊道："我做你们的领袖。只要跟随我出征国外，就会有求必应。"但是，泰勒之死成了激发反动派的信号。群龙无首的乱民散伙回家，在各自的郡内胡作非为。重建起来的权力当局开展追捕。复仇开始了。

起义席卷西南部地区，布里奇沃特、温切斯特和索尔兹伯里都发生了骚乱。在赫特福德郡，农民起来攻击权势显赫、令人憎恨的圣奥尔本斯大教堂，然后在杰克·斯特劳率领下向伦敦进军。剑桥郡也发生了大规模的暴动，档案被烧毁，教会领地遭攻击。在亨廷

① 伦敦城的东门。

顿郡，虽然市民闭门抵御暴乱者进城，拉姆齐修道院却也在劫难逃。在农民比较富裕、自给能力较强的诺福克和萨福克，痛恨隶农制的情绪更加强烈。贝里圣埃德蒙兹修道院是众矢之的，林恩的佛兰德斯羊毛纺织匠也被谋杀。暴动的浪潮在北边波及约克郡和柴郡，在西边席卷威尔特郡和萨默塞特郡。

泰勒死后，统治阶级有组织地进行了抵抗。大法官法庭向王室官员发出信件，命令他们恢复秩序，首席大法官特里西利安领导高级法官们对叛乱者从速判决。国王陪同特里西利安进行惩罚性的巡回判决，敦促法官在处罚叛乱者时依法行事。好斗的诺里奇主教勒德斯彭索在东部各郡保护教会财产时使用了武力，在北沃尔舍姆真刀真枪地战斗。不过和现在比较起来，统治阶级的清算还是很有节制的。据案卷记载，处死刑者不到150人，而且也没有我们在现代欧洲的许多国家所见到的暴行。法治恢复，依法执法。即使在这种激烈阶级反动报复中，也没有未经陪审团裁决就绞死人。1382年1月，经议会提议宣告了大赦。但是，有产者赢得了胜利，接着众口一词宣布一切让步无效，并大胆地企图原样恢复该世纪初的庄园制度。在后来的几代人时期里，上层阶级仍然担心发生农民起义，而劳动者继续走向联合。奴役劳动不再是当时的社会基础，农奴制的法律已经无足轻重。总而言之，1349年以后，以租金代替徭役的发展加速了。凡此种种，都是黑死病的不朽遗产，对于史学家来说，暴动不过是突然闪现的一丝亮光，展现了中世纪贫困阶级的状况，可是对于当时的人来说，令人长期不寒而栗。它在农民心中留下了难以磨灭的怨恨，也唤起了当局的警惕性，奋起反抗。从那时起，人们一心一意要分掉教会财产。暴动之后，威克里夫发起的罗拉德派运动不断传播，胜利的统治阶级吓坏了，因而对它产生仇视。威克里夫“贫穷传教士”的名誉由于煽动暴乱而被玷污，他们受到的迫害是根基已经动摇的制度发出的报复。

14 世纪 80 年代的英国大有山雨欲来风满楼之势，因此，威克里夫的说教博得广泛的支持。那时英国面临着社会革命，对宗教改革并不感兴趣。所有颠覆性的说教都受到谴责，威克里夫虽然没有直接煽动，也没有受到妖言惑众的指控，但是他的事业却受到了灾难性的打击。地主阶级默许教会对这些传教士进行极端的镇压。镇压来得迅速有效。萨西蒙·德伯里被杀后，威克里夫的宿敌考特尼继任坎特伯雷大主教。他发现威克里夫的人控制着牛津，便立即采取行动。威克里夫的改革主张受到官方谴责。各位主教奉命逮捕所有无证传教者，大主教本人迅速成为教会纪律体系的领导。由于这一措施以及兰开斯特的积极支持，教会最终从世俗的打击下恢复过来。1382 年，考特尼降临牛津，在现在基督大教堂所在的地方召开教区会议。威克里夫的主要追随者被严令改邪归正。校长提出抗议，要求尊重大学特权,却被置之不理。威克里夫的追随者遭到严厉谴责，便退缩低头了。结果威克里夫被孤立。他攻击教义，说与教会的特权分开，因而也失去了冈特的支持。他的那些民众欢迎的传教士和最早的解读《圣经》的活动，未能建立起反对社会统治势力的坚强党羽。

威克里夫向本时代的良知发出了呼唤。他的激励在英国遭遇困惑，但并未沉默，在一个遥远且不大为人所知的国度却引起了反响，然后从那里扰动了欧洲大地。布拉格的学生来到牛津，将他的教义和手稿带到波希米亚，从而引起了一场运动。运动中，约翰·胡斯的名望要高于他的英国老师，唤起了捷克人民持久的民族觉悟。

威克里夫正面攻击教会对世人的绝对权威，暗示个人的良心高于一切，并向教会教义挑战。于是，他受到雷霆般的压制。但他的抗议导致了第一次牛津运动。威克里夫的事业在生前遭到失败，却推动了改革的潮流。运动被迫转入地下。教会由于和国家联合而加强了其在俗界的地位，厚颜无耻地击退了改革派的第一次进攻，但教会的精神权威在这场冲突中遭到削弱，留下了伤疤。

17 世纪的富勒评论威克里夫的传道者："这些人是反对敌军的前哨,后来上帝派路德来换岗了。"威克里夫传统在牛津学者对《圣经》的研究中绵延至宗教改革为止，直到克利特在 1497—1498 年间的讲座中，方得到复活。尽管威克里夫没有教导过政治反叛，乡村的罗拉德派运动却与政治反叛混为一体了。对立的教士急于给他们扣上该罪名，而多半不是教士的罗拉德宣讲者往往无知无畏，气急败坏，恶语相向，提供了无穷尽的把柄。残酷的日子还在后面。这个政治传统将在亨利五世时代约翰·奥尔德卡斯尔爵士的叛乱中毁于兵燹。不过，敢于同好斗而得意扬扬的教会队伍对着干的充满活力的元素，在英国人民中间经久不息。英国人心中被植入了一条塑造了本民族命运的原则。威克里夫生前一败涂地，星星之火也在宗教改革的晨曦中消失了。弥尔顿的《最高审判官:为未经批准的印刷自由权辩护》写道："威克里夫别无所求，为了使学问达到完美境界，他只希望生活在幸福一点的时代。"

争取实践上自由的顽强愿望在英国没有破产。英国人民的地位和脾气同法国农民无精打采的逆来顺受形成了鲜明的对比，后者被战争、饥荒和对扎克雷起义的残酷镇压打得毫无脾气了。

亨利六世时代的伟大法学家约翰·福蒂斯丘爵士写道："法国人没有举行起义是因为胆怯、缺乏勇气，而不是由于贫穷。他们没有英国人这样的勇气。在英国常有三四个强盗迫于贫困袭击七八个良民，把他们统统抢光，可是在法国，七八个盗贼也不敢抢劫三四个良民。可以说，很少有法国人因抢劫被绞死，没有勇气干那种可怕的事情嘛。所以在英国，一年绞死的抢劫杀人犯比法国7年里绞死的同类罪犯还要多。"

*　　*　　*

理查二世已长大成人，他那强烈的本能和老成的才干，由于所见所行而更加敏锐。在农民暴动的危机中，许多事情的矛头都冲着他而来。在一次难忘的场合，他亲自行动，挽救了局势。封建阶级惊慌失措的时候，国王的宫廷和法官已恢复了秩序。但他却甘受长期的监护。阿基坦总督冈特的约翰到国外去谋求，例如卡斯蒂尔王国的继承权之类的利益。他将能干而精力充沛的儿子亨利留在国内照顾他的领地。

到了20岁，理查才决意完全主宰政务会，尤其是要摆脱叔叔们的控制。以前从未有哪位国王受到这样的待遇。他的祖父18岁时就说了算，他父亲16岁时就独当一面。宫廷及其近臣都盼望他早日亲政。这个圈子里有政府首脑们和高级公务员，主要人物有大法官迈克尔·德拉·波尔、首席法官特里西利安和约克大主教亚历山大·内维尔。理查二世的教师和密友西蒙·伯利可能是军师。一批年轻的贵族投靠宫廷，为首的是牛津伯爵罗伯特·德维尔。此人扮演的角色如同爱德华二世手下的加维斯顿，某个方面预示着后代的斯特拉福德将会呈现出来的东西。理查国王是高官职衔的来源，他对追随者普遍厚待，德维尔不久获封爱尔兰公爵。这对于政务会的权贵显然是一次政治挑战，爱尔兰是人力物力的宝库，它不受议会和贵族的控制，而可以用来控制英格兰。

国王和他的宠妃身边的集团，汇聚宫内和政府的职位，冒犯了贵族，在某种程度上也侮辱了民族精神。反对派照例把外交事务作为攻击的武器。宫廷经济拮据，又不敢要钱，更主要的是缺乏军事将领，因而朝廷采取绥靖政策。贵族和议会联合，责难不懂军事的大法官波尔以及宫廷的极端享乐主义。他们嘲笑说："他们不是女战神贝娄娜[①]的骑士，而是爱神维纳斯的骑士。"当时必须对法国开战。1386 年，在这个问题上形成了反对国王的统一阵线。议会指定 5 名大臣和 9 名勋爵组成一个委员会，由前摄政团成员们主持工作。宫廷在弹劾波尔的风暴面前作了让步，国王的政务会班底也遭清洗。对方认为，这些官员是国王过错的根源，也是他的力量源泉。请注意，他的侍从官杰弗里·乔叟（他出名另有理由）丢了在海关的两个职位。

当这个委员会不久后逼国王解除好友的职务时，国王痛苦万分地离开了伦敦。他去北威尔士会见新任爱尔兰公爵，去约克同内维尔大主教叙谈，去诺丁汉同首席法官特里西利安商谈意见。他企图将自己的部队聚集起来，准备发动内战；那地方正是日后查理一世打起国王军旗之处。爱尔兰募兵、威尔士长矛兵，特别是理查自领的柴郡伯爵领地的弓箭兵，源源不断地集中起来，要组成一支军队。有了军队撑腰，特里西利安和国王的另外 4 名法官宣布，所谓的"弹

① 罗马神话中的女战神。

劾派勋爵”[①] 和议会对国王施加的压力违反英国宪法和法律。此判决无疑是合乎法律的，却遭到血腥的报复。王叔格洛斯特和贵族寡头政治集团其他头面人物，指责首席法官以及一起行动的人是王国的叛徒，这些人中包括德维尔等国王的谋臣。年仅 20 岁的国王过分直接地依赖王室的权威。政务会的勋爵们仍能够得到议会的支持。他们诉诸武力，格洛斯特率军进逼伦敦，理查抢先赶到，受到伦敦市民的欢迎。他们打着他的红白旗帜，表现出对他的忠诚，但不准备同步步进逼的贵族军队作战。在威斯敏斯特，以格洛斯特、阿伦德尔和沃里克为首的“弹劾派勋爵”在宫外 300 名骑士的保护下，威胁国王就范。国王所能做的，只是让他的追随者们逃脱而已。

德维尔退居切斯特，在那里招兵买马，以确保国王的利益。1387 年 12 月，他率军开向伦敦。此时，“弹劾派勋爵”和冈特的儿子亨利已经严阵以待。在牛津郡的拉德科特桥，亨利和这些勋爵击溃了德维尔，这位宠臣逃出国外。此时，国王的安危落入了已经篡夺君权的一群狂妄者的手中。他们内部争执了很长时间，对是否要把理查国王废黜或是杀掉举棋不定。年长的人主张采取极端措施，年轻的一派则加以阻止。理查二世面临着重蹈曾祖父覆辙的残酷威胁。当时的争论非常激烈，只有两名“弹劾派勋爵”愿意留下陪国王吃晚饭。主张采取温和手段的是军事上大胜的年轻人亨利，可能因为格洛斯特一旦取代理查，他父亲对王位的继承权就泡汤了。

由于内部分歧，“弹劾派勋爵”未能废黜或杀害国王，可是他们

---

① 指格洛斯特公爵和德比伯爵等人，他们于 1387 年指控特里西利安等谋臣犯有叛国罪。

在其他事务上并没有后退。他们强迫国王处处让步，对国王身边的新贵和法定的追随者进行残酷报复。要求王国各领地表态支持新政权。预定的日子，5 名“弹劾派勋爵”穿着金黄色的衣服，手挽手进入威斯敏斯特。“无情议会”开幕了。最让人讨厌的反对派是以特里西利安为首的那些皇家法官。他在诺丁汉公布了“国王至高无上”的原则，国王的法庭和法官可以管辖掌握议会的贵族。对这一法律，郑重答复一如既往，虽然肯定了封建权力这个现实，但也宣布了议会治国的原则。这一现实在动荡不安的年代里消失了，而这条原则却回荡世间，一直传到 17 世纪。

首席法官特里西利安以及发布诺丁汉宣言的另外 4 名法官上了泰伯恩绞刑架，并被剖腹分尸。国王的老师伯利也未能幸免。老派贵族取得了彻底胜利。只有国王本人侥幸虎口逃生。理查二世不仅屈服了，还对朋友惨遭杀戮表示同意，尽量低调地过着退隐生活。

必须假定，这遭遇一定让他刻骨铭心。世上很少有人经受过这样的考验。他思索着自己的冤屈，考虑着以往的过错，看出那些得意扬扬的贵族不仅是欺凌国王的奸雄，也是蹂躏人民的暴君。为复仇和权力，他用比过去巧妙得多的手腕制订了计划。在危机四伏的平静中，一年过去了。

* * *

1389 年 5 月 3 日，理查国王出其不意地行动了。他在政务会落座以后，平静地向众人询问自己的年岁。众人说他 23 岁时，他宣布自己肯定已经成年，决不允许继续对他的权力实行有违民意的限制。他将亲理国政，自选谋臣，做名副其实的国王。无疑，此举是经过精心策划的，体现了理查在多次计谋中所显示出的那种不可思议的超群聪慧。理查首战告捷。阿伦德尔伯爵的兄弟、后来担任坎特伯雷大主教的托马斯主教奉命交出了国玺，吉尔伯特主教离开财政部，支持国王的威廉·威克姆和托马斯·布兰廷厄姆官复原职，分别任大法官和财政大臣。“弹劾派勋爵”控制的最高法院增补了国王提出的人选。国王驰书各郡郡守，宣布他已亲政。这个消息在全国受到了意想不到的热烈欢迎。

理查二世获胜后比较谨慎和宽容。1389 年 10 月，约翰·冈特从西班牙返国，他的儿子、已经成为要人的亨利也同国王和解。1388 年形成的可怕联盟至此瓦解。国王的统治机构战胜了宗派势力，重新运转起来。此后的 8 年之中，理查以拥护宪法的亲民君主的面目统治英格兰。

那个时代，黎民百姓与权力无缘。包括新生的中产阶级在内的统治阶级，尽管彼此争吵得你死我活，但在压制百姓上却总是一致的。推翻理查的那些强大的社会力量对他下了判词，并且公布了他的罪状，但我们只能有保留地接受他们对国王人格的判决。他企图颠覆废除互相对立的宗派、教会和贵族在无意识中坚决确立的立宪权力，这是不可否认的事实。但是，他这样做究竟是为了满足个人私欲，还是为了实现在农民暴动的危机中许下的“我将是你们的领袖”这一誓言，这不是可以轻率回答的问题。诚然，他 1381 年对暴乱者代表团气呼呼地说过：“一旦做佃农，终身为佃农。”他还说，被迫发誓一钱不值。可是，他发布的释奴状解除了许多农民的封建依附关系。他也郑重地允诺废除农奴制，并向议会提出这项建议，结果却被否决。他受过的创伤使他久久难以忘怀，可能也影响他履行职责。

为了完成复仇，理查表现耐心，手腕老练，实在令人刮目相看。他容忍阿伦德尔和格洛斯特在官场混迹 8 年，两人不像以前那样担任地方官，但仍然位高权重。不过，理查也有激情迸发的时刻。1394 年，阿伦德尔参加王后安妮的葬礼时姗姗来迟，耽误了整个仪式，理查夺过侍从的礼杖，朝他脸上打去，鲜血直流。教士惊呼道，威斯敏斯特的教堂被玷污了。人们翻出了旧时的预言：由于贝克特遇害，上帝将惩罚全国，一直到血染圣殿为止。可是过了几个星期，国王似乎又同阿伦德尔和解了，一切又在亮闪闪的假面具下运作起来。

贵族互相倾轧，理查国王企图集合爱尔兰的资源来加强实力。1394 年，他以国王出巡时的全部威仪驾临爱尔兰，专门组织了一支依附于他个人的军队，后来被用作在英格兰威慑反对派的工具。回宫后，他制订的迫使贵族和各地俯首听命的计划取得了很大进展。战争的负担会使他直接依赖议会的恩赐，为了从中解脱，他同法国实现了和解。第一个妻子安妮死后，1396 年他娶了法王查理六世的幼女伊莎贝拉。于是，英法两国达成停战协议，缔结了为期 30 年的友好互不侵犯条约，并且秘密约定，如果理查以后受到国内臣民的威胁，法兰西国王将驰援。虽然停战条件引起国内的抱怨，理查国王却由于解除战争义务而获益匪浅，因为他只有成为议会的乞丐和仆役才能维持战争。贵族对王室的施压如此之重，时而招惹之，时而抱怨其成果，致使我们目睹金雀花王朝之主躺在地上，拒绝再在崎岖的道路上拉着国家的马车前进。如此行事，并非由于缺乏勇气目光短浅，而是国王远见卓识的必要特征。毋庸置疑，他希望获得对贵族和议会的绝对控制权。至于他是否想利用专断权力为臣民中的下层阶级谋利益，那是一个谜，也是一个传奇，长期关乎他的令名。

他的性情，情绪涨落，脾气爆发，几乎超人的精确算计，这一切历来都归为他垮台的缘由。然而，普通百姓则把他当朋友。他们猜想，只要权力在握，他就会把他们从领主的残酷压迫下拯救出来。因此，他们久久地怀念着他。

*　*　*

远征爱尔兰是理查二世建立专制的第一阶段，同法国结盟是第二阶段，接着他便致力于培植严密有效的宫廷势力。冈特父子和以前的“弹劾派勋爵”之一诺福克伯爵莫布雷站到理查一边，一方面是出于对他的忠诚，另一方面是出于对阿伦德尔和格洛斯特的仇恨。宫廷里任用了新人。约翰·布希爵士和亨利·格林爵士代表地方郡区的利益，是国王的忠仆。他们抽调自议会阶级，责无旁贷为国王和贵族排解宿怨的，为国王确保了面对教俗贵族和平民三个等级的必要影响。1397 年 1 月，第三等级的代表应召来到威斯敏斯特，在理查灵活有力的治理下表现得唯唯诺诺。有了第三等级的保证后，理查终于决定出击了。

阿伦德尔和格洛斯特此时尽管退隐幕后，想必认为时间推移以及友好社交能实现自保，他们不致由于 1388 年的所作所为而遭到恶报。时过境迁，首席法官特里西利安、国王老师伯利以及那次喋血中遇难的其他人，似乎是遥远的记忆了。所以，他们见国王以人间少有的冷酷憎恶态度逼向他们时，双双惊诧不已。阿伦德尔和一些同伙被宣布为叛逆，只能被施以砍头之礼遇。沃里克被放逐到马恩岛，格洛斯特被捕后押解到加来，在那里遭到理查的手下杀害。这些没有宪法形式保护的行为，又引起了新的报应。从此，理查国王的名誉沾了污点，可与约翰国王杀害亚瑟的后果相比。不过，他的权力此时至高无上，是历代英国国王之最，而他至今怒气未消。

议会召开了，只是为了使这些事件合法化。大家心往一处想，没有不愿意为国王做的事情。这样的议会是前所未有的。中止了上个世纪赢得的几乎每一项宪法权利和特权，狂热地简直到了自杀的程度。君权被抬到了至高无上的地位，甚至连纠集强盗头子起事的战争领袖征服者威廉也望尘莫及。英格兰民族经历约翰的罪恶和爱德华二世的堕落而赢得的一切，两位伟大的爱德华国王让步所建立的一切，都泡汤了。议会所做的一切干净彻底，破坏性大；其结束之时，将未尽的工作交给一个十八人委员会打理。议会一解散，理查便要求篡改档案，加入文字，大大扩展了该委员会的权限。他的目标即使不是消灭议会，至少是要把它削弱到爱德华一世执政初期的角色，名义上和实际上都是“国王的议会”。

理查国王同年纪相仿的堂兄弟、冈特的儿子亨利的关系经历了由喜剧转化为悲剧的过程。亨利认为，自己在1388年的危机中挽救国王，免遭格洛斯特、阿伦德尔和沃里克的废黜和杀害。这很可能是事实。从那时起，他和理查过从甚密，无所不谈。他代表着与那些挑战王权的老派贵族不同的势力。这两个年轻人和睦相处，一个是国王，另一个是约翰·冈特的儿子，他离国王很近，离王位则比别人更近。

亨利和已成为诺福克公爵的托马斯·莫布雷发生了争执。莫布雷从布伦特福骑马回到伦敦，说出了他的不安。他说，国王从未忘记拉德科特桥事件，没有饶恕以前的“弹劾派勋爵”，而他和亨利均曾属于“弹劾派勋爵”之列。他们即将大难临头了。亨利指责他散布叛国言论。关于这些言论，议会接到相抵触的报告。受到诘问时，双方互相攻讦。看来决斗裁判是唯一正确的解决办法。这个著名的事件发生在1398年9月。竞技场已经划定，全国人民聚拢来，夺锦标的人也都到场。各阶层的观众满怀希望地等着看热闹，可是国王制止了这次打斗，将莫布雷判处终身流放，放逐亨利10年，这一行为激怒了在场的所有观众。两位爵爷服从王命。莫布雷不久死去；亨利则认为国王恩将仇报，处事不公，选择去法国生活，密谋着复仇之计。

* * *

翌年，专制主义昭然若揭。理查在复仇完成之前一直颇有耐性，此时行事却焦躁疑惑，铺张浪费，朝令夕改。在忠实的柴郡弓箭手护卫下，他在全国各地游荡，以盛大的筵席和比武来消磨时光。他把国务交给威斯敏斯特宫廷或者大臣处理，而他们感到既不受信任，意见也得不到尊重。国王的奢侈生活造成了财源紧张，于是强索贷款，增加赋税，引起商人和乡绅的愤怒。

1398年，国内许多人醒悟到，奴性的议会几个星期就让全国的人停止了许多基本权利和自由。他们已经很久没有同国王发生龃龉了。这时他们看到国王露出了暴君的面目。对独裁统治心怀不满的，不仅有上次危机中失败的旧贵族，还有全体绅士和商人阶级，对极权统治的耀武扬威目瞪口呆。他们的愤懑不仅出于对立宪制度的热爱，也出于一种恐惧心理。可能出于许多我们不了解的原因，他们担心已经主宰一切的国王将对他们为所欲为，骑在人民头上作威作福。他们再次感到社会革命的恐怖，这种恐怖他们刚刚在农民暴动中领教过。切身的共同利益、秉性和行动使各个阶级联合起来，他们有的脱离了平民阶层，有的是生来优裕。他们嘟囔说，拥有绝对权力的国王将放出暴民攻击他们。

1399年2月，“久经风雨的兰开斯特家族成员”约翰·冈特去世。流亡中的亨利继承了大片领地，不仅分布在兰开夏和北方，而且遍及全国。迫于经济拮据，理查不顾自己的诺言，忍不住在法律上没收了兰开斯特家族的领地，宣布堂兄亨利的继承权无效。这就挑战了每一个领主的地位。理查不自量力，对国内形势作了致命的误判，5月份开始进行谋划已久的讨伐，以主张国王在爱尔兰的权威。他离开后，政府没有军队的支持，混乱不堪，且全国上下对他愤愤不满。亨利得到国王出国的消息，认为复仇的时机到了。海岸上没有守备，他毫不耽搁。7月份，如今成为亨利·兰开斯特的他在约克郡登陆，声称来英国只是为了恢复他作为德高望重的父亲的继承人之合法权利。支持者立即围拢来，特别是兰开斯特领地上的人们和以诺森伯兰伯爵为首的强大北方勋爵们。亨利叛军的前进路线同72年前伊莎贝拉和莫蒂默反叛爱德华二世时一模一样，从约克出发，在万民的欢呼声中进入布里斯托。正如当年伊莎贝拉在那里的城垛上绞死休·德斯彭瑟一样，亨利也对国王的大臣和代表威尔特郡伯爵威廉·斯克鲁普、布希和格林处以极刑。

过了一段时间，亨利的现身，以及随后迅速发生的一切，才传到深入爱尔兰内地的国王那里。理查赶忙回国，尽管海上风急浪高。7月27日，他在英格兰登陆，三个星期的时间兼程穿过北威尔士，企图聚集一支军队。途中的见闻使他确信大势已去。他耐心经营建立起来的权力，整个结构魔法般消失了。威尔士人愿意支持他，可是无法面对全英力量的一同进逼。理查在弗林特城堡向亨利投降，全部行政权力早已落入对方的手里。他作为俘虏乘车驶过伦敦的街头，被关进伦敦塔，被迫退位，看来难免一死。最后一位拥有不可争议的继承权的英国国王，在庞蒂弗拉克特城堡的铁闸门后永远消失了。亨利在国内三个等级和上院神职议员、世俗议员的许可下登上王位，史称亨利四世，从而翻开了对中世纪的贵族注定致命的新的历史篇章。虽然亨利的家系使他有充分的依据登上王位，他本人的品质，尤其是他儿子的才能，确保了这个决定，但是，更高的血统权力将通过莫蒂默家族传到约克家族。很久以后，英格兰由此爆发了玫瑰战争。

* * *

理查二世的性格和他的历史地位迄今仍是个谜。很明显，他在谋略和行动上都有高等级的品质。他几乎从童年开始就面对无限的艰难困苦和冤枉压迫，并反复迎难而上，这是公认的事实。要理解他，关键大概是看他在叔叔格洛斯特和上层贵族手里受到的伤害和虐待。一些史学家觉得，他不仅准备利用议会和法律上的动作来对付统治阶级，甚至也可能利用当时和许多世代以来底层的社会力量。不管怎样，人民方面长期以来对他的概念就是这样的。数以百万计的不幸民众对理查满怀希望，几百年内却是注定不能实现的。在亨利四世统治的整个时期,他们对理查的印象理想化了。不管正确与否，人们认为理查是为造福穷人和弱者的事业而献身的殉道者。当局因此颁布了一些法令，甚至连传言理查仍然活着的人也将按严重叛国罪论处。

我们这些现代人无权剥夺照在理查一生漂泊受虐上的这道光。他天性中，时而做出惊人的错事，时而又以目不暇接的速度恢复真正的本能，这是毫无疑问的。他能够发挥超人的机智和耐心，也能干出傻子都懂得避免的蠢事。他同封建贵族社会进行了4次生死决斗：1386年，他败阵；1389年，他获胜；1397—1398年，他到达巅峰；1399年，他垮台了。

第 24 章

亨利·博林布鲁克篡位

一切权力都落到亨利四世的手中，所有曾经冒险将他拥上王位的人协力确保他的权力，也是为了替自己保命。可是，反对派以让人惊奇的毅力支撑着。法国宫廷认为亨利是篡位者。理查活着，亨利血统的继承权就是无效的。细查家族谱系，即使理查死后，他也无权继承。不过他有其他权力。他本来想依靠自己的征服者权力，但听完忠告后放弃了。他在以理查的名义召集的教俗贵族和平民三级会议上受到拥戴，加上在近亲血缘方面的优势，就有了继位的基础，虽然受到挑战，但基础广泛，何况他有许多值得称道之品质。史学家无不认为，他勇敢果断，精明能干，而且生性仁慈。即位之初，他对落败方采取宽容大度的方针，以致政局遭到滋扰。理查被推翻，他在命运翻天覆地的大动荡之中受益最深，所以对理查的追随者很少进行报复。在前朝时他身临各种压力的漩涡中。他受到诬陷虐待，可是他强烈反感以暴易暴。即位之初，他依然是那位勇敢的骑士，在胜利中也极为温和，反对流血，坚持新兴的立宪思想，总是憧憬着为十字军事业而牺牲。然而一连串动荡且令人阴郁的事件让他宽厚待人的性情变得颓萎，并最终腐化了他仁慈的天性。

起初，亨利依靠议会的帮助来弥补自己在继承权方面的欠缺。他依赖选任、有限的王权理论，而不是极权君主制理论。因此，他成为一个立宪的君主，既是出于性情，也是迫于形势。在他的登基典礼上，主持人说了豪言壮语。阿伦德尔大主教说："可敬的英格兰王国是世界上最富饶的一角，由于妇孺参政而已经破败。现在，上帝派睿智谨慎的男子汉来治国理政，他将在上帝的管控下，听从国内贤士和德高望重者的谏言。"

阿伦德尔大主教还说，"王国的事务落在我们的肩上"。亨利将不是根据自己的意志"或主观愿望和个人意见行事，而将遵从大家的忠告和主张，并取得大家的同意"。这里可见一项令人难忘的实践上的进步。不过，议会本身不能看作智慧和美德的源泉。此工具没有可靠的基础，可以安插亲信，也可以控制选票。这个时期的许多届议会都被加了冠名，"可嘉议会""疯狂议会""无情议会"云云，记忆犹新。而且，显贵在权力游戏中的利害远远超出平民和一般权贵所冒的风险。谁能保证，贵族的某个意外伟业不会破坏人们所依靠的整个结构呢？每次权力易手之后，必然对败者残酷报复，所以下院产生了一个坚实持久的愿望，大贵族要是想自相残杀，那就悉听尊便吧。所以，下院尽管积极活动，却只肯以陈情为主，不愿做决议。这样，政务上的重任就明确落在最上层统治阶级的肩上。

他们为了得到进一步的保护，就呼吁国王不要根据议员的辩论情况或各位议员的角色来判断任何问题，而应该等待议会做出集体的决定。他们强烈主张"先陈情后拨款"的原则，亨利拒不接受。

可是他的财源被勒紧，在实践上做了实质性让步。于是，这个时期，议会的财政权力大大加强了。各个社会等级不仅用针对税收进行投票的方式提供金钱，而且开始跟踪支出，要求并得到国家高级官员关于支出的账目报告。以往的任何一代国王都不会容忍这一套的，他们一贯谴责这是放肆，侵犯王权。英国政治上的这些大进步是兰开斯特家族统治的特点，要利用社会舆论和宪法规定的权力来支持自己的权力，这是势在必行的。因此，这个早期的议会看上去站住了脚，但好景不长，直到 17 世纪才卷土重来。

议会里教俗两个等级的议员似乎不仅有权选择国王，甚至可以指定接班人。当年的历史也开创了许多先例，供斯图亚特王朝的律师仔细研究。但当时议会的权力不可夸大。亨利四世的篡位，爱德华四世建立的对立王朝，爱德华五世被叔叔推翻，这些都是封建时代的暴力行动和反叛行为，还以宣告性法规装点门面。议会在这些变故中不是始作俑者，也不是有权力的代理人，而只是了解内情的记录员，记下军事冲突和贵族之争的结果。选举也不自由，在 15 世纪，个人或家族控制一个选区的现象同 18 世纪一样普遍。议会只是国内任何取胜方的工具。不过凭议会权威曾经宣布，王位应传给国王的长子，然后传给他的男性后代，尽管这是亨利提议的。这个安排打破了英国的常规，把长系女子的后代排除在继承人之外，虽然没有正式废除家族中女儿的后裔的继承权，可是长期以来的实际情况就是如此。

在一个半社会性、半宗教性的问题上，国王和议会取得了发自内心的一致。罗拉德派关于教会放弃一切世俗财产才能纯洁的说教，没有博得全体教士的赞同，他们愤怒而强烈地反对。罗拉德派的主张不仅在全国贫困的市民中深入人心，在低级的绅士中也是如此。它实质上是对教会和富有阶级的挑战。罗拉德派企图将俗界贵族争取到自己一边，向他们指出，教会的巨大财富可以为大陆战争提供现成的军费。但是这一呼吁没有人听，贵族们知道自己的财产并不比教会财产更合法，便与教士合力保护自己的财产，实施了严刑苛法打击罗拉德派。国王同议会取得完全一致的意见，他宣布自己将全力打击异端邪说。1401 年，公布了可怕的《火烧异端分子令》，严令将故态复萌的异端派分子活活烧死，并将判决此刑罚的权力单独授予教会，要求郡长官坚决执行，不许向国王上诉。于是，正统教派和富有阶层便紧密地合流了。

*　*　*

议会成员们认为，消灭已经失意的对立派，是自己要保命的头等大事。他们对理查二世及其追随者恨之入骨。要不是发生了一些出人意料的事件，亨利本来可以制止这一波软弱的报复浪潮。他和宫廷中的大多数人由于吃了某种食物而突染重病，怀疑有人投毒。早已心怀不满的威尔士人在欧文·格伦道尔的带领下，立即起来拥护理查。当时的通信缓慢，所以一方的大军席卷全国时，对立一方还不知道发生了什么事情。现在，轮到理查的人采取行动了。之前六名“弹劾派勋爵”中的五个人看到自己已经失势，便和理查二世的支持者阴谋在温莎逮捕篡位的亨利。亨利从神秘的疾病中康复后，单骑冲过危险的道路，脱离了困境。但全国已有几个地方发生武装暴动。政府采取最残酷的方式对其进行镇压。一些地方的平民与政府军联手；赛伦塞斯特的市民将拉姆利勋爵、肯特伯爵和罗拉德派分子索尔兹伯里伯爵斩首。这次阴谋没有得到真正的支持。亨利的仁慈未能缓和与他共患难者提出的诉讼。他们认为亨利对待叛乱和谋杀软弱无力。因此不到一年，他几乎威信扫地。但我们应该知道，同他手下那些残忍的人相比，他要勇敢得多，也强大得多。

这次失败的暴动，或者说理查下台后因他而进行的内战，对前任国王是致命的。他本人神圣不可侵犯，接班人登基的一整套仪式和立宪程序也不能剥夺他的威严。他被关在庞蒂弗拉克特城堡，是许多追随者和被压迫民众的同情对象。当政者因此恼羞成怒。1400年2月，理查的死讯公之于世。至于他是饿死，或者如当局暗示的那样是因绝食而死，还是被人用直截了当的办法杀死的，至今还是个谜。城堡的高墙掩盖了这些秘密。但英国各地都传说，他越狱逃脱，躲藏起来，伺机给黎民百姓带来幸福美满。

这一切对亨利·博林布鲁克很不利，他一再受到暗杀阴谋的威胁。与威尔士人的矛盾发展成全民族的暴动。受过良好教育的欧文·格伦道尔才华出众，他进行的战争在1409年以前一直是英国政局的常态。亨利四世还被迫不断同苏格兰人作战。据说，这种骚扰持续6年后，他的仁慈天性消磨殆尽。他向支持者和议会的残暴情绪让步，这是很自然的。

亨利同珀西家族的冲突是他遭遇的最严重的一次。北方边区的主宰，诺森伯兰伯爵和他脾气火爆的儿子霍茨珀为了保卫英格兰已经自力更生地同苏格兰人战斗了将近3年，几乎全靠自费。他们还为国王守着北威尔士的要地，再也不堪重负了。他们要求和国王算账。伯爵提出了6万英镑的账单，可是国王捉襟见肘，只能偿还4万英镑。这个问题有复杂的背景。珀西家族为亨利登上王位厥功至伟。但是，霍茨珀的内兄埃德蒙·莫蒂默参加了格伦道尔的叛乱，使整个家族遭到猜疑。他们有一支独立的强大军队。看来，一场冲突势在难免。霍茨珀举起了反叛的旗帜。1403 年 7 月 21 日，亨利在什鲁斯伯里的一场小规模激战中打败了他，将他杀死。老伯爵赶来救援，却被迫投降，得到无条件赦免。议会尽力免除了他的逆君罪和叛乱罪，只宣布他犯有闯入私人地界之罪。毫无疑问，这种开恩是出于保卫边界的需要。为了抵御苏格兰人的进攻，英格兰舍此别无良策。于是诺森伯兰伯爵担负起这个使命，并因此确保了他强军统帅的地位。

诺森伯兰伯爵因丧子耿耿于怀，两年以后，他又发动叛乱了。这次阴谋影响深远。约克的大主教斯克鲁普和诺丁汉伯爵托马斯·莫布雷是主要同谋，叛乱的纲领是改革，避开了一切个人问题。亨利再次北进，再次旗开得胜。诺森伯兰被赶过苏格兰边界，不过仍构成威胁多年。斯克鲁普和莫布雷落入国王的官员手中，尽管坎特伯雷大主教呼吁赦免，亨利还是在简单的审判之后恩准将他们砍头。处决斯克鲁普在各地引起了震惊，许多人把这次处决与杀害托马斯·贝克特等量齐观。同时，国王的身体垮了下来。据说他得了麻风病，公认这是上帝发怒。这个诊断至少是不准确的，他所患的是有损外貌的皮肤感染，还有心脏病，主要症状是一阵阵昏厥。他在体力方面已是废人。从此，他的统治成为一场生死之间的博弈。

亨利仍然打胜了威尔士战争，把欧文·格伦道尔赶回山区。但议会利用国王的困难进行要挟，亨利只有投降才是安全之策。他把自己的权力和负担交给议会，如现代君主一样尊重议会的宪法地位。议会咄咄逼人，各方面都无所不用其极，令人恼怒。外籍人必须统统驱逐出境，连王后的两个女儿也不能例外，国王任命的政务会成员中必须包括议会领袖，政府的支出账目必须经议会审计，国王的内廷也遭政敌的清洗改组；新的政务会要求掌握更大的权力，国王发誓只根据政务会的意见来理政。交出这些权力之后，亨利成了最弱的国王，不过他因此也把无法承担的差使转嫁他人。这些人吃力不讨好，而且越来越不值得信任。

* * *

政坛上出现了一位新人。亨利的长子威尔士亲王早已表现出非凡的力量和品质。他在什鲁斯伯里身先士卒地冲向霍茨珀，在威尔士也连连取胜，直到实际上打败格伦道尔之后，亨利亲王才能放手参与较大的政治阴谋。由于父王御体不佳，他事事处处被拖入国政。他接受了父王的一切职责，并且对此还嫌不够。三位同父异母叔伯博福特兄弟是他的主要追随者，他们怂恿他从日薄西山的病人手中接管政府，于是他带着一批人要求国王让位。亨利·博林布鲁克尽管步履蹒跚，却怒不可遏地回绝了这个提议。1411 年，亨利父子在威斯敏斯特发生激烈的对峙。国王的党羽似乎人数更多，态度也更坚决，亲王悻悻而退。他去职政务会主席，同党也统统被撤职。他退隐缩头。政敌甚至指控他贪污加来驻军的军饷，这个罪名他倒是毫不含糊地洗清了。但毫无疑问，垂死的国王仍然痉挛着紧握权柄，懒政的老朽在一段时间内成功坐着王位。1412 年，国王已经步履维艰，甚至不能骑马，政务会好不容易才说服他放弃率军亲征阿基坦的念头。他挨过了那个冬天，念叨着十字军东征，并在翌年 2 月召开了议会，但已经无力通过议会办事了。3 月份，他在威斯敏斯特大教堂祈祷时陷入长时间昏厥，回光返照后，于 1413 年 3 月 20 日在耶路撒冷厅与世长辞。

亨利四世的生活和统治，向我们表现了又一个有关野心家的虚荣的例子。哪怕实现了野心,还将带来苦涩的报偿。他需要报仇雪恨,要张罗一场事业,起初并不敢奢望戴上王冠,最后却为此孤注一掷。功成名就后,他觉得不过如此,肉体上、精神上都不堪重负。胜利的岁月也是忧虑悲伤的日子。没有人能因此说,他的行动是毫无缘由的,也不能说他没有全国的拥护。在他死后留下的巨大历史遗产上,一位对权力渴望已久的新人,毫无争议地登上英国王位,而且不久就统治了几乎整个西欧基督教世界。

第 25 章
亨利五世的帝国

一丝光芒划破了中世纪英国的命运多舛的黑暗史。亨利五世 26 岁时登基。与父亲亨利四世不同，他一直自认为王位很稳固。他在军营和政务会中度过了青年时代，并且在父亲病体衰微期间断断续续地掌理国政达五六年之久。他少年轻狂，担负起最高重任之后，突然变得庄重、检点起来，这种富有浪漫色彩的故事不足为道。诚然，“他年轻时沉湎于声色犬马之中，迷恋于管弦乐器，被维纳斯的情火烧得神魂颠倒”。不过，即使他这样恣意狂欢，那也只是一时的消遣，因为他从少年时代开始就一直参与重大的事务。

在动荡不安的英国，国王久病不愈，各派苦苦相斗，社会上的不安定因素由来已久，老百姓或多或少都指望亨利五世。世世代代的人们很少质疑，根据当时的标准，他是十分称职的国王。据说，他鸭蛋形的脸庞，长鼻直挺，皮肤红润，头发乌亮，双目有神，平时温柔得像只鸽子，愤怒时暴躁得如头雄狮，他身材细长而结实，强壮而敏捷；为人正派耿直，大有骑士之风。当英国厌倦于家族仇斗纷争，向往统一和荣耀之时，他登上了王位，带领全国从窝内斗转向对外征讨。他憧憬着带领整个西欧获得十字军的崇高荣耀，前景似乎也光明。政务会和议会突然都热衷于对法国宣战。依当时英国惯例，他们用相反的表述把这一套包装起来：上院议员们很清楚，说道，“国王尝试的一切都是为了上帝的荣光，力避基督徒流血牺牲。如果国王发动战争，理由是为了恢复他的权力，而不是一意孤行”。1414 年议会召开，博福特主教做了“为真理奋斗终生”的开幕布道。他告诫众人说：“有空时，让我们为所有的人做做好事吧。”当时人们理解，此话的意思是速速侵略法国。

于是，下院慷慨给予补给。国王方面则宣布，没有下院同意，不得通过任何法律。和解的浪潮席卷全国，国王宣布大赦，企图减轻历史问题的困扰。他还同苏格兰人谈判，释放霍茨珀之子，并恢复他的诺森伯兰。他把理查二世的尸骨，或者据说是理查的尸骨，运到伦敦，在威斯敏斯特大教堂重新下葬，葬礼车仗庄严，仪式隆重。他出征的前夜发生了一场叛乱，也被镇压下去了，这一过程显然是轻而易举，且上下拥戴，只有几个人被处死刑。他专门赦免了他的表弟，年轻的威尔士边界伯爵埃德蒙·莫蒂默，后者曾被拥立为王，与亨利五世对峙。后来通过莫蒂默的家族发生了许多残酷的变故。

整个 1414 年，亨利五世都陷于海上陆上的备战工作。他重组了舰队，一改那种主要依靠接管私家船只加以武装的传统做法，而是学习阿尔弗雷德，为皇家海军建造了许多舰只。他至少拥有 6 艘“大船”和大约 1500 艘小艇。远征军经过了精心挑选，严格训练。军中有 6000 名弓箭兵，由于使用长弓而被迫主要依靠徒步作战，有一半人骑马。此外，还有 2500 名身穿铠甲的贵族、骑士或强壮的武士，每人配两三名随从。这些弓箭兵和铠甲武士是军中的主力。

1407 年，愚蠢的法王查理六世宫中的一位要害人物奥尔良公爵路易，被勃艮第公爵派人杀害，法国两派对立势力斗得你死我活。英国前国王在世时面临的外国威胁得以相对减轻，在统治末期稍显安宁。亨利五世继位时，奥尔良人在法国得势，打起红色王旗讨伐勃艮第公爵。亨利自然站在力量较弱的勃艮第人一边，后者在困境中表示愿承认他为法国国王。当率领英国大军渡过英吉利海峡，以便延续对威廉公爵远征英国一事进行历史性报复时，他渴望得到相当一部分法国人的支持。1415 年 8 月 11 日，约万名英军乘坐一只只小船驶向法国，在塞纳河口未遇任何抵抗就登陆了。阿夫勒尔市遭英军围困，于 9 月中旬陷落。亨利五世英勇无敌：

> 好朋友们，再接再厉，向缺口冲去吧；
>
> 否则就拿咱们英国人的尸体堵住城墙！（莎士比亚《亨利五世》第三幕第一场）

他以这样的情绪邀请法国太子同他单独决斗以结束战争，但遭到拒绝。攻城战的消耗和疾病使中世纪的军营不断减员，这在远征军中已经引起恐慌。法国的主力开始参战后，英国军事委员会于 10 月 5 日建议由海路撤军回国。

然而，亨利国王留下一支军队驻守阿夫勒尔，而将几千名伤病员遣送回国。他决心率领千名骑士和重甲骑兵以及 4000 名弓箭手穿过法国海岸，经过 100 英里行军到达加来要塞，并让英国舰队在那里待命。有关这一决定的具体安排表明，亨利五世的目的是诱敌决战。这个希望没有落空。他率军经过费康和迪埃普，打算在布朗什塔格渡口渡过索姆河，他的曾祖父在克莱西战斗之前曾经在此渡河。他接到错误情报说，在那里过河会受到阻击，便赶到阿布维尔。可是那里的桥已毁，他只好沿索姆河而上，通过波夫和科比到达亚眠上游的地方，只能在贝桑库尔的渡口过河。我们现代对这些地名耳熟能详。10 月 20 日，他在贝罗讷扎营。此时他已深入法国境内，该轮到法国太子主动提出像骑士那样进行荣誉决斗的时候了。为了双方的便利起见，法国传令官来到英军营帐，询问英王陛下选择哪条路线前进。亨利五世回答说："我们的目标是直奔加来。"这回答对法国人来说没有多少内容，因为亨利别无选择。早已开始穿插的法国军队向右一转，从英军面前穿过，赶在英军前卫之前守住了康什河。亨利五世正在沿阿尔贝、弗雷旺和布朗日一线前进，听说敌人已经赶到前面，兵力显然也比他多。他必须杀出一条血路，要么灭亡，要么投降。麾下军官沃尔特·亨格福德爵士对"这支军队不能添上一万个此时在英国闲着的人"这一情况哀叹不已。国王严加呵斥，使其恢复了精神。莎士比亚把这番话写成了千古名句：

要是我们注定战死疆场，我们足以使祖国造成损失；
要是能够生还，那么人越少，
分摊的光荣就越大。（莎士比亚的《亨利五世》第四幕第三场）

他实际上说的是："你想想，大王带着这几个人难道就不能挫败法国人的傲气？"[1] 那天夜晚，他和"这几个人"在梅松赛勒村过夜，他们保持绝对肃静，严守纪律。法国人的司令部设在阿金库尔，据说整夜狂欢，掷骰子推测能抓多少俘虏。

英国人的克莱西大捷靠的是以少胜多，以守待攻；普瓦蒂埃大捷是靠反击；阿金库尔大战是英国在陆地上进行的最英勇壮烈的一场，是一次猛烈的进攻战。据估计，法军约有两万人，列成三条阵线，其中一部分人骑马。他们有理由充满信心，等待兵力不及三分之一的敌人来犯。这群敌人远离祖国，登陆后长途跋涉，背水一战。亨利五世骑着小灰马，头盔上戴着珠光闪耀的王冠，铠甲上穿着有豹子和百合花图案的外衣，让军队摆开阵势。弓箭兵组成了6个楔形阵，都有重甲骑兵掩护。在最后一刻，亨利国王企图避免这样的殊死搏斗，传令官往返穿梭。他提出归还阿夫勒尔城和所有俘虏，以换取通往加来的通道。法国太子回答说，他必须放弃法国王位的继承权。于是，亨利决心冒险一战。英国全军，甚至包括国王本人，都跳下马来，将马匹送到队后。圣克里斯平节[①]，即10月25日，上午11点钟刚过，亨利国王下达了命令："以上帝和圣乔治的名义，扬起神圣的战旗，圣乔治在这良辰佳节保佑你。"弓箭手们吻了吻土地，表示顺从上帝，然后呐喊："杀呀！杀呀！圣乔治和可爱的英格兰！"他们前进到离密密麻麻的敌人不到300码的地方，埋下尖桩，射出羽箭。

法军密集的队伍又如上次那般拥挤不堪，列成三条阵线，石弩和大炮都不能有效地射击。他们在箭雨中冲下山坡，在已经踏得泥泞不堪的耕地里艰难前进。他们还在30码纵深时，就以为必定能突破英军的阵线。但是，英军的长弓又一次摧毁了面前的一切，敌方人仰马翻，死伤的铠甲武士横七竖八堆叠着。法军增援部队勇敢地企图在人堆上面冲过去，但收效甚微。在这个重大时刻，弓箭兵扔

---

① 基督教的一个节日，源于克里斯平（Crispin）兄弟被杀害。

下长弓，抽出刀剑，向混乱的敌军骑兵和步兵猛扑过去。这时，阿朗松公爵率领法军的第二梯队冲上来，短兵相接，厮杀开始了。法国太子亲手砍倒了格洛斯特公爵汉弗莱，亨利五世上前救弟弟，也受到重击，被打倒在地。尽管法军人数众多，阿朗松还是阵亡了。法军第二梯队被英国骑士和自由民随从在肉搏战中打败，像第一梯队那样溃退下去，许多未受伤的人和更多的伤员被俘，落入英军进攻者手中。

就在此时，可怕的插曲发生了。完整无损的法军第三梯队全线进攻上来，而英军已经乱了阵形。一直在英军阵后徘徊的法国随军人员和农民乘机冲入军营大肆抢劫，抢走了英王的王冠、服装和玉玺。英王见腹背受敌，而前面精良的败军尚未打败，便发出了屠杀俘虏的可怕命令。于是法国贵族的精华覆灭了，当中的许多人本来以为，只要缴纳赎金便可安然获释，结果只有一些最显赫的人物被饶恕。这一命令以及这一关头之紧迫，为此暴行提供了辩护的理由。其实，此行径并非必要。背后的警报很快解除，可是此时屠杀俘虏快结束了。法军的第三梯队溃退下去，已经无心再战。亨利在拂晓时曾宣布，“我看英国永远不会因本日而缴纳赎金”[2]，此时他看到，通往加来的道路已经打通。战果并不止这些，他在野战中，决定性打败了法国三倍人数的骑士武装。两三个小时之内，他就把法军阵亡者的尸体和法国国王的意志力踩在脚下。

亨利五世查问附近的城堡叫什么名字之后，下令将这次战斗命名为“阿金库尔战斗”，然后向加来进发。他缺少军粮，可是对法国人重新纠集起来的、仍然占优势的军队毫不在意。他离开英国不到5个月，就在所有欧洲国家的注视下，以辉煌的战绩打败了法军，胜利返回伦敦。尽管前路有考验，但这必须被看作无可匹敌之举啊。他在胜利的荣光下，骑马穿行于伦敦的街上，带着战利品和俘虏，人们欢欣鼓舞。他本人身着朴素的衣服，不让满怀敬意的人群看到被打坏的头盔和砍弯的宝剑，“免得他们忘记，荣誉只归于上帝”。阿金库尔大捷使他登顶欧洲的最高领袖。

1416年,神圣罗马帝国皇帝西格斯蒙德访问伦敦,为了实现和平，他承认亨利为法国国王。但是，随后又发生了一些旷日持久、代价巨大的战役和攻城略地的活动，岛国财力不支，他的军事狂热才渐渐冷却下来。1417年，一支更大的远征军跨过英吉利海峡。经过长期的猛烈攻打，拿下了卡昂。以后的几年里，法国人在诺曼底的所有堡垒相继陷落。在勃艮第人对巴黎进行骇人听闻的屠城之后，太子鲁莽的支持者于1419年在蒙特罗杀害了勃艮第公爵。这次事件促成了勃艮第和英国的联盟。奥尔良人主宰的法国不只是输掉了一场战斗，在整个战争中也惨败。1420年5月，查理六世根据《特鲁瓦条约》承认亨利五世为他的摄政王,并答应死后由亨利继承法国王位。英王亨利则着手在一个由法国人组成的委员会辅助下治国理政，并将保留一切古老的习俗。他将拥有诺曼底的全部主权，但他继承法国王位时,诺曼底应该和法国统一。他得到“英格兰国王兼法国王储”的称号。为了实现并巩固上述胜利果实，他同查理的女儿、标致的卡特琳公主成婚。卡特琳为他生的儿子后来长期统治英国时，让国人痛苦不堪。

兰克写道：“亨利五世此时的地位非同小可，英法两个伟大的王国，先后单独主宰过世界，将在他和他的接班人统治下永远保持统一（不过并没有合并）。……由于血缘关系和同仇敌忾，勃艮第同他

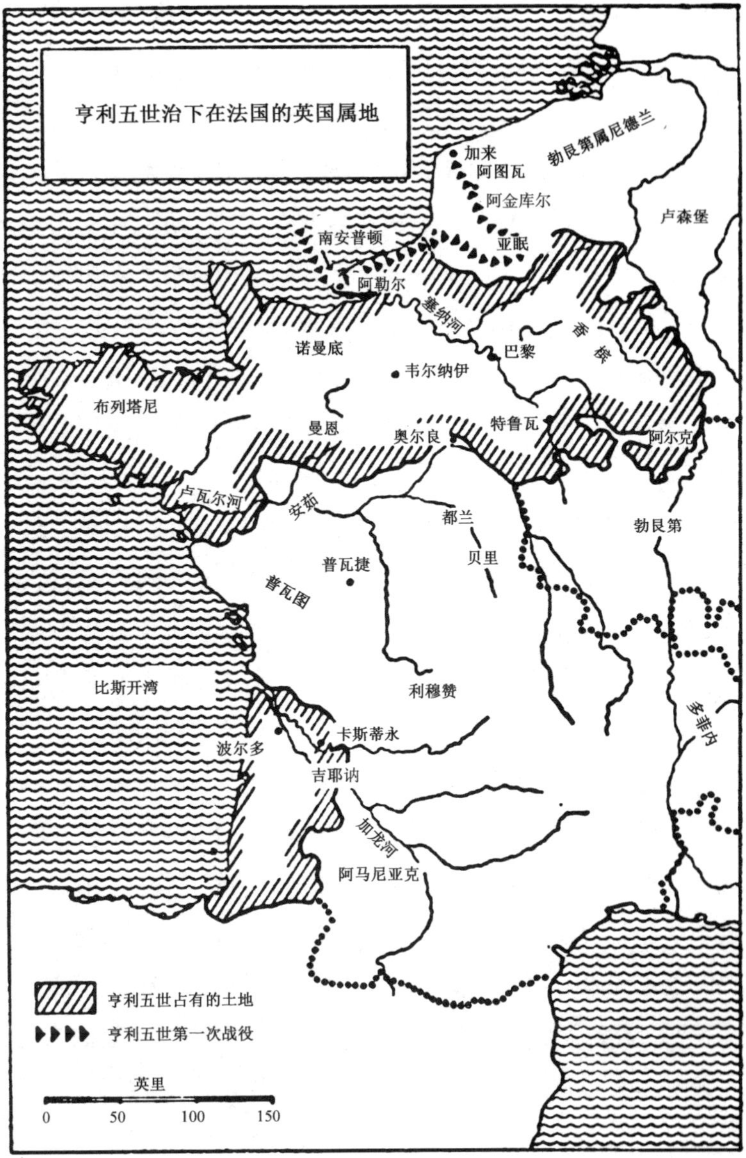

亨利五世治下在法国的英国属地

保持紧密的关系。”亨利五世说服那不勒斯女王约翰娜收他最大的弟弟为养子和继承人。卡斯蒂尔国王、葡萄牙的王位继承人是他的两个姑母的后代。他死后不久，小弟格洛斯特公爵汉弗莱同主宰荷兰、埃诺和其他地区的杰奎琳成婚。“根据家谱，南欧和西欧各国君主都出自兰开斯特家族，因此这个家族的族长似乎就是上述各国的共同君主。”看来只要对不断进逼的奥斯曼帝国发动一场圣战（这是一个崇高神圣的共同事业），就可以建立一种关系，使整个欧洲在英国人的统治下走向统一，且至少可以维持一段时期。后来英法争端再起，本可以用于保护基督教世界不受土耳其人威胁的强大军力被无谓地消耗掉了。

亨利五世在欧洲大陆的活动，是岛国从未有过的大胆尝试。他绝不是让某个阶级利益凌驾社会和领土界线的老式封建君主，而是完全从民族的角度出发的。他是在前线用英语给国内写信的第一位英国国王，胜利是靠英格兰民族的军队取得的，他的政策得到了主张代表英国人民的议会的支持。乡绅和城市的新兴中产阶级团结起来，与习惯法律师合作，在那么早的年代就使英国议会具有法国三级会议和卡斯蒂利亚议会所没有的特点和命运。亨利和他的国家一起屹立于世界之巅，他本人被赋予人类的最高特质。斯塔布斯[①]写道：“没有哪位君主在当代作者的笔下赢得过如此一致的赞扬。他虔诚、纯粹、温和、慷慨、细致，却伟大、仁慈、诚实、正直；‘他言语谨慎，深谋远虑，行事精明，朴实无华，豁达大度’；他是杰出的军人，明智的外交家，能干的组织者，手下所有军队的凝聚者；他重建了英国海军，为我们

① 英国历史学家（1825—1901）。

创立了军事法、国际法和海洋法。他是真正的英国人，具有他的金雀花王朝祖先的一切伟大优点，而没有他们那些刺眼的缺点。”

他有时候也残酷无情，但编年史家们却喜欢渲染他的宽宏大量，说他一生奉行体贴待人的原则。他在国事中鄙视躲躲闪闪、含糊作答，他的决定总是“不行”或者“准许”。迄今为止，他是最受各阶级臣民爱戴的一位英国国王。在他的统治下，英国军队取得了以后几百年内未曾有过的优势地位。

* * *

荣耀历来要付出重大的代价才能得到。亨利五世的宏伟帝国是华而不实的。当年亨利二世失落的，他的后人也无法赢得。亨利五世重新提出英国人对法国王位的要求，这就开始了英国中世纪史上最惨的一幕悲剧。阿金库尔之战是辉煌的胜利，但此后所进行的劳民伤财没有价值的战役完全抵消了它在军事上和精神上的意义，后来的灾难性的破坏事件，使亨利五世的赫赫战功黯然失色了。

在英国那些年的辉煌里，也有不幸的阴暗面。如果说亨利五世团结全国对付法国，那么他也是这样对待罗拉德派的。可以看出，罗拉德派不仅被视为异端，也被看作我们现在所说的基督教共产主义者。他们将著名的武士约翰·奥尔德卡斯尔当作领袖，扬言要进行信仰和财产方面不折不扣的革命。在那个虔诚而又轻信的年代，国内公众的仇恨都发泄到他们身上。他们竟然说，弥撒的圣饼是死的东西，“还不如癞蛤蟆或蜘蛛”。此话显得难以名状的可怕。他们主张抢夺教会的财产，激起了更强的敌意。这些殉道者们的坚贞操守也没有缓和众怒。早在1410年，就出现了一个奇怪而可怕的场面。当时身为威尔士亲王的亨利，处决伍斯特郡的裁缝约翰·巴德比时亲临火刑场。亨利对巴德比说，如果他宣布放弃信仰，就可以特赦。巴德比拒绝了。于是，干柴堆便点燃了。可怜的呻吟声使亲王产生了一线希望，以为他还有可能皈依。亲王下令扑灭柴火堆，再次对受刑者诱以生命、自由和生活费，条件是他幡然悔悟。裁缝坚贞不屈，叫着想怎么使坏就随便吧，结果被烧成灰烬。在场的人对亲王的仁慈和裁缝的坚定宗教信仰莫不惊叹。奥尔德卡斯尔 1414 年发动了一次无力的暴动，然后逃到赫里福德郡的山区，最终被抓获，也遭极刑。令人恐惧的迷惑执着困扰着那个时代，身为世界之王的亨利也不过是时代的一名奴隶。这种退步发生在他的身边和他所处的时代，他个人的高尚和勇敢精神带给我们的感触虽然不可磨灭，却被这些事情给破坏了。

命运女神把可以梦想的一切都赐予了亨利国王，但她不愿冒险让他长寿到破坏自己的杰作。1422 年 8 月底，处于权力和事业顶峰的亨利，在战场上染病而死，可能是痢疾，当时对此病药石无效。他临终时接受圣礼并聆听忏悔诗。当他听到“为你建起耶路撒冷的城墙”时，他说：“仁慈的主啊，你知道，我的目标一直是，现在仍然是，重筑耶路撒冷的城墙，如果还能活着。”这是他临终时的想法。事业未竟身先死。他生前又一次把英国拖入了争夺法国王位的殊死战争。他是宗教界和社会上迫害罗拉德派的工具。假如寿命如常人那样长，他的权力可能会成为他的美德的奴隶，给世间带来人类经常求之不得的和睦宽容的精神。但是，死神挥起他的大镰刀，将这种美好的前景断送了。万众瞩目的国王不幸早逝，在万众举哀中下葬了，王位传给他刚刚 9 个月的儿子。

第 26 章

圣女贞德

一个婴儿当上了英国国王，两个月后查理六世去世，他又毫无争议地成为法国国王。他的叔叔贝德福和格洛斯特成为护国公，他们和最强大的家族的族长组成的政务会，共同维持着亨利五世的事业。特殊神圣的尊严笼罩着这位英雄的儿子，摇篮四周闪烁着阿金库尔大捷的荣光。为了使小国王受到良好的教育并得到幸福，精心挑选的保姆、教师和不久以后的贵族监护人受权在必要时对他进行“合理的惩戒”。不过这种手段是多余的，因为小国王生性温和、善良，正直而又仁慈。他虔诚得无法形容，并且喜欢狩猎和文学，这些后来使他在耻辱而可怕的漫长一生中有所慰藉和寄托。他从父亲身上继承了兰开斯特家族的虚弱体质，从母亲身上继承了查理六世的薄弱意志，因此他身心脆弱。他判断问题不明智，摇摆不定，对朋友过度慷慨，对敌人缺乏心机。他过分心慈手软，据说他甚至主张不杀盗窃犯和杀人犯，可是他不得不承担不计其数的处决政治犯的负担。他像羽毛球一样，在对立的派系之间飞来摆去，如牵线木偶一样掌理国政，对英国社会和力量的不断衰落束手无策。他在激烈战场的外围茫然徘徊，曾经三次被俘。他时而以国王的威仪在议会、军队或民众的面前巡游，时而在嘲笑声中游街，时而身陷囹圄，时而弃家逃难，四处躲藏，被人追捕，饥肠辘辘，还常常由于陷入半傻或完全的白痴状态而备受苦楚。他在人世的极度痛苦中整整忍受了 50 多年，直到杀人凶手将他送到另一个世界。他确信，那个世界会好得多，不可能比他经历的人世更坏。尽管他尝过昏庸无能的耻辱，并因此给国家带来了灾难，但英国人民看到了那颗善良的心，公正地把他视为圣人。他们对他的爱戴之情始终不渝，在全国许多地区，只要兰开斯特家族得到坚决的支持，他就被奉为圣人和殉道者。

* * *

伟大的亨利五世驾崩的时候，英国已经在法国确立了军事优势。他的弟弟、贝德福公爵约翰去法国担任摄政王和总司令，此人是个有极富军事才能的继承人。英国同勃艮第的联盟维持下来，附带了巴黎的效忠和认同感。1422 年 10 月，曾经签署《特鲁瓦条约》的法国国王逝世了，条约同意英国的幼主登上法国王位，反而让他的继位权遭到了严重挑战。在卢瓦尔河以南（加斯科涅当然除外），法国太子实行着统治，而且即将加冕为王。英法战争仍如火如荼进行着，没有什么能够抵挡住英国弓箭手的攻击。多次的围困战和劫掠使乡村民生凋敝。1423 年，苏格兰人和法国人在巴肯伯爵的率领下，在法国博热打败了英国人，但英国也取得了三次重大的胜利。1423 年 8 月，法国人在克拉旺得到苏格兰精兵的支援。苏格兰人斗志旺盛，他们对英格兰人的仇恨超出了一般的怨恨。但英国弓箭兵在勃艮第盟军的援助下，将他们大部分射翻在地。一年后，这次决胜又在韦尔讷伊重演。巴肯在博热战斗之后被任命为法军统帅，他劝说他岳丈道格拉斯伯爵再带一支苏格兰生力军前来法国，并且请他亲自担任统帅。法国人取得一些胜利之后，想退守卢瓦尔河。可是苏格兰统帅道格拉斯带领的5000名苏格兰人怒不可遏，坚决出战，结果在箭雨下几乎全军覆没。道格拉斯、巴肯等苏格兰酋长倒在战场上，士兵惨遭屠戮，以至这场战争中再也无法单独组织苏格兰军了。

在国内无法提供军费而战乱地区又无粮可筹的情况下，英国人企图以贵族武士率领的几千名弓箭兵征服法国的辽阔领土。韦尔讷伊大捷让这种愿望登峰造极。法国人似乎无法找到对付这些粗犷、贪婪和狂暴的岛民的手段。他们强弓利箭，战术灵活，胆大无耻，这源自大大小小的胜利，无论条件优劣，也不管多么敌众我寡。甚至5年以后在1429年2月的“鲱鱼战斗”中，法国人以六比一的优势仍未能获胜，结果还是被约翰·福斯塔夫爵士打败了。有400辆车向前线运送英军四旬斋必吃的鲱鱼，中途遭突然袭击。部队将车布成如今所谓的车阵营地，弓箭手站在两车之间或车上，从马尔博罗、腓特烈大帝和拿破仑的滑膛枪射程以外的地方粉碎了敌人的进攻。但是，不久将成为查理七世的法国太子代表着法国。法国各地，甚至在被征服的省份，阴沉的民族心不仅激励着上层阶级，而且也鼓舞着下层阶级以上的所有人，他们围绕着太子聚集。

贝德福在法国的期间，格洛斯特公爵独自成为英国幼主的护国公，他的爱好和贪欲在英国和勃艮第之间打下了一根楔子。埃诺、荷兰和泽兰的继承人杰奎琳公主是个气度不凡的女人。为了勃艮第的政治需要，她在青春妙龄时嫁给了15岁、病恹恹的笨蛋布拉邦特公爵。她起来反抗这种痛苦，到英国避难，请求格洛斯特保护。格洛斯特给予全力保护，决心娶她为妻，得其终身为伴，外加继承权。

伪教宗的教皇本笃十三世批准杰奎琳以某种形式离婚。1423 年初，杰奎琳便和格洛斯特结婚。这件引起非议的浪漫故事深深地得罪了勃艮第公爵，他在低地国家的重要利益受损。勃艮第的腓力从自己的立场出发看待世界，每每怀恨在心。他对杀害他父亲的可恶敌人满怀怒气，与法国太子成为不共戴天的仇敌。而英国人的这个阴谋抵消了他对法国太子的怨恨。格洛斯特在公文中指责他说话不诚实，并和杰奎琳带着大军杀向埃诺和荷兰，腓力对英国利益的依附受到严重的破坏。尽管身在法国的贝德福和国内的政务会都坚决谴责格洛斯特的行动，并且作出很大努力来弥补损害，尽管教皇经腓力劝说，迟迟不采取解除原夫妻关系的必要步骤，然而英国和勃艮第的关系破裂还是因该事件而起。这几年里，布列塔尼公爵也疏远英国，重视法王的呼吁和建议。根据 1425 年 10 月的《索米尔条约》，他获得对英作战的最高指挥权。他指挥法军的时候双方不分胜负，但英国的反法联盟却被削弱了，疲于战事的法国有了短暂的一线希望。可法国太子弱点太多，法国君主力量枯竭，于是法兰西王国经历混乱和苦难，此时就处在生死存亡的关头。

*　　*　　*

这时，惨遭蹂躏的土地上出现了拯救天使，是法国最高尚的爱国者、最杰出的英雄和最敬爱的圣人，她就是永放光芒的农家女贞德。她曾在孚日森林边缘，偏远穷村庄栋雷米的小客店做招待员，惯常骑住客的无鞍马匹去水边。星期日，她常常去森林里漫步，那里有许多圣骨匣，人们还传说，他日橡树林里将走出法国的救世主。她在地里放羊时，上帝的圣徒在她的面前显灵，为法国而悲哀。米迦勒显圣，指名她以神权去统率解放大军。起初，贞德退缩于艰巨的使命，后来米迦勒在本村教会的守护神圣玛格丽特和圣卡特琳的陪同下再次现身时，她领命而去。少女满怀忧国之情，崇高，也许像神迹，但无疑是不可战胜的。

同一些先知一样，她最顽固的障碍来自家庭。父亲听说她竟然想着男装驰骋于大头兵中，不禁勃然大怒。如何去弄战马和盔甲呢？又怎能见到国王呢？圣人们无疑感到必须送她一程。她成功地让附近小镇的镇长博德里古相信她受到神的启示。镇长介绍她去拜谒愿意抓住救命稻草的宫廷。她经过艰险跋涉，被带到国王驾前，希农的一座石头砌成的大厦里。大厅里，国王有意同贵族和朝臣混在一起，但贞德凭火炬的亮光一眼就认出了他。她说："最高贵的太子殿下，我是村女贞德，主派我来援助您和王国；根据主的命令，我宣布，您将在兰斯城加冕登基。"外面都诽谤太子，说他是私生子，查理常常为此苦恼，所以贞德把他从众人中认出，他非常感动。贞德同太子单独谈论国家机密，这些机密想必不是圣人告诉的，就是其他高级权威人士透露的。她指名要求得到一把古剑，虽然没有见过，却能描述出细节，国王的人为此神魂颠倒。他们把戎装的贞德扶上马背时，发现她竟能骑马。她端起长矛，在场的人欣喜若狂。

自此，贞德的神圣使命传遍了天下。为了确定她是上天派遣的人，由神学家组成一个委员会，普瓦蒂埃议会和整个政务会对她进行了盘查。盘查后宣布，她是善良的贞女，是天启的人。接受盘查时，她对答如流，语意深刻。迄今人们有一种说法，她为此使命专门受过一个时期的培训，这至少是对公认事实的合理解释。

1429 年，奥尔良陷入了兵临城下的危境。被勃艮第人抛弃之后，几千名英国人不太严密地封锁了奥尔良，想慢慢地困死这座城。他们自信满满，凭着余勇，深入敌国去攻击要塞，尽管守军人数相当于他们的4倍。他们修建了一连串棱堡，觉得在里边万无一失。贞德宣称会率领一支护送队前去援救。她穿着没有装饰的盔甲，骑马走在全军之首。她鼓起了士兵的勇气，打破了英国人主宰的魔咒，不仅迷倒了粗鲁的英国士兵，而且迷惑了久经沙场的英国军官。她的计划很简单，就是穿插在两边坚不可摧的炮台之间，行军直入奥尔良。但已故奥尔良公爵的私生子、老练的军官迪努瓦并不主张带队走这条危险的路线。由于贞德不会看地图，他把给养都装上船，通过他途把贞德几乎只身带到被困的奥尔良。人们欢天喜地，欢迎贞德。但船队被逆风吹了回去，最终不得不顺她指定的路线前进。实际上，船队在英国人的棱堡之间通行了整整一天，而里面的英国人只能干瞪眼。

天主遣使下凡拯救法国的传闻鼓舞了法国人的心，却使英国人头脑迷糊，斗志全无。敬畏，甚至是惶恐的感觉剥夺了他们的信心。迪努瓦回到巴黎，让贞德留在奥尔良。她念动咒语，让胜利的精灵站到自己一边。法国人展开了攻势，直到把英国侵略者赶出法兰西为止。贞德亲率突击队，号令立即对围城者进攻，她中箭受伤，将箭拔出来，继续冲锋。她爬上云梯，被敌人掀进沟里，几乎晕了过去。她趴在地上，下令重新战斗，大声喊道："同胞们，冲啊！主已经把城堡交到我们手中了。"英国人的堡垒一个又一个陷落，守军被杀死。萨福克伯爵被俘，奥尔良解围。英军有秩序地撤退，贞德谨慎地节制市民进行野外追击。

贞德此时已经真的成为法军统帅，对她的决策提异议是很危险的。奥尔良的队伍只服从她的命令。她参加了一些新的遭遇战，带部队进攻雅尔若，于是打开了奥尔良上游的卢瓦尔河通道。1429 年 6 月，她率领在帕泰得胜的军队前进。她吩咐查理，必须向兰斯进军，在他祖先的御座上加冕登基。这简直是异想天开，因为兰斯处在敌占区深处。但在她的魔咒下，查理顺从了。他们所到之处，各个城镇都开城迎接，民众纷纷前来援助查理。在凯歌声中，查理在兰斯以古代最神圣的仪式加冕为王。查理的身边站着神采焕发的贞德姑娘，她的大旗上写着“主的旨意”，这一切怎么也是奇迹啊。

此时，贞德自觉使命已经完成，她的“神谕”静默了，要求她回家照顾自己的羊群和客店里的马匹。但是大家都恳求她留下来。具体指挥作战的法国军官们，虽然对她的军事干涉不服，却已深知她对整个法兰西大业的价值。宫廷胆小畏战，同勃艮第公爵举行了和谈。对巴黎组织了一次三心二意的进攻。贞德赶到前线参战，努力促成胜利，结果受了重伤，军官们便下令撤退。贞德伤愈之后，再次寻求收复巴黎。宫廷给予她伯爵的名位和俸禄。

但是，宫廷和教会对贞德的态度发生了变化。此前，她一直支持奥尔良的事业。在取得“二十次胜利之后”，她的使命“原形毕露”了。她显然是为了天主做事，而不是教会，是为了法国做事，而不是为了奥尔良派。的确，法兰西的国家观似乎是从她身上产生并散播开的。因此，强大的宗派集团与她疏远，不再给予支持了。不过她仍在计划为法国收复巴黎。1430 年 5 月，贡比涅镇起来反抗国王关于归顺英国人的决策。贞德只带 600 人去援救。她确信这是孤注一掷。采取的形式是让一支骑兵杀过河上的长堤。敌人起初大吃一惊，后重整旗鼓，法军随之惊慌起来。贞德毫不畏惧，但被朋友们拖离战场，而她仍然和后卫一起冲杀，跨越长堤。两军混战成一团，要塞本身有危险，大炮面对混战的人群也无法轰击。要塞司令官弗拉维的职责是挽救这座城池，被迫在她面前拉起吊桥，把她丢给了勃艮第人。

勃艮第人将她廉价卖给兴高采烈的英国人。对于贝德福和英军来说，她是个女巫、巫婆、婊子和黑魔法小妖精，理应不惜一切代价消灭掉。可是要罗织罪名并不容易；她是战俘，交战的贵族之间有许多规约保护着她。于是唤起精神方面的控诉。博韦的主教和巴黎的渊博学者控告她散布异端邪说。她受到了长期的讯问，控诉要旨是，她拒绝放弃自己的“神谕”，从而藐视了教会的裁决和权威。在整整一年的时间里，她的命运吉凶未卜，漫不经心而又没有良心的查理没有动一个手指来救她。目前找不到有人提供赎金救她的记载。在无穷无尽的压力下，她宣布放弃自己的信仰，得到的全部宽恕是终身监禁，靠面包和清水度日。但在牢房里，不依不饶的圣徒们再次在她面前显圣。教士设下圈套，将她的铠甲和男子服装放在她面前。她又兴奋起来，把衣服和甲胄穿上。此后，她被宣布为故态复萌的异端派，被判处火刑。人山人海之中，她被拖到鲁昂市场的火刑柱前。高高的干柴堆上，火焰向她升起，末日浓烟翻滚笼罩住她。她举起用干柴做的十字架，最后喊了声“耶稣！”。史卷记下了现场目击的一名英国士兵的评论，他说：“我们迷途了，烧死了一位圣徒。”事实证明，这话是正确的。

贞德为人处世远超常人之上，1000 年里都无人能及。她的审讯记录给我们提供的事实细节，历经光阴的重重雾霭，至今仍然跃然纸上，我们每一代人都可以根据她亲口所言对她作出公断。她完美地体现了人类善良和勇敢的本性，这是史无前例的。不可征服的勇气，无限的怜悯，出身卑贱者的美德，正直者的智慧，都在她身上熠熠生辉。她解放了生我养我的土地，给它带来了荣光。军人都该读一读她的故事，思考真正骑士的一言一行。她虽未学过战争艺术，却在一年岁月里揭示了各种形势下制胜的诀窍。

贞德卒于1431年5月29日。随后，战争的潮流义无反顾地逆英国人而来。同年12月，幼主亨利在巴黎加冕，人群冷漠以对，全国的精神都是反对英国的继承权要求。1435年，勃艮第明确跟英国为敌了。贝德福已经去世，接替他的是低阶军官。敌方总司令迪努瓦没有带骑兵对英国弓箭兵进行正面攻击，而是施用奇袭，赢得了一系列胜利。他们有时趁英军的弓箭兵分布在河一边时去攻击河对岸的骑兵，有时用大炮轰击，迫使英军发动次序紊乱的进攻。法军此时拥有世界上上乘的大炮，700名工兵在比霍兄弟的指挥下，用22英寸口径的攻城炮向仍在英军手里的许多城堡射出巨大的石弹。亨利五世时代要靠围困造成的饥荒才能拿下的城市，此时在重炮轰击下不到几天就陷落了。法国北部除加来以外均已光复，就连作为阿基坦的埃莉诺的嫁妆、忠诚地归顺英王已达300年的心安理得的采邑——吉耶讷也已被占。奇怪的是，这个省份几乎立即起来反抗法国的统治，要求英国人再打回来，法国人不得不重新征服。英国政务会由于内部贵族派系的钩心斗角无力给予有效的救援。1453年鲁莽的卡斯蒂永战斗中，勇敢的什鲁斯伯里伯爵塔尔博特和他的大部分英国士兵阵亡。其余的人同法国讲和，从拉罗谢尔渡海回国。到年底，通过武力或谈判，英国人已被赶出了欧洲大陆。在他们征服的所有土地中，只剩下加来这个桥头堡。守备这个桥头堡的费用几乎占议会每年拨给王室款项的三分之一。

第 27 章

约克和兰开斯特

亨利六世长大了，其优良品德和头脑简单都明显地表露出来。他并不完全温顺听话。1431 年他 10 岁时，他的老师沃里克报告说，他的“年龄、身体、自负心理以及对王位的意识都在增长，于是他怨恨管教”。他已经提及“许多事情无益”。在他童年时期，政务会就对他进行过大肆渲染，带他参加仪式，在伦敦和巴黎为他举行了隆重的加冕礼。随着时间的推移，他们渐渐倾向于对他实行严厉的控制。由于贵族之间的斗争，全国对他寄予无限希望，他的重要性居高不下。一干骑士和绅士奉命和他同住了一个时期，伺候他。随着法国的灾年次第降临，他不断受到要他亲政的压力。到 15 岁时，他已经例行参加政务会的会议，并获准在一定程度上行使赦免和奖赏的特权。政务会争执不下时，商定由他裁决。他常常扮演调停人的角色，搞妥协。不满 18 岁，他就致力于创办他的伊顿公学和剑桥公学。显贵们认为，他对公共事务有着过早的、不健康的兴趣，远非他的智力和经验所能及。他意志薄弱，性情温顺，不适于尚武时代的激烈争夺。在他身上，不同观点众说纷纭，各种利益你争我夺。有人吹捧他有超人的才智，有人则讲述同样充满偏见的故事，说他是个几乎不辨是非的傻瓜。现代史学家赞成后一种不恭维的看法。当时，只有一位强有力的国王，就可以恢复国家和贵族之间的平衡。大家都要求限制国内的派系斗争，到国外去发动可以获得胜利而代价又不高的战争。可是大家都知道王位被一个虔诚的傻子占据着，他的优缺点都使他适合做傀儡。

那是英国的苦难岁月，王室乞讨度日，贵族却家财万贯。百姓虽不缺吃少穿，但很不开心，且忧心忡忡。上个世纪的宗教问题，此时被实际的政治斗争所左右。在大陆上迅速建立起来的帝国正在被无能而只顾肥私的寡头政治集团所抛弃；可以运送无敌的大军去打败法国人的税收，也被教会所独吞。

兰开斯特家族的亲王们起了内讧。1435 年贝德福死后，格洛斯特和博福特家族的关系紧张起来。作为温切斯特主教，约翰·冈特三婚的儿子之一红衣主教博福特是英国的首富。在教会出于深谋远虑向国家捐献的款项中，他是主要贡献者。他不断以私产为宫廷和政务会提供现款，但必须有抵押品，而且只能用黄金赎回。博福特一家和他们的朋友萨福克伯爵威廉·德拉波尔总是向着国王，对于倒霉的事情不掺和，通过和平的手腕和超脱的态度维持了影响力，尚武分子也常常不得不服。1441 年，该派系势力对格洛斯特公爵恶意相向。公爵那时已经和妻子杰奎琳离婚，而跟做他情妇已久的美人埃莉诺·科巴姆结婚。埃莉诺是格洛斯特阵营中的最薄弱点，于是成为打击的目标，被煞费苦心地栽上了施妖术的罪名。据称，她做了国王的蜡像，不时拿去火上烤，慢慢熔化，目的在于一点一点地消耗掉国王的性命。她被宣判有罪，被迫穿着悔罪服赤脚在伦敦游街三天，然后被判处终身监禁，发点合理的生活费。她的几个所谓同谋被处死。这显然是两派势力的较量，格洛斯特感到实实在在的痛苦与被伤害。

英国在法国的属地逐年丢失，引起国内深深的愠怒。这种情绪不仅触动了贵族，而且也波及了弓箭手阶级及其在乡村的崇拜者。民族尊严受到损害的强烈感情在民间传播。克莱西战斗和普瓦蒂埃战斗的光荣如今安在？阿金库尔战斗的赫赫战果又在何方？这一切都被那些从推翻杀害贤王理查的罪行中得到好处的人糟蹋了，乃至出卖了。教俗两界不乏煽动者和说教者，酝酿全国性的社会动乱；他们提醒人们说，王位的继承谱系已经被武力改变了。这一切只是一股暗流，但也势不可挡。它是背景，朦胧模糊，却占了上风。当时各股力量怎样运作，我们无从知道，然而，缓慢地，无休止地，不仅在贵族和绅士中间，而且在整个英国，强大的党派不断壮大，不久便成形了，有了组织性。

亨利六世国王 23 岁，该结婚了。兰开斯特家族的各派都急于提供一位王后。红衣主教博福特和兄弟们以及他们的盟友萨福克，战胜了由于弊政和失势而式微的格洛斯特公爵。萨福克的祖先——赫尔的德拉波尔一家靠贸易发家致富。萨福克被派到法国去安排进一步停战协议，其使命中隐含了为英国国王和法国国王的侄女、安茹的玛格丽特之间的婚事商谈的任务。这个杰出的女人除了绝代丰姿和迷人的魅力外，还有高超的才智和百折不挠的精神。她虽然没有贞德那样受到天启，但同样懂得如何驱使人去战斗。尽管她的家族隐居山林，她的品质还是广为人知。她不正好跟意志薄弱的英王般配吗？她不是可以给予国王所缺乏的力量吗？让她伴君的人，不是也可以获得稳固的远大前程吗？

萨福克深知这次使命的微妙性和危险性，因此事先请国王和贵族们保证，如他发挥了最大能耐，就不应该因不良后果而受罚，若有失误，该事先得到饶恕。他得以自保，就满腔热情地应命，后来证明这任务是致命的。玛格丽特的父亲、安茹伯爵勒内不仅是法国国王的表弟和宠信的首相，也是耶路撒冷国王和西西里国王。这些辉煌头衔并没有实际的好处支撑，因为耶路撒冷控制在土耳其人手中，而他也没拥有西西里一寸土地，此外，安茹和曼恩祖产有一半地区多年来一直被英军所占。萨福克被玛格丽特迷住了，他促成了这件婚事。由于急着复命，他未授权便在协议中达成一个秘密条款，将曼恩送给法国。格洛斯特派的势力强大，与法国尖锐对立，关于英国在战争中被出卖的怨言甚嚣尘上，所以协议条款被守口如瓶。国王 1445 年举行了当时最隆重的婚礼。萨福克受封侯爵，几个亲戚也成为贵族。国王神采飞扬，王后臣服，感激不尽。议会两院也感谢萨福克对社会的贡献，记录在案。但这个秘密很不安分，由于越来越多的人感到被法国人打败了，秘密终究要露出来，而这预示着致命的危险。

从 1441 年开始，在妻子埃莉诺判刑后的 6 年里，格洛斯特过着隐居生活，单靠收藏书籍聊以自娱。敌人在这关键的时刻决心彻底除掉他。萨福克和红衣主教的侄子埃德蒙·博福特得到萨默塞特公爵和白金汉公爵的支持，拥护王后而挟持国王，在圣埃德蒙兹伯里的议会会场埋伏了一支王家军队，逮捕了前去开会的格洛斯特。17 天以后，格洛斯特的尸体被陈列示众，让大家看到尸体上没有伤口。可是，当年爱德华二世的死因昭然若揭，所以这个证据不足为信。此时人们普遍认为，格洛斯特是被萨福克和埃德蒙·博福特明令杀害的，其实这种看法有失公正。现行的说法是，格洛斯特之死系财富散尽引起急火攻心，惊骇所致。

不久，报应的力量便大显身手。1448 年，法国人占据曼恩，割让曼恩的秘密条款因此公开，英国社会各界大为愤慨。人们说，英国为了没有嫁妆的公主付出了一个省的代价，卖国贼在战场上丢掉了大片国土，还阴谋放弃了其余的地区。全国公众由于帝国的瓦解悲愤不已，这已成为即将撕裂岛国的可怕内战的根源。其他方面的不满都源于此。兰开斯特家族篡夺了王位，搞乱了财政，出卖了海外属地，现在又因为肮脏的谋杀而脏了手。所有的人都认为，宽宏大量而头脑愚笨的国王与这些罪责无关。但从此约克家族日益成了国内的一股竞争势力。

埃德蒙·博福特已是萨默塞特公爵，担任驻法英军司令。萨福克仍留在国内，面对着日益强烈的报复情绪。海军也怨声载道。掌玺大臣莫林斯主教奉命到朴次茅斯给舰队发放尽力筹集到的军饷时，被水手们辱骂为卖国贼。将去法国增援萨默塞特的军队发生暴动，莫林斯被杀。要割让给法国的那些要塞的司令官拒绝移交，法军杀来，强行夺取了被拒的一切。萨福克遭弹劾，国王和玛格丽特出于荣誉而竭力援救。1450 年，亨利国王滥用特权让诉讼大事化小，萨福克去国外流亡 5 年。下面可见英国流于漫无约束的可怕状态的一例。当流放的公爵带着随从和财宝乘两只小船横渡英吉利海峡时，皇家海军的最大战舰“伦敦塔尼古拉斯号”向船只冲去，将他抓到舰上。舰长对他说了预兆不祥的话：“欢迎你，卖国贼。”两天以后，他被押上小船，被生锈的剑砍了六次，被砍断了头。皇家军舰竟敢把一位在国王特殊保护下外出旅行的大臣扣押处决，可见该时代状况之一斑。

六七月间，肯特爆发了起义，兰开斯特派宣称，其中有约克派支持的痕迹。杰克·凯德是能力强而性格暴躁的军人，刚刚从国外打仗回国。他通过各地的治安官按规定形式纠集了几千人马，向伦敦进军。他被接纳入城，但他后来私设公堂，在齐普塞德街处决了财政大臣塞勋爵，地方官和市民翻脸了。他的追随者得到赦免的保证后作鸟兽散，本人被追捕到案处死。镇压成功，暂时恢复了政府的权威，亨利又有了一段短暂的空隙时间，又可以专心创办伊顿公学和剑桥公学，也可以陪玛格丽特，她已经赢得亨利的爱情和顺从。

法国人继续驱逐英国人，要塞相继陷落，城镇和地区纷纷失守，大部分驻军已撤回国内。这场灾难来势迅猛，英国舆论哗然，不仅影响每个大臣的地位，也震撼了兰开斯特王朝的根基。1449 年 3 月，英国人愚不可及，背信弃义，在富热尔破坏了停火协议。到 1450 年 8 月，诺曼底全境陷落。到 1451 年 8 月，英国统治 300 年的加斯科涅也全丢了。亨利五世在英国 11 年浴血奋战赢得的土地，如今只剩下加来了。国王的司令和朋友、兰开斯特家族的兄弟埃德蒙·博福特因屡战屡败而受过，国王本人也难脱干系。英国到处都是我们所说的“退伍军人”，他们不知道为什么战败了，但是确信受了不当的指挥，白白打了一场战争。在秩序日趋恶化的世道里，贵族们乐于收罗这些身经百战的军人，加强地方防御。大家族全都有壮丁队伍，有的简直是私家军队。他们给军饷或土地，或者两者都给，还有带家族纹章的号衣。沃里克伯爵大概是英国最大的地主，他想在政治上出人头地，豢养了几千名吃着“他的饭”的随从，其中很大部分是骄傲地戴着“熊和粗棍”徽章的组织严密的军队。其他显贵也根据财力效仿行事。金钱和野心主宰一切，英国迅速陷入无政府状态。国王是个束手无策的可怜虫，他受到尊敬，甚至得到爱戴，但对任何人都爱莫能助。议会上、下两院不过是贵族你争我夺的情报交换所而已。

1429 年颁布的一项法令规定，拥有 40 先令不动产的人才有郡选举权。难以明白的是，这个任性订立的选举权制度在英国实行了 400 年。直到《1832 年改革法案》之前，一切战争和冲突、决定重大问题和国内外重大事件都是在这个基础上进行的。该法令的序言中写道，过多“没有财产”的人参加选举，导致了杀人、骚乱、攻击和世仇等问题。因此议会代表制中长期实行了这种落后的法令。可是，几百年以来议会的特权从未这样高高在上，也从未如此明目张胆地被人加以利用。

法律的力量被阴谋利用了。在贵族暴力事件中各方利用或无视法律形式，并且越来越不受法律制裁。宪法被用来压迫公众。要是没有地方长官的保护，人民的生命和土地就不安全，连最起码的权利也无法保证。从著名的帕斯顿家书中可以看出，英国在理解力、格局和文化方面遥遥领先，却从和平安全的生活退化到了野蛮混乱。道路很不安全；国王的令状遭到拒绝执行或被矫诏，国王的法官受藐视或买通。君主的权力按规定是至高无上的，而亨利六世却是个软弱无能、受人摆布的傻瓜。议会权力为派系势力掌控，可以左右摇摆。可是，对于这个受苦受难、勤劳苦干、不可征服的社群来说，史蒂夫同莫德钩心斗角、亨利二世同托马斯·贝克特和约翰王同贵族的纷争局面，已经成为遥远的过去了。尽管许多地区存在着罪恶，这个已是高度复杂的社会仍然成长。政府的贫困、通信的困难以及大众在立法和军事方面的力量都有助于维持平衡。还有公众舆论，有集体的道德观念，有历久弥坚的习俗，更主要的是有一种民族精神。

*　*　*

玫瑰战争的劫难即将降临在这个土地上。我们不可低估导致战争的重大问题，也不能否认为了止战而有意识强化的长期努力。所有的人都需要和迫切希望建立强有力的政府。有些人认为，这一目的只有援助现存的合法政府才能做到。另一些人长期以来秘密议论说，篡位者统治着他们，而现在已经不能胜任了。兰开斯特家族的反对派把继承权和希望寄托在约克公爵理查身上。根据惯例，他有继承王位的优先权。他是剑桥伯爵理查的儿子，是约翰·冈特之弟约克公爵埃德蒙的孙子。在爱德华三世的曾孙中，除了亨利六世以外他也是未中断的男性后代。而从母亲的血统来看，他也有优先继承权，是冈特的哥哥克拉伦斯公爵莱昂内尔的后代。根据《1407年法令》，冈特的私生子博福特兄弟获得合法地位以后，被剥夺了继承权。如果亨利六世能够取消这一法令，埃德蒙·博福特（萨默塞特）就更拥有约克的父系继承权。约克怕的正是这一点。约克已经取代格洛斯特，成为王位的第一位父系亲王。格洛斯特死后，合法的兰开斯特家族除了亨利六世之外再没有男性了。在约克的周围和手下，聚集了一大批心怀不满的人。在这些人的鼓动下，他犹豫不决地要求参加政府，并且企图利用玛格丽特王后日益强烈的敌意，最终要求即位。

约克派的势力在全国各地铺开，主要在英格兰西部南部、肯特、伦敦和威尔士。肯特暴动首领杰克·凯德曾自称莫蒂默，这是件意味深长的事情。当时普遍认为，那些开始自称约克派的人在朴次茅斯安排杀害了莫林斯主教，又在公海上杀害了萨福克。兰开斯特家族和约克家族之间已经发生了流血事件。

在这些情况下，约克公爵理查的性格就值得细察。他是一位品德优良、奉公守法、行动从容而颇有才干的亲王。兰开斯特政权委托给他的每一项职责，他都忠实、能干地完成了，不负所望。他本来会乐于管辖加来和英国在法国剩下的属地；但由于萨默塞特的缘故被削职，于是他接受了管辖爱尔兰的事情。他不仅征服了该岛部分地区，同时还博得了当地人民的好感。因此我们可以看到，一方面，一些人控制着权力不大的软弱国王，由于国家遭难而名誉扫地，而且还欠下了血债；另一方面，一位正直英明的治世之才，有全国性的支持，而且对王位拥有优先的继承权。

研究分裂英国的这场争论的人，都可以看出老实人多么容易相信各方的理由。亨利六世国王意识到继承权非议时，有些惊讶。他说："从摇篮里开始，我已经当了 40 年国王。父亲是国王，祖父也是国王。你们多次向我表忠，就像你们父辈向我父亲立誓那样。"另一方则宣布，不符合事实的誓言是无效的，错了的事情必须纠正，篡位绝不能靠时间而神圣化，君主地位只能建立在法律和正义的基础上，承认篡位者的王位就等于引诱大家乘机造反，也就是破坏英国社会的架构本身。他们最后还说，如果听任权宜之计，那么谁能把一位即将断送一切的半痴呆昏君同一位被证明是最高贵杰出的军人和政治家的亲王相提并论呢？

英国各地，这两类观点分庭抗礼。约克派在富庶的南方占统治地位，兰开斯特派占据着好斗的北方，但各有许多的交叉重叠。市民和人民大众总的来说没有积极参加上等阶级及其武装门客的这场战争，而且有些人认为“贵族越少越好”，不过他们内部也有深刻的意见分歧。他们尊崇国王的善良虔诚，也敬佩约克公爵的美德和温和性格。在各地区、各时代，民众的态度和感情对斗争的双方都大有影响。欧洲则目睹了近30年残酷战争的惊人场面，可是战争中几乎没有城镇遭劫掠，对普通百姓秋毫无犯，地方政府基本上维持职能。

* * *

1450年，沸腾的民怨和激烈的对垒把约克公爵拖入了第一次公开行动。他离开他在爱尔兰的政务，私自在威尔士登陆。在次年召开的议会上，一个姓扬的下院议员大胆建议，应该宣布约克公爵为王位继承人。这个要求非同小可，不仅因为其后盾有力，而且因为合乎情理。此时国王已经结婚6年，还没有孩子，从有关他的传闻看，似乎也不可能有了。人们此时问，难道他不应该指定继承人吗？假如不是约克，会是谁呢？只能是萨默塞特或博福特家系的另一个代表。人们可以看到，这一着棋有多么精明。但国王肯定是受玛格丽特的鼓动，异常坚决地加以拒绝。他拒绝放弃生儿育女的希望，议会一散会，他就把那位放肆的议员关进了伦敦塔。此时，他同约克公爵闹翻了。约克公爵回到了他在威尔士边界的勒德洛城堡。

政府未能恢复国内的治安，也未能防止在法国的军事灾难，约克非常不满，越来越深信，把控着弱君的博福特派必须赶下台。祈祷和抗议都无济于事，剩下的办法就是诉诸武力了。于是，1452年2月3日，约克发表了告什鲁斯伯里市民书，指责萨默塞特让英国蒙羞，还指责他“一直在国王陛下身旁运作，加害于我，贬低我的血统，剥夺我和我的继承人以及我身边一些人的继承权。……鉴于该公爵长期控制摆布国王，而且屡进谗言，可能会断送我们的大好河山，因此我决定在亲戚朋友的帮助下立即向他进攻”。随之，约克带着几千人马和大炮从什鲁斯伯里向伦敦进军。他挺进肯特城里，明显指望曾跟随杰克·凯德暴动的人聚集到他的麾下。实际反应令人失望。伦敦让他的使者吃了闭门羹。国王被玛格丽特、萨默塞特和兰开斯特利益集团以优势兵力带到布莱克希思。内战似乎一触即发。

约克感到自己势力偏弱，而且天生反对暴力。诺福克等大贵族站在他一边，而24岁的沃里克伯爵则支持国王。为了防止流血斗争作了各种努力，谈判没完没了。结果，约克解散了他的军队，赤手空拳，头上没戴任何东西去见亨利六世，保证对他忠诚，但坚决要求纠错。他命悬一线，国王身边的人本来会毫无顾忌地杀害他，但是他们知道，后果是不堪设想的。约克代表着一种事业，他得到下院的支持，全国有一半人口挺他，而且他年轻有为的儿子马奇伯爵已经率领第二支军队，列队威尔士边界。约克宣布自己是“国王的臣仆”。由于他有下院的支持，显然代表着一股大势力，国王便保证成立“可悲而庞大的政务会”，吸收他为成员。宫廷还得在萨默塞特和约克之间抉择。王后始终同萨默塞特合作，作了有利于他的决定。萨默塞特被任命为加来总督，那里的驻军是王室发俸的唯一正规军。实际上，一年多的时间里，萨默塞特同时主事着法国和英国国内的事务。

不久，一连串严重的事件接踵而至，英国人在法国的灾难登峰造极。塔尔博特收复加斯科涅的企图受挫。1453年7月，他在卡斯蒂永败北，波尔多也在10月失守。总司令萨默塞特承担战败的压力。国王也就疯了。他到威尔特郡度过七、八两月。他突然失忆，谁也不认得，甚至连王后也认不出来。他能吃能喝，只是语无伦次，就像小儿说话，也不能走路。他有一年零三个月的时间啥都不懂，复原以后他宣布，什么也不记得了。虔诚的亨利抽身人世的烦恼，进入了仁慈的遗忘岛屿。他的躯体对处处充满愤怒的英国目瞪口呆，还淌着口水。

这些可怕事实一传出，玛格丽特王后就希图当摄政王，但对立势力过于强大，兰开斯特派不敢贸然挑战，而且玛格丽特另有要事缠身。10 月 13 日，她生了个儿子。不清楚人们事先多少想到没有，但此事就像很久以后的詹姆斯二世时代那样，不可避免地使人们横下心来，仿佛永远排除了约克派的继承权。到此时为止，双方都不想走极端。哪怕兰开斯特派在亨利生前执政，约克派将在他死后接班，双方都会顺应这个自然的合法过程。可是现在，兰开斯特派似乎要永远独占鳌头了。

国王的神志不清击败了萨默塞特，他再也无力顶住约克了。约克的追随者诺福克向政务会提出对萨默塞特的诉状。1453 年 12 月，萨默塞特被关进伦敦塔。约克实力雄厚，当上了摄政王。他通过议会采取动议，奉行温和的政策，势不可挡。他完全控制了政府机构，并且博得议会两院的支持。他发挥才能的时间不用很长，人们就认识到政局迅即好转。他冷静有力地镇压私党，恢复公路秩序和全国的治安。他毫不犹豫地将重要支持者中几个发动私人战争的人监禁起来，其中有德文郡伯爵。如果说他没有把狱中的萨默塞特提出受审，那只是出于宽恕。支持者对他的宽容感到吃惊。政府掌握在他手中，他的前途由于国王新得子嗣而受到影响。权力或生命随时都会因为国王的康复而完结，但他坚持正义，恪守信用。这是他的丰碑。在历史的镜子面前，他是一位爱国者，随时准备为维护善政而献身，不愿为了个人利益而反对国家。

意外事件不断发生。人们普遍认为亨利断了香火，他却得一子；他似乎永远陷入了弱智状态，却又突然复原。1454 年圣诞节时，他完全恢复了机能。他问，自己是否睡着了，其间发生了什么？玛格丽特将儿子抱给他看，并告诉他，她已经把儿子命名为爱德华。在那以前，亨利以呆滞的目光看着这婴儿，人们唤醒他的一切努力均告无效。现在，他完好如初。他举起双手感谢上帝。据帕斯顿家族的书信记载，他说，他“在那以前没有知觉，不知道别人对他说了什么，也不知道患病时身在何处，现在才明白”。他派施赈人员向坎特伯雷送去谢恩的捐献，宣布自己“对全世界广施博爱”，还说他“希望贵族也能踊跃参与其事”。

第 28 章

玫瑰战争

1455 年的春天，兰开斯特的红玫瑰再次绽放。自国王恢复神智的消息传出，约克便在法律上不再是护国公，他也没有挽留这份权力。玛格丽特王后手握实权。萨默塞特不仅获释，而且重掌要职。约克公爵将已管辖 7 年的加来交还给了政敌。他不再收到国王政务会的邀请，当贵族政务会在莱斯特召开并邀请他时，他还担心国王召唤他，是要审判他。他退居约克郡的桑德尔，在那里，他与沃里克伯爵和索尔兹伯里伯爵一起，联合众多贵族，谴责萨默塞特公爵是个罪人，他曾使英国痛失诺曼底和吉耶讷，现在又要毁了整个英国。约克麾下的贵族同意诉诸武力。他们带着 3000 名士兵南下，同时，诺福克公爵集结了几千人马，什鲁斯伯里和托马斯·斯坦利爵士也召集了几千人。以上所有的军队都向伦敦进发，并约定以圣奥尔本斯为会合点。国王、王后、萨默塞特、宫廷和兰开斯特派的人在沃特福德迎战，他们所带的兵力不足 3000 人。

圣奥尔本斯是个不设防之城。那里的修道院古老而且势力强大，为了防止市民桀骜不驯，不许人们“用城墙把自己围起来”。因此，这里是一个方便的会合点。国王的军队率先抵达，随即在圣彼得街和霍洛威尔街挂上王家旗帜。尽管大批援军正在赶来的路上，约克、索尔兹伯里和沃里克没有浪费时间等待，因为他们认识到自己的部队占有优势并且深感时间的宝贵。双方打了一仗，与其说这是一场战斗，不如说是一次冲突，但它具有决定性的作用。克利福德勋爵为王军固守街垒，抵御约克大军的弓箭和大炮；而沃里克绕到小镇后方袭击并杀害了克利福德，把王军逼到了溃逃之境。萨默塞特战死，“与其说他是为国王而死，不如说他是为自己而死”。白金汉公爵父子身负箭伤，有人看到萨默塞特之子多塞特伯爵重伤被俘，被用马车运送回家。国王受了轻微箭伤，他没有逃跑，在大街上的一家商店内避难。约克公爵随即赶到国王面前，双膝跪地向国王表忠。圣奥尔本斯一战，阵亡将士不到 300 人，但其中有大量隶属国王阵营的贵族。大家鼓励普通士兵彼此手下留情，而双方将领们则拼死一战。萨默塞特和克利福德暴尸街头几个小时，无人敢埋。约克派大获全胜，他们已经控制了国王。萨默塞特已死，玛格丽特王后带着孩子逃亡。胜者宣布效忠于国王，为成功铲除奸佞谋臣欢欣鼓舞。很快他们便以国王的名义召开了议会。

史学家在玫瑰战争上着墨不多，但凡提及玫瑰战争的流水账，多半是留下了一幅忧郁而支离破碎的图景。我们却面对着最残酷的、最不可调和的战争，对此是有真实记载的。战争的参与者个体世代在特权和战争中成长，封建制度给予其一种独特的荣耀感。教廷为了抵御政敌，实现一己之私，对这场战争给予了精神上的认可。个人仇恨在这场战争中登峰造极，所幸民众没有受到影响。人类历史上一定还有不少类似的骚动，但都没有像玫瑰战争这样，保存着如此世俗且用巨大的代价打造的人物。

造成不必要的混淆原因可能被避免，郡名和爵位名不可搞混。约克和兰开斯特之间不共戴天的战争并不意味着两个名郡之间的敌对。事实上，兰开斯特派的大本营就在约克郡，而约克派的势力在英格兰的中部和南部。命运的起伏如此惊人多变，家族的斗争如此复杂难料，乱世中的民族情感如此捉摸不透，因此人们往往以贬损这一时期为时髦。只有莎士比亚是个例外，他以霍尔的《编年史》为基础，描绘了玫瑰战争时期的恢宏与残酷。他没有给这场战争下结论，同时为了达到戏剧效果，他对事件和战事进行了缩写。现在让我们走入那段历史。

*　　*　　*

第一场流血战事在圣奥尔本斯打响。约克派控制了国王。但很快兰开斯特一派就展示出了他们的固有力量，绝大多数的贵族站在他们这边，他们甚至还有国王的威权。短短数月，他们就恢复了往日的声势。较量在继续。国内爆发了多次起义，议会中的斗争格外残酷。法治、立宪和尊王这三种力量受到不少骚乱和血腥事件的挑战，但是并未被推翻。1456—1459 年这四年是一段不稳固的停战时期。所有人都意识到自身及其秩序所面临的危险。命运重压在他们身上。为和解，各派都倾注了大量努力。伦敦市民目击了国王被一队人马护送到威斯敏斯特的壮观场面，队列中，约克公爵和玛格丽特王后并肩行走，后面跟着约克派和兰开斯特派的贵族，最敌对的人却结伴而行。双方郑重交换誓言，保证友好相处，全体领袖共进圣餐，所有人都在风雨飘摇中寻求和平。然而，伦敦已达成某种和解时，北方的暴力将其颠覆。1459 年，战斗再次打响。在伍斯特，约克派的武装分子聚集，被王军打得七零八落，首领也被打散。约克退回爱尔兰，沃里克也回到他继承的萨默塞特所管辖的领地加来。

1460 年 7 月，战争正式开始。约克仍在爱尔兰，而沃里克手下的约克派贵族驻守威尔士和加来根据地，带着亲眷和党羽。在教廷使节和一些主教的支持下，并且大体上在下院的扶助下，他们与兰开斯特派和王军在北安普顿会战。亨利六世筑沟据守，还有新式大炮傍身，守卫战线。但是约克派进攻时，负责守卫一翼的鲁斯温伯爵格雷开了小差，约克大军趁机穿越防守胸墙。王军仓皇而逃。亨利六世“孤单寂寞地”坐守帐篷。胜者来到他跟前，匍匐效忠。就像圣奥尔本斯战后一样，约克派将国王抬回伦敦，再一次控制了他，以他之名统治王国。议会试图达成所谓的折中方案，让全国各个等级妥协。格雷戈里《编年史》里这样说道：“约克公爵采用武力将亨利国王软禁在威斯敏斯特，直到国王因为怕死而同意将王位传给他，因为像亨利六世这样的弱智早晚会怕死。”亨利六世将终身为王，约克公爵执掌政府，并在国王去世后继承王位。祈求国泰民安的人士都赞成此举。但是这项协议不顾事实，因为玛格丽特王后和儿子威尔士亲王仍在威尔士的哈莱克城堡自由自在。囚禁中的国王解除了亲生儿子的继承权。王后则继续奋战。

为了捍卫儿子的继承权，王后带领北方和北威尔士的王军进军了。约克公爵不屑于继续留在安全的桑德尔堡等手下的全部武装集结起来，直接向王后的方向行军。1460 年 12 月 30 日，在韦克菲尔德打响了玫瑰战争中第一次重要的战役。兰开斯特派的优势兵力将正在饮马休息的约克军杀了个措手不及，溃不成军，一场可怕的屠杀缓缓展开。普通百姓也不能被饶恕，成百上千人沦为炮灰，首当

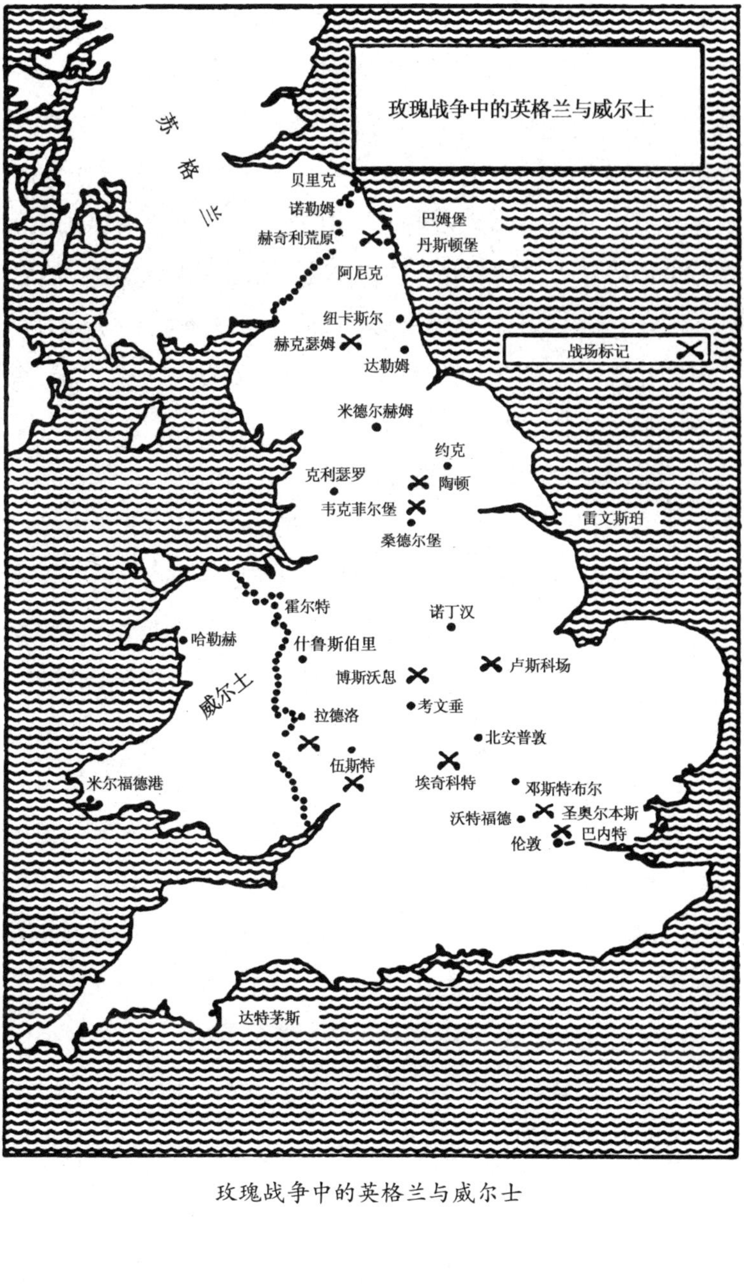

玫瑰战争中的英格兰与威尔士

其冲的自然是将领们。格杀勿论。约克公爵战死，他的儿子，年仅18岁的拉特兰伯爵，在逃亡路上被新任的克利福德公爵杀死。克利福德仍记得圣奥尔本斯一战的血仇，在手刃拉特兰伯爵时，他高兴地大喊，“以上帝的名义，你的父亲杀了我的父亲；我也要杀了你，杀了你全家。”此话后来成为该战争中的铁律。晚间，在抓住了老索尔兹伯里伯爵之后，白金汉公爵的私生子埃克塞特立即将他砍头。这种厉害的手段，看得出是玛格丽特王后在背后指使。3名约克贵族的首级被悬挂在约克的城墙和城门上。约克公爵的头颅上戴着纸王冠，对大地龇着牙，似乎在召唤复仇者。

此前，冲突只局限在性格成熟且生活安逸的权贵之间，他们深度介入国家事务，尽可能适可而止。而现在，新的一代上台了。来了新克利福德勋爵，新萨默塞特公爵，尤其是新约克公爵，他们都是二十几岁的年纪，手握利剑，欲为父报仇，剑指英格兰。约克的儿子马奇伯爵看到，父亲事业的接力棒交到了自己的手上，他没有退缩。向威尔特郡伯爵和威尔士的兰开斯特派发起进攻。1462年2月2日，他在赫里福德附近的莫提梅路口战役中击溃了他们，立即报了韦克菲尔德一战的血仇。“格杀勿论”又成了关键词。战后被处决的人中包括欧文·都铎。他是一个无害的名士，面对砍头斧和断头台，一直不相信自己会被砍头，直到红马甲的领子被撕开，方才如梦初醒。他的儿子贾斯帕活了下来，大家知道，很快他就会继续这场争斗。

在新约克公爵的带领下，胜利的约克派前去增援沃里克伯爵。沃里克伯爵从加来回国，在伦敦作战，形势紧迫。但是玛格丽特王后先发制人，2月17日，第二次圣奥尔本斯之战中，她大胜沃里克。

沃里克此时是约克派的实际领导人；他在国外养了大量军队，配有最新式的武器。他有自己的封建武装，同时挟持了被俘国王，并以国王之名作战。但玛格丽特的突袭打得他措手不及。“他们的侦察兵没有带回王后军逼近的消息，只有一个人说王后军距此还有九英里。”沃里克和诺福克逃跑了，军中有半数人被屠杀。国王亨利被马车推到战场。他在一棵大树下观看战局，态度端正，很快就掩饰不住其心满意足的样子了。英法战争中的两位著名骑士，其中的一位是令人敬畏的托马斯·凯瑞，被任命为侍卫，保卫国王。主要任务是让国王免受伤害。他们和国王一起站在树下，被王后的军队包围了。第二天早晨，玛格丽特冷酷地处死了不少将领，他们也在其中，不过他们两个的遭遇值得拿出来说道。国王亨利表示是他让他们留在自己身边，一直在保卫国王的生命安全。玛格丽特叫来 7 岁的儿子爱德华，就是被剥夺了王位继承权的那位王子。她问爱德华：“公正的好儿子，你看我该怎么处死眼前这两个骑士呢？”爱德华早熟，凶巴巴地说：“把他们的头砍了。”凯瑞在临刑前说道：“愿上帝将惩罚降临在那些人头上，竟然教孩子如此说话。”在那样的时代，怜悯之心不复存在，只有死亡和复仇在唱主角。

*　　*　　*

玛格丽特平安地将丈夫弄回了身边，附带着全部王权。前往伦敦的道路已经敞开，但她没有选择进发。她从北部调来的游牧部队在行军途中无恶不作，丢尽了颜面。乡间已经有人愤怒地反对他们。国王的友人们说：“他们觉得北方人一旦来到伦敦，烧杀抢掠，太过残忍。”此时约克派已经牢牢控制了伦敦城，但也有人这样说：“如果国王王后带兵返回伦敦，他们一定会心想事成。”我们很难完全判断清楚当时的形势。莫提梅路口战役大获全胜后，约克的爱德华不舍昼夜，率军抵达伦敦。在牛津郡，沃里克带领圣奥尔本斯之战的余兵加入了爱德华的大军。亨利国王可能祈祷过不要让伦敦成为战场吧，反正玛格丽特及其谋士也不敢在伦敦开战。兰开斯特派高唱凯歌，与国王重逢后，满载着战利品，经过邓斯特布尔退回北方。因而掩盖了他们的苏格兰雇佣军已经踏上归途的情况，他们可带着能够带走的一切。据霍林谢德[①]记载，“玛格丽特王后的支持者在埃塞克斯为数不多，在肯特更少，在伦敦则寥寥无几……她从圣奥尔本斯退到北方，那里才是她的实力基础和庇护之所”。

这场战争就此出现了转折。第二次圣奥尔本斯战斗刚刚过去9天，约克公爵爱德华就进入了伦敦。本来可能屈服于玛格丽特和国王的伦敦市民，此时热烈欢迎约克派的到来。他们感谢上帝，并且说：“马奇伯爵，让我们手拿美丽的白玫瑰在新的葡萄园里漫步，让我们用白玫瑰花与香草在阳春三月建起一座乐园。”[1]不过，这是荆棘丛生的葡萄园。这时已经不能用国王的名义行事了，约克派成了赤裸裸的乱臣贼子。然而，这位在莫蒂默十字路取胜、屠杀仇敌的年轻骑士对这个罪名并不在乎。他认为，正是对亨利国王的尊崇，导致了父亲的失败和丧生。他和他的朋友再也不会用这种忠君思想蒙混过关了。他立即要求获得王位，伦敦人心所向，驻在当地的兵力强大，他能够充分证明，他的行动有公众的拥护。他自立为王，后来于1461年3月4日在威斯敏斯特以尽可能隆重的仪式宣告登基。从此他宣布，敌方犯叛逆罪，他将给予最严厉的惩罚。

① 英国编年史家（1520—1580）。

这些话必须说到做到。爱德华四世率军北上，要同亨利六世国王清算总账。在约克附近，王后率领兰开斯特派的全部军队，在离塔德卡斯特不远的萨克斯顿村和陶顿村附近同他对阵。有些记载说，参战的有10万人，其中约克派4万人，兰开斯特派6万人，而后来学术权威则大大缩小了这些数字。

3月28日，约克派前锋在费里桥被小克利福德勋爵击退，沃里克本人也受了伤。强大的援兵赶到以后，约克派终于攻克这座桥，克利福德阵亡，约克派军队过了桥。第二天，英国土地上一场最残酷的战斗打响了。兰开斯特派占据了居高临下的有利地形，右侧有涨水的科克河作为屏障，很多地方无法涉渡。爱德华的军队还没有到齐，诺福克公爵率领的侧翼部队尚在行军途中，但爱德华决定立刻进攻。战斗是在暴风雪中开始的，风雪直拍打在兰开斯特派军的脸上。约克派的长矛兵在风雪的掩护下成群地冲上山坡。风力增加了进攻者的弓箭射程，缩短了兰开斯特派的羽箭射程；损失严重的兰开斯特派为形势所迫，决定向山下的敌人反攻。双方殊死搏斗6小时，各有胜负。据说，在战斗的高潮，沃里克跳下战马，将它杀死，以便向士兵们表明，他不会扔下他们逃生。战局胜负未定，直到傍晚诺福克公爵率军赶到战场，攻击兰开斯特派的侧翼，逼其大军撤退，很快变成了溃退。

科克小河此时已经化友为敌。通往塔德卡斯特的桥梁被逃兵挤得水泄不通，成千上万名身穿铠甲的官兵跳入水深流急的河中。淹死者不计其数，尸体堆成一座座令人恶心的栈桥，有些人借以过河逃命。追杀一直持续到深夜。玛格丽特母子逃到约克城，亨利国王正在举行圣枝主日[①]礼拜。专横的王后将他带上，携儿子和一些长矛兵朝北方边界奔去。战场上躺着几千具国人尸体，爱德华给母亲写信时隐瞒了损失，却说兰开斯特派共死亡28000人。可以肯定，兰开斯特派的贵族和骑士之花在这个战场上凋落了。俘虏一概被处死，只饶恕了德文郡伯爵和“埃克斯特私生子”，不过他们只被多留了一天。爱德华到达约克城时，头等大事是收起父亲和其他被玛格丽特杀死者的首级,换上俘获的最显要贵族的脑袋。3个月以后,6月28日，他于威斯敏斯特加冕，至此约克派似乎已获全胜。接着是将对手全员放逐抄家。议会于1461年11月通过了空前苛刻的《没收财产法》，让133个知名人士的财产片瓦不留。不仅王位易主，英国三分之一的领地也统统易手。这就是以牙还牙。

* * *

陶顿战斗之后，兰开斯特派的事业凭王后的顽强意志支撑着。她那坚忍不拔的精神在女性中可谓独一无二，所经历的沧桑也非一般妇女可比。除了北方愤怒的兰开斯特军队之外，她还得到苏格兰和法国这两个友邦的眷顾。两者都感受过前几代英国国王的强大，也都为其目前的分裂和虚弱状态而庆幸。苏格兰人对英格兰人的刻骨仇恨仍然使外国人感到惊异。1461年，即陶顿之战那一年，路易十一继承了其父查理七世的王位。他发现国家几成荒漠，惨不忍睹。土地无人耕种，村庄只是一片片茅舍的废墟。废墟上，昔日的良田野草荆棘丛生，农民过着狼一样的生活，也激起了狼一样的凶残。这一切都是英国入侵的结果。所以，挑动英格兰内斗，支持较弱的

---

① 一种宗教节日，又称基督苦难日。

一方，是苏格兰和法国的主要目的，双方还经常一起行动。

作为英国王后和法国公主，玛格丽特在西欧是个非凡的人物。她的勇气和好战精神，她令人慑服和信服的个性，她对那些把她和丈夫赶下宝座的人所抱的深仇大恨，使她意志坚定，在大局已定之后还孤军奋战，进行了一系列长期殊死的斗争。几年之后终于一度东山再起。她从不牵挂英国的民族利益，把贝里克卖给苏格兰做买路钱，为了和路易十一做交易，又以 2 万金里弗的代价把加来抵押给他。

玛格丽特多次亲自向法国、勃艮第和苏格兰的宫廷求援，又在 1462 年率军在英格兰登陆。不知由于反叛还是软弱，北方的巴姆堡、阿尼克和丹斯顿堡 3 座大城堡向她打开了城门。路易十一派遣优秀的皮埃尔·德·布雷泽辅助她，这个军官被她的魅力所惑，为她的事业花掉了巨大家产。1462 年冬，爱德华国王聚集约克军队，把新的大炮从海路运到纽卡斯尔，开始攻击 3 座沦陷的城堡。他本人因患麻疹留在达勒姆，由沃里克勋爵指挥战斗。每座都有昵称的大炮重创这些城堡的石墙。围攻非常激烈，连圣诞节也没有停止。玛格丽特从贝里克赶来解救阿尼克，未能如愿。3 座要塞一个月内相继陷落。

此时，爱德华的行为是对他性格的有力辩护。这位骄奢淫逸的年轻国王感到王位已经稳固，便表现出玫瑰战争中尚未有过的宽容。他不仅饶恕了城堡中被俘的兰开斯特派贵族，还和他们郑重地达成了各种协议，充分信任他们。萨默塞特公爵和拉尔夫·珀西爵士宣誓效忠之后，不仅获得自由，而且恢复领地，珀西甚至受权守卫两座城堡。萨默塞特更是备受宠幸，他就是第一次圣奥尔本斯战斗中毙命的著名大臣萨默塞特的儿子。求和后，他在国王的军队中担任要职，并且参加王军内部会议。他在上任之初就军事问题提出了精明的意见，国王赐他特殊的俸禄。

爱德华的宽宏大量没有得到善报。玛格丽特 1463 年带着法国和苏格兰的生力军卷土重来时，珀西替苏格兰人打开了巴姆堡的城门，阿尼克城堡也被心怀不满的约克派军官拉尔夫·格雷爵士出卖。同时，王后自己裹挟着亨利国王包围了贝里克附近特威德河畔的诺勒姆城堡。爱德华和约克派再次挺身迎战，把可怕的新火炮也带到北方。当时，各强国重视火炮，如同今日人们对原子弹一样。这些火炮把城堡轰得碎块乱飞，玛格丽特逃到法国，亨利六世则隐居在坎伯兰的溪谷和宗教机构中。国王、王后（确实是王后啊）从此天各一方。玛格丽特带着王子浪迹天涯，如此不平凡。她和埃克塞特公爵、6 名骑士以及忠实的皮埃尔·德·布雷泽在斯鲁伊斯登陆，恳求勃艮第家族发扬闻名于世的骑士精神。她到那里时，“没有王后威仪”，她和 7 名宫女连换洗的衣服都没有，布雷泽为她们付了饭钱。哪怕勃艮第宫廷怀有敌意，她还是受到了王后的待遇。勃艮第公爵腓力已经年迈，儿子别号“大胆查理”。英国使节在积极活动，除了古时的好客风气使一个“落魄贵妇人”得到应得的礼物和招待之外，玛格丽特在勃艮第一无所获。可是从这些接触中，我们了解到她所经历的冒险。

勃艮第编年史家夏特兰记载了玛格丽特的故事，因此后人才知道，她同亨利国王和王子 5 天没有吃上面包，每天只分食一条鲱鱼。在一次做弥撒时，玛格丽特连一个铜板也捐不出来，只好向身边的苏格兰弓箭手借。他“有些勉强而又遗憾地”从钱包里掏出一个价值 4 便士的银币。玛格丽特叙述道，在不久前的诺勒姆惨剧中，她被劫掠的约克派士兵俘获，搜抢一空后交给队长去砍头，只是分赃时发生争执，才拖延了行刑。当时旁边站着一位约克派绅士，她请求着，“说话哀婉动人”。绅士说：“夫人，请上马，坐在我后边，请王子阁下坐在前边，我自己也是凶多吉少，但一定舍命相救。”他们三人骑着一匹马冲入森林，玛格丽特担心儿子的性命，那是她事业的根本。约克派绅士骑马离去了。该森林是盗匪出没之处，母子二人在森林深处躲藏起来。不久，一个外表狰狞的人出现了，显然打算杀人越货。这一次，玛格丽特的个人魅力又占了优势。她说了自己的身份，把她的儿子、王位的继承人托付给强盗保护。强盗倒也忠于职守，王后王子双双到达国王的避难所。

*　*　*

虽然珀西辜负了爱德华的宽容，可是后者对萨默塞特并未丧失信心。爱德华国王在自认为形势逼人时会采取残酷的手段，但同时他很想表现出豁达大度，开诚布公地信任他人。他对萨默塞特的信任想必给他带来了致命的危险。1463 年初，这位第三代公爵深得国王的重用。“国王对他非常看重，甚至和他共寝多夜。他有时跟随国王出猎，国王身边至多不超过六骑，其中竟然有三人是萨默塞特公爵本郡的人。”

1463 年秋，国王巡视北方，萨默塞特带着自己的 200 人护驾前往。北安普敦的老百姓对过去的残酷战斗记忆犹新，所以看到恶名的承担者同约克派国王在一起时，先是大吃一惊，继而则怒火中烧。多亏爱德华国王本人奋力阻挡，这个新招纳的追随者才没有被撕成碎片。此事过后，爱德华感到必须为萨默塞特及其随从安排别的差事，于是萨默塞特被派到登比郡的霍尔特城堡。北安普敦的动乱想必使萨默塞特深信，国王也不能保护他免遭约克派敌人的伤害。圣诞节时，他又背弃爱德华，回到兰开斯特派一边。他这样的大贵族在自己的领地内名声显赫。反复无常的萨默塞特企图占领纽卡斯尔，他的许多部下一听说他在附近，纷纷出来投奔。可是他又被人赶跑，这些部下被抓住砍了头。

兰开斯特的大旗再次举起。萨默塞特到了亨利那里，阿尼克和巴姆堡两座城堡仍在抵御，诺勒姆和斯基普顿被攻陷。这时，沃里克的兄弟蒙塔古率领大军上了战场。1464 年 4 月 25 日，他在阿尼克附近的赫奇利荒原粉碎了兰开斯特派的叛乱。对方领头人不是战死沙场，就是上了断头台。拉尔夫 · 珀西爵士奋战到死，并且说："我心中的鸟藏下了。"此话从得到爱德华国王的赦免并封官的人口中说出，引人注目。"鸟"指的是什么呢？是兰开斯特派的事业，在压力下可能解散，被出卖，但一有机会，它仍然是追随者的行动指南。许多人心中珍藏着这只"鸟"，但永远说不出这样的豪言壮语，也无法做到像珀西那样低三下四。

爱德华在这场纷争中的宽容尝试就此终结，他又回到以前的残酷手段，无所不用其极。1464 年 5 月 15 日，萨默塞特带领的一小队人马在赫克瑟姆战败，翌晨被斩首。月底前，在约克派各个军营里，兰开斯特派贵族和骑士都一批批地被处决。他这样做别无他求，只是要平息不安定的情绪。伍斯特伯爵、英国的治安官约翰 · 蒂普托夫特精于内战，以意大利人的经验主持战地临时军事法庭。除了严厉的判决之外，他还无端采取凶残手段，使敌方日后有充分理由进行报复。

同时，英国国王以外交手腕同苏格兰国王达成了 15 年的停战协定，同法国和勃艮第宫廷也频繁接触。玛格丽特在巴勒迪克还是束手无策，可怜巴巴的亨利国王在兰开夏的克利瑟罗附近被最终抓获，被押解到伦敦。这一次入城没有任何仪式，他双脚被皮条绑在马镫上，头上戴着草帽，饱经风霜的神圣体格显得很无奈，被牵着围绕枷刑柱转了三圈，然后被推入伦敦塔，狱门关闭，不过他并未从此永陷囹圄。

阿尼克陷落之后，全国只剩下一个要塞仍在抵抗，西部沿海地区的哈莱克城堡上挂着红玫瑰的旗帜。这个城堡在围困中坚持了7年，1468年投降，那时守军只有50人能打仗。除了两个人，统统得到饶恕。其中有一个在长期围困中活下来的12岁孩子，他是贾斯珀的侄子，欧文·都铎的孙子。他后来创立了都铎王朝及其统治制度。他的名字叫里奇蒙，后来成为英王亨利七世。

第 29 章

爱德华四世的冒险生涯

英王爱德华四世在战场上证明了他的王位继承权。他是一名军事家、行动家，在危急之际将自己的品质发挥到了极致。战争中，他无所畏惧，不知疲倦。长途征伐，有胆有谋，调兵遣将，指挥战斗，都似乎是他得心应手的领域。情况越艰险，他表现越佳，反之亦然。此刻他仅仅是一名战士，而战斗停下时，他却表现出失去君临天下的热情了。江山多娇，青春的热血在他血管中奔腾；一切血债均已讨还，于是他善意而安然地插剑入鞘。他靠剑夺得了王冠，现在该享受生活了。

爱德华国王在这艰苦岁月的成功，依靠内维尔家族。沃里克、现封为诺森伯兰伯爵的蒙塔古和约克的大主教乔治·内维尔一起，统揽着全国的政府机构。国王只参与一部分行动，他应该为不恰当的仁慈受指责，这种宽容仁慈再次种下了内战的恶果。后来，他的宽容大度受到谋臣和将军们的严厉约束。因此，他统治的前半期，英国被沃里克和诺森伯兰兄弟俩统治着。他们确信已将爱德华扶上王位，希望他继续为王，而由自己执政。爱德华国王对此毫不计较，在他整个称王的期间，不到迫不得已，他从不和别人发生冲突，而冲突时他非常得体。史书上责备这位 22 岁的王子，说他登基之后没有立即掌握治国的本领，也没有对政务表现出应有的痴迷。互相对立的性格在爱德华身上珠联璧合；他热爱和平，却又在战争中光彩照人。他热爱和平是因为和平时期他可以纵情声色，而不是为了和平的尊严。他追逐女色，随心所欲，还喜欢打猎，饕餮畅饮，以充实生活。这难道不是胜利的正当奖赏吗？让沃里克、诺森伯兰等贪权的贵族挑起执掌国政的重担，让国王享乐一番吧。短时期里，这对各方均合适。胜利者坐地分赃，国王可以娱乐，贵族则得到权力，并奉行自己的政策。

国王不时也亲抓权柄，但主要沉湎于声色犬马，几年的时光就这样消磨过去了。古板的休谟字斟句酌，描述了国王对男人和女人的态度：

> 在这段和平时期，他同臣民，尤其同伦敦居民打交道甚多。他仪表堂堂，谈吐风流，即使没有君王威仪，也足以博得女子的青睐，丰采有助于赢得民心。这种平易近人、其乐融融的生活方式，使社会各阶层对他的良好印象与日俱增，寻欢作乐的青年男女对他都有着奇特的好感。英国人并不善妒，他们对这些浪荡举止并不愤愤不平。他的纵情享乐满足了自己的喜好，同时也在无意之中成了维护和巩固自己统治的工具。

这位史学家在一顿比较温和的数落之后，便对他的软弱和鲁莽表示悲哀，因为他误入歧途，从阳光明媚的林间空地般的王家浪荡生活陷入悬崖峭壁般的浪漫和婚姻中。

有一天，爱德华国王因追赶猎物而跑远了，就在一个城堡里过夜。城堡里住着一位贵妇人，她是城堡主的侄女，名字叫伊丽莎白·伍德维尔或怀德维尔，是“在圣奥尔本斯替玛格丽特作战阵亡”的兰开斯特骑士约翰·格雷爵士的遗孀。她的母亲、卢森堡的杰奎塔曾是著名的贝德福公爵约翰的妙龄妻子，丈夫死后嫁给了他的管家理查德·伍德维尔爵士，管家后来被封为里弗斯伯爵。杰奎塔的屈尊下嫁激怒了贵族，结果被罚款1000英镑，以儆效尤。尽管如此，她此后的生活却是幸福的，为丈夫生了足足13个孩子，伊丽莎白便是其中之一。伊丽莎白身上既有平民的血液，又有贵族的血液，但她是个严肃的女人，诚实正直，无所畏惧，贞洁而多子女。当时有一项剥夺兰开斯特派继承财产的命令，她和两个儿子都在禁止之列。获得国王宽宥的机会不可失去，这位寡妇在年轻的征服者面前鞠躬，谦卑请愿，结果跟法莱斯的皮匠女儿一样，君王对她一见倾心。莎士比亚对此的描写虽有些尖刻，却八九不离十。伊丽莎白竭力克制自己，反而加强了国王的激情。他对伊丽莎白倾情相待，见她守身如玉，便请她同享王位之尊。他唾弃了审慎和理智的谏言。如果不能满足内心的愿望，战场凯旋有何意义？身为国王又有何用？不过，他深知这一选择的危险。他和伊丽莎白·伍德维尔1464年结婚的事实被严加保密。领导政府的政治家们对貌似轻浮的艳事一笑置之，却万万没想到，这是庄严的联姻，必将令国家地动山摇。

* * *

沃里克对国王的未来婚事另有一番打算。一位是西班牙王族伊莎贝拉，一位是更合适的法国公主，两者都是可以大大促进英格兰利益的新娘。在那个时代，王室联姻可以是邻国之间的和平纽带，也可以是赢得战争的途径。沃里克晓以大义，逼爱德华作出抉择。爱德华似乎瞻前顾后，反复陈情反对，令人奇怪，后来兼任国王师傅的这位大臣感到不耐烦了。最后，事情真相被披露出来：他和伊丽莎白·伍德维尔结婚已有五个月了。于是，事出有因，他和拥立国王者发生了分歧。沃里克比爱德华大 14 岁，不过仍处于壮年。他在英国根深叶茂，自己的许多大领地对各阶级的人物都盛情款待，因而深孚众望。伦敦人对他寄予殷切期望。他掌握着国家大权。但他比谁都清楚，爱德华是个沉睡的杰出武士，善战、冷酷，一旦被唤醒就会跃跃欲试，为所欲为。

爱德华国王也开始关心联姻的事情。伊丽莎白王后有 5 个兄弟 7 个姐妹，还有两个儿子。爱德华颁诏把他们提拔到高位，或者让他们同名门望族结亲，甚至让他年仅二十的内弟同八十高龄的诺福克公爵未亡人结亲。王后家新增了 8 位勋爵：她父亲、5 位姐夫或妹夫、她儿子以及她兄弟安东尼。人们普遍认为，这样做过分了。要记住，当时只有 60 名勋爵，其中能参加议会的人一次不过 50 名而已。所有这些大人是个紧密联系的小圈子。一批没有战功的新贵聚集在慵懒的国王身边，这不仅令沃里克极其傲慢的同事们恼火，而且在政治上对他们也是危险的。

不过，冲突在外交政策上爆发了。英国不久以前还是称雄的霸主，而此一代人却已成为邻国的笑柄。英国贵族不分派别，纷纷前往西欧各国的宫廷避难。一天早晨，勃艮第公爵惊异地听说，埃克塞特公爵等几位英国上层贵族跟在他的队伍后面一路乞讨。他为本阶级成员的凄苦境遇感到可惜，便提供了简单的住处和基本的津贴。路易十一对阿金库尔大战胜利者的不幸子孙也给予同样的施舍。玛格丽特及其随从影子内阁，摆着穷人的威仪，在勃艮第和法国受到欢迎。由于英国衰落，两国都强大得令人生畏，随时可能单方面奋力支持流亡的派别，一雪50年前的英国入侵之耻。沃里克及其同伴主张同强大得多的法国结好，以保证实质性的安全。为此，他们希望把国王的妹妹许配法国人。爱德华国王却采取了相反的方针，他本能地谋求让英国的政策立足于西欧的第二大国勃艮第之上，这种本能在以后的几个世纪里对我们岛国产生了重要的影响。他无疑可以证明，同法国结盟等于受法国的控制，而同勃艮第修好即使不能控制法国，也有能力掣肘它的行动。他在以往的寻欢作乐和狩猎中养成了征服精神。英国永远不该成为诸侯国，不是被邻国所分裂，而应该分裂邻国，以保持均势。这在当时是比较新奇的政策，现代人很容易理解它在英国政府里激情蓬勃的小圈子中招致的压力。

于是，1468年，爱德华国王把妹妹玛格丽特嫁给了一年前承袭勃艮第公爵的“大胆查理”，这使沃里克惊恐且懊恼不已。那些不惜冒着生命危险、押上所有的资源把爱德华拥上王位的显贵们，不仅由于新贵族的出现而受到怠慢和物质损失，而且还得容忍他们认为必定会给英国、约克派乃至他们本人带来致命打击的外交政策。如果法国联手兰开斯特派入侵英国，勃艮第能提供什么援助呢？这种灾难将给他们本人、他们的大片领地以及所有依附他们的人带来什么后果呢？为此，爱德华同内维尔家族首领沃里克的争执并非小吵小闹，也不是如通常所说的那样只是个人恩怨。

被激怒的贵族们聚在一起进行密谋。爱德华则继续同王后过好日子，并且不时拉其他人一同玩乐。在公共事务上，他主要关注兰开斯特派的阴谋和活动，但他背后正在酝酿一场更严重的危机。内维尔家族终于准备好同他做个了断。沃里克的计划异常周密。他对国王的兄弟克拉伦斯私下说，要是没有伍德维尔家这个暴发户，弟弟就有可能继承王位。因此，沃里克把克拉伦斯拉到自己的一边。他们还秘密商定，克拉伦斯娶沃里克的女儿伊莎贝拉结亲。

一切准备就绪，沃里克出击了。北方发生了起义，约克郡有几千人在一些年轻贵族的带领下武装抗税。“24 捆谷物”是阿瑟尔斯坦[①]时代就开始征收的一种税，此时却突然臭不可闻。其他不满情绪也被煽动起来，尤其是不满于国王被“宠臣”所左右。与此同时，下院在伦敦发起请愿，反对政府工作中的松懈和挥霍现象。爱德华被迫北巡，除了一支小卫队之外，没有自己的军队跟随，但他要求忠于他的贵族率队与他会合。他在 7 月份挺进到诺丁汉，在那里等待彭布罗克伯爵和德文伯爵，两人都是他新封的勋爵，他们已经集结了威尔士和英格兰西部的军队。爱德华国王刚刚被叛乱者引诱北上，在加来待机而动的沃里克和克拉伦斯便带着加来驻军来到英国。沃里克发表宣言支持北方的叛乱者，称他们为“国王的忠实臣民”，督促他们“哀求国王陛下实行改良改革”。肯特郡有成千上万的人加入沃里克的队伍，他在伦敦也受到敬重和欢迎。他和克拉伦斯还没有率军进攻国王的后方部队，胜负就已成定局。北方叛乱队伍在“罗宾·雷德斯代尔”率领下，在班伯里附近的埃奇科特截击并打败了彭布罗克伯爵和德文伯爵的军队，把他们杀得血流成河。168 名骑士

---

① 阿瑟尔斯坦（Athelstan，895—939），韦塞克斯和麦西亚国王（924—939），在位期间统治扩展至英格兰大部分地区。

和绅士战死沙场或在战后被处决，两位伯爵也相继被斩首示众。

爱德华国王企图在白金汉郡的奥尔尼把他的散兵游勇召集起来，不料却落入了大贵族们的控制之下。似乎只有他的兄弟格洛斯特公爵理查才够朋友。据说理查畸形，人称“驼子”。起初，爱德华企图唤起沃里克和克拉伦斯的忠君之心，但在同他们的谈话中意识到，自己已经成了他们的俘虏。沃里克等人毕恭毕敬地说，他以后实行统治时必须听从他们的意见。他被送到沃里克的米德尔哈姆城堡，由约克大主教监管，表面上很受尊敬，但是实际上受到限制。此刻，沃里克这个国王制造者实际上关押着两位对立的国王，即亨利六世和爱德华四世，前者被关在伦敦塔，后者囚居于米德尔哈姆。对于任何臣民来说，能做到这一点是很了不起的。为了更狠地教训对方，沃里克等人逮捕了国丈里弗斯勋爵和国舅约翰·伍德维尔，在凯尼尔沃思把他们处死，甚至没有通过审判来装腔作势。老派的贵族就是这样对待新贵族的。

然而，沃里克同国王的关系并不能这样简单地了断。沃里克的打击突如其来，起初谁也不知道发生了什么事情。事情的真相传出以后，约克派贵族听说他们英勇无敌、战无不胜的国王遭到拘捕，又惊又怒，兰开斯特派则在各地扬眉吐气，指望从约克派的内讧中获益。国王觉得该隐藏自己了，便宣称自己确信沃里克和克拉伦斯是正确的。他着手改弦更张，并签署了大赦令，赦免所有参加叛乱反对他的人，然后他获得释放。沃里克和国王就这样实现了和解。爱德华不久之后又重新掌握了军队，打垮兰开斯特派叛乱者，处死他们的首领，沃里克及其实权派亲戚都回到各自的职位，表示效忠，显然受到了国王的恩宠。不过，这一切只是表面现象。

* * *

1470年3月，爱德华借口去镇压林肯郡的叛乱，召集自己的军队。他在洛斯科特战场打垮了叛乱队伍，叛乱者立即四散奔逃。每次战斗之后都要处决人，这已成为惯例。在一系列处决过程中，罗伯特·韦尔斯爵士向爱德华坦白，揭发沃里克和克拉伦斯有叛君罪。罪证颇令人信服，因为当时两人正策划反对爱德华，不久又抗拒要他们面君的明确命令。国王率得胜之师突然向他们扑去，他们没想到爱德华以其人之道还治其人之身，因而大吃一惊，狼狈逃窜。他们到沃里克的加来基地去躲避，但是沃里克留在那里的副手温洛克勋爵给他们吃了闭门羹。他们炮击滨海之后，温洛克才赏给他们一点好处，给克拉伦斯的新娘送去几壶葡萄酒，她在船上刚刚诞下了儿子。命运突变，沃里克可以稳固依靠的一切资源几乎全丢了。这回轮到他在法国宫廷里乞求恩典了。

这可是路易十一一生中的大好运，他一定拼命搓手，就像去看前大臣让·巴吕红衣主教时那样扬扬得意。让·巴吕曾经勾结“大胆查理”，被路易关在希农监狱的铁笼里。两年以前，勃艮第的盟友爱德华扬言要对路易开战。而此时，长期互相角逐的英国两派领袖在法国聚齐了。玛格丽特住在父亲的安茹领地，法国的朋友沃里克在本国失败后，逃到了翁弗勒。严厉冷酷、玩世不恭而又处境艰难的路易，开始兴致勃勃地着手使这两支敌对力量实现和解并联合起来。他使玛格丽特和其17岁的英俊潇洒的爱子在昂热同沃里克和克拉伦斯见面，蛮横地建议他们联手，并在他的支持下推翻爱德华。起初双方都不愿意。这一点毫不奇怪，因为在他们之间已经血流成河。他们在那些年里为之浴血奋斗的一切，都将被联手行为所断送。

沃里克和玛格丽特曾经蓄意残杀对方的密友和亲戚。玛格丽特斩首了沃里克的父亲索尔兹伯里、杀了他的叔叔约克公爵和表弟拉特兰，沃里克则处死了萨默塞特父子、威尔特郡伯爵和玛格丽特的许多忠实追随者。至于为双方的斗争而丧生的平民，则不计其数。1459 年，玛格丽特宣布沃里克为法外狂徒，剥夺了他的公民权。1460 年，沃里克标记玛格丽特之子是私生子、调包子。他们互相施加过人间最严重的伤害，却有一个共同点，都痛恨爱德华，并且取胜心切。他们是不甘失败的一代斗士，而事实一度证明，联合是速胜的手段。

沃里克手中有一支舰队，由他侄子、福康伯的私生子统率。南部沿海的各个海港都有沃里克的水兵。他知道，只要他到英国去，或者派人到英国大部分地区去召唤，人民便会拿起武器来到自己的麾下。玛格丽特则代表着已被打败、被褫夺、被流放的兰开斯特家族，始终顽固不化。他们同意不记旧怨，联合行动，并且在昂热对着耶稣十字架的残片庄严起誓，幸亏残片就在身边。他们还为玛格丽特的儿子威尔士亲王和沃里克的小女儿安妮订了婚，以确定盟约。玛格丽特在事业惨败之时，勉强捐弃前嫌，接受沃里克的宝贵帮助，这是无可指摘的。她的信仰坚定不移。但在沃里克这里，这笔交易却不自然，未免显得玩世不恭而又冷酷无情。

更主要的是，他忽略了为女儿安妮新定的婚事对克拉伦斯产生的影响。联姻后如果生出儿子，就很有希望统一四分五裂、民不聊生的英国。指望有继承人来完成这个前景，这是顺理成章的。可克拉伦斯背叛哥哥，为的是要得到王冠，虽然他此时在继位次序上仅次于玛格丽特的儿子，但机会价值已经不高。爱德华对弟弟的行为感到震惊，不过他并没有感情用事。克拉伦斯的新公爵夫人身边有一位侍女，成功地担任了国王使节，她在克拉伦斯逃离英国之后不久告诉他，只要他重新回到哥哥身边，一切错误都可以既往不咎。沃里克和玛格丽特的新联姻促使他决定接受兄长的建议，不过不是立即行动。想必他是个手段不凡的伪君子，因为过去他的哥哥预料不到他的行动，现在沃里克也同样看不出他未来的行动。

爱德华国王此时警觉起来，可是他仍然预料不到会有多少人背叛他，沃里克将一年前的故伎重演。他表弟菲茨休在约克郡发动了新的叛乱，爱德华集中一些军队，满不在乎地前去镇压。勃艮第公爵查理警告他说，沃里克可能会登陆，他却说但愿如此。他一开始似乎绝对有信心，但别提多快就醒悟过来了。1470 年 9 月，沃里克和克拉伦斯在达特默思登陆，肯特和其他南方诸郡闻风而起。沃里克挺进到伦敦，把不幸的亨利六世从伦敦塔释放出来，为他戴上王冠，让他在首都游行一周，然后登上王位。

爱德华在诺丁汉接到了惊人的消息，全国大部分地区似乎都起来反对他。突然，他又听说，在北方叛乱者南下切断他同威尔士援军的联系以及沃里克率领大军北上的同时，沃里克的兄弟、一向忠实的诺森伯兰率部倒向亨利国王。他听到诺森伯兰倒戈并迅速向他扑来的消息后，感到唯一的出路是逃往海外。只有一个避难地——勃艮第宫廷，于是他带着少数随从投奔妹夫勃艮第公爵。“大胆查理”也比较小心，不能不考虑到英法联合进攻的危险迫在眉睫。他在确信这势在必行之前，对逃难的王亲贵族一直虚与委蛇。可是，等尘埃落定，沃里克的政策毫无疑义是要和路易十一联合对他宣战之后，“大胆查理”便采取了用心明显的计策来保护自己。他拨给爱德华国王大约 1200 名可靠的佛兰德斯士兵和德意志士兵，还有登陆必需的船只和金钱。这些军队是在瓦尔赫伦岛上被秘密召集起来的。

* * *

这时，沃里克统治着英国，而且貌似可能长治久安。他手中掌握着傀儡国王亨利六世。不幸的亨利只是一个会喘气的废物，他头戴王冠，手拿王杖，像个麻袋一样坐在王位上，以从前听任命运女神摧残时的同样温情和耐心接受她一时心血来潮的宠爱。一些法令以他的名义公布于世，这些法令废除了约克派议会通过的剥夺继承权和褫夺公权法令。英国有三分之一的土地归还原主，被驱逐的贵族以及遇害贵族的继承人结束了颠沛流离的生活，回到世代相传的领地。同时，英法联合进攻勃艮第的准备工作已经就绪，战事迫在眉睫。

尽管这些历史舞台上的演员能够理解这些剧烈的变化，使这场戏表面上顺利上演，但是英国国内双方的基本盘跟不上如此迅速的和解及事态的发展。全国的人几乎各持原来的态度。领袖人物可能进行了新的力量组合，老百姓却不相信红白玫瑰之间的敌意已经消失。只需再来一次冲击，就会出现完全不同的景象。有意思的是，虽然沃里克一再催促玛格丽特到伦敦同他和夫君亨利会合，而且玛格丽特掌握着有战斗力的军队，但她仍然留在法国，还把儿子也留在自己身边。

1471 年 3 月，爱德华带着人数不多的远征军在约克郡的雷文斯珀港登陆。该港口如今已被北海的浪潮冲刷得不复存在了，但当时因亨利・博林布鲁克 1399 年的登陆而仍然赫赫有名。爱德华国王正在搏命一战，因而如往常一样精神饱满。约克城将他拒于城门之外。但是，像博林布鲁克一样，他宣布自己只是为了私人领地而来，他还吩咐他的部队宣称拥护亨利六世国王。在这些条件下，他被接纳入城，得到给养，然后向伦敦进发。诺森伯兰以四倍优势兵力上前截击，但爱德华以超常的行军速度绕到敌人的前面去了。所经之处，约克派贵族和追随者纷纷参军。到达沃里克城的时候，他已有足够的力量再度称王。沃里克因形势的变化而心慌意乱，他一面以命令的口吻反复要求玛格丽特速速返国，一面在爱德华国王必经的考文垂屯兵以待。同时，他弟弟诺森伯兰尾随爱德华南下，相距只有两天的行程。在这危情中，爱德华还有出乎沃里克意料的一张牌，那就是他知道克拉伦斯是他的人。克拉伦斯正带着一支数量可观的军队从格洛斯特郡赶来，表面上是要和沃里克会师。爱德华如甩掉诺森伯兰那样，用计从沃里克的侧翼溜过去，在沃里克和伦敦之间驻扎了下来，那里正是克拉伦斯可以同他会师的地方。

双方都全力以赴，英国再次遍地狼烟。爱德华进入伦敦，受到手足无措的市民衷心欢迎。亨利六世曾经遵命带着 600 名骑兵沿街游行，此时免去了这类苦差事，又被送回伦敦塔监禁。决战即将在北路打响。1471 年 4 月 14 日，爱德华和约克派为一方，沃里克、内维尔家族以及埃德蒙·博福特的次子萨默塞特公爵和兰开斯特派重要盟友为另一方，在巴内特对阵。

在英国各地，谁也看不清发生了什么事情，解开人们疑团的巴内特战斗本身就是在一团迷雾中进行的。双方的阵地犬牙交错，沃里克的右翼包抄了爱德华的左翼，反之亦然。沃里克可能苦于胆小鬼的恶名，扔开战马徒步作战。兰开斯特派的重要人物新牛津勋爵（其父在爱德华执政初期遭斩首）统领着兰开斯特派的重叠的左翼；他指挥若定，但在雾中迷了阵。他不知道爱德华背后全线敞开，完全可以攻击，而打算回到自己人的阵线，结果走到萨默塞特中阵的背后。他的旗上有星星放光芒的纹章，被沃里克的军队错看成爱德华国王的太阳放光芒王旗。于是沃里克的弓箭手向他射击。错误被揭开，但在那背叛反水屡见不鲜的时代，反而导致了另一个大错。人们以为他临阵逃脱，沃里克的军中传遍了背叛的喊声。牛津勋爵惊魂未定，纵马向迷雾的远方逃去。萨默塞特指挥的另一侧翼部队早已被击溃，沃里克同右翼一起受到爱德华国王和约克派主力的攻击。这场战斗中，求饶是犯不着的。沃里克见敌众我寡，阵线已破，便向他的坐骑奔去。他平常在战斗之前总是走过阵列，然后骑上马，这次如果这样做，即使受到嘲笑也是明智的；因为假如他得以逃生，这段漫长曲折的历史可能就会有相反的结局。可是，在主战场的巴内特城北面，正当沃里克就要赶到救命的战马身边时，约克派的人追上来将他打死了。他曾经是约克派事业的斗士，为爱德华国王立过大功。他把这个青年推上王位，助他坐稳，却受到其不公平的对待。他为自己所支持的事业断送了许多人的性命，可是又可耻地选择背叛，他的死罪有应得。然而，就他出众的武德而言，他理应获得哀荣。

*　*　*

巴内特之战的那一天，玛格丽特终于在英国登陆。第四代萨默塞特公爵要为父兄报仇，刚刚从巴内特惨败回来，就去见了玛格丽特，成了她的司令官。听到沃里克阵亡和他的军队战败溃散的消息时，一向顽强坚定的王后度过了绝望的一刻。她在韦默思附近的塞恩寺里暂且栖身，打算返回法国。但是，她儿子、年近十八的威尔士亲王身上流淌着亨利五世的血液，他主张为王冠而战，不得到毋宁死。玛格丽特打起精神，又一次看上去不被命运多舛的生活所压垮。

她的唯一希望是到达威尔士边界，在那里，兰开斯特派强大的传统势力已经武装起来。沃里克的倒戈势力已经被铲除，斗争从此又是兰开斯特派和约克派之间的事情了。爱德华从伦敦附近抄近路出发，企图阻止玛格丽特进入威尔士。双方军队马不停蹄地前进，在最后一天的行军中，双方都赶了 40 英里的路。兰开斯特派首先赶到目的地，但部队已经疲惫不堪。紧跟在后面的爱德华继续挺进，于 5 月 3 日在蒂克斯伯里同他们开战。

这次战斗进行得很简单。两军的阵列仍然是常见的左、中、右三部分。萨默塞特指挥玛格丽特的左翼部队，温洛克勋爵和威尔士亲王指挥中军，德文指挥右翼。爱德华国王则行使更一般的指挥权。兰开斯特派的阵地坚固难攻，"在他们的阵地前面有难行的窄路和深水沟，还有许多篱笆、大树和灌木，因而要接近此处并进行肉搏极其困难"。[1]看来，兰开斯特派的计划是静候急不可耐的约克派发动进攻。可是，萨默塞特发现了一个机会，使用一条"险路"，杀入约克派中军，他可能没有同其他将军商量，也可能商量了没有得到赞同，便挥刀向前杀去，暂时取得胜利。但爱德华国王预见到了这一薄弱环节，顽强地抵挡着突入中军的敌人。为保护侧翼而投出的 200 支标枪，在关键时刻从致命的角度落在萨默塞特的军中，迫使他们溃不成军地退却。约克派全线进攻，扑向失去保护的敌军侧翼，兰开斯特家族的最后一支军队就此灰飞烟灭。萨默塞特四世显然感到关键时刻没有得到支持。在逃离战场之前，他用狼牙棒敲碎了温洛克的脑袋。这种抗议并没有影响战事的结局，只是为战斗故事带来一丝光线而已。

兰开斯特派被打散，或者消灭了。萨默塞特和其他许多显要人物以为躲起来就安然无事了，结果还是被拉出来砍了头。玛格丽特被活捉，威尔士亲王顽强地战死沙场。据一位编年史家记载，他临死时还徒然地呼喊他的连襟、奸诈无信的克拉伦斯前来援助。他们饶了玛格丽特的性命，一方面是为了炫耀，另一方面也是因为那个凶狠的年代不杀妇女，尤其是不杀王后。

格洛斯特公爵理查急忙赶往伦敦，到伦敦塔去完成一项任务。只要威尔士亲王还活着，亨利国王的生命安全就有保证，但是当兰开斯特派的最后一线希望失去以后，亨利的死期也就到了。5 月 21 日夜晚，格洛斯特公爵带着爱德华国王授予的全权到达伦敦塔，很可能在那里监督杀害了这位 50 年来一直处于残酷斗争中心的郁郁寡欢的旁观者。

爱德华国王率领得胜的大军进入伦敦城。伦敦一直支持他，此刻尤其坚决。约克派取得了最后的胜利。

我们重新坐上英国王座，
是敌人流血赚回来的。
正当强敌猖狂，
就像秋天的庄稼一样，
我们把他们收割了！
前后三个萨默塞特公爵，
以坚强可信的斗士而著称；
克利福德父子俩，
诺森伯兰父子俩最勇敢，
听到号角声，策马临阵，

还有沃里克和蒙塔古两兄弟，两只猛熊，
曾用铁链锁住狮王，
他们的吼声震动整个森林。
我们就此扫除了对王位的怀疑，
脚跟站得稳稳的。
蓓斯，过来，让我吻吻儿子。
小内德，为了你，你爸爸和两位叔叔
穿着冰冷的甲胄，冬天守夜不眠；
在灼热的阳光中，夏日东奔西走，
为的就是让你稳坐江山。
我们含辛茹苦，让你坐享其成。

——莎士比亚《亨利六世下篇》第五幕第七场，爱德华四世语。

*　*　*

爱德华四世余生的景况，可作扼要叙述。敌人和赞助者都已死，他达到了权力顶峰，成为老成持重的政治家，且不再抱有幻想。他在尽情享乐的同时，有足够的手段保持对王国的绝对掌控。他从登基始，一直很少召集议会。议员们总是找麻烦，可是缺钱时就不得不召集。于是，当时使各代国王保持清醒头脑的呼声是，“国王应该自力更生”。但是提出这条原则的人，没有考虑到政府日益拓展的统治范围。国王的经济来源有祖传领地收入、通行费和什一税、十五之一捐，若干零星镑税，另外若有人未留遗嘱意外死亡，或者无成年继承人，埋藏于地下的无主财产。光靠这些微薄的收入，怎么维持同日益发展的社会相适应的统治呢？在这种条件下，要想如愿实现对法国发动大规模战争更不可能，甚至连保卫苏格兰的边界也极其困难。国王不得利用好战的北方贵族，他们的世袭职业就是守卫边界地区。最重要的是钱，尤其是现钱，是让中世纪国王无所作为的绊脚石。即使现代，金钱仍举足轻重。

爱德华决意尽量避免同议会打交道。还是 20 岁的小鬼时，他就顶住战争的压力而努力争取“自力更生”。现在他已经取得胜利，毫无对手，便开始在个人花销之外的各个方面厉行节约，并且避免在海外实行冒险政策，以免向议会乞讨。他从没收的兰开斯特派领地上获得新的收入来源，王室从玫瑰战争中获益。他得到许许多多的新领地，每年都从中有收益。这样，只要和平的环境保持下去，他就可以自付一切费用。但是，贵族和民众的目标却不止于此，他们想再次征服法国。他们为法国境内属地的丢失感到痛惜，尽管自己遭受了苦难，却仍然怀念阿金库尔、普瓦蒂埃和克莱西之战的荣耀。爱德华四世是能征善战的武士，他们希望他在此做出贡献。爱德华四世则尽量无为而治，他从来不喜欢战争，也尝够了戎马生涯。尽管如此，他还是从议会得到了同勃艮第联合进攻法国所需的大量款项。

1475 年，他入侵法国，但挺进到亚眠附近的皮基尼一带时就和谈了。路易十一是一样的观点，也认为和平环境中国王力量增大，地位巩固，而在战争中，他们则会受制于自己的民众，成为他们的工具。两位国王谋求和平，并如愿以偿。路易十一向爱德华四世提出一次性向其缴纳 75000 克朗，然后每年纳贡 5 万克朗。这几乎足以使王室预算实现平衡，使爱德华不依靠议会。爱德华同意这笔交易，签署了《皮基尼条约》。但是，他的盟友勃艮第公爵“大胆查理”

对此表示不满；在贝罗讷的大庭广众之中，他当着所有英国军官的面说自己被盟友无耻地出卖了。给别人造成了一种十分痛苦的印象，但爱德华容忍了这一行为。他回国，连续 7 年支取换取不侵扰法国的这笔巨款。同时，议会多次拨款供他侵法之用，他把绝大部分都放进兜里了。

今天，我们对这笔交易的兴趣主要集中在爱德华四世的性格上。可以看出，他虽然不得不通过惨烈行为和屠杀登上王位，但内心深处却是一位英格兰少年郎，喜欢和平安谧的生活。我们绝不能说他的政策有害于英国。英国需要长久的和平时期，才能从可怕的内战中康复。法国政府惊恐地从他身上看到了亨利五世的全部品质，他们为了逼他自律而大肆撒钱。这正中爱德华四世的下怀，他在统治过程中节省开支，到归天之时，成为亨利二世以来第一位没有债务并且国库殷实的国王。他尽可能扼制人们的民族自尊心，同时却使英格兰民族复兴起来。他由人们心目中首屈一指的枪尖变成了缓冲垫，这个缓冲垫在当时是好的。正如学者 J.R. 格林所写的那样，“他的懒散和喜乐只是掩盖深不可测的政治才能的面纱”。

他最后不得不召集议会，不过不是为了要钱。他依靠没收财产、法国的贡金和自己的贸易利润，仍能自行其是。同他发生纠纷的是弟弟克拉伦斯。虽然兄弟俩在巴内特战斗和蒂克斯伯里战斗之前达成的密约得到了严格遵守，但是爱德华再也不信任弟弟了。克拉伦斯在一个关键的时刻出卖了事业和家族，而在另一个重要关头又被收买回来，这个印象无论如何也无法从爱德华的脑海中抹去。克拉伦斯也知道，这个伤口虽然表面已经愈合，却没有根治。他是一个威风凛凛的亲王，在全国飞扬跋扈。他怠慢国王，蔑视王家法庭，把一些由于私人问题而得罪他的人处以死刑，并且自认为地位固若金汤。据说爱德华同埃莉诺·巴特勒订立过婚约，后来格洛斯特公爵理查利用这个借口篡夺王位。这个婚约的秘密可能就是克拉伦斯发现的。如果证明爱德华同伊丽莎白·伍德维尔的婚姻是非法的，克拉伦斯就是下一个合法继承人，从而对爱德华国王构成威胁。1478 年 1 月，爱德华的忍耐到了极限，他专门召开议会谴责克拉伦斯。他列举了克拉伦斯冒犯国王的累累罪行，这些罪行构成了逆君之罪。不出所料，议会接受了爱德华的意旨。议员们发布了公民权褫夺法案，判处克拉伦斯死刑，由国王执行。然后，议员们便散会回家了，他们为没有派下新的税款而暗自庆幸。

克拉伦斯早已被关进伦敦塔。至于他是怎么死的，现在众说纷纭。有人说，爱德华让他自己选择死法。他当然不希望造成可怕的公开场面。根据莎士比亚的作品，克拉伦斯公爵是在一大桶马姆齐葡萄酒里淹死的，这肯定是 16 世纪流行的说法。这种传说为什么不能是真的？不管怎样，迄今无人试图证实任何其他说法。“虚伪奸诈和背信弃义的克拉伦斯”退出了人世的舞台，临死时感到惊讶，爱德华一直念念不忘，还把事情搞得如此严重。

格洛斯特公爵理查受到了命运的宠幸。亨利六世死后不久，他便和已故沃里克的女儿、沃里克大领地的合伙继承人安妮结了婚。他们的结合并未引起人们的兴趣，因为安妮虽没有同蒂克斯伯里阵亡的威尔士亲王爱德华成婚，但已经订了婚。尽管如此，重要的利益得到了结合。

这些年里，伊丽莎白王后不仅生了 5 个女儿，还生了两个漂亮的儿子，他们正在迅速成长。1483 年，一个儿子 12 岁，另一个 9 岁。

王位的继承问题似乎很明确，也很保险。爱德华国王本人只有 40 岁，再过 10 年，约克派的胜利就可以千秋万代了。可是，命运女神进行了干预，严肃地提醒纵情享乐的爱德华，他的账户已经关闭。此时爱德华把主要精力放在保证羽翼未丰的爱德华五世继承王位的问题上，但是在 1483 年 4 月，死神突然降临，他来不及采取必要的措施。他虽然始终爱恋伊丽莎白王后，却一生荒淫无度。仅仅病了十天，这位强健的国王便壮年夭折了。当时王后还在英格兰中部。史学家们肯定地说，爱德华的早亡是酒色过度带来的惩罚。死因很可能是阑尾炎，不过当时没有这种说法。除了教会之外，人们对他的逝世毫无准备。由于他的暴卒，他的忠实的弟弟理查突然面临着崭新的前程。

第 30 章

理查三世

爱德华国王突然离世，举国上下一片愕然，危机四起。巴尼特战役和蒂克斯伯里战役之后，老派贵族眼见伍德维尔家族的幸存者重新掌权得势，只得忍气吞声，强颜欢笑。但英国上下对王后的亲戚们颇有怨言，或者不屑一顾，而爱德华只顾与漂亮情妇简·修尔纵情欢乐。统治架构本就不稳，仅以国王权威维系，国王之死更是使之分崩离析。长子爱德华住在威尔士边界的拉德洛，由舅舅、第二代里弗斯勋爵照料，此时亟须一位护国公稳定政局。格洛斯特公爵理查成为不二人选。他是皇上的弟弟，忠心耿耿、战功赫赫、不怒而威、精通政务，不仅继承了沃里克的财产，更坐拥其他大片领地，手握军政重权，而且是国王生前钦定之人选，因此众多老派贵族纷纷向其靠拢。新国王的外祖父虽然是个骑士，却只不过是个他们同阶层人士的管家，他们对此普遍都反感。他们悲哀的是，一个毫无经验的黄毛小子上台了，无执政经验，能力未经检验。但他们曾发誓效忠国王，受此约束，必须维护自己以干戈创立的约克家族王统。

有一件事是他们绝不能允许的：伊丽莎白王后和她出身低贱的

亲戚再次得势。另一方面，拉德洛的里弗斯勋爵拥有众多追随者和本族支持者，掌控着新国王。3 周以来，双方虎视眈眈、讨价还价，最终在 4 月时达成协议：国王应尽早加冕，但加冕仪式需在伦敦进行，随行骑兵不能超过两千。遵照协议，里弗斯勋爵和侄子格雷率领两千骑兵，经由什鲁斯伯里和北安普敦向南行进。他们到达斯托尼·斯特拉特福时，听闻格洛斯特公爵和盟友白金汉公爵从约克郡出发，也要去伦敦，只在他们身后 10 英里，便掉头回到北安普敦去迎接这两位公爵，全然不知大难临头。理查对他们的到来很是欢迎，邀请他们共进晚餐，但第二天早晨局势骤变。

里弗斯勋爵醒来时，发现客栈的门都已上锁，便询问为何如此戒备森严，格洛斯特公爵和白金汉公爵满脸怒容地瞪着他，指责他“试图离间”国王与他们。里弗斯和格雷转瞬之间成了阶下囚。之后，理查率军行至斯托尼·斯特拉特福，逮捕了两千骑兵的指挥官，随后冲向年轻的国王，禀告称他发现里弗斯与其党羽密谋夺取政权，压迫老派贵族。此言一出，爱德华五世不由得伤心哭泣，这是他在位期间唯一确切记录在册的事。

第二天早上，理查再次觐见国王，以叔叔的身份拥抱了他，以臣下的身份向他鞠躬。他宣称自己是护国公，并遣散了两千骑兵，因为他们没有伺候的必要了。那么向伦敦进发吧！去举行加冕仪式！于是这支士气消沉的队伍向伦敦进发了。

伊丽莎白王后早已回到伦敦，她没有想入非非，随即带着其他的孩子躲进了威斯敏斯特教堂。她在教堂和王宫之间的墙上挖了个洞，方便传递能够取得的个人物品。

传言称国王已被监禁，首都一阵骚乱。“他将被遣送，谁也不知道何处，上帝知道他的下场将如何。”但黑斯廷斯勋爵向政务会保证说，一切正常，骚乱只会推迟加冕之日，加冕关系国家太平。担任国务大臣的约克大主教安慰王后说：“夫人只管放心，若是他们不为此时在他们手上的王储加冕，我们立刻为您身边的他弟弟加冕。”为表诚意，他甚至上交了国玺。他没什么阴谋，只是昏庸愚昧，不惜一切只求安全太平。不过后来他又为自己的所作所为感到后怕，设法把国玺要了回来。

国王于 5 月 4 日才抵达伦敦，而加冕仪式正是定于这一天举行，因此只得推迟。国王被安置在伦敦主教的豪宅，教俗两界的贵族纷纷前往拜谒，以示忠顺。护国公一派认为如此一来国王反倒成了教会的客人，不合规矩。所以当王后努力提议将国王安置在克拉肯韦尔的圣约翰骑士团招待所时，理查提议国王应返回自己的土地，居住在自己的城堡之内，这样才更合乎国王的尊严。住在伦敦塔不仅宽敞，而且能避开民众骚乱。这一提议得到了政务会的一致赞同，年幼的国王若反对，不仅困难重重，而且十分危险。当日典礼盛大，民众高呼效忠国王，12 岁的孩子被送往伦敦塔，他身后的大门紧紧地关上了。

伦敦陷入动乱中，汇集于此的权贵们面面相觑，疑虑重重，惶惶不安。悲剧的下一幕降临在黑斯廷斯勋爵头上。他在爱德华四世的晚年担任了重要角色。国王死后，他坚决反对伍德维尔家族势力，但理查有所动作时，他也是第一个与其划清界限的人。他和其他一些权贵都认为，所有权力迅速集中在理查手中极为不妥。因此他开始向仍在威斯敏斯特大教堂避难的后党示好。接下来发生的一切不得而知，唯一确切的是 6 月 13 日那天，黑斯廷斯在塔中政务会上突然被捕，并在当天未经审判便被砍头。下一任国王统治时期后期，托马斯·莫尔爵士写了一本著名的史书，史料当然是稳固的新政权提供的。他的目的不像是记叙历史，倒更像是编剧本鼓吹道德。书中的理查是邪恶的化身，而亨利·都铎则救国家于水火，和蔼可亲，启迪智慧。持异议的人便是犯逆君之罪。莫尔把一切可能和不可能的罪责全都推到理查身上，还把他描写成弯腰驼背、手臂萎缩的怪物。理查同时代的人似乎从未提到过他的身体缺陷，但莎士比亚在戏剧中的描写，让理查的缺陷和畸形广为人知。不用说，都铎王朝一灭亡，理查的拥护者就开始行动起来，不遗余力为其正名，忙碌日甚一日，直至今日。

莫尔的故事有所侧重。我们了解到塔中政务会上著名的好戏。那是6月13日，星期五。早上9点左右，理查来到政务会的会议厅，看上去心情不错。他对莫顿主教说："主教大人，你在霍尔本的园子里种的草莓长势喜人，请让我们饱餐一顿吧。"政务会的会议开始了，理查请假出去了一趟，待到他在10点至11点间返回之时，举止大变。他眉头紧锁，怒视政务会上的大臣们，同时，门口突然多出了一群全副武装的士兵。护国公发话了："若是有人胆敢谋害像我这样与国王有近亲关系，并且受托治理国家的人，此人该当何罪？"众人皆惊慌失措，许久之后黑斯廷斯终于开口说："此乃叛国之罪。"理查高声喝道："我兄长的巫妻和她的党羽——看看他们是怎样用巫术损害我的身体的。"据说，他边说边撸起袖子，让众人看他的胳膊。他的胳膊已经萎缩，与传言所说无二。接着他痛斥先王死后与黑斯廷斯勋爵有暧昧关系的简·肖尔。黑斯廷斯闻言大惊失色，回答说："如果他们犯下此等滔天之罪，定当严惩不贷。"驼背理查怒喝道："什么！

你还跟我说什么‘如果’‘那么’，我告诉你，他们罪行确凿。你这个叛国贼，我要你付出代价！”理查一拳猛敲在会议桌上，手持武器的士兵们见此信号一拥而入，口中高喊“叛国”。黑斯廷斯、莫顿主教、约克大主教等人全部被捕。理查下令立刻将黑斯廷斯处死。“不看到他的首级，我绝不进餐。”当时连找牧师都来不及，塔内的院子里恰巧有块木墩，黑斯廷斯便站在木墩上被砍了头。恐怖气氛笼罩了四周。

理查下令让他的北方亲兵全副武装，由心腹副将理查德·拉特克利夫爵士率领赶往伦敦。南下途中，拉特克利夫押解了当时软禁在城堡的里弗斯勋爵、沃恩勋爵、格雷勋爵和两千骑兵的指挥官。黑斯廷斯丧命几日后，他们在庞弗雷德统统被砍了头。处决此事千真万确。

在此期间，王后与另一个儿子仍在教堂避难。理查认为将国王兄弟俩都置于他的监管之下更为妥当，便动议已清洗过的政务会请王后交出王子。若是王后拒绝，政务会考虑使用武力。王后别无选择，只得照办，在威斯敏斯特宫把9岁的小王子交给了护国公。理查亲切地拥抱了小王子，随后把他送入伦敦塔。王子和哥哥再也没能走出塔外。理查的北军已逼近伦敦，人数众多，据说成千上万。理查认为力量已经壮大，可以采取下一步行动了。爱德华五世的加冕礼已经多次推迟。一个名叫肖的传道士在圣保罗十字架前做了一次布道，他是伦敦市长的兄弟，理查的党羽。他引用《所罗门智训》——“杂种的苗裔，扎根不深”，列数种种原因抨击爱德华与伊丽莎白·伍德维尔的婚姻，除了提到巫术外，还指控爱德华四世的背叛与埃莉诺·巴特勒的所谓婚约，而且婚礼是在不圣洁的地方举行的。肖因此断言爱德华的孩子是非婚生子，王冠应该属于理查，甚至重提旧时传闻，暗示爱德华四世并非其父所生。理查此时在白金汉公爵护送下露面，显然是期待人们当众拥他为王。但据莫尔记载，“人们没有一丁点欢呼‘理查王’的意思，仿佛石雕，纳闷竟然有这么可耻的布道词。两天之后，白金汉公爵一试身手。据目击者说，当日他有备而来，口若悬河，甚至没有停下清嗓子，但人们仍然保持沉默。只有公爵的几个随从扔起帽子，高呼‘理查王’”。

尽管如此，6 月 25 日，议会还是召开了。有人呈上卷宗，称已故国王与伊丽莎白的婚姻作废，因此爱德华的孩子都是私生子，并请求立理查为王。白金汉公爵带领一众人马恭请理查登基。当时理查住在他母亲的宅邸内，而他曾诋毁过自己母亲的德行。理查再三拒绝王位，谦虚得体。但白金汉公爵坚称爱德华之子决不能称王，若是理查不愿服务国家，他们便只能另选其他贵族。理查因此打消良心上的顾虑，为公众福祉担起治国重任。第二天理查便在隆重仪式下加冕为王。与此同时，拉特克利夫的北军在芬斯伯里场接受检阅。人们发现军队人数有五千上下，“衣衫不整……铠甲锈迹斑斑，无法御敌”。伦敦百姓发现传闻失实，军队的力量和人数都被夸大，这才放下心来。

理查三世的加冕礼定于 7 月 6 日举行。一时间城内狂欢，游行队伍随处可见，冲淡了民众的不安情绪。为彰显王恩浩荡，理查释放了约克大主教，还把伊利的莫顿主教移交给白金汉公爵软禁。加冕仪式极尽奢华，铺张盛大。理查极为重视宗教上的认可。加冕当日，鲍彻大主教为国王和王后戴上王冠，进行了涂油礼，国王和王后当众领了圣餐，最后移步威斯特敏斯特宫举行盛宴。理查的王位如今得到了议会的认可和加持，而且根据爱德华的儿子是私生子的说法，理查也成为血统上的顺位继承人。如此看来理查的计划似乎已大功告成。但自此，全国上下各阶级对理查三世的戒备与憎恨日甚一日，任凭理查手腕通天、才干超群，也于事无补。编年史家费比恩在1516年出版了一部著作，书中写道："理查称王之后，国内大多数贵族都对他极其憎恶。就连之前爱戴和颂扬他的人……也对他抱怨不断，憎恨不已。除了那些害怕理查或拿了理查好处的人，几乎没人支持他的王党。"

理查王的辩护者坚称，这不过是因为都铎版本的历史占了上风。但生活在当时，亲身经历过这些事件的人们自有自己的判断，这比都铎王朝掌握大权或是壮大成为一股不可忽视的力量之时还要早两年。理查三世一手控制了政府，极尽所能为自己辩护。然而人们理所当然地普遍不相信他。毋庸置疑的是，当时大多数人确信，理查凭借摄政大权篡权夺位，塔中王子们早已不知所踪。要把理查所作所为美化为历史争议，可能还需要巧言善辩的史官多费心思。

白金汉公爵为理查掌权立下汗马功劳，理查对他馈赠丰厚、恩宠非常。但理查登基不过三个月，本是国王左右手的白金汉公爵成了他不共戴天的仇敌。动机不清楚。或许他预见到理查篡位的行动即将落幕，害怕落得同谋的下场；又或许他担心自身安全，因为他不就是王族后裔吗？他身上流淌着博福特家族和伍德斯托克的托马斯的血液，父母两脉都是爱德华三世的后裔。据说理查二世曾颁布特许证承认博福特家族的合法地位，亨利四世又对此加以确认。特许证上有一条保留条款，即博福特家族不能拥有王位继承权。理查二世时的原始文件上却并没有该条款，条款是亨利四世统治时期添上的。白金汉公爵从母亲那里继承了博福特家族的血统，因此保存有经议会批准并盖玉玺加以确认的特许证原件，上面自然没有这条保留条款。尽管白金汉小心翼翼地守口如瓶，但此时他一定把自己看做潜在的王位继承人。若是理查也有这般想法，那他一点也不安全了。白金汉心知，尽管理查在隆重庆典下继承王位，但仍被大众视作篡权之人，这让他忧心忡忡。白金汉公爵开始向被他囚禁在布雷克诺克城堡的莫顿主教大倒苦水。莫顿主教巧舌如簧，是个卓越的政治家，他对白金汉公爵产生了极大的影响。

*　*　*

在此期间，理查国王从牛津出发，穿越英格兰中部，巡行各地。每至一处，他都竭力塑造良好形象，伸张正义、处理纠纷、普施恩惠、笼络人心。但他不可避免地感到周围油然而生的一片感激与忠诚只是表面现象，他的王位仍然受到潜在的挑战。这种情况在南方尤为不加掩饰。在伦敦、肯特、埃塞克斯和京畿各郡，民众的敌对情绪日益高涨，众口一词，要求释放两位年幼王子。但理查还未怀疑白金汉公爵有任何不满情绪。白金汉在格洛斯特就和他分别了。理查担心自己王位难保，因为他的侄子尚且在世，随时可能集结反对力量推翻他的统治，他怎么能保得住自己的王冠呢？于是，这也是后世与他的名字密切相连的主要罪过。他目的明确，残酷无情，可以肯定的是，塔内孤立无援的年幼王子在 1483 年 7 月之后没人见过了。尽管有人声称王子们在塔内等死，无人注意、缺乏记载，又活了两年，最后是被亨利·都铎杀害的。

根据托马斯·莫尔的记载，理查在 7 月下定决心，要斩草除根，彻底消除王子的存在对王位和太平生活的威胁。他派遣名叫约翰·格林的特使传谕给伦敦塔的卫戍长官布拉肯伯里，让他处死两位王子，但对方拒不从命。格林铩羽而归，向理查报告了此事，理查愤怒地喊道："本该对我言听计从的人却不听令，我还能相信谁呢？"一位侍从听闻此言，提醒理查说，昔日与他并肩战斗过的詹姆斯·蒂勒尔爵士能做任何事。理查便派蒂勒尔前往伦敦，并赐其许可令，让布拉肯伯里将伦敦塔所有钥匙交由蒂勒尔掌管一夜。蒂勒尔立即动身，执行任务。伦敦塔的4位看守中，有一个名叫弗雷斯特的人，愿意效劳，他和蒂勒尔的马夫戴顿一起下了毒手。趁王子熟睡之时两个杀手用枕头紧捂他们的脸，致其窒息而死。两位王子的尸体被秘密埋在塔内僻静角落。有证据表明，国王重赏了这三名凶手。直到亨利七世统治时期，蒂勒尔因另一桩重罪被判死刑，囚禁于塔中，才交代了这件事的真相。蒂勒尔的自白和一些其他证据，让后人了解到这一段历史。

1674年，查理二世统治期间，通往白塔小教堂的楼梯进行改建时，发现碎石之下埋有两具年轻人的尸骨，年纪与两位王子相符。皇家医师对尸骨进行了检验，考古学家报告称这正是爱德华五世和约克公爵的遗骸。查理接受了这一说法，把两具尸骨重新下葬，埋在亨利七世威斯敏斯特的小教堂，并用拉丁文刻了碑文，将所有罪过归咎于他们的叔叔——背信弃义的"篡权者"。这并未阻挡众多写书人竭力为理查开脱罪名，或是毫无证据，便仅凭臆测将责任推到亨利七世的身上，其中贺拉斯·沃波尔最为著名。但近来一次发掘工作证明了查理国王统治时公正不阿的专业人士对此的观点。

如今白金汉公爵成为英格兰西部和南部谋反力量的中心人物，他决心坐实自己的王位继承权。凭借自己对理查的了解，白金汉推断两位王子不是已经丢了性命，就是在劫难逃。此时他与里奇蒙伯爵夫人玛格丽特碰了面，她是博福特家族的幸存血脉。白金汉公爵意识到，即使暂且不论约克家族，玛格丽特和他的儿子——里奇蒙伯爵亨利·都铎，也比他更有资格继承王位。伯爵夫人以为白金汉仍然是理查的左右手，便请求白金汉向理查求一桩姻缘，恩准爱德华国王的女儿，现在正与母亲在威斯敏斯特避难的伊丽莎白公主嫁给她的儿子亨利。这个打算显然不符合理查的利益，因此他断然不会同意。但白金汉公爵清楚这桩婚事可以一举达成约克家族与兰开斯特家族的诉求，弥合多年来分裂英国的鸿沟，迅速形成推翻理查统治的联合力量。

举国上下要求释放王子，但等来的却是王子已不在人世的噩耗。人们不清楚是何人在何时怎样下的毒手。但这消息如野火般蔓延，人民的愤怒也呈燎原之势。尽管长期内战，早已让英国人民见惯战争的残酷，但如此恶行仍让他们极为惊惧。这情绪一旦被激起，便难以轻易忘记。现代的独裁者手握先进科技，可以每天轻易改变舆论导向，毁灭任何持续的思想或目标。铺天盖地的日常新闻会使人们的记忆变得模糊，新闻对事实的曲解也会降低人们的判断力。但在 15 世纪，两位王子死于本该保护他们的叔父之手，这一恶行骇人听闻，人们无法忘记，更无法饶恕。9 月，理查巡行至约克郡，并在此地将儿子封为威尔士亲王。在敌人眼中,此举证实了最黑暗的传闻。

白金汉公爵全力准备在 10 月 18 日发动大规模暴动。他将在布雷克诺克集合自己的威尔士军队，西部和南部各郡都将拿起武器。里奇蒙伯爵亨利将在布列塔尼公爵的援助下，率领一支 5000 人的军队在威尔士登陆。可是，民众听说两位王子的遇害消息怒不可遏，打乱了整个复杂计划。指定日期的前 10 天，肯特郡、威尔特郡、苏塞克斯和德文郡纷纷起义，里奇蒙伯爵被迫于 10 月 12 日顶着暴风雨从布列塔尼启航，结果舰队被吹散。当白金汉在布雷克诺克举起大旗时，天气也与他作对。狂风暴雨造成塞文河谷洪水暴发，把他困在威尔士边界，该地区无法提供军队给养，他无法按计划与德文郡的叛军会师。

理查国王倾尽全力，全线出击。他率领大军向暴乱队伍进发。南方分散的暴乱得到镇压，白金汉公爵的兵力也作鸟兽散。白金汉本人藏了起来，以免遭到报复。里奇蒙伯爵抵达英国海岸时只剩两条船，他向西航行，到达普利茅斯，等待永远不会发出的信号。普利茅斯局势十分不明朗，因此里奇蒙心生警惕，四处打听，探明情况后他只得返回布列塔尼。理查重金悬赏，要取白金汉的首级，白金汉被人出卖，理查立刻将其杀害。此后像通常那样，又处死了很多人。全国各地恢复了秩序，国王似乎保住了王冠。

在新的一年里，理查开始在政府的各个领域实行一系列开明的改革。爱德华四世统治下议会毫无实权、形同虚设，理查恢复了议会的权力。他还宣布，以“恩税”的方式筹集岁入是非法的。议会在长时间停摆后重新开始大量立法活动。一系列法案出台，贸易活动得到保护，这些法案尽管存在很多判断失误，但出于好意。还颁布了土地法，以规范土地托管收益问题。为向教会示好，理查认可了教士的特权，恩准了新的宗教基金会，扩大了对学问的资助范围。对于家族纹章和排场的展示做了小心规范，宽待倒台了的政敌，善待贫困的离婚案原告。但这一切都是徒劳无功的。理查的罪行在全国激起的怒火仍在蔓延，难以扑灭。尽管理查广施恩惠、大行明令、政绩突出，仍改变不了其谋权篡位之罪行。

科林伯恩家族有位行事冲动的绅士，曾是伍斯特郡的郡督。他激愤难平，写了一首打油诗，贴在圣保罗大教堂的大门上：

老猫跳，耗子蹿，还有洛弗犬。

听任大公猪统治英格兰。

理查的纹章上是一头公猪，因此他和凯茨比、拉特克利夫，以及洛弗尔子爵都受到了公开羞辱。这位绅士在一年后的年底惨死，不只是因为他写了那首打油诗，还因为他是毋庸置疑的反贼，积极参与谋反活动。

甚至连理查的良心也背叛了他。他恐惧难安，噩梦缠身，时刻担心遭到报应。托马斯·莫尔爵士写道："据可靠的秘密消息称，理查犯下这令人发指的罪行之后，终日惶惶，从未感到安宁。他每次出宫，总是目光游移不定，身体高度紧绷，手放在佩剑之上，面容和举止就像是随时准备战斗一样。他夜不能寐，总是睁着眼睛沉思。因为时刻保持戒备而困顿不堪，与其说是睡觉，不如说是浅寐。他常做噩梦，有时突然坐起来，跳下床，满屋子乱跑。他犯下可怕的罪行，印象深刻挥之不去，记忆中全是惊涛骇浪，良心不安，辗转反侧。"

*　*　*

1484 年 4 月，国王遭受了沉重的打击，他的独子威尔士亲王在米德尔赫姆不幸殒命。而妻子，造王者沃里克的女儿安妮，因为身体已垮，再也不能生育。里奇蒙伯爵亨利·都铎此时显然成为王位的有力竞争者和继承者。里奇蒙是"兰开斯特派中最接近继承权的"，他是威尔士人，祖父是1461年被约克派处死的欧文·都铎，与亨利五世的遗孀，法国的凯瑟琳成婚（如果他们确实结婚了），生下他的父亲埃德蒙。埃德蒙与玛格丽特·博福特成婚。因此亨利从母亲博福特这一边继承了爱德华三世的血统。从父亲这一边则继承了法国王室的血统，甚至还有卡德瓦拉德和包括亚瑟王在内的古代不列颠传奇君王的血统。亨利是在动荡中长大的，童年时曾困在哈勒赫城堡长达7年之久。他14岁时，兰开斯特派在蒂克斯伯里战败，他被迫逃亡布列塔尼，自此困顿不堪，颠沛流离。这些磨难在他的性格中留下了烙印，使他变得狡猾多疑，但并不影响他成长为品格高贵、才智出众、志向远大的君王之才，甚至半点也没有改变他的面容。据说他“面带微笑，和蔼可亲，与人交流时尤其笑容可掬”。

如今英国的所有希望都落在了里奇蒙身上。多年来，英格兰大地之上残酷的王位之争令人厌倦不堪，若是里奇蒙与爱德华四世的长女伊丽莎白如同预想的那样结为夫妻，那么战争结束指日可待。白金汉公爵起义失败后，里奇蒙伯爵和他的远征军退回布列塔尼。布列塔尼公爵素来对他亲善，此次再度为他及他手下约500名英国勇士提供了供给与庇护。但理查三世积极进行外交攻势，宣布如交出对手，则重重有赏。在利诱之下，趁布列塔尼公爵身体抱恙之时，布列塔尼大臣朗多瓦意欲出卖金贵的流亡者。但在紧要关头，里奇蒙觉察到事情不妙，快马加鞭逃往法国。法国向来有让英国同室操戈的传统，因此摄政王安妮热情地接待了里奇蒙。同时，布列塔尼公爵身体也有所好转，他训诫了他的大臣，继续庇护这些英国流亡者。里奇蒙在法国时，牛津伯爵前来加盟。他是兰开斯特派幸存力量的首要人物，逃脱了十年的监禁，再度投身昔日的斗争。数月之后，约克派与兰开斯特派重要人物纷纷摆脱理查黑暗的统治，前来投奔。里奇蒙此时成为联合力量的领袖，大有一统英格兰之势。

里奇蒙最大的胜算就是与伊丽莎白公主成婚。但理查这边也没有闲着。在白金汉公爵发动叛乱之前，理查三世就已采取措施，防止伊丽莎白公主溜出庇护所，逃出英国。1484 年 3 月，理查主动与他称为“伊丽莎白·格雷夫人”的前王后和解。不幸的王后并没有拒绝。理查“以国王的名誉”郑重进行书面承诺，将会为前王后提供生活费用，并为她的几个女儿觅得如意郎君。当时在场见证文书的不仅有教俗两界的大臣，还有伦敦市长和议员们。虽然往事还历历在目，但王后不得不选择相信他。她离开了庇护所，放弃了将女儿嫁给里奇蒙的打算。王后与几个年纪较大的公主在理查的宫中受到接见，被奉为上宾。1484 年的圣诞节，宫中张灯结彩，热闹非凡。人们注意到，伊丽莎白·格雷夫人与她女儿们的衣饰变得高贵繁复，尽显皇家气派。前不久爱德华四世的子嗣是私生子的丑闻，以及塔中令人悚然的秘密已被抛诸脑后。尽管国家时刻面临被入侵的威胁，但此时宫中却是一派歌舞升平。伊丽莎白夫人甚至给她第一段婚姻中所生的儿子、远在巴黎的多塞特侯爵写信，让他抛弃里奇蒙，回国来与她共享新近的恩宠。更令人吃惊的是，伊丽莎白公主似乎对理查这个篡位者的特别关照也毫无反感。1485 年 3 月，安妮王后去世，可能是病故。有传言说，理查想自己娶侄女为妻，以防她落入里奇蒙之手。这一结合虽是乱伦，但只要教皇特许，也可以办成。但理查在政务会上和公开场合都予以否认。理查自己曾公告伊丽莎白公主是私生子，他的地位确实不会因为与她成婚而巩固多少。不管怎么说，里奇蒙倒是因此少了一桩心事。

整个夏天，里奇蒙的远征军在塞纳河口养精蓄锐，从英国前去投奔的志士络绎不绝。这暴风雨之前的宁静让理查忧心忡忡。他感到民众对他深恶痛绝，毫不信任；仍效忠他的人不过出于恐惧，或是为求恩宠。但他生性顽强，不肯认输，为保住王冠，他将要进行一生中最激烈的战争。他将司令部设置在诺丁汉附近的中心地带，几乎向各郡都下了动员令，要求男丁应征入伍。他不得已背弃之前颁布的政令，向民众“索借”贡金 3 万英镑，人们称之为“勒索”。他着手建立一支纪律严明的常备军，并在交通干线上每隔 20 英里永久性派驻一队驿兵，以传达消息或执行命令。人员训练有素、精干高效，在英国历史上都属罕见。这一驿站制的重要发展是从爱德华四世开始的。理查三世亲率部队，在英格兰中部地区四处巡视，对待心怀不满的臣民，他以武力震慑，并加以德政感化，恩威并举。巡视之初，他就言辞激烈地蔑称“亨利·都铎是艾德蒙·都铎的儿子，欧文·都铎的孙子”，说他不管是父亲一脉还是母亲一脉都流淌着私生子的血液，而且野心勃勃，贪得无厌，还觊觎王位，妄图“让国内所有高贵的血统丧失继承权，走向灭亡”。但此番言论遭到冷遇。

8 月 1 日，里奇蒙率领约克派与兰开斯特派的英国联合力量，以及一支法国军队，在阿夫勒尔启航。他的舰队顺风而行，驶过英吉利海峡，绕开“洛弗犬”的舰队，加速通过兰兹角，于 7 日在米尔福德港登陆。他双膝跪地，唱了赞美诗《审判我吧，上帝，审判我的事业》，俯身亲吻土地，然后在胸前画了十字，下令以上帝和圣乔治的名义进军。尽管只有两千人马，但里奇蒙对于民心信心十足，所以他谴责理查是乱臣，谋权篡位。威尔士人见到本族人有望成为强大英国的国王，都大喜过望。多年来这一直是整个民族的梦想。

古代布立吞人的后代终于能够荣归故里了。里斯·阿普·托马斯是理查手下的重要首领和军官。起初，他因为发誓效忠理查而无法帮助入侵者。他曾宣称不会让任何叛乱者进入威尔士，“除非叛军从他身上踏过”。但他找借口没把独子送到诺丁汉当人质，并向理查保证没什么东西比他的道德更有约束力。现如今他的誓言束缚了他。圣大卫教堂的主教主动帮他解除誓言，并建议他如果仍觉得良心难安的话，就干脆躺在里奇蒙面前，让他从身上踏过。后来，里斯·阿普·托马斯采取了更体面些的方式，效果同样让人满意：他站在戴尔附近的莫洛克桥下，而亨利·里奇蒙从桥上走过。这样就避免了违背誓言的丑闻。威尔士士绅纷纷投至里奇蒙麾下，里奇蒙的大军在圣乔治旗之外，还挂起了卡德瓦拉德的赤龙大旗。里奇蒙的兵力增长至5000人，他率领着军队，经由什鲁斯伯里和斯塔福德向东挺进。

*　　*　　*

尽管理查三世处处设置驿站，但敌方登陆5天之后他才得知这一消息。他召集军队，出发迎敌。此时，斯坦利家族的态度至关重要。理查曾交代他们，若叛军在西部登陆，则应立即予以截击。但手握上千兵马的威廉·斯坦利爵士按兵不动，无心从命。理查只得召斯坦利家族族长斯坦利勋爵前来觐见，但这位封疆大吏推说自己“汗热症缠身”。理查便逮捕了勋爵的长子斯特兰奇勋爵，威胁说若是斯坦利敢有二心，他的长子就性命难保。虽然这并没能阻止斯坦利勋爵率柴郡军队向里奇蒙示好，但为保住儿子性命，斯坦利爵士直到最后仍抱着观望的态度。

此次，约克城的百姓站在约克派一边。诺福克公爵和诺森伯兰伯爵珀西是理查的主要主持者。“老猫”凯茨比和“耗子”拉特克利夫则只有在主子胜利时才有一线生机。8月17日,在这些人的护送下,理查率军前往莱斯特。理查的军队呈四路纵队前进,两翼是骑兵护卫,他自己则身骑威武的白色战马走在中央，全军队列严整，令人望而生畏。在8月21日星期天，这支大军开出莱斯特，行至博斯沃思集市附近，迎战里奇蒙。一场决战终于在翌日展开。

表面上理查占了上风。他是一国之君，手握训练有素的1万名精兵，而里奇蒙只有仓促纠集的5000叛军。威廉·斯坦利爵士和斯坦利勋爵分别率领主要来自兰开夏郡和柴郡的部队，驻扎在离理查主力部队的两侧不远处两座相对的山头之上，有人说整场战局就像是四人的牌局。据都铎时代的史学家称，理查尽管承认自己做了一夜的噩梦，恶魔缠身，交战时却意气激昂地鼓励手下将领们说："抛弃一切恐惧吧！……我们只需奋力一击，就能赢得胜利。一小撮乌合之众竟也胆敢对抗国家？至于我，今日一役，生，我将迎接辉煌的胜利；死，我将战死沙场，流芳百世。"随后他下令开战，并令人传信斯坦利勋爵说，若是他不立即发起进攻，儿子就会成为刀下鬼。斯坦利不得不做出艰难的抉择，他凛然回答道，他不止这一个儿子。于是，理查国王下令处死斯特兰奇。但得令的军官认为需谨慎起见，应该暂缓处决，待到战局明朗之后再做决定。他们说："陛下，敌军已经穿过沼泽而来，等战斗结束再取他性命也不迟。"

此时，连里奇蒙自己都不确定斯坦利勋爵的军队将做何反应。战争开始时，箭落如雨，炮声隆隆，随后两军正面交锋，一切疑虑在此时真相大白。指挥理查左翼部队的诺森伯兰伯爵按兵不动，袖手旁观。斯坦利勋爵的军队则加入了里奇蒙阵营。国王见大势已去，绝望地大吼："叛国！叛国！"他不顾一切地冲向战斗最为激烈的地方，企图凭一己之力杀死里奇蒙。事实上，他不仅杀死了里奇蒙的撑旗人威廉・布兰登爵士，还击倒了力量过人的约翰・切宁爵士，据说还冲到里奇蒙身侧，与他交手击剑。但就在那时，威廉・斯坦利爵士统率3000名兵士，穿着“鲜艳如血的战袍”从天而降，向奋战的约克派发动攻击。潮水般涌入的军队将两个主帅分开。里奇蒙得到保护，而理查则因拒绝逃跑，被众人击倒杀死，得到了应有的下场。

只要我还有一口气，我就绝不会做逃兵。
他严守誓言——就算死去，仍像个国王般死去。

理查死前最后一刻仍戴着他的王冠。后来有人在树丛中捡到了这顶王冠，王冠被戴到了胜利者头上。诺福克公爵英勇奋战，战死沙场，他的儿子萨里勋爵被俘；拉特克利夫在混战中被杀；凯茨比被允许立下遗嘱，之后在战场就地处决；亨利・都铎成为英国国王。理查三世的尸体一丝不挂，刀伤遍布，被横绑于马上。他的头和长发垂下，血肉模糊，令人作呕。理查的尸体以此惨状被带回莱斯特城，游街示众。

*　*　*

博斯沃思之战可以看做是英国史上一个漫长的时代的终结。尽管动荡与阴谋仍在下一个王朝延续，但红白玫瑰之战已基本结束。没有任何一方是赢家。红白两派的幸存力量找到了停止纷争的方法。里奇蒙伯爵与适应性强的伊丽莎白公主成婚，都铎王族由此诞生，这是约克派与兰开斯特派共同的血脉，多年来积怨深重、征战不休的两个家族永远战胜了战争的魔鬼。理查之死也标志着金雀花王朝的覆灭。300 年以来，这一强大的王朝诞生了无数战功赫赫、政绩斐然的杰出君王，他们的是非功过同样也是登峰造极。他们追求王权长存，家国永固，但如今却从岛国的悲欢离合中永远消失了。金雀花王朝孕育了这些骄傲排外的王族，但同时也使自己身败名裂。绝大多数的贵族都掉了脑袋，他们的旁支两三代也被消灭。多年来，这一政治寡头集团用它的热血、忠诚、罪恶书写了英国的历史，如今尘归尘，土归土。这一遥远时代还有王族女系旁支和私生子家系传承,但质疑不断。正如“狮心王”曾说的那样:“我们是魔鬼的后代，最终也要去见魔鬼。”

博斯沃思战斗标志着玫瑰战争的结束。下一个世纪的都铎王朝臣民认为，中世纪也在 1485 年结束，一个新的时代随着亨利·都铎的继位而诞生。现代史学家一般认为，这一段时间的历史并没有明显的分界线，因为亨利七世继承并巩固了约克派的大部分政绩。15 世纪冲突不断，内耗重重，动荡不安，各阶层的人们普遍渴望一个强大有序的政府。兰开斯特王族统治时盛行的议会概念体现了许多开拓性的宪法权力，如今却要长期搁置。直到 17 世纪，“先陈言后拨款”“大臣对民众的意志负责”“国王是国家的仆人而不是主人”等旧时的准则才重见天日，新时代的曙光随之显现。聪明睿智、忧郁沧桑、处事谨慎的君王亨利七世开启了都铎王朝的独裁统治，英国在他的带领下进入了新的时代。尽管前路仍然晦暗未明，但人民深受鼓舞。之后文艺复兴带来启蒙，宗教改革卷起风暴，新的问题又产生了。

尾　注

第 1 章

1. Caesar, *The Conquest of Gaul*, translated by S. A. Handford, Penguin Classics, 1951.

2. *History of England.*

3. Collingwood and Myres, *Roman Britain.*

4. Collingwood and Myres, *Roman Britain.*

5. Darby, *Historical Geography of England*, p. 42.

6. *Antiquity*, vol. i, p. 189.

第 2 章

1. Dio Cassius, chapter lx, pp. 19—20.

2. Dio Cassius, chapter lx, pp. 19—20.

3. C. Suetonius Tranquillus, *The Lives of the Twelve Caesars.*

4. Tacitus, *Annals.*

5. *History of England*, vol. i, p. 8.

第 3 章

1. *An Economic Survey of Ancient Rome*, *iii*, p. 24.

2. 写于 1939 年。

第 4 章

1. 里昂人君士坦丁的著作，他是圣日耳曼努斯同时代的传记作者。

2. 见弗兰克 · 斯坦顿爵士，《盎格鲁撒克逊时代的英国》(1943 年)，第 3 页：“吉尔达斯的沉默可能暗示，历史上的亚瑟不如传说中的亚瑟那么伟大。但是不应该将他从历史领域移除，因为吉尔达斯奇怪地不愿意论及个人的名字。

3. *Short History of the English People*, p. 4.

第 6 章

1. *Anglo-Saxon Chronicle*, AD 866.

2. A. Maclallum, *The Vikings and their Voyages*.

3. *History of the Anglo-Saxons*, *vol. ii*, p. 525.

4. *History of the Anglo-Saxons*, *vol. ii*, p. 524.

第 7 章

1. *History of the Anglo-Saxons*, *vol. ii*, pp. 544—545.

2. F. Stenton, *The Danes in England*, 1927, p. 13.

3. *History of the Anglo-Saxons*, *vol. ii*, pp. 565—566.

4. *History of the Anglo-Saxons*, *vol. ii*, p. 584.

5. *History of the Anglo-Saxons*, *vol. ii*, p. 609.

6. *History of the Anglo-Saxons*, *vol. ii*, p. 612.

第 8 章

1. *Kendrick's History of the Vikings*, p. 259.

2. *Kendrick's History of the Vikings*, p. 259.

3. *History of England*, *vol. i*, p. 25.

4. 引自“艾玛女王赞”(1773)。

5. 引自《挪威王列传》。

第 9 章

1. 引自《挪威王列传》。

第 10 章

1. 写于 1939 年。

2. *Anglo-Saxon Chronicle*, *English Historical Documents*, *vol. ii*, 1953.

第 11 章

1. Douglas, *Age of the Normans*, p. 161.

2. Howlett, *Gesta Stephani*, p. 99.

第 12 章

1. 写于 1938 年。

第 25 章

1. *Gesta Henrici V*, *English Historical Society*, ed. B. Williams.

2. *Chronicles of London*, ed. C. L. Kingsford, p. 119.

3 . *History of England*, vol. i， p. 84.

第 28 章

1. Gregory, *Chronicle*.

第 29 章

1. *The Arrival of Edward IV*.

推荐阅读书目

ALDRITT, KEITH. *Churchill the Writer: His Life as a Man of Letters*. London: Hutchinson, 1992.

ASHLEY, MAURICE. *Churchill as Historian*. New York: Scribner, 1968.

CHURCHILL, WINSTON. *Lord Randolph Churchill*. London: Library of Imperial History, 1974.

CHURCHILL, WINSTON. Marlborough: *His Life and Times, 2 vols*. Chicago: University of Chicago Press, 2002.

CHURCHILL, WINSTON. *The Second World War, 6 vols*. Boston: Houghton Mifflin, 1985—1986.

CHURCHILL, WINSTON. *The World Crisis and the Aftermath, 5 vols*. London: Oldham's Press, 1923—1931.

GILBERT, MARTIN. *Churchill: A Life*. New York: Holt, 1991.

GILBERT, MARTIN. *In Search of Churchill: A Historian's Journey. Hoboken*, NJ: John Wiley, 1997.

JACOB, ERNEST F. *Fifteenth Century, 1399—1485*. New York:

Oxford University Press, 1961.

JENKINS, ROY. *Churchill: A Biography.* New York: Farrar, Straus & Giroux, 2001.

KEEGAN, JOHN. *Winston Churchill.* New York: Viking Books, 2002.

LUKACS, JOHN. *Churchill, Visionary, Statesman, Historian.* New Haven: Yale University Press, 2002.

MACAULAY, THOMAS BABINGTON. *The History of England.* Harmondsworth: Penguin Books, 1979.

MANCHESTER, WILLIAM. T*he Last Lion: Winston Spencer Churchill, 2vols.* Boston: Little Brown, 1983—1988.

MCKISSACK, MAY. *Fourteenth Century*, 1307—1399. New York: Oxford University Press, 1959.

MULLER, JAMES W. *Churchill as Peacemaker.* Cambridge: Cambridge University Press, 2002.

MYRES, JOHN N. *English Settlements.* New York: Oxford University Press, 1989.

POOLE, AUSTIN LANE. F*rom Domesday Book to Magna Carta: 1087—1216.* New York: Oxford University Press, 1993.

POWICKE, SIR MAURICE. *The 13th Century (1216—1307): Oxford History of England.* Oxford: Clarendon Press, 1962.

ROSKILL, STEPHEN. *Churchill and the Admirals.* London: Pen and Sword, 1977.

SALWAY, PETER. *Roman Britain.* New York: Oxford University

Press, 1981.

SCHAMA, SIMON. A *History of Britain: At the Edge of the World? 3600 BC—AD 1603.* New York: Hyperion, 2001.

SOAMES, MARY. *Winston Churchill: His Life as a Painter: A Memoir by His Daughter.* Boston: Houghton Mifflin, 1990.

STENTON, FRANK M. *Anglo-Saxon England.* Ed. George Clark. New York: Oxford University Press, 1971.

TREVELYAN, GEORGE MACAULEY. *A Shortened History of England.* Harmondsworth: Penguin Books, 1987.

译后记

丘吉尔的《英语民族史》，诚如作者在序言中说明的，“并不想与历史学家的专著一较高低”。他面面俱到地介绍了大英帝国版图中的所有英语民族，包括美利坚合众国。他对重大的历史事件和较大影响的帝王将相进行不厌其烦的陈述，做了鞭辟入里的分析和评论。译者认为这是本书的看点所在，也是翻译工作中需要着重斟酌的内容。译者一贯主张忠实原文，所译按照作者的思路表达出来。丘吉尔表述其深邃的思想时，往往采用超乎常人的庞大词汇量，以及比较复杂的句式，本译著在深刻理解原文的基础上进行翻译，希望能保留原汁原味。少量句子乍一看似乎费解，但思维脉络还是清晰的，相信读者反复多读几遍，定能理解个中深意。而且作者对史实的评价散布于各种句子结构之中，翻译时需小心提示，以免漏译而辜负了他的本意。例如，“他始终辅佐，或者说控制着威廉一世及其后两任皇帝，直到 1890 年他与年轻的威廉二世最终发生冲突而悻悻然下台”。此处“悻悻然”，原文中的“acrimoniously”赫然在目，反映了丘吉尔对前辈俾斯麦的揶揄。但我核对目前已经出版的本书其他中文版，均未发现此词。

本书四卷共计1000多页，翻译费时。有幸得到翻译教学班上一批学生的初译帮助。其中，仲丽洁完成第二卷前半本。参加初译的同学还有汪燕妮、戴海娇、肖颖、潘殊瑶，以及冯译天、谢宏桥、颜天罡、沈晓云、苏敏、温世程、汪梦瑶、胡韵娇、张秀、王恒叶、周燕、茅雨晨、熊莎、康素香、管海佳等。全部内容都是我仔细核对原文定稿的，故全权负责本书的翻译质量。

王之光

于浙大宁波理工学院外国语学院

2022年12月10日